FUNDBERICHTE AUS HESSEN • BEIHEFT 3

Fundberichte aus Hessen

Beiheft 3 · 2005

Landesamt für Denkmalpflege Hessen

Archäologie und Paläontologie

Wiesbaden 2005

Selbstverlag des Landesamtes für Denkmalpflege Hessen
in Kommission bei Dr. Rudolf Habelt GmbH, Bonn

Archäologie unter den Schienen

Archäologische Ausgrabungen auf der Schnellbahntrasse (ICE) Köln-Rhein/Main 1997

Herausgegeben von

Wissenschaftliche Baugrund-Archäologie e. V.
(Marburg)

und

Landesamt für Denkmalpflege Hessen
Archäologie und Paläontologie

Schriftleitung
Dr. Guntram Michael Schwitalla M. A.

Schloss Biebrich/Ostflügel, 65203 Wiesbaden

Satz und Layout
Ruth Beusing M. A., Marburg

Druck
Druckerei Zeidler, Wiesbaden – Mainz-Kastel • www.zeidler.de

ISBN 3-7749-3333-2

Autorenanschriften

Stephanie Butendeich
Institut für Anthropologie,
Justus-Liebig-Universität Gießen
Wartweg 59, D-35392 Gießen

Prof. Dr. Claus Dobiat
Vorgeschichtliches Seminar
Philipps-Universität Marburg
Biegenstraße 11, D-35037 Marburg

Dr. Irina Görner
Staatliche Museen Kassel
Hessisches Landesmuseum
Abt. Vor- und Frühgeschichte
Brüder-Grimm-Platz 5, D-34117 Kassel

Dr. Robert Heiner
Winkelstraße 5, D-35117 Münchhausen

**Andreas Hüser M.A., Kai Mückenberger M.A.,
Franka Schwellnus M.A., Daniela Steder**
Vorgeschichtliches Seminar
Philipps-Universität Marburg
Biegenstraße 11, D-35037 Marburg

Dr. Angela Kreuz
Landesamt für Denkmalpflege
Archäologische u. Paläontologische Denkmalpflege
Schloss Biebrich, D-65203 Wiesbaden

Prof. Dr. Manfred Kunter
Institut für Anthropologie
Justus-Liebig-Universität Gießen
Wartweg 59, D-35392 Gießen

Dr. Elke Mattheußer
Sebnitzer Straße 11, D- 01099 Dresden

Dr. Klaus Michael Schmitt
Höchster Straße 1, D-65795 Hattersheim

Prof. Dr. Arno Semmel
Theodor-Körner-Straße 6, D-65719 Hofheim a. T.

Dr. Ulrike Söder
Hofstatt 1a, D-35037 Marburg

Dr. Astrid Stobbe
Institut für Archäologische Wissenschaften
Abt. Vor- und Frühgeschichte
Labor f. Archäobotanik
Goethe-Universität Frankfurt
Grüneburgplatz 1, D-50323 Frankfurt

Dr. Dirk Vorlauf
Liebigstraße 9, D-35096 Weimar (Lahn)

Inhalt

Archäologie unter den Schienen
Einführung zu den archäologischen Ausgrabungen auf der Schnellbahntrasse
(ICE) Köln–Rhein/Main 1997 — 1
Claus Dobiat

So etwas wie „Just-in-Time-Archäologie"
Zum Charakter der Untersuchungen auf der ICE-Trasse zwischen Taunus und dem Main — 9
Robert Heiner

Diedenbergen, Stadt Hofheim, „Elisabethenstraße"
Urnenfelderzeit und römische Zeit — 19
Irina Görner

Breckenheim, Stadt Wiesbaden, „Wallauer Hohl"
Neolithikum, Bronze-, Hallstatt- und Latènezeit, römische Zeit und Völkerwanderungszeit — 77
Robert Heiner

Weilbach, Gemeinde Flörsheim, „Ruhrgastrasse"
Bronze-, Hallstatt-, Latènezeit und römische Zeit — 137
Robert Heiner

Erbenheim, Stadt Wiesbaden
Eine Siedlung der Hinkelsteingruppe und der Eisenzeit — 155
Elke Mattheußer

Weilbach, Gemeinde Flörsheim, „Wickerer Feld"
Neolithikum, Eisen- und römische Zeit — 179
Elke Mattheußer/ Ulrike Söder

Wallau, Stadt Hofheim, „Ohlen Born"
Bronzezeit — 237
Klaus Michael Schmitt/ Robert Heiner

Weilbach, Gemeinde Flörsheim, „Feldweingarten"
Frühmittelalter — 239
Dirk Vorlauf

Hofheim-Diedenbergen, Grab 10 (Befund 49)
Feilegung einer en bloc geborgenen Urne unter Werkstattbedingungen (Urnenfelderzeit) — 241
Claus Dobiat/ Andreas Hüser/ Kai Mückenberger/ Franka Schwellnus/ Daniela Studer
– unter Mitarbeit von Manfred Kunter

Anthropologische Bearbeitung von vier menschlichen Skeletten
aus Wiesbaden-Breckenheim „Wallauer Hohl" – Hallstattzeit — 253
Stephanie Butendeich/ Manfred Kunter

Anthropologische Bearbeitung eines menschlichen Skeletts aus Wiesbaden-Erbenheim
Eisenzeit — 261
Stephanie Butendeich / Manfred Kunter

Archäobotanische Ergebnisse der kaiserzeitlichen Fundstelle Flörsheim-Weilbach — 265
Angela Kreuz

Geowissenschaftliche Beschreibung des Grabungsgeländes Wiesbaden-Breckenheim
„Wallauer Hohl" und bodenkundliche Befunde in der Gemarkung von Massenheim
sowie südwestlich von Wiesbaden-Erbenheim — 273
Arno Semmel

Bachbettsedimente aus der Völkerwanderungszeit bei Wiesbaden-Breckenheim „Wallauer Hohl"
Erste pollenanalytische Untersuchungen — 279
Astrid Stobbe

Archäologie unter den Schienen

Einführung zu den archäologischen Ausgrabungen auf der Schnellbahntrasse (ICE) Köln–Rhein/Main 1997

Von Claus Dobiat

Im vorliegenden Beitrag zu den archäologischen Ausgrabungen auf der ICE-Trasse sollen keine archäologischen Ergebnisse vorgestellt werden - dies bleibt den örtlichen Grabungsleiterinnen und -leitern im Rahmen der Einzelberichte vorbehalten -, vielmehr seien die organisatorischen Umstände, Bedingungen und Erfahrungen, die mit einer solchen Großgrabung verbunden sind, erläutert, wobei Zeitdruck durch den Bauherrn, unglaubliche Nervenbelastung durch Autobahn- und Fluglärm, Behinderungen durch logistische Engpässe und vieles andere mehr die Belastungsfähigkeit des gesamten Personals auf eine manchmal harte Probe stellten. Andererseits muss bereits zu Beginn hervorgehoben werden, dass die Zusammenarbeit zwischen dem Auftraggeber für diese Großgrabung, der Deutschen Bahn AG, der fachlichen Aufsichtsbehörde, dem Landesamt für Denkmalpflege Hessen, Abt. Archäologische und Paläontologische Denkmalpflege (LfD), und der „Wissenschaftlichen Baugrund-Archäologie e. V." mit ihren örtlichen Ausgrabungsleiterinnen und -leitern als sehr vertrauensvoll zu bezeichnen ist und deshalb auch weitestgehend reibungslos funktionierte.

- - -

Das Hessische Denkmalschutzgesetz in der Fassung vom 5. September 1986 hat zum Schutz von Kulturdenkmalen in zwei Paragraphen die Grundlagen geschaffen, nach denen die in der Zeit vom 3. März bis 12. Dezember 1997 durchgeführten archäologischen Untersuchungen im Bereich des Wiesbadener Bundesautobahnkreuzes veranlasst werden konnten:

§ 16 (1): „Der Genehmigung der Denkmalschutzbehörde bedarf, wer ein Kulturdenkmal oder Teile davon zerstören oder beseitigen [...] will."

§ 18 (1): „ [...] Im Einzelfall kann verlangt werden, dass der Genehmigungsantrag durch vorbereitende Untersuchungen am Kulturdenkmal ergänzt wird."

Im Verlauf der für den Neubau der ICE-Strecke Köln-Rhein/Main vorgesehenen Trassenführung, die in den Planungsabschnitten 33.2 und 33.3 nördlich und südlich des BAB-Kreuzes Wiesbaden (A 3 / A 66) unmittelbar östlich der A 3 verläuft, waren der Denkmalfachbehörde (LfD) zum Teil durch Oberflächenfunde oder durch frühere Ausgrabungen, andererseits aber auch durch Luftaufnahmen fünf Fundstellen unterschiedlicher Zeitstellung bekannt (*Abb. 1-2*). Im Rahmen des Planfeststellungsverfahrens für die

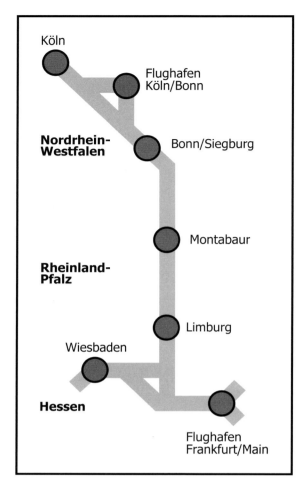

Abb. 1. Schematische Darstellung der Trassenführung für den Neubau der ICE-Strecke Köln-Rhein/Main.

Neubaustrecke wurden vom LfD archäologische Voruntersuchungen an den relevanten Stellen als notwendig erachtet. Das LfD verfügte allerdings für das Jahr 1997 weder über die für eine an fünf Fundstellen gleichzeitig durchzuführende archäologische Ausgrabung notwendigen Finanzmittel noch über eine entsprechende personelle Ausstattung. Da Verzögerungen beim Bau der Schnellbahntrasse für die Deutsche Bahn AG jedoch nicht hinnehmbar waren, sicherte sie die Kostenübernahme der Ausgrabungen zu, die schnellstens zu Beginn des Jahres 1997 anfangen sollten.

Nach Vorlage eines Angebots erhielt die „Wissenschaftliche Baugrund-Archäologie e. V.", Verein an den Universitäten Marburg, Frankfurt und Gießen, über das Landesamt für Denkmalpflege vom Bauherrn, der Deutschen Bahn AG, am 6. März 1997 den schriftlichen Auftrag zur Durchführung der Voruntersuchungen in den Bereichen A - E der Gemarkungen Breckenheim, Wallau, Massenheim, Diedenbergen und Weilbach (*Abb. 2*). Vom LfD waren die Flächenausdehnungen für die vorgesehenen Sondierungen in den genannten Bereichen vorgegeben und vertraglich festgelegt; es handelte sich um Schnitte von 4 m Breite und 100-400 m Länge. Eine Auflage besagte allerdings, dass die Flächen in fundrelevanten Abschnitten unter Umständen bis auf Trassenbreite zu erweitern seien. Die Trassenbreite war aufgrund der Geländestruktur und der daraus resultierenden Bauplanung sehr unterschiedlich ausgelegt und schwankte zwischen 25 m und 40 m; im Unter-suchungsbereich Breckenheim waren darüber hinaus auch parallel verlaufende Fahrstraßen für Baufahrzeuge sowie die Trassen für umzulegende Ferngasleitungen untersuchungsrelevant, so dass dort mit 14119 m² das größte Areal ausgegraben werden musste. Insgesamt belief sich die zwischen dem 3. März und 12. Dezember 1997 untersuchte Grabungsfläche in den genannten fünf Untersuchungsbereichen auf 26087 m².

Während der in der bandkeramischen Siedlung von Weilbach laufenden Untersuchungen wurden durch die Baggerarbeiten zur Verlegung einer Ferngasleitung etwas weiter südöstlich in der Gemarkung Weilbach die ersten unerwarteten Befunde aufgedeckt; dazu gehörte auch eine Grube aus der 1. Hälfte des 1. Jh. n. Chr., die mehrere Fibeln und anderes datierendes Fundmaterial lieferte. Die „Wissenschaftliche Baugrund-Archäologie e. V." führte mit Zustimmung des LfD die Freilegungsarbeiten mit einigen Grabungshelfern und eigenen Mitteln unter erheblichem Zeitdruck durch.

Eine weitere Fundstelle war im Oktober 1997 zu untersuchen. Vom BAB-Kreuz Wiesbaden wurde ein Abzweig der ICE-Strecke nach Wiesbaden vorgesehen, wo vor allem in der Gemarkung Erbenheim zahlreiche Fundstellen bekannt waren und durch die Baumaßnahme in Gefahr standen, zerstört zu werden; in der Mehrzahl dürften sie der Eisenzeit, insbesondere der jüngeren Eisenzeit angehören. Da das Planfeststellungsverfahren in diesem Bauabschnitt bereits 1994 ohne Einbeziehung der Archäologischen Denkmalpflege erfolgt war, bestand keine Möglichkeit mehr, dort ebenfalls archäologische Voruntersuchungen zu verlangen. Eine dieser Fundstellen, die bereits seit vielen Jahren immer wieder begangen worden ist, schien allerdings wissenschaftlich besonders wichtig. Es handelte sich um eine Fundstelle, die immer wieder Hinkelstein-Keramik geliefert hatte; eine Hinkelstein-Siedlung war bis dato in Hessen nicht untersucht worden. Da die

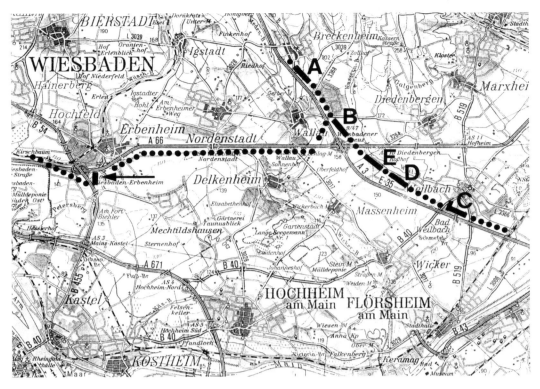

Abb. 2. Lage der Fundstellen A–E im Verlauf der ICE-Trasse Köln-Rhein/Main. Der Pfeil markiert den Hinkelstein-Siedlungsplatz. Kartengrundlage: TK C5914 Wiesbaden, Ausgabe 1994 (M. 1:100.000).

Bahn AG als Grundeigentümerin die Grabungsgenehmigung gab, die Kostenübernahme allerdings versagte, wurde eine vierwöchige Ausgrabung mit Mitteln des LfD und der „Wissenschaftlichen Baugrund-Archäologie e. V." durchgeführt. Die im Zuge dieser Ausgrabung untersuchte Fläche umfasste weitere 2137 m². Für jeden der Untersuchungsbereiche war eine örtliche Ausgrabungsleiterin bzw. ein -leiter mit umfassender Grabungserfahrung eingesetzt, ihnen zugeordnet wurden Archäologinnen oder Archäologen in der Funktion von Grabungstechnikern, die allerdings z. T. entsprechende Aufgaben an verschiedenen Fundstellen zu übernehmen hatten. Die organisatorische und wissenschaftliche Gesamtleitung wurde Dr. Robert Heiner übertragen, der auf reiche Erfahrungen bei der Durchführung einer Vielzahl von Auftragsausgrabungen zurückgreifen konnte. Dennoch überstiegen die organisatorischen Erfordernisse dieses Grabungsunternehmens oftmals jedes vertretbare Maß, da Herrn Heiner - wie gesagt - gleichzeitig auch die Verantwortung für die wissenschaftliche Leitung dieser Großgrabung vor Ort übertragen wurde. Herr Heiner konnte der Doppelaufgabe in jeder Hinsicht gerecht werden, dennoch muss als Konsequenz aus dieser Erfahrung resultieren, dass die wissenschaftliche und organisatorische Leitung eines Vorhabens in dieser Größenordnung unbedingt getrennt werden sollte, wenngleich beide Verantwortungsbereiche nur Hand in Hand operierend zu einem optimalen Ausgrabungsergebnis führen können. Auf die besonderen Probleme während der fast zehnmonatigen Ausgrabung geht R. Heiner in seinem Beitrag „So etwas wie ´Just-in-Time-Archäologie´. Zum Charakter der Untersuchungen auf der ICE-Trasse zwischen Taunus und Main" detaillierter ein, was für die Planung und Ausführung einer ähnlich umfangreichen Ausgrabung in der Zukunft eine Hilfe sein möge.

Die Durchführung des Projektes wurde von Marburg aus gesteuert, wobei die Kollegen aus Frankfurt während bestimmter Phasen des Unternehmens stets mit Hilfe und fachlichem Rat zur Seite standen, was vor allem die Ausgrabungen in der bandkeramischen Siedlung von Weilbach und die in der eben genannten Hinkelstein-Siedlungsstelle betrifft. Fachlich beratend stand auch jederzeit B. Pinsker vom Museum Wiesbaden, Sammlung Nassauischer Altertümer, zur Verfügung, insbesondere hinsichtlich der komplizierten Befunde in Breckenheim.

Eine gewisse Schwierigkeit machte die gleichzeitige Zusammenstellung mehrerer arbeitsfähiger Grabungsmannschaften mit wenigstens zum Teil erfahrenen Ausgräbern. Da die Arbeiten zum Ende der Semesterferien begannen, standen fast keine Fachstudenten zur Verfügung. Durch die langjährige Praxis in der Durchführung von Auftragsgrabungen verfügt die „Wissenschaftliche Baugrund-Archäologie e. V." jedoch über eine Gruppe ausgrabungserfahrener und hochmotivierter Grabungshelfer, die auch diesmal während der gesamten Untersuchungszeit zur Verfügung standen und sozusagen das Rückgrat für dieses Grabungsunternehmen darstellten. Darüber hinaus konnten Archäologen und Archäologiestudenten aus EU-Ländern, insbesondere aus Großbritannien und Schweden gewonnen werden, die dann z. T. ebenfalls zum festen Stab der Grabungsmannschaft zählten und später auch Leitungsfunktionen übernahmen. Hervorzuheben sind ebenfalls die guten Erfahrungen mit den über die Arbeitsämter Frankfurt und Wiesbaden vermittelten Arbeitslosen und Arbeitssuchenden, die sich in den meisten Fällen als handfeste und sehr interessierte Mitarbeiter erwiesen. Im Verlauf des Sommers wurden während längerer Grabungsabschnitte bis zu 45 Grabungshelfer gleichzeitig beschäftigt, was hinsichtlich der Unterbringung und der allgemeinen Logistik gelegentlich gewisse Engpässe verursachte; insbesondere während bestimmter Messezeiten in Frankfurt. Durch viel Erfahrung und mit einem großen Maß an Umsicht gelang es R. Heiner allerdings immer wieder, auftretende Schwierigkeiten zu lösen.

Nach dem erfolgreichen Abschluss der Geländearbeiten am 12. Dezember 1997 begann die Aufarbeitung der Befunde und die Bearbeitung der Funde; Bronze-, Eisen- und andere Kleinfunde übernahm dankenswerterweise die Restaurierungswerkstatt des Museums Wiesbaden, um für eine erste Konservierung zu sorgen, da die Werkstätten des LfD wegen der vordringlichen Restaurierung der Funde aus dem Fürstengrabhügel vom Glauberg keinerlei Kapazitäten für die Bearbeitung anderer Fundgegenstände freistellen konnten.

Zahlreiche Wissenschaftler der Prähistorie, Bodenkunde, provinzialrömischen Archäologie sowie Archäobotaniker und Pollenanalytiker besuchten die verschiedenen Ausgrabungsstellen - teilweise in regelmäßigen Abständen - und standen mit Rat, Tat und Diskussionsbereitschaft bei schwierigen Befunden zur Verfügung. Allen, die an diesem Großunternehmen in recht vielfältiger Weise mitgewirkt und ihren Teil zum Gelingen beigetragen haben, sei an dieser Stelle herzlich gedankt. Ohne diese ständige fachliche Beratung hätte vieles nicht in befriedigender Weise geklärt und interpretiert werden können.
Zur Vervollständigung der Grabungsdokumentation und für die magazingerechte Aufbereitung der Funde blieben einige Mitarbeiter teilweise noch mehrere Monate bei der „Wissenschaftlichen Baugrund-Archäologie e. V." beschäftigt, so dass die Grabungsleiterinnen und -leiter auch unmittelbar nach Beendigung der einzelnen Grabungsabschnitte ihre Grabungsberichte und die Beiträge für die vorliegende Veröffentlichung abfassen konnten, die allerdings lediglich als erste wissenschaftliche Vorberichte gewertet werden können. Die eigentliche wissenschaftliche Bearbeitung der Funde und Fundstellen wird Einzelbearbeitungen im Rahmen von Magisterarbeiten und anderen im Umfang begrenzten Themenstellungen an den Universitäten Marburg und Frankfurt vorbehalten bleiben, die jedoch erst beginnen können, wenn im LfD Kapazitäten für die Restaurierung von Funden gegeben sein werden. So konnten beispielsweise die Urnen aus dem urnenfelderzeitlichen Gräberfeld von Diedenbergen - abgesehen von einer Werkstattuntersuchung (s. u.) - bis heute nicht einmal ausgegipst werden, an eine restauratorische Bearbeitung ist derzeit nicht zu denken. Hiermit wird eine der wesentlichen Bestrebungen der „Wissenschaftlichen Baugrund-Archäologie e. V." angesprochen: Die Förderung des wissenschaftlichen Nachwuchses in der Weise, dass Ausgrabungen die Grundlage und das Material für wissenschaftliche Bearbeitungen liefern sollen. An dieser Stelle ist dann auch ganz allgemein die Frage nach der Zielsetzung der „Wissenschaftlichen Baugrund-Archäologie e. V." zu stellen und zu beantworten: Ist sie eine Grabungsfirma, wie inzwischen viele andere auch, oder wird ihr Engagement durch andere als primär kommerzielle Interessen bestimmt?

Als im Jahre 1986 das Hessische Denkmalschutzgesetz novelliert wurde und die eingangs zitierten Paragraphen in das Gesetz aufgenommen wurden, ergab sich für die Institute für Vor- und Frühgeschichte an den hessischen Universitäten in Marburg, Frankfurt und Gießen eine ungeahnte Chance zur Verbesserung der praktischen Ausbildung der Studenten und zur Berufsqualifizierung examinierter bzw. promovierter Archäologinnen und Archäologen.

Da Forschungs- und Lehrgrabungen, die für die Ausbildung der Fachstudenten eine unerlässliche Notwendigkeit darstellen, jedoch aus verschiedenen Gründen immer seltener angeboten werden konnten, ergaben sich durch dieses Gesetz für die Universitäten neue Möglichkeiten: Während man an den Universitäten nach neuen Wegen für die praktische Ausbildung suchte, verfügte man in den Ämtern der Denkmalfachbehörde nicht über genügend eigenes Personal, um die notwendig werdenden Untersuchungen an gefährdeten archäologischen Objekten durchführen zu können; das neue Gesetz stellte die finanzielle Absicherung für die Durchführung der notwendigen Ausgrabungen nun von dritter Seite in Aussicht.

In dieser Situation entschlossen sich Wissenschaftler der drei Universitätsinstitute für Vor- und Frühgeschichte in Marburg, Frankfurt und Gießen zur Gründung eines Vereins, um solche Voruntersuchungen in enger Zusammenarbeit mit dem LfD durchführen zu können. Am 6. Februar 1989 wurde in Marburg der Verein „Wissenschaftliche Baugrund-Archäologie" gegründet, der ins Vereinsregister eingetragen und vom Finanzamt wegen der Zielsetzung - Unterstützung denkmalpflegerischer Bemühungen - als besonders förderungswürdig im Sinne der Abgabenordnung anerkannt wurde. Die Zielsetzung ist in § 2,1 der Satzung klar definiert:

„Zweck des Vereins ist die wissenschaftliche Erforschung prähistorischer und historischer Kulturhinterlassenschaften, soweit diese durch Baumaßnahmen jeglicher Art sowie sonstige Bodeneingriffe in Gefahr geraten, zerstört zu werden. Er will auf diese Weise die Förderung der Denkmalpflege betreiben. Zu diesem Zweck führt der Verein archäologische Voruntersuchungen und Ausgrabungen in Absprache mit der amtlichen Bodendenkmalpflege durch; er garantiert die Archivierung der Ausgrabungsdokumentation bei den Ämtern der staatlichen Bodendenkmalpflege und sorgt in geeigneter Form für wissenschaftliche Veröffentlichung. Über den Verbleib des Fundmaterials entscheidet das zuständige Landesdenkmalamt."

Es heißt weiter in der Satzung, dass der Verein nicht in erster Linie wirtschaftliche Zwecke verfolgt. Bei Auflösung des Vereins ist das Vermögen zu gleichen Teilen den drei Universitätsinstituten und dem LfD für Zwecke der Bodendenkmalpflege bzw. der archäologischen Forschung zur Verfügung zu stellen.

Aus diesen wenigen Zitaten aus der Satzung wird man das grundsätzliche Anliegen des Vereins entnehmen können: Er möchte unter Beachtung der wissenschaftlichen Verantwortung im Dienst der archäologischen Forschung und Denkmalpflege tätig werden, wobei er nicht primär als Wirtschaftsunternehmen auf- oder antritt. Die von der „Baugrund-Archäologie" durchzuführenden Voruntersuchungen und Ausgrabungen werden unter dem fachlichen Gesichtspunkt übernommen, die Ergebnisse der jeweiligen Aktivität nach Möglichkeit durch eine Examensarbeit auswerten zu lassen, sofern Befunde und Umfang des Fundmaterials dies als sinnvoll erscheinen lassen. Größere Grabungen sollen eigentlich immer zur Grundlage von Forschungsarbeiten gemacht werden. Sofern der jeweilige Ausgrabungsleiter jedoch selbst die wissenschaftliche Bearbeitung übernehmen möchte, wird dies selbstverständlich berücksichtigt. Alle Grabungsaktivitäten bemühen sich - wie bereits gesagt - grundsätzlich um eine praxisorientierte und praxisintensivierte Ausbildung von Fachstudenten. Zur leichteren Umsetzung dieses Ziels wurde mit der Philipps-Universität Marburg am 6. September 1994 ein Kooperationsvertrag geschlossen, in dem gegenseitige Hilfestellungen zur Umsetzung der ausbildungsbezogenen Bemühungen der Universität einerseits und des Vereins andererseits vereinbart wurden.

Der zeitliche Ablauf einer archäologischen Voruntersuchung beginnt in aller Regel mit der Anfrage eines Bauträgers bzw. des Verursachers eines denkmalschädigenden Bodeneingriffs. Daraufhin wird ein Angebot vorgelegt, das in keinem Fall die Ausgrabung eines Objektes oder die Beendigung einer archäologischen Voruntersuchung innerhalb einer bestimmten Zeit zusagt, andererseits muss dieses Angebot aber mit solchen kommerzieller Anbieter konkurrieren können, was nicht selten ein nur schwer zu lösendes Problem darstellt, denn eine Ausgrabung kann immer zu nicht vorhersehbaren Befunden und damit gleichzeitig auch zu nicht vorhersehbaren zeitlichen Verzögerungen führen; jeder Archäologe wird diese Erfahrungen schon gemacht haben. Im Sinne wissenschaftlicher Verantwortung ist solchen Befunden aber in jedem Fall gerecht zu werden. Die Verhältnismäßigkeit der Maßnahmen darf dabei selbstverständlich nicht übersehen werden. Die „Wissenschaftliche Baugrund-Archäologie e. V." bietet deshalb eine fachbezogene Leistung für einen begrenzten und nicht selten auch mit der Denkmalfachbehörde abgestimmten Zeitraum zu einem kostendeckenden Preis an. Der Verein und seine Mitarbeiter wollen sich aber keinen Zeit- oder Terminzwängen fügen, die archäologische Sorgfalt und Verantwortung sollen vorrangige Priorität haben. Je nach Untersuchungsobjekt werden ohne Zeitvorgaben und Zeitbegrenzungen unter Umständen auch nur Tagessätze für den Einsatz des Personals einschließlich der Sachleistungen angeboten; gegebenenfalls werden auch Preise pro Grabungs-Quadratmeter einschließlich aller Leistungen angeboten. In solchen Fällen wird dann die Ausgrabung so lange fortgesetzt, bis das Untersuchungsziel im Einvernehmen mit der Denkmalfachbehörde als erreicht angesehen werden kann. So wurde auch bei den Ausgrabungen auf der ICE-Trasse verfahren, wobei eine ständige Begutachtung des Grabungsfortgangs und ein ständiger Gedankenaustausch zwischen der Deutschen Bahn AG, dem LfD und der „Wissenschaftlichen Baugrund-Archäologie" stattfand.

Nach Auftragserteilung wird die Vorbereitung und Organisation einer archäologischen Maßnahme jeweils von einem der dem Verein angeschlossenen Universitätsinstitute - meist das regional nächstgelegene, fachliche Schwerpunkte können dabei allerdings auch maßgebend sein - durchgeführt, sofern dort ausreichende personelle Kapazitäten gegeben sind. Auch Kooperationen zwischen den Instituten sind möglich, wie es bei der abgeschlossenen Großgrabung der Fall war.

Soweit es möglich ist, werden die dem Verein übertragenen Untersuchungen in die vorlesungsfreie Zeit gelegt, um vorzugsweise Fachstudenten die Teilnahme zu ermöglichen. Als Grabungsleiter werden promovierte oder magistrierte Prähistorikerinnen und Prähistoriker eingestellt, die aus den dem Verein angeschlossenen Instituten, zu denen seit Ende 1991 auch das Institut für Vor- und Frühgeschichte der Universität Bonn gehörte, hervorgegangen sind; Voraussetzung ist natürlich eine reiche, schon während der Studienzeit erworbene Ausgrabungserfahrung. Hierdurch wird nicht nur ein kleiner Beitrag zur derzeit sehr angespannten Arbeitsmarktsituation für Archäologen geleistet, sondern Berufsanfängern wird unter tarifangeglichenen Bedingungen während einer begrenzten Zeit auch die Möglichkeit zur Qualifikation geboten. Die Übernahme einer Grabungsleitung und eine erfolgreiche Durchführung der Maßnahme bei der „Wissenschaftlichen Baugrund-Archäologie e. V.", die für den Grabungsleiter zwangsläufig mit engen Kontakten zum jeweiligen Denkmalamt verbunden ist, hat bereits in mehreren Fällen zur Übernahme in Zeit- oder gar Dauerstellen in diesen Ämtern geführt. So kann zwar einerseits eine gewisse Fluktuation bei der Übernahme von Grabungsleitungen gegeben sein, andererseits stehen aber auch bereits über Jahre hinweg einige Archäologen zur Verfügung (Dr. R. Heiner, Dr. D. Vorlauf), die ganz gezielt entsprechend ihrer jeweiligen Erfahrungsbreite (z. B. Stadtkerngrabungen) eingesetzt werden können. Alle Grabungsleiter, Grabungstechniker und Grabungshelfer werden in der Regel nur projektbezogen eingestellt, was allerdings je nach Untersuchungsobjekt auch bis zu einem Jahr oder länger erfolgen kann; insbesondere dann, wenn nach einer größeren archäologischen Ausgrabung die Weiterbeschäftigung zur Ausarbeitung des Grabungsberichts und zur Aufarbeitung der Dokumentation bis zur Übergabe an das Landesamt notwendig wird.

Wie bereits erwähnt, arbeitet die „Wissenschaftliche Baugrund-Archäologie" nicht gewinnorientiert, sondern kostendeckend. Verbleibende Überschüsse werden satzungsgemäß zur „Förderung von Fortbildungsmöglichkeiten für fortgeschrittene Studenten und Berufsanfänger in den verschiedenen archäologischen Fachrichtungen durch Kooperation mit der jeweiligen Universität" eingesetzt; so die Formulierung in der Satzung des Vereins. Ganz wesentliche Aufgaben zur Förderung der Archäologie konnten in der Vergangenheit bereits mit Überschussmitteln des Vereins finanziert werden, z. B. Weiterbildungsmaßnahmen in Form von mehrtägigen Blockseminaren über Osteologie, statistische Verfahren in der Archäologie, „New Archaeology", Archäobotanik, moderne Prospektionsmethoden usw. Ferner wurden immer wieder Gastvorträge und Fachpublikationen finanziert, der Ankauf einer Fachbibliothek für ein Institut wurde ermöglicht, Lehr- und Forschungsgrabungen konnten durchgeführt und junge Wissenschaftler für kürzere Fristen mit Forschungsmitteln unterstützt werden. Der Nutzen für das Fach allgemein und für die beteiligten Institute im Besonderen ist somit unübersehbar.

In Hessen hat die „Wissenschaftliche Baugrund-Archäologie e. V." seit Ihrer Gründung im Jahre 1989 bis Ende 1997 genau 50 archäologische Auftrags-Ausgrabungen durchgeführt, darunter drei Großprojekte: Im Marburger Landgrafen-Schloß wurde in den Jahren 1989 und 1990 während 15 Monaten ausgegraben, um eine Vorgängerburg innerhalb des bestehenden Baukörpers zu erfassen. Diese Ausgrabung machte den Einsatz von großtechnischen Maßnahmen notwendig, da eine bis dato unbekannte Burganlage der Salierzeit (9./10. Jh. bzw. 11. Jh.) bis in eine Tiefe von 8 m freigelegt, konserviert und zugänglich gemacht werden sollte. Im Frühsommer des Jahres 1992 war eine Flächengrabung in Dortmund durchzuführen, wo eine eisenzeitliche Siedlung auf einer Gesamtfläche von 1,2 ha untersucht wurde. Erschwerend war dort die Vorgabe, die Untersuchung innerhalb einer zeitlichen Begrenzung von drei Monaten zu einem Ende bringen zu müssen, was nur durch den Einsatz von bis zu 40 Grabungshelfern, meist irischen Fachstudenten, die zu dieser Zeit bereits Semesterferien hatten, zu realisieren war.

Bei der dritten Großgrabung handelte es sich nun um die Untersuchungen auf der ICE-Trasse, welche Gegenstand des vorliegenden Bandes sind, die fast zehn Monate dauerte und an der zehn Prähistorikerinnen und Prähistoriker mit wissenschaftlichem Abschluss und insgesamt 83 weitere Mitarbeiter beteiligt waren. Zu Spitzenzeiten wurden insgesamt bis zu 45 Grabungshelfer gleichzeitig beschäftigt.
Allen Mitarbeitern vor Ort, den stets hilfsbereiten Kollegen und Kolleginnen sowie den Autoren der folgenden Beiträge sei nochmals für ihren Einsatz gedankt; den Autoren insbesondere auch für ihre Bereitschaft zur schnellen Abfassung und Vorlage der Grabungsbefunde, denn erfahrungsgemäß verzögert sich in vielen Fällen durch die Übernahme anderweitiger Aufgaben selbst die Veröffentlichung von Vorberichten unverhältnismäßig lang; nicht selten wird unter solchen Zwängen dann auf eine Vorlage ganz verzichtet. So darf die vorliegende Veröffentlichung der Grabungsberichte ebenfalls als positives Ergebnis dieser Großgrabung gewertet werden.

So etwas wie „Just-in-Time-Archäologie"

Zum Charakter der Untersuchungen auf der ICE-Trasse zwischen Taunus und dem Main

Von Robert Heiner

> *Fürwahr, es war gräßlich,*
> *aber es war schön.*
> *Victor Hugo*

Die archäologischen Voruntersuchungen im Zusammenhang mit der ICE-Neubaustrecke Köln-Rhein/Main zwischen März und Dezember 1997 fanden unter besonderen Voraussetzungen statt und führten zu ganz eigenen Ausgrabungssituationen. Zum besseren Verständnis der Rahmenbedingungen und der archäologischen Vorgehensweise bei diesem Projekt seien einige Erläuterungen vorangestellt.

Allgemeine Rahmenbedingungen und Vorgehensweise

Der Bau der neuen ICE-Verbindung von Köln nach Frankfurt war schon seit Jahren geplant, die Streckenführung im hier interessierenden Gebiet zwischen Taunus und Main, bis auf die Einbindung der Stadt Wiesbaden selbst, seit einiger Zeit festgelegt. Dass es für die archäologischen Voruntersuchungen in diesem bekanntermaßen an archäologischen Kulturdenkmälern sehr reichen Siedlungsraum trotzdem zu sehr kurzfristig einberaumten und dadurch eng begrenzten Rettungsuntersuchungen in sehr knappem zeitlichen Rahmen kam, hatte verschiedene Ursachen (s. u.)[1].

Die Beauftragung für die Durchführung der Voruntersuchungen erfolgte im unmittelbaren Vorfeld der geplanten Baumaßnahmen, so dass nur eine sehr kurze Vorlaufzeit blieb. Um den wegen der unmittelbar bevorstehenden Bauarbeiten ursprünglich ins Auge gefassten Rahmen von einigen Wochen für die einzelnen Grabungen nicht noch zusätzlich einzuschränken, musste daher ein umgehender Grabungsbeginn angestrebt werden. So blieben für die Vorbereitung und Konzeption der Ausgrabungen, die Anwerbung der Grabungsmannschaften und für die Bereitstellung der gesamten Logistik kaum zwei Wochen Zeit. In der

---

[1] Siehe auch den ersten Beitrag in der vorliegenden Veröffentlichung.

Regel standen zudem bei Ausgrabungsbeginn weder für die Durchführung der Baumaßnahmen auf dem Gelände der verschiedenen Untersuchungsflächen noch für die jeweiligen archäologischen Untersuchungen der Zeitrahmen und die konkrete Vorgehensweise fest, so dass eine zeitlich vorausschauende archäologische Planung nicht möglich war.

Dementsprechend unterlagen die Grabungen einem großen Zeitdruck, so dass, je nach Befundlage auf den Flächen, diese entweder weitgehend, teilweise oder auch nur zu einem geringen Teil archäologisch geklärt werden konnten. Ohnehin waren die zu untersuchenden Bereiche strikt auf die von den Baumaßnahmen unmittelbar betroffenen Flächen zu beschränken, einer Erweiterung standen zudem meist auch Eigentumsverhältnisse entgegen. Auch die Form der Untersuchungsflächen, die von 4 m breiten und meist mehrere 100 m langen Prospektionsschnitten ausgingen und anschließend, wenn Befunde zutage kamen, bereichsweise maximal auf Trassenbreite erweitert wurden, eignete sich oft eher, viel Verschiedenes in kleinen Teilen anzuschneiden, als interpretierbare Befundareale in größerem Umfang zu erfassen. Eine umfassende Klärung und Einordnung der archäologischen Befunde ließ sich auf diese Weise nicht immer erreichen. Unter diesen Arbeitsbedingungen war somit ein Vorgehen streng „nach Lehrbuch" selten möglich. Hinzu kamen die stellenweise außerordentliche Funddichte, die Inhomogenität der Befunde und die vor allem in Breckenheim[2] komplizierten und schwer zu durchschauenden Bodenverhältnisse, was in Anbetracht des eingeschränkten Zeitrahmens eine Arbeitsweise, die allen Befunden optimal hätte gerecht werden können, nicht erlaubte. So wäre beispielsweise angesichts der völlig ungleichmäßigen Bodensituation in der „Wallauer Hohl" ein allmähliches Tiefergehen in mehreren Straten erforderlich gewesen, um die Befunde optimal zu erfassen. Dies war aufgrund der großen Flächen aber nur an manchen Stellen möglich.

Die einzelnen Grabungsstellen[3]

Die Untersuchungen in Wallau „Ohlen Born" (Untersuchungsbereich B) und Weilbach „Feldweingarten" (Untersuchungsbereich C) deckten keine denkmalpflegerisch relevanten Befunde auf und blieben deshalb auf die Prospektionsschnitte begrenzt. Sie ließen sich daher problemlos im ursprünglich geplanten Zeitrahmen von einigen Wochen durchführen[4].

Bei der Untersuchung nahe der „Elisabethenstraße" bei Diedenbergen (Untersuchungsbereich E) konnte eine weitgehend vollständige Ausgrabung und Dokumentation der vorhandenen Befunde erfolgen, da lediglich in einem Teil des 400 m langen und 4 m breiten Suchschnitts archäologische Hinterlassenschaften zutage kamen, und die zu untersuchende Fläche deshalb nur in diesen Bereichen auf die halbe oder teilweise auch gesamte Breite des von den Baumaßnahmen betroffenen Geländes ausgedehnt wurde. Eine vollständige Klärung der Befunde war aber nicht überall möglich, da beispielsweise Baubefunde unmittelbar an der Trassengrenze lagen oder über diese hinausreichten[5]. Auch hatten an diesem Platz Raubgräber nachts oder am Wochenende Befunde (hier Urnengräber) gestört bzw. sogar zerstört.

Während der Untersuchung Weilbach „Wickerer Feld" (Untersuchungsbereich D) gelang es wegen der Befunddichte und -ausdehnung nicht mehr, alle durch die Baumaßnahmen gefährdeten Flächen aufzudecken. Die Freilegung großer Teile des betroffenen Areals und eine den Umständen entsprechende Dokumentation war jedoch möglich[6].

---

[2] Vgl. die Beiträge von R. Heiner und A. Semmel zur Grabung Wiesbaden-Breckenheim „Wallauer Hohl".
[3] Für eine Gesamtkartierung der Fundstellen siehe Abb. 2 im Beitrag von C. Dobiat.
[4] Vgl. die Beiträge von K. M. Schmitt/R. Heiner und D. Vorlauf.
[5] Siehe den entsprechenden Beitrag von I. Görner.
[6] Ausführlich dazu im Beitrag von E. Mattheußer/U. Söder.

Abb. 1. Wiesbaden-Breckenheim „Wallauer Hohl". Ausgrabungssituation an der A 3 im Oktober 1997.

Da aufgrund der noch nicht abschließend geklärten Grundbesitzverhältnisse an der Autobahn bei Breckenheim „Wallauer Hohl" (Untersuchungsbereich A) der Baubeginn noch nicht unmittelbar bevorzustehen schien, wurde hier erst spät mit den Ausgrabungen begonnen. Gerade diese Flächen stellten sich jedoch dann sowohl als außerordentlich fundreich wie auch bodenkundlich kompliziert heraus, so dass hier keine Möglichkeit bestand, alle befundführenden Bereiche in archäologisch angemessener Weise auszugraben. Man musste sich darauf beschränken, ausgewählte Teile der betroffenen Flächen freizulegen, wobei die freigelegten Befunde nicht immer vollständig ausgegraben und dokumentiert werden konnten[7]. Zudem gestaltete sich die Einbindung der archäologischen Untersuchungen in die Baumaßnahmen komplizierter als an den anderen Grabungsstellen. Da hier die besonderen Probleme einer solchen Maßnahme inmitten eines komplex strukturierten Bauplatzes am deutlichsten zutage traten, soll das organisatorische Umfeld unten noch etwas ausführlicher dargestellt werden.

Unvorhergesehenerweise kam zu den geplanten Maßnahmen die Rettungsuntersuchung Weilbach „Ruhrgastrasse" hinzu. Archäologische Voruntersuchungen auf der ICE-Trasse waren nur an den Stellen vorgesehen, wo konkrete Hinweise auf archäologische Denkmäler aufgrund älterer Erkenntnisse vorlagen. Für die im Rahmen der ICE-Baumaßnahmen nötig gewordene Umlegung von Ferngasleitungen musste man nun aber kilometerlange tiefe Gräben durch das Gelände ziehen, die, je nach den verwendeten Arbeitsmaschinen, guten bis ausgezeichneten Einblick in den Boden erlaubten und des öfteren archäologische Befunde freilegten. An einigen Stellen, in besonderem Maße kurz vor dem Main bei Weilbach, wurden dadurch besonders viele vorgeschichtliche Gruben etc. angeschnitten. Für archäologische Maßnahmen waren diese außerhalb der festgelegten Untersuchungsareale befindlichen Flächen nicht vorgesehen und ließen sich auch nachträglich nicht mehr einbeziehen. Unter Absprache mit dem Landesamt für Denkmalpflege Hessen, Abt. Archäologische und Paläontologische Denkmalpflege (LfD), und den beteiligten Firmen, wurden aber die Ausschachtungsarbeiten am Graben zwischen Weilbach und der Niederterrasse des Main beobachtet und die freigelegten Befunde eilig untersucht und dokumentiert. Dies geschah mit Mitteln der „Wissenschaftlichen Baugrund-Archäologie e. V." und durch einzelne Mitarbeiter der laufenden Grabungen[8].

---

[7] Siehe den Beitrag: R. Heiner, Breckenheim, Stadt Wiesbaden, „Wallauer Hohl".
[8] Siehe den Beitrag: R. Heiner, Weilbach, Gemeinde Flörsheim, „Ruhrgastrasse".

Einbindung der Voruntersuchung Breckenheim „Wallauer Hohl" in die Baumaßnahmen

Die Situation an der A 3 zwischen Breckenheim und Wallau, unmittelbar nördlich des Wiesbadener Autobahnkreuzes, war in besonderem Maße kompliziert, da man an dieser Stelle nicht nur die ICE-Strecke baute, sondern auch alte Ferngasleitungen entfernen sowie Leitungen in neuer Trasse verlegen mußte. Darüber hinaus nahm hier der Einschnitt für den Breckenheimtunnel seinen Anfang, der einen ganz eigenen Maßnahmenkomplex nach sich zog. Hierzu gehörten insbesondere die Verlegung der Landstraße und der Bau einer unmittelbar neben der ICE-Trasse verlaufenden Umgehungsstraße für Wallau, was ebenfalls zum archäologisch zu begleitenden Areal zählte. Außerdem setzte an dieser Stelle die Abzweigung der ICE-Stichstrecke nach Wiesbaden ein, die am Wiesbadener Autobahnkreuz in die Hauptlinie einmündet. Beinahe jede dieser Maßnahmen wurde von einer eigenen Bauleitung und anderen Firmenkonsortien durchgeführt, oft sogar von einer eigenen Bauüberwachung kontrolliert und gelenkt. Die Gesamtkoordination lag in Händen der für den Planungsabschnitt von Limburg bis zum Main („Los C", im Breckenheimer Bereich Abschnitt 33.3) zuständigen Projektleitung.

An dieser Stelle bei Breckenheim war also bei nicht planungsgemäßem Bauablauf eines einzigen dieser Teilprojekte mit Komplikationen in schwer zu übersehendem Umfang zu rechnen. Ein Grund für weitere Unwägbarkeiten lag zudem im Erwerb der erforderlichen Grundstücke, denn die Widerstände gegen die ICE-Trasse waren gerade in diesem Bereich erheblich. So gingen mehrere Grundstücke erst unmittelbar vor Grabungsbeginn in den Besitz der Deutschen Bahn AG über. Auch aus diesem Grund wäre ein früherer Grabungsbeginn in der „Wallauer Hohl" bei Breckenheim nicht möglich gewesen.
Zu einem grundsätzlichen Problem bei diesen Untersuchungen wurden deshalb die stark eingeschränkten Planungsmöglichkeiten aufgrund der komplexen und zeitlich kaum präzise festlegbaren Abläufe der Baumaßnahmen. Es begann damit, dass man entgegen den ursprünglichen Planungen, nach denen südlich von Breckenheim zuletzt mit dem Beginn der Bauarbeiten zu rechnen sei, diese dann hier zuerst, und in größerem Umfang als uns zuvor bekannt war, in Angriff nahm. Auch die Bauabfolge der einzelnen Teilprojekte auf dieser Fläche verschob sich noch während der Untersuchung mehrfach, so dass wiederholt noch nicht abgeschlossene Grabungsflächen sozusagen von heute auf morgen vorübergehend liegengelassen und dafür aufgrund veränderter Bauplanung andere Flächen unverzüglich bearbeitet werden mussten.

Noch während der Arbeiten am ersten Prospektionsschnitt zeigte sich, dass die Bauarbeiten an dieser Stelle früher als erwartet beginnen würden. Da aufgrund der Befunddichte und ihrer Komplexität, aber auch wegen der schwierigen Bodensituation, an einen raschen Abschluss der Ausgrabungen gar nicht zu denken war, stellte sich die Frage, ob man überhaupt noch - und gegebenenfalls in welchem Maße - Ausgrabungen neben den bald beginnenden Bautätigkeiten durchführen könnte. Ob genügend „Spielräume" für archäologische Untersuchungen zwischen den diversen Bauprojekten auf diesem Gelände würden geschaffen werden können, war jedoch auf verlässliche Weise im Vorfeld nicht zu ergründen. Es konnte aber geklärt werden, dass keiner der Betroffenen die Möglichkeit ausschloss, parallel zueinander Bauarbeiten und archäologische Untersuchungen laufen zu lassen. Im Sinne der Archäologie bestand also Anlas zur Hoffnung, dass voraussichtlich keines der Einzelprojekte die gesamte Baufläche würde in Beschlag nehmen müssen. Nach intensiven Gesprächen mit den verschiedenen Beteiligten kam man sodann überein, dass man es - eine gewisse Risikobereitschaft auf allen Seiten vorausgesetzt - versuchen wolle.

Nachdem der erste Suchschnitt von 300 m Länge und 4 m Breite im gesamten Bereich zahlreiche archäologische Befunde verschiedener Perioden erbracht hatte, entwickelte sich die weitere Vorgehensweise nun so, dass jeweils für einen absehbaren Zeitraum, meist etwa vier Wochen, mit den Beteiligten besprochen und geregelt wurde, wo und in welchem Umfang Flächenerweiterungen vorzusehen waren; entsprechend der Befundlage und unter Berücksichtigung der bevorstehenden bzw. der bereits laufenden Baumaßnahmen auf dem Gelände.

Abb. 2. Wiesbaden-Breckenheim „Wallauer Hohl". Ausgrabungssituation während der Gasleitungsverlegung im August 1997. Parallel zu den Bauarbeiten fanden archäologische Untersuchungen an den tiefliegenden Bachbettverfüllungen in einem Grabungsschacht hinter dem Kleinbus im Vordergrund statt.

Über eine Zeitspanne von mehr als etwa vier Wochen hinaus war ohnehin aufgrund des kompliziert verlaufenden Baufortschritts, ein archäologisches Planen grundsätzlich nicht möglich. Und selbst für diese Arbeitsperioden von etwa einem Monat bestand keine vollständige Planungssicherheit, da es eben auch passieren konnte, dass nach kurzfristig modifizierter Bauplanung bestimmte Areale unverzüglich untersucht werden mussten, weil an diesen Stellen die Bauarbeiten nun unmittelbar bevorstanden.

Ein klares archäologisches Ablaufkonzept, also eine nach archäologischen Gesichtspunkten organisierte Vorgehensweise, war bei dieser Planungsunsicherheit nicht durchzuführen. So lernte man während dieser Maßnahmen sehr schnell, dass das „A und O" einer den Umständen Rechnung tragenden archäologischen Planung die intensive Informationsbeschaffung hinsichtlich des aktuellen Standes des Baufortschritts wie der Bauplanungen sein würde, um so die sich bietenden Rahmenbedingungen für die archäologischen Maßnahmen bestmöglich auszuschöpfen, ohne dabei die Bautätigkeiten zu behindern und damit Konflikte heraufzubeschwören.

Dies war nun aber ein Problemfeld für sich. Aufgrund der Komplexität der Baumaßnahmen an dieser Stelle war es sehr schwierig, sich kurzfristig, wenn es neu zu planen oder umzuplanen galt, einen Überblick über den aktuellen Stand der Entwicklung der Arbeit und der Planung zu verschaffen. Denn über die zahlreichen Verschränkungen der einzelnen Maßnahmen hinaus achtete jede der Firmen oder Bauleitungen tunlichst darauf, eigene Informationen in für ihre Zwecke angemessener Weise weiterzugeben, um sich selbst einen größtmöglichen Freiraum zu erhalten und sich nicht unnötigen Zwängen auszusetzen. Man betrieb also Informationspolitik. So vermied man beispielsweise feste zeitliche Absprachen dort in jedem Falle, wo keine Verpflichtung dazu drängte. Andererseits war man tunlichst darauf bedacht, verbindliche Zusagen von jedem zu erhalten, um den eigenen Planungsrahmen optimal abstecken zu können. Auf die Frage der Archäologen, wie viel Zeit denn wohl für eine Untersuchung bliebe, wurde ein in Wochen bemessener Zeitrahmen angeboten, nachdem spätestens die Baumaßnahmen zu beginnen hätten, sonst sei der vorgegebene Zeitplan nicht einzuhalten. Gleichwohl stellte sich dann bei vier der sechs Maßnahmen heraus, dass es so eilig dann doch nicht wurde. So kam es eben auch vor, dass eine Ausgrabung wegen angeblich unmittelbar bevorstehender Baumaßnahmen mit Hochdruck zu einem Abschluss geführt wurde, anschließend jedoch die Bauarbeiten auf der ICE-Trasse ganz andere Wege beschritten, als kurz zuvor noch angenommen worden war.

Der einzige Weg, sich dabei zurechtzufinden, war, die Strukturen und die Interessen zu erkennen und mit möglichst vielen der Beteiligten Kontakt herzustellen, ein Vertrauensverhältnis aufzubauen, das den Gesprächspartnern deutlich machen sollte, dass man nicht in erster Linie daran interessiert ist, eigene Interessen gegen jeden anderen durchzusetzen, sondern vielmehr eine Zusammenarbeit anstrebt, die einen möglichst reibungslosen Ablauf der Maßnahmen unter Berücksichtigung der Interessen aller Beteiligten zum Ziel hat. Diese „Kontaktpflege" bezog sich keineswegs immer in erster Linie auf die Bauleitungen. Ebenso wichtig, oft der wichtigere Gesprächspartner, war der „Polier" vor Ort, denn bisweilen konnte nur er den Stand der Arbeiten zuverlässig bestimmen und das Weitere, kurzfristig Abzusehende angemessen einschätzen. Ständiger Austausch mit den Bauleitungen und, soweit möglich, Anwesenheit auf den Bauleitersitzungen waren gleichwohl unverzichtbar.

Nur auf diese Weise, indem man sich ein möglichst zuverlässiges Bild von der jeweils aktuellen Situation machte, kam man in die Lage, selbst am Entscheidungsprozeß teilnehmen zu können und denkmalpflegerischen Gesichtspunkten in der Projektplanung und -durchführung Geltung zu verschaffen.
Dort angelangt, ließen sich archäologische Interessen durchaus mit Erfolg vertreten. Denn die Situation war in der Regel auch von Interessengegensätzen zwischen den verschiedenen, an den Baumaßnahmen Beteiligten geprägt, und ein für archäologische Maßnahmen zusätzlich in Rechnung zu stellender Zeitraum kam in der Regel keineswegs für alle Beteiligten völlig unpassend, sondern unter Umständen dem einen oder anderen ganz gelegen. Daneben bestand durchaus auch von einzelnen Beteiligten offenes Wohlwollen und Hilfsbereitschaft unserer Aufgabe gegenüber. Die Deutsche Bahn AG selbst bzw. die DB Projekt GmbH zeigte in der Regel großes Verständnis für die archäologischen Belange. Ihre Rücksicht, im Rahmen der verwaltungs- und haushaltstechnischen Gegebenheiten, war ebenfalls ein wichtiger Faktor, damit unter den schwierigen Bedingungen ein sinnvolles archäologisches Arbeiten möglich blieb.

Darüber hinaus konnte bei manchem Gesprächspartner und auf allen Ebenen der Entscheidungshierarchie Interesse an der Archäologie sowie Interesse für die freigelegten Befunde und geborgenen Funde geweckt werden. Durch eine Erläuterung der Ausgrabungsziele und eine kurze Darlegung des Standes der archäologischen Arbeiten und ihrer Probleme gelang es bald auch, nicht nur grundsätzliches Verständnis zu gewinnen, sondern zu verdeutlichen, dass der Zeitrahmen bei solchen Arbeiten nicht im selben Maße durch vermehrten Maschinen- oder Personaleinsatz zu komprimieren ist, wie dies Bauarbeiten in vielen Fällen ermöglichen.

Die Grabungsarbeiten im unmittelbaren Umfeld der Ferngasleitungen der Ruhrgas und der Hoechst AG machten auch eine Zusammenarbeit mit der hierfür zuständigen Leitungsüberwachung notwendig. Denn zu diesen unterirdisch verlaufenden Rohrleitungen waren bei allen Arbeiten Sicherheitsabstände zu wahren; auf ihnen durften weder große Lasten abgelagert noch schwere Baumaschinen bewegt werden. Nun war aber ein Teil der Breckenheimer Grabungsflächen nur über diese Leitungen hinweg zu erreichen, da die Autobahn die gegenüberliegende, der Klingenbach die dritte und der Hohlweg der Landstraße die vierte Seite abschnitt. Es haben sich auch hier Lösungen finden lassen, sogar dann, als es stellenweise notwendig wurde, in die Sicherheitsstreifen vorzudringen, um wichtige Befunde zu verfolgen.

Aufgrund der hier noch vorhandenen Altlasten des letzten Krieges wurde an keiner Stelle mit den Ausgrabungen begonnen, bevor nicht die Freigabe der Flächen vom Regierungspräsidenten hinsichtlich alter Kampfmittel vorlag. Eine Freigabe hieß aber nun keineswegs, dass alle Flächen vom Kampfmittelräumdienst auch aktuell abgesucht worden waren; dies ging aus der Freigabe nicht unmittelbar hervor. So hatte man zwar bei der Ausgrabungsstelle Breckenheim das südlich vorgelagerte Gelände bis kurz vor die „Wallauer Hohl" abgesucht, die Grabungsflächen selbst jedoch nicht, so dass dort in zwei Fällen noch Reste von Brandstabbomben während der Ausgrabung zutage kamen. Fortan wurde sicherheitshalber vor Erweiterung oder Neuöffnung von Grabungsflächen zuerst Kontakt mit dem Kampfmittelräumdienst aufgenommen, um gegebenenfalls die Flächen noch kurz vor Grabungsbeginn absuchen zu lassen, was in der Regel auch kurzfristig möglich war. Eine dieser Suchaktionen im Vorfeld der Arbeiten brachte in etwa 2 m Tiefe einen gut erhaltenen, wahrscheinlich latènezeitlichen Mahlstein aus Blasenbasalt zutage, der aufgrund seines Eisengehalts die empfindlichen Geräte hatten ausschlagen lassen!

Kurzfristige Absprachen und Terminvereinbarungen waren auch mit den die Ausgrabungen begleitenden Fachleuten der Geologie, Bodenkunde und Botanik zu vereinbaren, um schnellstmöglich Probleme der Bodensituation zu klären oder botanische Proben bzw. Probebohrungen vorsehen zu können. Für diese wichtige Zusammenarbeit konnten Wissenschaftler gewonnen werden, die mit den regionalen Gegebenheiten vertraut und freundlicherweise auch immer wieder zu kurzfristig vereinbarter Kooperation bereit waren[9].

Zur Logistik

Die Organisation und Gewährleistung eines kontinuierlichen und möglichst reibungsfreien täglichen Arbeitsablaufs war unter diesen Bedingungen nicht immer ein Leichtes. An sich ergeben sich normalerweise keine außergewöhnlichen Schwierigkeiten bei der Zusammenstellung von großen Ausgrabungsmannschaften sowie bei der Bereitstellung von Werkzeug, Material, Unterkunft, Logistik und Infrastruktur. Dass aber innerhalb von nur wenigen Tagen gesamte Strukturen aufgebaut werden mussten, dass während der laufenden Arbeiten in kürzester Frist neue Grabungen an anderen Stellen organisiert, Mannschaften mit Ausrüstung zusammengestellt und bis zu einem Dutzend neue Ausgräber angeworben werden mussten, dass häufig für nicht vorhersehbare Arbeiten oder bei kurzfristigem Ausfall eines Baggers Ersatz zu finden war, um Verzögerungen und somit unwiederbringlichen Zeitverlust zu vermeiden, stellte Anforderungen an die Ausgrabungsleitung, wie man sie in dieser geballten Form aus dem „normalen" archäologischen Alltag sonst nicht gewohnt ist.

Da zeitlich und inhaltlich feste sowie mittelfristig verbindliche Vereinbarungen mit den uns unterstützenden Baufirmen etc. wegen der geschilderten Planungsunsicherheit nicht möglich waren, wurde es immens wichtig, sich nicht auf einzelne Firmen, Zulieferer, Pensionen usw. zu verlassen, sondern in wichtigen Bereichen immer mit mehreren gleichzeitig zusammenzuarbeiten, um bei plötzlich auftretenden Engpässen, Ausfällen oder Unzuverlässigkeiten flexibel reagieren zu können. Dies hatte zwar geringfügig erhöhte Grundkosten zur Folge, und ein erhöhter Organisationsaufwand entstand, aber ohne diesen kalkulierbaren Mehraufwand hätte man sich hin und wieder mit kurzfristig nicht zu lösenden Problemen konfrontiert gesehen. Dem zeitweilig sehr hohen Bedarf an möglichst zuverlässigen und belastbaren Arbeitskräften, der ebenfalls nicht mit entsprechendem zeitlichem Vorlauf einzuplanen war, wurde auf verschiedene Weise begegnet.

---

[9] Für ihre freundliche, spontane und engagierte Unterstützung unserer Maßnahmen möchte ich Frau Dr. A. Stobbe und Dr. A. Kalis, Labor für Archäobotanik des Seminars für Vor- und Frühgeschichte der Johann Wolfgang Goethe-Universität Frankfurt, Frau Dr. A. Kreuz, Institut der Kommission für Archäologische Landesforschung in Hessen, Wiesbaden, B. Starossek, Cölbe, und insbesondere Herrn Prof. Dr. A. Semmel, Hofheim, herzlich danken.

Abb. 3. Wiesbaden-Breckenheim „Wallauer Hohl". Fortgang der Gasleitungsverlegung im September 1997 mit benachbarter Ausgrabungsfläche im linken Bildhintergrund.

Nachdem in den nahegelegenen archäologischen Universitätsinstituten keine Fachstudenten mehr zur Verfügung standen, wurde zuerst im Bekanntenkreis der Mitarbeiter nach Personen gesucht, die geeignet schienen und bereit waren, für einen unbestimmten, aber möglichst längeren Zeitraum mitzuarbeiten. Diese überwiegend archäologisch völlig unerfahrenen Leute wurden eingearbeitet und bildeten schließlich zusammen mit der alten Mannschaft den festen Stamm des Ausgrabungsteams, der schließlich sich allen Wettern und Situationen gewachsen zeigte. Insbesondere war die Bereitschaft, falls erforderlich, also nahezu ständig, Überstunden zu leisten unter diesen Umständen sehr wichtig; auch an Wochenenden war häufig ein Einsatz notwendig. An den Universitäten geworbene studentische Hilfskräfte spielten eine im Laufe der Kampagne immer geringere Rolle, da sie selten kurzfristig zur Verfügung stehen konnten und ihre Mitarbeit meist zeitlich eng begrenzt und häufig auf die Semesterferien beschränkt bleiben musste. Eine erhebliche Hilfe stellte hier das Arbeitsamt dar. Über die „Jobvermittlung" in Frankfurt und Wiesbaden, dauerhafte Anstellungen waren ja keine zu bieten, konnten innerhalb kürzester Zeit immer genügend geeignete Mitarbeiter gefunden werden, so dass das eigentliche Problem nicht darin bestand, in kurzer Zeit eine ausreichende Anzahl an Helfern zu finden, sondern vielmehr diese auszusuchen und aufgrund ihrer Persönlichkeit so zu verteilen, dass sie sich ohne Anpassungsprobleme in die bestehenden und eingespielten Arbeitsgruppen einfügen konnten.

Resümee

Die Ausgrabungen an der ICE-Neubaustrecke bei Wiesbaden gingen über den üblichen Rahmen einer archäologischen Voruntersuchung hinaus, und die Bedingungen unterschieden sich erheblich von denen einer Forschungsgrabung. Die Maßnahmen mussten ohne gründliche archäologische Vorbereitung beginnen, wobei der Umfang der Flächen wie auch der zur Verfügung stehende Zeitraum unklar war. Zudem bestanden durchaus Unsicherheiten, was in den Flächen freigelegt werden würde: Man konnte das Erwartete vorfinden, aufgrund dessen eine Untersuchung vorgesehen worden war. Häufiger kam aber gerade dies nicht zutage, sondern ganz andere Material aus verschiedenen Zeitperioden.

Die Vorgehensweise unter diesen Bedingungen machte es notwendig, kurzfristig und oft auch aufgrund weniger Informationen wichtige Entscheidungen für den Fortgang der Arbeiten treffen zu müssen: Welche Flächen zu öffnen seien und welche nicht, welche Bereiche intensiv bearbeitet werden müssten und welche weniger, schließlich, welche Befunde vollständig oder weitgehend zu untersuchen seien und bei welchen z. B. nur ein Teilplanum oder ein Teilprofil ausreichen musste. Dies erforderte also eine hochflexible Arbeitsweise mit manchen Kompromissen hinsichtlich des archäologischen Anspruchs. Es verlangte gleichzeitig von den Mitarbeitern ein Engagement, das an die Grenze dessen ging, was normalerweise erwartet werden dürfte.

In Hessen war dies die zweite, unter Leitung des Verfassers durchgeführte Ausgrabung, wo bei einem komplizierten größeren Bauvorhaben umfangreiche archäologische Voruntersuchungen nicht mehr allein Vorfeld ausgeführt, sondern, in diesem Falle aufgrund sehr knapper Vorlaufzeit, in die Struktur und in den Ablauf des Bauvorhabens integriert werden mussten[10]. Dass dies ohne nennenswerte Beeinträchtigung der Baumaßnahmen gelang und dass bei manchen Einschränkungen doch - und in größerem Umfang als es ursprünglich möglich schien - zahlreiche, von der Zerstörung bedrohte archäologische Denkmäler ausgegraben und dokumentiert werden konnten, ist in erster Linie dem Einsatz aller Beteiligten und ihrer Bereitwilligkeit zu verdanken, auch unter schwierigen Bedingungen vertrauensvoll und kompromissbereit zusammenarbeiten zu wollen.

---

[10] Eine umfangreiche archäologische Voruntersuchung auf einer Großbaustelle während der laufenden Bauarbeiten war 1994 beim Bau eines Hotel- und Geschäftszentrums in Marburg am „Biegeneck" durchgeführt worden.

Diedenbergen, Stadt Hofheim, „Elisabethenstraße"

Urnenfelderzeit und römische Zeit

Von Irina Görner

Allgemeines

Diese Grabung im Bereich des geplanten Neubaus der ICE-Trasse wurde vom 10. März bis 31. Mai 1997 mit durchschnittlich 6-8 Grabungshelfern durchgeführt. Die Notwendigkeit einer archäologischen Untersuchung bestand zum einen wegen der Nähe zu der bekannten römischen Fernstraße - der sog. „Elisabethenstraße" - und aufgrund von zwei sich in Luftbildern deutlich abzeichnenden Kreisgrabenstrukturen. Einer der Kreisgräben lag unmittelbar im geplanten Trassenbereich, der hier eine durchschnittliche Breite von 30-35 m hat (*Abb. 1 und 3*).

Um Aufschluss über Art und Umfang der zu erwartenden Befunde zu erhalten, wurde zunächst ein 400 m langer, jedoch nur 4 m breiter Schnitt in der Mitte der geplanten Trasse angelegt. Dieser Schnitt begann in der Gemarkung Hofheim-Diedenbergen direkt südöstlich der heute asphaltierten und von landwirtschaftlichem Verkehr genutzten „Elisabethenstraße" und verlief etwa rechtwinklig dazu 400 m nach Südosten. Die Grabungsfläche reichte dabei mit ca. 80 m noch in die Gemarkung Hochheim-Massenheim, sie wird jedoch hier der Einfachheit halber nur unter „Hofheim-Diedenbergen" geführt[1]. Innerhalb des schmalen Schnitts zeigten sich zunächst nur sehr wenige, in ihrer Struktur und Zeitstellung nicht zu deutende Befunde. Ausnahmen bildeten dabei neben dem Kreisgraben lediglich die Reste von zwei urnenfelderzeitlichen Brandgräbern. Zur kompletten Erfassung des Kreisgrabens und um zu klären, ob es sich bei den zwei Gräbern evtl. um den Teil eines größeren Bestattungsplatzes handeln könnte, wurde zunächst der Humus in diesen Bereichen auf der vollständigen Breite der ICE-Trasse (ca. 35 m) entfernt. Eine zweite Erweiterung musste dann am nordwestlichen Ende des Schnitts vorgenommen werden, da sich hier ebenfalls zwei nicht komplett erfasste und zunächst nicht zu deutende Befunde (1 und 5) zeigten. Die gesamte, während der Grabung untersuchte Fläche beträgt ca. 4780 m².

---

[1] Die „Elisabethenstraße" selbst konnte während dieser Kampagne archäologisch nicht erfasst werden, da sie bis zum Ende der Bauarbeiten als Baustellenzufahrt diente. Die Straße wurde jedoch im Anschluß an die Grabung vor ihrer Zerstörung mit einem Schnitt untersucht (*Abb. 1*, Pfeil). Es zeigte sich, daß die Straße mittelalterlich komplett überprägt ist, von der ursprünglichen römischen Bauphase war nichts erhalten.

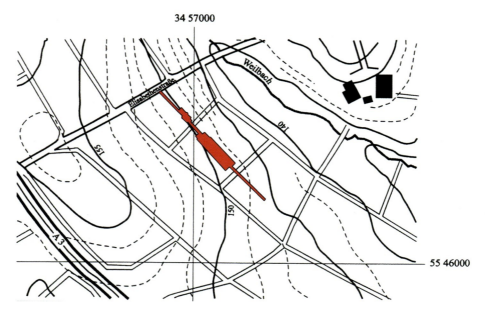

Abb.1. Hofheim-Diedenbergen, „Elisabethenstraße". Lage der Ausgrabungsfläche. Der Pfeil markiert einen erst später über die „Elisabethenstraße" geführten Grabungsschnitt. Kartengrundlage: TK 10 Bl.5916 Hochheim (M. 1:10000).

Die Grabungsfläche fiel nur sehr leicht zum nordöstlich gelegenen Weilbach hin ab. Das mittlere Drittel wurde als Ackerfläche genutzt, der Rest war mit Gras und Obstbäumen bestandenes Grünland. Aufgrund der schwachen Hangneigung ist wohl nur mit geringer Erosion zu rechnen. Auch eine Gefährdung durch Tiefpflügen war hier wegen des in größeren Bereichen anstehenden Kieses wohl kaum gegeben. Erschwert wurde die Deutung der Befunde durch die Bodenverhältnisse. Auf großen Strecken steht direkt unterhalb des Ackerhorizonts Kies an, dazwischen treten immer wieder größere Flächen aus hell- bis mittelbraunem Lößlehm auf. In den Kies eingetiefte und mit Erdmaterial verfüllte Befunde waren gut zu erkennen, dagegen grenzten sich Befunde innerhalb des Lößlehms farblich kaum ab. Es mussten daher alle Lößlehmflächen zunächst geputzt werden, um vorhandene Verfärbungen feststellen zu können. Bei den Baggerarbeiten selbst waren Befunde nur dann erkennbar, wenn in Verbindung damit Funde bzw. starke Holzkohleanreicherungen auftraten. Als ebenfalls schwierig erwies sich die Beobachtung der Baggerarbeiten innerhalb der Kiesflächen, wo weitere Brand- bzw. Urnengräber vermutet wurden. Aufgrund des starken Eisengehalts des Kieses ließen sich Scherbenfragmente hier kaum erkennen. Hinzu kam, dass die Freilegung von Gefäßen oder die Anlage von Profilen und Schnitten im Bereich des Kieses ausgesprochen mühsam und zeitraubend war.

Nicht alle der letztendlich aufgedeckten Befunde ließen sich einer eindeutigen Struktur zuweisen, bei einer Reihe von Fundstellen ist auch die Zeitstellung nicht anzugeben. Neben den urnenfelderzeitlichen Gräbern traten überwiegend römische Befunde auf, die ebenfalls nicht immer einer Funktion zuzuweisen waren. Hinzu kommen einige neuzeitliche Fundstellen sowie eine ganze Reihe innerhalb der Vorgeschichte nicht näher einzugrenzender Befunde. Diese konzentrierten sich zwar in relativ engen Bereichen, erbrachten jedoch kaum datierbare Fundstücke. Im allgemeinen war die Verfüllung der Befunde nur sehr schwach humos und sowohl im Planum als auch im Profil schlecht gegen den anstehenden Boden abzugrenzen. Vereinzelt ließen sich solche Befunde im Profil lediglich durch die Eintiefung in den unterlagernden Kies erkennen. Eine Struktur im Sinne von in einer Flucht liegenden Pfostenreihen o. ä. ließ sich in keinem Fall feststellen. Diese Befunde werden daher unten nur summarisch als katalogartige Zusammenstellung kurz beschrieben. Näher einzugehen ist dagegen (*Abb. 2*) auf das urnenfelderzeitliche Gräberfeld (Befund 12/13, 21, 23-26, 41, 47-52), den römischen Keller (Befund 55), den wohl zu einem Straßenwachturm gehörigen Kreisgraben (Befund 2/3) sowie auf eine nicht sicher in römische Zeit zu stellende Darre (Befund 54/

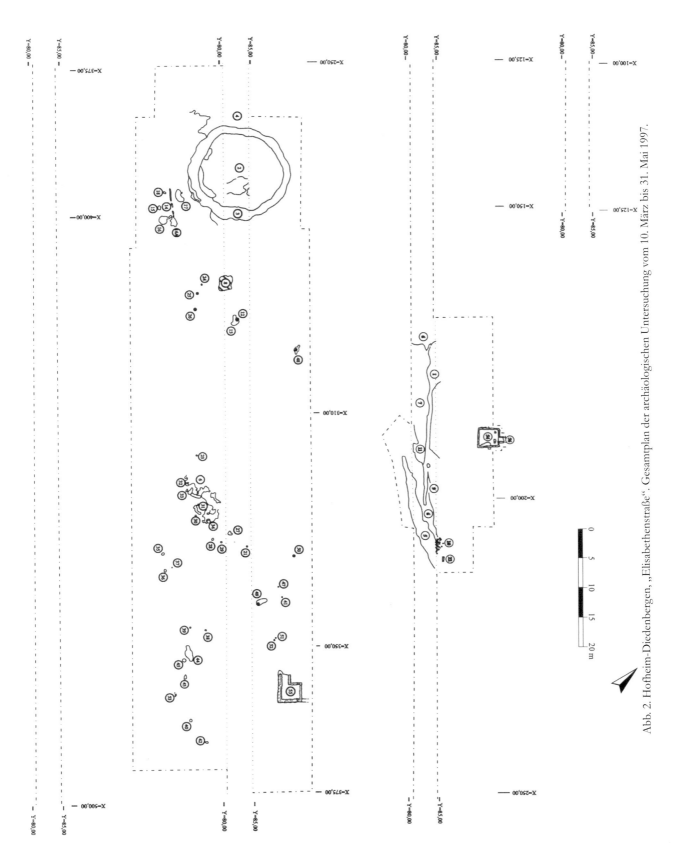

Abb. 2. Hofheim-Diedenbergen, „Elisabethenstraße". Gesamtplan der archäologischen Untersuchung vom 10. März bis 31. Mai 1997.

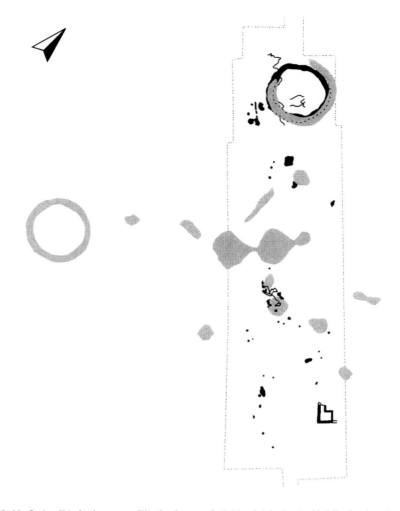

Abb. 3. Hofheim-Diedenbergen, „Elisabethenstraße". Vergleich der Luftbildbefunde mit den ergrabenen Befunden. Die Luftbildbefunde sind gerastert dargestellt (M. 1:1000).

56). Bringt man die tatsächlich ergrabenen Befunde mit dem Luftbild zur Deckung, so lässt sich außer dem Kreisgraben keines der in der Luftaufnahme deutlich sichtbaren Bewuchsmerkmale einem Befund zuweisen (*Abb. 3*). Während dies bei den ohnehin meist nur schwach eingetieften Grubenbefunden nicht verwunderlich ist, erstaunt es doch, dass auch der relativ gut erhaltene Steinkeller kein negatives Merkmal hervorgerufen hat, obwohl er von Lößlehm umgeben war, man dafür also nicht den ohnehin schlechten Wuchs im Bereich des anstehenden Kieses verantwortlich machen kann.

Urnenfelderzeitliches Gräberfeld (Befund 12/13, 21, 23-26, 41, 47-52)

Insgesamt erstreckten sich die 13 Brandgräber des kleinen Friedhofs von Nordwest nach Südost über eine Fläche von ca. 60 m Länge. Aufgrund des großen räumlichen Abstands zwischen den einzelnen Gräbern - z. T. betrug der Abstand um 25 m - bleibt fraglich, inwieweit mit einer vollständigen Erfassung des Bestattungsplatzes zu rechnen ist. Man kann nicht ausschließen, dass sich außerhalb der Grabungsfläche noch weitere Grabanlagen befinden. Auffällig ist auch, dass das Gräberfeld räumlich in zwei „Gruppen" zerfällt. Zwischen der nördlichen Gräbergruppe, bestehend aus den Gräbern 1, 4-6 und 9, und der südlichen Gruppe (Grab 2-3, 7-8, 10-13) verlief ein ebenfalls von Nordwest nach Südost ziehender, völlig befundleerer Streifen von ca. 20 m Breite (*Abb. 4*). In diesem Bereich traten auch keinerlei Befunde anderer Zeitstellung auf.

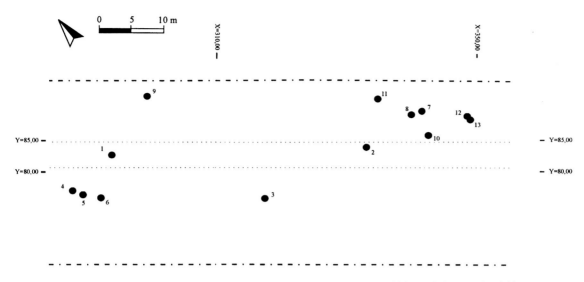

Abb. 4. Hofheim-Diedenbergen, „Elisabethenstraße". Plan des urnenfelderzeitlichen Gräberfeldes.

Auch innerhalb der beiden „Gruppen" war der Abstand zwischen den einzelnen Bestattungen mit maximal 17,5 m relativ groß. Möglicherweise verlief innerhalb des befundfreien Raums ein Weg durch das Gräberfeld[2]. Dass derartiges nicht auszuschließen ist, zeigt z. B. ein Befund von Künzig, Kr. Deggendorf, Niederbayern[3]. Bei den Gräbern handelt es sich zum größten Teil um Urnenbestattungen, lediglich bei Grab 1 fand sich eine Brandschüttung ohne Urne. Ein Steinschutz war in keinem Fall nachweisbar. Der Erhaltungszustand der Gefäße ist meist relativ schlecht, oftmals sind nur die untersten Gefäßbereiche erhalten, so dass mit einer großflächigen Zerstörung durch landwirtschaftliche Tätigkeiten zu rechnen ist. Dies ist sicherlich nicht so sehr auf ein Tiefpflügen zurückzuführen, was für den Ackerboden im Bereich des anstehenden Kieses kaum förderlich wäre, sondern eher durch die meist nur geringe Eintiefung der Gräber bedingt. Allerdings dürfte letzteres ebenfalls seine Erklärung in dem steinigen und schwer zu bearbeitenden Kies finden, der wohl auch zur Anlage einer Grabgrube ausgesprochen schlecht geeignet war. So ist auch in den wenigen Fällen, in denen eine Grabgrube erkennbar war (Grab 7, 9-10), diese nur wenig größer als das hineingestellte Gefäß.

Evtl. liefert auch die oftmals sehr geringe Eintiefung eine Erklärung für die großen Abstände der Gräber voneinander: Eine unbekannte Anzahl von höher gelegenen Gräbern könnte inzwischen vom Pflug zerstört worden sein. Dafür spricht auch das vereinzelte Auftreten von vorgeschichtlicher Keramik als Lesefunde im Bereich der Gräber und in den Verfüllungen der römischen Befunde[4]. Aber dies lässt sich auch auf die allgemein schlechte Erhaltung der Keramik zurückführen, was auch auf die römischen Funde zutrifft.

---

[2] Natürlich ist auch nicht auszuschließen, dass die ehemals in diesem Bereich gelegenen Bestattungen vollständig der Zerstörung zum Opfer gefallen sind. Allerdings zeichnet sich momentan keine befriedigende Erklärung dafür ab, warum nur innerhalb dieses Steifens die Zerstörung derartig vollständig gewesen sein sollte. Vom Untergrund her besteht keinerlei Unterschied, in beiden Gruppen und auch im befundfreien Streifen steht größtenteils Kies an, so dass eine tiefergreifende Zerstörung durch den Pflug wohl auszuschließen ist.

[3] P. Schauer, Stand und Aufgaben der Urnenfelderforschung in Süddeutschland. In: Beiträge zur Urnenfelderzeit nördlich und südlich der Alpen. Monogr. RGZM 35 (Bonn 1995) 121-200 bes. 145 Abb. 25. K. Schmotz, Das urnenfelder- und hallstattzeitliche Gräberfeld von Künzig. Arch. Jahr Bayern 1984, 61 f. Hier verband der Weg das Gräberfeld mit der zugehörigen Siedlung.

[4] Meist handelt es sich dabei um grobe Wandscherben „vorgeschichtlicher Machart", die eine eindeutige zeitliche Zuweisung nicht zulassen. Eine Ausnahme bildet die Randscherbe eines kleinen Topfes mit schräg ausgelegtem Rand, die sich in der Aufschüttungsschicht über Befund 2/3/4 fand (*Abb. 33,12*).

Von den 13 Gräbern hat sich in vier Fällen lediglich der unterste Gefäßbereich der Urne erhalten, bei sechs Urnen ist mit einer Erhaltung etwa ab dem Schulter-/Bauchumbruch zu rechnen und in zwei Fällen (Grab 7 und 10) fand sich ein nahezu vollständiges und gut erhaltenes Gefäß. Die Tiefe der ehemals angelegten Grabgruben scheint also beträchtlich zu differieren. Auch dies ist nicht durch die Bodenbeschaffenheit bedingt, da bis auf vier Gräber (2, 7, 12-13) alle Bestattungen in den anstehenden Kies eingetieft wurden. Während man bei Grab 7 für die vollständige Erhaltung noch die geringe Größe des Gefäßes verantwortlich machen kann, das keinen sehr tiefen Bodeneingriff erforderte, ist dies bei Grab 10 eindeutig auf eine stärkere Eintiefung des Grabes zurückzuführen. Die Urne hatte hier, soweit während der Ausgrabung feststellbar, einen Durchmesser von ca. 50 cm und eine Höhe von fast 40 cm. Auf ähnliche Ausmaße lassen die Gefäßreste der Gräber 6, 9 und 11 schließen[5].

Insgesamt wurden in fünf Fällen größere Gefäße als Urnen benutzt, viermal (Grab 2, 4, 7, 12) dienten kleinere Gefäße als Grabgefäße. Bei drei Gräbern (3, 8, 13), bei denen nur noch die Reste des Bodenbereichs geborgen werden konnten, ist eine Aussage zur Gefäßgröße nur schlecht möglich. Da sich bei allen „großen" Urnen im Innenraum Reste von weiteren Gefäßen fanden, war die Wahl der Urnengröße wohl auch davon abhängig, ob Beigefäße mitgegeben werden sollten oder nicht. In keinem Fall wurden Beigefäße außerhalb der Urne niedergestellt. Gefäßreste außerhalb der Urne, die nicht auf Versturz des Grabgefäßes zurückzuführen waren bzw. zum Deckgefäß gehörten, fanden sich nur zweimal: Grab 9 und 10. Bei beiden Gräbern waren Reste des Scheiterhaufens in die Grabgrube eingefüllt worden. Diese Reste enthielten neben Holzkohle auch Leichenbrand und offenbar mitverbrannte Keramikfragmente. Dabei ließ sich im Fall von Grab 10 die Einfüllung eindeutig auch unterhalb der Urne nachweisen, d. h., die Füllung war in mehreren „Arbeitsgängen" eingebracht worden. Auf eine erste Schicht, die den Boden der Grabgrube bedeckte, wurde die Urne niedergestellt und die Grube dann bis zur Gefäßoberkante ebenfalls mit Scheiterhaufenresten verfüllt[6]. Bei Grab 9 wurden die Scheiterhaufenreste dagegen erst nach Plazierung der Urne in der Grabgrube und nach einer ersten Schüttung aus sterilem Erdmaterial eingefüllt. Noch dazu erfolgte die Verfüllung hier ungleichmäßig, d. h., die Scheiterhaufenreste fanden sich an mehreren Stellen konzentriert und in unterschiedlicher Höhe, während die restliche Grabgrubenfüllung aus normalem Erdmaterial bestand, und besonders auch die oberste Schicht keinerlei Brandreste enthielt.

Lediglich bei Grab 1 handelte es sich nicht um ein Urnengrab, da die Scheiterhaufenreste ohne Schutz in eine flache Grube gefüllt wurden. Auch hier fanden sich zerscherbte Keramikreste im Brandschutt, die offenbar zumindest zum Teil mit Feuer in Kontakt gekommen waren. Leichenbrandreste traten in mäßiger Menge in Stücken von bis zu 7 cm Länge auf, konzentrierten sich jedoch im wesentlichen auf einen Bereich von 0,13 x 0,25 m Größe wenig östlich des Zentrums. Kleine und kleinste Stücke des Leichenbrandes fanden sich jedoch auch im Randbereich der Grabgrube. Dies lässt zumindest auf eine - wenn auch nicht sehr sorgfältige - Auslese des Leichenbrandes schließen. Aufgrund der Konzentration ist evtl. auch eine Beigabe des Leichenbrandes in einem organischen Behältnis, vielleicht in einem Säckchen oder Tuch, anzunehmen. Bei der Brandschüttung fällt außerdem auf, dass sich die tiefschwarz verfärbten Bereiche besonders am Rand der Brandschüttung fanden. In der Schüttung traten auch einige kleinere Steine auf, die eindeutig mit der Verfüllung in die Grube gelangt sind. Ob es sich dabei um eine absichtliche Maßnahme handelt, oder ob die Steine zufällig in die Grabgrube gelangten, war nicht feststellbar.

Dass Leichenbrand nur in geringen Mengen freigelegt werden konnte, ist auch bei weiteren Gräbern zu beobachten, wobei bei den nur zur Hälfte erhaltenen Urnen nicht ausgeschlossen werden kann, dass bereits

---

[5] Hinsichtlich der Ausmaße muss natürlich in Rechnung gestellt werden, dass die Gefäße fast alle stark zerdrückt sind, was z. B. einen größeren Durchmesser vortäuschen kann. - Zur Werkstattuntersuchung der en bloc geborgenen Urne von Grab 10 (Befund 49) siehe in der vorliegenden Veröffentlichung den Beitrag von C. Dobiat u. a.

[6] Vgl. dazu in der vorliegenden Veröffentlichung auch den Beitrag von C. Dobiat u. a. - Ähnliches wurde auch in Aschaffenburg-Strietwald beobachtet. Hier war die Brandschüttungsschicht unter der Urne 0,2 m mächtig: Rau, Strietwald 12; 39 f. Abb. 19.

ein Teil des Leichenbrandes der Zerstörung zum Opfer fiel oder sich größere Leichenbrandkonzentrationen noch im en bloc geborgenen Gefäßrest befinden. Allerdings lässt sich zumindest bei den Bestattungen, wo lediglich der Bodenbereich des Grabgefäßes erhalten ist, auszuschließen, dass sich der Leichenbrand konzentriert in der untersten Schicht der Gefäßverfüllung befand: Auch hier traten nur kleine und kleinste Reste auf. Bei den stark zerdrückten und verstürzten Gefäßen von Grab 9, das aus diesen Gründen nicht en bloc geborgen werden konnte, sondern schichtweise freigelegt wurde, fanden sich ebenfalls nur wenige Leichenbrandstücke, die noch dazu nicht innerhalb des Gefäßrests, sondern besonders außerhalb in der Grabgrubenverfüllung auftraten. Hier ist auch ein Verlust durch landwirtschaftliche Tätigkeiten weitestgehend auszuschließen, da die Gefäße offenbar nur zerdrückt und ineinander verstürzt waren.

Die Gefäßeinfüllung war, soweit sie freigelegt werden konnte[7], meist frei von Holzkohlepartikeln und auch nur wenig humos verfärbt. Reste des Scheiterhaufens wurden also offenbar nicht in die Urne eingefüllt. Dagegen fanden sich bei allen größeren Gefäßen die Reste von einem oder mehreren Beigefäßen innerhalb der Urne. Dabei scheint es sich um komplett beigegebene Keramik zu handeln, die Zerscherbung und Fragmentierung ist wohl auf die teilweise Zerstörung des Urnen-grabes zurückzuführen. Soweit die Keramikform erkennbar war, konnten nahezu ausschließlich Schalen beobachtet werden, die teilweise nebeneinander teils auch ineinandergestellt[8] mitgegeben wurden. Dabei ließen sich lediglich Knickwandschalen und flache Schalen mit einfachem Rand beobachten. Bei Grab 13 war über die Form des Beigefäßes keine Aussage mehr zu treffen. Lediglich bei dem Brandschüttungsgrab 1 fanden sich neben Resten mindestens einer Knickwandschale auch Teile eines stark fragmentierten Bechers.

Die Urnen waren bei der Bestattung wohl nie bis zu ihrer Oberkante verfüllt worden, so erklären sich auch die gut zu beobachtenden Vorgänge beim Versturz der Gefäße, die sich zumindest bei den größeren Gefäßen regelhaft zeigten. Teilweise fanden sich die nach innen gefallenen Scherben der Schulterregion in waagerechter Lage im zu dieser Zeit schon zur Hälfte verfüllten Innenraum[9]. Durch den Druck des auflastenden Erdreichs waren die großen Urnen im Bereich des den größten Belastungen ausgesetzten Bauchumbruchs zerbrochen, so dass das Gefäßunterteil nach außen gedrückt wurde, der Schulterbereich dagegen nach innen. Möglicherweise ist das auch der Grund für die unversehrte Erhaltung der Urne von Grab 10: Da dieses Gefäß keinen scharfen Bauchumbruch aufweist, war die Verteilung des Drucks für eine Erhaltung erheblich günstiger[10]. Dafür spricht, dass auch das kleine komplett erhaltene Gefäß von Grab 7 ebenfalls im Bereich des Bauchumbruchs gebrochen und ineinandergeschoben war, während das kugelige Gefäß von Grab 4 dagegen unzerschert blieb.

Deckgefäße konnten nur noch bei drei Urnen beobachtet werden (Grab 7, 9-10). Dabei handelt es sich bei den Gräbern 9 und 10 um umgekehrt aufgesetzte, weitmündige Deckgefäße mit ausbiegendem Rand[11], bei Grab 7 um eine passgenau mit der Mündung nach oben in das als Urne dienende Zylinderhalsgefäß eingesetzte Knickwandschale. Bei den übrigen Gräbern ließ sich zumindest während der Ausgrabung keinerlei Hinweis auf eine Deckschale finden, jedoch ist nicht auszuschließen, dass bei der restauratorischen Freilegung noch Reste weiterer, in das Gefäßinnere verstürzter Deckgefäße erkannt werden.

---

[7] Der Gefäßinnenraum der Urnen wurde nur bei bereits teilweise zerstörten Gräbern freigelegt und auch dann nur in einem obersten Planum auf dem höchsten erhaltenen Niveau des Gefäßes. Da die Urnen fast alle eingegipst und en bloc geborgen wurden, können sich Aussagen zur Verfüllung des Innenraums jeweils nur auf den bis zu diesem Niveau erkennbaren Zustand beziehen und sind als sehr vorläufiges Ergebnis zu werten.

[8] Mindestens vier Schalen lagen nebeneinander in der NO-Hälfte von Grab 11, bei Grab 5 fanden sich mindestens drei Beigefäße, wobei zwei Schalen ineinandergestellt waren.

[9] Grab 5-6, 9.

[10] Eine andere Erklärung wäre auch eine vollständige Verfüllung des Urneninnenraums, so dass keinerlei Hohlraum vorhanden war, der einen Versturz ermöglicht hätte.

[11] Genaue Ansprachen der Form sind hier kaum möglich, da die wenigsten Urnen oder ihre Beigefäße bei der Freilegung gut genug erhalten waren. Zu Grab 10 siehe den Beitrag von C. Dobiat u. a.

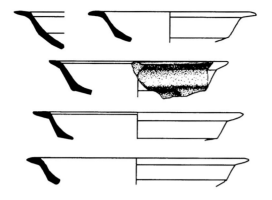

Abb. 5. Hofheim-Diedenbergen, „Elisabethenstraße". Knickwandschalen aus Grab 9 (M. 1:3).

Außer Keramikbeigaben ließen sich nur bei Grab 1, 10 und 13 Hinweise auf weitere Beigaben finden. In allen Fällen konnten Reste von Bronzegegenständen beobachtet werden. Bei Grab 1 handelt es sich dabei um drei kleine, wohl angeschmolzene Bronzestückchen von nur wenigen Millimetern Durchmesser, die mit den Scheiterhaufenresten in die Verfüllung gelangten. Für Grab 10, hier liegen mehrere, teils stark fragmentierte Bronzegegenstände vor, siehe den Beitrag von C. Dobiat u. a. Derzeit ist auch keine weitere Aussage zur Form und Größe des während der Ausgrabung erkannten Bronzestücks aus Grab 13 möglich, da es teilweise von den Resten des Beigefäßes überlagert wurde.

Eine zeitliche Einordnung des Gräberfelds kann hier nicht vorgenommen werden, da die Urnen größtenteils en bloc geborgen und, abgesehen von Grab 10, bisher nicht bearbeitet wurden. Aus der zeichnerischen und fotografischen Dokumentation der Ausgrabung allein ist auch keine genaue Formenansprache der Keramik möglich. Die einzigen Keramikfragmente, die im Zuge der Bearbeitung für den vorliegenden Beitrag gezeichnet werden konnten, sind einige Randscherben von sekundär gebrannten Knickwandschalen aus dem Bereich der Scheiterhaufeneinfüllung von Grab 9. Hier zeigte sich, dass die wenigen Stücke von mindestens fünf, z. T. relativ scharf profilierten Knickwandschalen stammten (*Abb. 5*). Dabei wies eine der Schalen noch eine Besonderheit auf: Sie zeigt auf der Außenseite unterhalb des Wandknicks den Ansatz einer flachen Delle. Parallelen dazu sind mir von Knickwandschalen bisher nicht bekannt. Ebenfalls singulär erscheint das große Gefäß von Grab 10. Bei zwei Urnen war eine Horizontalriefenverzierung erkennbar (Grab 6 und 9). Diese ab HaA auftretende Verzierungsart ist typisch für die Untermainisch-Schwäbische-Gruppe zu der der Fundplatz schon allein aufgrund seiner geographischen Lage zu stellen ist.

Eine Aufgliederung in Kleingruppen kann auch F.-R. Herrmann für Hessen nur beschränkt erkennen. Bis auf wenige eindeutig fassbare, größere Gruppen um Marburg, Hanau und Friedberg gelingt es ihm, nur wenige und schwach ausgeprägte Gebiete am unteren Mainlauf, im Rheingau und im starkenburger Bereich auszugliedern[12]. Gerade für die Gegend um Wiesbaden nimmt F.-R. Herrmann einen engeren Zusammenschluss mit dem rechtsrheinischen Raum an, da dort „trotz eines gewissen Fundreichtums keine geschlossene Gruppe zu beobachten war". Er weist auch auf eine größere Anzahl von Importstücken hin[13]. Nach der Lage des Fundorts wäre die Fundstelle Hofheim-Diedenbergen seiner Gruppe am unteren Mainlauf zuzuweisen, die sich durch „Urnen mit gering abgesetztem Schulterfeld, große randlose Zylinderhalsurnen mit breiter Schrägschulter, Schalen mit gerieftem Unterteil und feine reichverzierte Becher mit abgesetztem bzw. umrieftem Bodenteil" von anderen Gruppierungen absetzt. Eine klare Ausprägung für diese Gruppe lässt sich nur während der Phase HaA2 fassen. Da für das vorliegende Fundmaterial eine zeitliche Einordnung alleion aufgrund der Ausgrabung an dieser Stelle nicht vorgenommen werden kann, bleibt die Zugehörigkeit zu F.-R. Herrmanns „Untermaingruppe" bis zu einer abschließenden Aufarbeitung ungeklärt.

In der Nähe des Fundorts „Elisabethenstraße" liegen einige urnenfelderzeitliche Fundstellen in den Ortsbereichen von Weilbach und Bad Weilbach, die jedoch aufgrund ihrer Entfernung kaum in Verbindung mit dem Gräberfeld gebracht werden können. Die nächstgelegene Fundstelle ist ca. 500 m nordwestlich am Weilbach gelegen. Hier befanden sich urnenfelderzeitliche Reste in einer frühlatènezeitlichen Grube[14].

---

[12] Herrmann, Urnenfelderkultur 36 ff.
[13] Ebd. 37.
[14] Ebd. 72 Kat. Nr. 112 (5916: 56980/46820).

Katalog der urnenfelderzeitlichen Gräber

Abkürzungen innerhalb der Zeichnungen:
A   anstehender, mittelbrauner, leicht lehmiger Löß
A1   wie A, allerdings nicht steril, sondern mit Hk-Partikeln, Brandlehm und vereinzelt mit Keramik durchsetzt, wohl antike Pflugschicht.
B   verbraunter, weniger lehmhaltiger Horizont zwischen A und D.
D   anstehender Kies
E   Humus/Ackerhorizont
Leichenbrand ist schwarz mit weißer Musterung, Holzkohlepartikel sind schwarz dargestellt.

Abkürzungen im Katalogtext:
Bef.	Befund	Pl.	Planum
Dm.	Durchmesser	RS	Randscherbe
Hk	Holzkohle	rundl.	rundlich
längl.	länglich	Ver.	Verfärbung
max.	maximal		

Grab 1 (Bef. 12/13, *Abb. 6*):

Erhalten war eine annähernd runde Brandschüttung von 0,55 m Dm., die ihrerseits in eine unregelmäßig L-förmige Grube eingetieft war. Innerhalb dieser Grube lag die Brandschüttung asymmetrisch am N-Rand. Im Profil zeigte sich die Schüttung als nur noch ca. 0,1 m mächtig. Gegen die umgebende L-förmige Grube war die Abgrenzung im Profil relativ unklar und nur durch das Vorkommen von Hk-Partikeln im Bereich der Brandschüttung deutlicher fassbar. Die homogene Ver. der L-förmigen Grube bestand aus völlig steinfreiem, hellen-mittelbraunen, leicht lehmigem Löß und grenzte sich gegen den anstehenden Kies im Pl. deutlich ab. Außer einer kleinen Scherbe traten keine anthropogene Beimengungen innerhalb der Ver. auf. Der Sohlenbereich der Grube verlief annähernd horizontal, eine klare Grenze zum seitlich anstehenden Kies war im Profil allerdings nicht erkennbar.

Die Brandschüttung selbst bestand aus stark lehmigem, farblich inhomogenen Lößlehm. Innerhalb des größtenteils fleckig-dunkelbraunen bis schwarzen Bereichs konzentrierten sich die erhaltenen Leichenbrandreste von bis zu 7 cm Länge etwas östlich des Zentrums auf einen Bereich von ca. 0,13 x 0,25 m Größe. Kleinere Leichenbrandfragmente traten jedoch auch außerhalb dieser Konzentration bis hin zu den Randbereichen der Brandschüttung auf. Vereinzelt waren größere Stücke von Hk erhalten, die durch kleinere Hk-Partikel tiefschwarz verfärbten Bereiche lagen jedoch fast alle im Randbereich der Brandschüttung. Im Profil traten Leichenbrandpartikel und Hk-Konzentrationen nur vereinzelt auf. Die unregelmäßig abgegrenzten, helleren Bereiche der Schüttung wiesen schluffige Anteile auf. Einige kleinere und größere Steine von bis zu 7 cm Dm. zeigten keinerlei Anordnung und wurden zum Teil eindeutig von Leichenbrandstücken überlagert. Die erhaltenen Keramikreste, bestehend aus mindestens einer Knickwandschale, einem kleinen Becher und mehreren Keramikfragmenten ohne einen Gefäßzusammenhang, wurden von den Steinen dagegen nicht überlagert. Die beiden ansprechbaren Gefäße sind nur teilweise erhalten und lagen ohne Anordnung im zentralen Bereich der Schüttung. Im Randbereich traten lediglich einige Einzelscherben auf. Neben den Keramikresten fanden sich bei der Freilegung noch drei kleine Bronzefragmente von wenigen Millimetern Dm., weitere Funde konnten nicht beobachtet werden.

Grab 2 (Bef. 21, *Abb. 7*):

Reste einer Urnenbestattung. Eine Grabgrube ließ sich weder im Pl. noch im Profil erkennen, das Grab war in den mittelbraunen, hier nur sehr leicht lehmigen, anstehenden Lößlehm eingetieft. Von der Urne selbst kam lediglich der bereits stark zerscherbte Bodenbereich zutage. Im Inneren fanden sich weitere Keramikreste. Ob diese zu einem weiteren Gefäß oder zum nach innen verstürzten Randbereich desselben Gefäßes gehören, war nicht feststellbar. Leichenbrand trat nur in wenigen kleinen und kleinsten Stücken auf, die sich

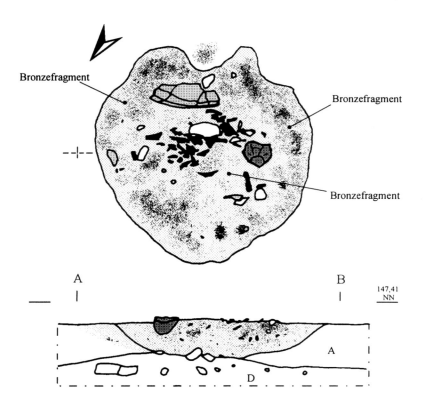

Abb. 6. Hofheim-Diedenbergen, „Elisabethenstraße". Grab 1 (M. 1:10).

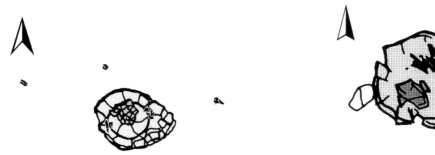

Abb. 7. Hofheim-Diedenbergen, „Elisabethenstraße". Grab 2 (M. 1:10).

Abb. 8. Hofheim-Diedenbergen, „Elisabethenstraße". Grab 3 (M. 1:10).

Abb. 9. Hofheim-Diedenbergen, „Elisabethenstraße". Grab 4 (M. 1:10).

Abb. 10. Hofheim-Diedenbergen, „Elisabethenstraße". Grab 5 (M. 1:10).

sowohl außerhalb als auch innerhalb des Urnenrests fanden. Eine konzentrierte Leichenbrandeinfüllung im unmittelbaren Bodenbereich des Gefäßes kann wohl ausgeschlossen werden, da größere Bereiche des Bodens freigelegt wurden, ohne dass dabei Leichenbrand auftrat.

Grab 3 (Bef. 23, *Abb. 8*):
Reste eines Urnengrabes. Das Grab war in den anstehenden Kies eingetieft, eine Grabgrube ließ sich nicht erkennen. Der stark zerscherbte Gefäßrest lag nur wenige Zentimeter unterhalb der Pflugschicht. Es ist lediglich das Gefäßunterteil erhalten, der gesamte Hals/Schulterbereich fehlt bereits vollständig. Im Inneren ließen sich noch Leichenbrandreste freilegen, jedoch ist auch hier wohl bereits mit einer Störung zu rechnen. Den Leichenbrand überlagernd, fanden sich weitere, unterschiedlich verkippte Keramikreste. Ob diese zu Beigefäßen oder zu dem verstürzten Gefäßoberteil der Urne zu rechnen sind, war nicht zu klären.

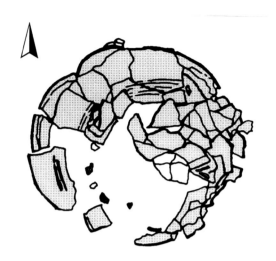

Abb. 11. Hofheim-Diedenbergen, „Elisabethenstraße". Grab 6 (M. 1:10).

Grab 4 (Bef. 24, *Abb. 9*):
Reste eines Urnengrabes. Das Grab war in den anstehenden Kies eingetieft, eine Grabgrube ließ sich nicht erkennen. Die Urne selbst war ab Schulterhöhe erhalten, lediglich der Randbereich ist bereits durch landwirtschaftliche Tätigkeit völlig zerstört. Bis Pl. 1 traten nur geringste Mengen Leichenbrand auf, im Inneren fanden sich ansonsten lediglich 3 kleinere Steine ohne klare Anordnung. Die geplante Profilanlage bei der ausgesprochen gut erhaltenen Urne konnte nicht durchgeführt werden, da die Urne vor der vollständigen Dokumentation trotz sorgfältiger Absicherung über Nacht entwendet wurde. Nach dem Abdruck im Erdreich zu schließen, war das Gefäß bis zum Bodenbereich vollständig erhalten.

Grab 5 (Bef. 25, *Abb. 10*):
Reste eines Urnengrabes. Das Grab war in den anstehenden Kies eingetieft, eine Grabgrube ließ sich nicht erkennen. Der Gefäßrest lag nur wenige Zentimeter unterhalb der Pflugschicht. Es ist lediglich das bereits stark zerscherbte Unterteil erhalten. Im Gefäßinneren konnten noch Reste von mindestens 3 Beigefäßen freigelegt werden. Dabei handelt es sich offenbar um zwei flache, ineinandergestellte Schalen. Ein weiterer stark zerscherbter Keramikkomplex ist wohl einem schalen/schüsselartigen Gefäß zuzuweisen. Nach Lage des einzigen, gut identifizierbaren Stücks lag das ca. zu einem Drittel erhaltene Gefäß auf der Seite, mit der Mündung im Westen. Bei der starken Zerstörung der Bestattung ist jedoch anzunehmen, dass sich das Gefäß ebenfalls nicht in Originallage befand. Eine sichere Trennung zwischen Scherben der Beigefäße und Scherben des wohl ebenfalls nach innen verstürzten Randes der Urne, war nicht möglich. Leichenbrandreste traten in Pl. 1 nur in geringer Menge auf und fanden sich besonders im Nordwesten der Urne. Hk-Reste kamen ebenfalls nur in geringer Menge vor, waren jedoch vereinzelt auch außerhalb der Urne anzutreffen.

Grab 6 (Bef. 26, *Abb. 11*):
Reste eines Urnengrabes. Das Grab war in den anstehenden Kies eingetieft, eine Grabgrube ließ sich nicht erkennen. Die Urne selbst war ab dem Bauchumbruch in situ erhalten, große Teile des Schulter/Randbereichs fanden sich nach innen in den Urneninnenraum verstürzt. In Pl. 1 ließ sich dies besonders in der Nordhälfte beobachten. Offenbar war die Urne zu diesem Zeitpunkt bereits bis etwa in Höhe des Bauchumbruchs mit Erdreich verfüllt, so dass die eingebrochenen Randbereiche größtenteils waagerecht zu liegen kamen. Der Zusammenbruch fand aber scheinbar ungleichmäßig statt, da z. T. eindeutig die Randscherben Teile des Schulterbereichs überlagerten. Vereinzelt fanden sich auch weitere Keramikreste ober-

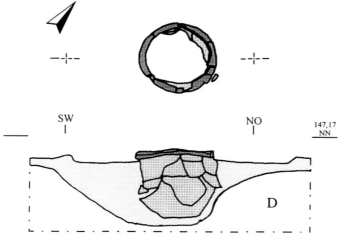
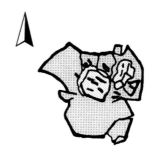

Abb. 12. Hofheim-Diedenbergen, „Elisabethenstraße". Grab 7 (M. 1:10).

Abb. 13. Hofheim-Diedenbergen, „Elisabethenstraße". Grab 8 (M. 1:10).

halb der Schulter/Randscherben, über deren Zugehörigkeit keine Aussage getroffen werden konnte (evtl. Deckschalenreste?), ebenso überlagerten auch einige Steine die Keramikreste. Leichenbrand zeigte sich bis Pl. 1 nur in geringen Mengen, aber teilweise in auffallend großen Stücken von bis zu 15 cm Länge. Hk-Partikel traten ebenfalls nur in geringer Menge und ohne jede Konzentration auf. Der erhaltene Gefäßrest wurde eingegipst und en bloc geborgen.

Grab 7 (Bef. 41, *Abb. 12*):
Nahezu vollständig erhaltenes Urnengrab. Eine Grabgrube war im umgebenden, leicht lehmigen, mittelbraunen Löß nicht erkennbar. In Pl. 1 wurde lediglich der Rand einer als Deckschale eingesetzten Knickwandschale freigelegt. Der Erhaltungszustand war außerordentlich gut, es fehlen lediglich geringe Bereiche des Randes, eine Beeinträchtigung durch landwirtschaftliche Tätigkeiten ließ sich trotz der Lage direkt unter dem Pflughorizont nicht feststellen.
Die eigentliche Urne war in Pl. 1 lediglich im Bereich der Beschädigungen der passgenau eingesetzten Schale zu erkennen. Im Profil zeigte sich auch dieses Gefäß als gut erhalten und lediglich durch den Erddruck leicht in sich zusammengedrückt und infolgedessen im Bereich des Bauchumbruchs gebrochen. Im Profil war auch erstmals der Bereich der Grabgrube als in den tiefer anstehenden Kies eingetiefte Erdverfüllung erkennbar. Die Grube reichte nur wenige Zentimeter weiter hinab als die Urnenunterkante. Die Ver. enthielt keinerlei humose Beimengungen. Die Urne wurde eingegipst und en bloc geborgen.

Grab 8 (Bef. 47, *Abb. 13*):
Reste eines Urnengrabes. Das Grab war in den anstehenden Kies eingetieft, eine Grabgrube ließ sich nicht erkennen. Erhalten war lediglich der Bodenbereich der Urne. Innerhalb des Gefäßrests fanden sich Fragmente von wahrscheinlich zwei weiteren Gefäßen. Dabei überlagerte ein Teil der Keramik den Leichenbrand (Reste der verstürzten Deckschale ?), dagegen lag ein weiteres Beigefäß aber offenbar unterhalb des Leichenbrandes. Vom Leichenbrand selbst sind Stücke von bis zu 6 cm Größe erhalten, die alle innerhalb des Gefäßrests angetroffen wurden. Die Reste des Grabes wurden eingegipst und en bloc geborgen.

Grab 9 (Bef. 48, *Abb. 5, 14-15*):
Die Reste dieses Grabes zeigten sich in Pl. 1 zunächst als stark zerstörte Keramikkonzentration von ca. 20 cm Dm. Außerhalb dieser Scherbenansammlung ließen sich nur wenige Keramikfragmente und ein Leichenbrandstück nachweisen. Eine Struktur der Keramik war nicht erkennbar. Eine Grabgrube ließ sich lediglich als unregelmäßig längl., völlig steinfreier Bereich von ca. 0,9 x 0,5 m Größe (N-S x O-W) nachweisen.

Abb. 14. Hofheim-Diedenbergen, „Elisabethenstraße". Grab 9. Oben Planum 1, darunter Planum 2 (M. 1:10).

Inwieweit die beiden annähernd runden, ebenfalls steinfreien Bereiche im NW und SO anthropogenen Ursprungs waren, ist unklar, da in beiden weder organische Beimengungen noch Einschlüsse festgestellt werden konnten. Schon auf dem nur auf ca. 5-10 cm tieferen Niveau von Pl. 2 ließen sich diese Bereiche nicht mehr nachweisen. Da eine Struktur nicht erkennbar war, wurden die in Pl. 1 sichtbaren Keramikfragmente geborgen. Dabei fanden sich jedoch weitere Scherben auf tieferem Niveau und teilweise an von der deutlichen Konzentration in Pl. 1 abweichender Position. Auch hier ergab sich keine klare Struktur. Zusätzlich fand sich jetzt im Osten, bereits außerhalb der in Pl. 2 auf 0,5 m Dm. verkleinerten steinfreien

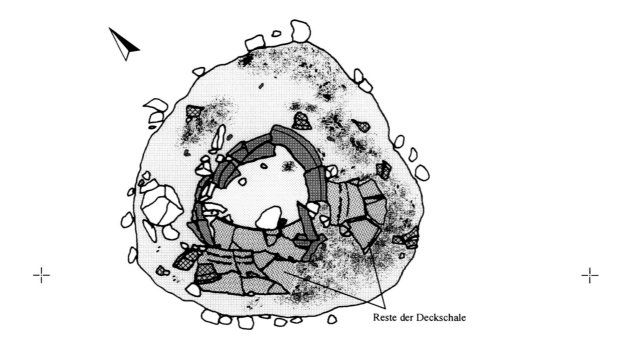

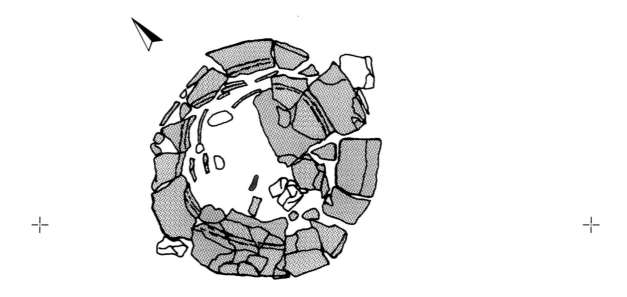

Abb. 15. Grab 9. Hofheim-Diedenbergen, „Elisabethenstraße". Oben Planum 3, darunter Planum 4 (M. 1:10).

Grabgrube, auf 0,4 m Länge ein schwärzlicher mit Hk-Partikeln durchsetzter Bereich. Hier traten zahlreiche Fragmente mindestens einer Knickwandschale auf, die Spuren von Feuereinwirkung aufwiesen. Bei der weiteren Freilegung zeigten sich in Pl. 3 erstmals klar erkennbare Reste von wahrscheinlich mindestens 3-4 völlig zerdrückten und zerscherbten Gefäßen. Auch die Grabgrube von 0,75 m Dm. war jetzt deutlich durch die dunkelbraune bis schwärzliche Färbung zu erkennen. In einigen Bereichen kamen starke Konzentrationen von Hk-Partikeln vor, meist in Verbindung mit kleinen und kleinsten Leichenbrandfragmenten, die allerdings insgesamt nur in geringer Zahl auftraten. Innerhalb der Grabgrubenverfüllung zeigten sich auch immer wieder kleinere und größere Steine. Neben waagerecht liegenden, mit Horizontalriefen verzierten Scherben fanden sich auch noch in ei-nem inneren Bereich Reste, besonders RS, der zerscherbten und verstürzten Deckschale. Nach der Lage der Randstücke zu urteilen, war die Deckschale umgekehrt aufgesetzt. Der Bodenbereich der Deckschale fehlt bereits vollständig. Auffällig war, dass das Erdreich innerhalb des Gefäßrests der Deckschale deutlich heller verfärbt war und Hk-Partikel nur in geringsten Mengen auftraten. Die waagerecht liegenden Gefäßreste wurden vereinzelt von den offenbar sekundär mit Feuer in Kontakt gekommenen Resten einer oder mehrerer völlig zerscherbter Schalen überlagert. Fragmente von Schalen fanden sich auch nahe des Grabgrubenrandes, hier zumeist schräg zur Grubenmitte hin verkippt. Eine weitere Keramikgruppe, deren Reste fast senkrecht im Boden steckten, überlagerte im Süden die Scherben der Deckschale, möglicherweise sind diese ebenfalls der Deckschale zuzurechnen. Erst in Pl. 4 zeigten sich die waagerecht liegenden Gefäßreste im gesamten Grabraum. Dagegen traten jetzt kaum noch Leichenbrandfragmente oder Hk-Partikel auf. Bei der Bergung der Keramik zeigte sich, dass die verzierten Scherben des Schulterbereichs ohne jede Zwischenschicht von Erdreich direkt auf den nach außen gedrückten Resten des Urnenunterteils lagen. Inwieweit die auch in Pl. 4 auftretenden, senkrecht im Boden steckenden Keramikfragmente zu weiteren Beigefäßen oder zum Urnenunterteil zu rechnen sind, war nicht erkennbar. Unterhalb von Pl. 4 fanden sich Leichenbrand- und Hk-Partikel nur noch in geringen Mengen, unter den am tiefsten gelegenen Scherben folgte direkt der anstehende Kies. Die Urne wurde also direkt auf der Grubensohle niedergestellt.

Grab 10 (Bef. 49, *Abb. 16-17*):
Gut erhaltenes Urnengrab. Die Urne war am Südende eines N-S ausgerichteten ca. 1,7 m messenden, langovalen Kies-streifens in den Kies eingetieft. Inwieweit dieser Kiesstreifen anthropogenen Ursprungs war, oder es sich um eine der immer wieder innerhalb der Grabungsfläche auftretenden natürlichen Kieslinsen gehandelt hat, konnte nicht geklärt wer-den. Im Profil zeigten sich weder organische Beimengungen innerhalb der Kiesverfüllung, noch ließ sich eine Abgren-zung in Form einer absichtlich angelegten „Grube" beobachten. Die Urne selbst grenzte im Süden direkt an den umgebenden steinfreien Lößlehm an. Das Gefäß zeigte sich im Pl. 1 zunächst als stark zerscherbt und durch landwirt-schaftliche Tätigkeit in Fragmenten bereits verschleppt, jedoch kamen bis Pl. 1 weder Leichenbrand noch weitere Kera-mikreste vor. Auf eine bereits fortgeschrittene Zerstörung deutete ebenfalls das Auftreten eines dunkelbraunen bzw. grauen, ca. 0,1 m breiten Streifens hin, der auf ca. ein Drittel der Urne im SW verfolgbar war und gehäuft Hk-Partikel sowie Keramikfragmente enthielt. Bei Anlage des Profils zeigte sich jedoch, dass die Urne größtenteils vollständig erhalten war. Die in Pl. 1 als zerscherbte Reste angesprochenen Keramikfragmente waren einer umgekehrt aufgesetzten und stärker beschädigten Deckschale zuzuweisen. Deren Reste waren außen z. T. bis zur halben Höhe der Urne selbst abgerutscht, der gesamte Bodenbereich scheint jedoch bereits der Zerstörung zum Opfer gefallen zu sein.
Der in Pl. 1 sichtbare dunkelbraune-graue Bereich war im Profil klar als Ver. der Grabgrube erkennbar, die sich damit als nur wenig größer als die Urne selbst zeigte. Die Grabgrube reichte noch ca. 7 cm tiefer hinab als die Urne. Die lehmige Ver. ist mit kleinen und kleinsten Leichenbrandfragmenten, Hk-Partikeln sowie Keramikbruchstücken, die eindeutig nicht der verstürzten Deckschale zuzuweisen sind, durchsetzt. Die Urne selbst zeigte sich im Profil als ein bis auf die Beschädigungen im Randbereich vollständig erhaltenes und, soweit während der Ausgrabung erkennbar, unverziertes, tonnenförmiges Gefäß, das noch bis zu einer Tiefe von ca. 0,4 m unter Pl. 1 erhalten war. Aufgrund der unerwarteten Ausmaße des Gefäßes war eine zeitaufwendige Bergung vor dem folgenden Feiertag nicht mehr möglich, das Grab wurde daher nur notdürftig eingegipst und in halbwegs gefestigtem Zustand geborgen. Für die umfangreiche Untersuchung der Urne von Grab 10 siehe den vorliegenden Beitrag von C. Dobiat u. a.

Grab 11 (Bef. 50, *Abb. 18*):
Reste eines bereits in den oberen Bereichen völlig zerstörten Urnengrabes. Eine Grabgrube ließ sich im anstehenden Kies nicht erkennen. Die Urne selbst war max. ab dem Bauchbereich erhalten, vom Rand/Schulterbereich fanden sich keinerlei Reste mehr. Im Innenraum der Urne konnten noch mehrere (mindestens vier) ebenfalls größtenteils bereits stark zerscherbte Beigefäße freigelegt werden. Dabei handelt es sich

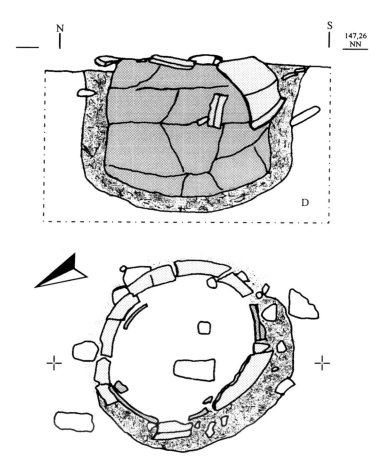

Abb. 16. Hofheim-Diedenbergen, „Elisabethenstraße". Grab 10 (M. 1:10).

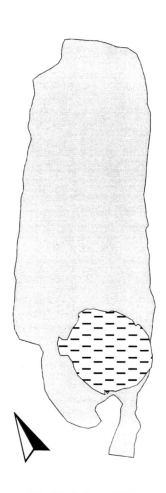

Abb. 17. Hofheim-Diedenbergen, „Elisabethenstraße". Grab 10. Lage der Urne innerhalb des Kiesstreifens (M. 1:20).

Abb. 18. Hofheim-Diedenbergen, „Elisabethenstraße". Grab 11 (M. 1:10).

Abb. 19. Hofheim-Diedenbergen, „Elisabethenstraße". Grab 12 (M. 1:10).

offenbar ausschließlich um Knickwandschalen. Drei der Schalen lagen schräg seitlich am Rand der Urne und waren zur Urnenmitte hin verkippt, eine oder zwei weitere Schalen fanden sich annähernd im Zentrum der Urne. Während in der Gefäßverfüllung bis Pl. 1 keinerlei Hk-Partikel zu beobachten waren, traten geringe Leichenbrandreste besonders im Süden und Norden auf. Im Süden fanden sich einige größere Steine, die Teile der dort befindlichen Schale überlagerten. Der Urnenrest wurde eingegipst und en bloc geborgen.

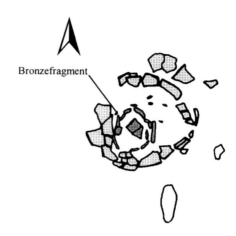

Abb. 20. Hofheim-Diedenbergen, „Elisabethenstraße". Grab 13 (M. 1:10)

Grab 12 (Bef. 51, *Abb. 19*):
Bodenbereich eines stark zerstörten Urnengrabes. Das Gefäß ist max. ab dem Bauchumbruch erhalten, Reste des Randes konnten nicht beobachtet werden. Eine Grabgrube ließ sich im anstehenden mittelbraunen Lößlehm nicht erkennen. Im bis zum Pl. 1 freigelegten Innenraum fanden sich weder Leichenbrandfragmente noch Hk-Partikel oder Reste von Beigefäßen. Der Gefäßrest wurde eingegipst und en bloc geborgen.

Grab 13 (Bef. 52, *Abb. 20*):
Reste eines bereits stark zerstörten Urnengrabes. Eine Grabgrube war im anstehenden mittelbraunen Lößlehm nicht erkennbar. Das Gefäß zeigte sich als völlig zerschert und zerdrückt, soweit erkennbar war die Urne lediglich ab dem Schulter/Bauchbereich erhalten. Nördlich außerhalb des Gefäßbereichs, nur wenige Zentimeter von der Urne entfernt, fanden sich mehrere Scherben, darunter auch eine RS, die wohl zum völlig zerpflügten Rand des Grabgefäßes gehören. Im Gefäßinnenraum konnten die Reste von mindestens einem weiteren, ebenfalls stark zerscherbten Gefäß freigelegt werden. Direkt nordwestlich des Beigefäßes fand sich, von diesem teilweise überlagert, der Rest eines Bronzegegenstands. Ansonsten zeigten sich bis Pl. 1 nur wenige kleine Leichenbrandstückchen, Hk-Partikel konnten nicht beobachtet werden. Die Urne wurde mit Ausnahme der nördlich außerhalb liegenden Scherbengruppe komplett eingegipst und dann en bloc geborgen.

Römischer Keller (*Befund 55*)
Im Bereich von Befund 55 zeigten sich bereits auf der Ackeroberfläche immer wieder Reste römischer Hinterlassenschaften. Neben Ziegelfragmenten und Kalksteinstücken trat hier auch römische Keramik auf. Nach Abtrag des Humus ließ sich zunächst nur ein unregelmäßiger, durch das Auftreten von Kalksteinbruch, Mörtelresten, Tierknochen sowie Keramik- und Ziegelfragmenten gekennzeichneter Bereich von 4 x 5,5 m Größe abgrenzen. Beim Feinputzen der Fläche zeigten sich in Planum 1 zunächst nur an der Ost- und Nordseite klare, gerade verlaufende Befundgrenzen, sowohl an der Süd- als auch an der Westseite war eine Abgrenzung zum umgebenden mittelbraunen Lößlehm nicht gegeben. Um auch hier eine deutliche Grenze zu erhalten, wurde innerhalb des SO- und des NW-Quadranten auf ca. 0,2 m tieferem Niveau ein zweites Planum angelegt. Schon in diesem zweiten Planum war erkennbar, dass es sich bei dem Befund um einen rechteckigen Raum handelt, der ehemals zu einem größeren Gebäude gehörte, da sich im Osten eine weitere, geradlinig in den außerhalb der Trasse liegenden Ackerbereich verlaufende Verfärbung zeigte. Durch das Auftreten von Kalksteinbruch und vereinzelten Mörtelresten war bereits ab Planum 2 mit einer Mauerstruktur zu rechnen. Als ausgesprochen schwierig erwies sich jedoch besonders im NW-Quadranten eine Unterscheidung zwischen den innerhalb der Verfüllung regellos liegenden Steinen und evtl. noch im Verband befindlichen Mauersteinen, da in diesem Quadranten die Verfüllschichten große Mengen an teilweise sehr großen Kalksteinen enthielten. Erst beim weiteren Ausräumen des NW- und SO-Quadranten zur Anlage des Kreuzprofils konnte die Form des Befunds eindeutig erfasst werden. Es handelte sich um den

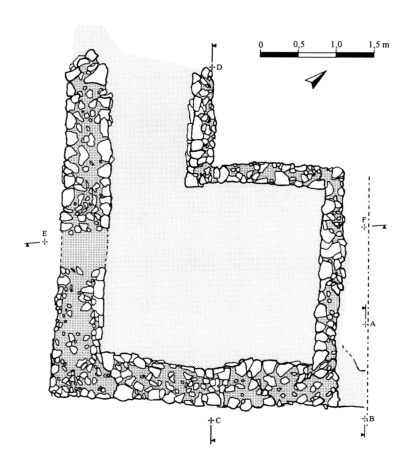

Abb. 21. Hofheim-Diedenbergen, „Elisabethenstraße". Grundriß des römischen Steinkellers Befund 55 (M. 1:50).

Rest eines annähernd quadratischen Steinkellers mit an der NW-Seite vorgelagertem, kurzen Eingangsbereich (*Abb. 21*). Dieser Kellerhals hat bei einer Breite von 1 m ca. 1,6 m Länge. Die südliche Wand des Halses ergibt sich durch eine über die Flucht des Kellers in gleicher Breite hinausgeführte Verlängerung von dessen Westmauer, seine nördliche Wand wird von einem rechtwinklig an die Nordmauer des Kellers angesetzten Mauerstück gebildet. Die Wangen dieses Zugangs sind nicht in gleicher Tiefe wie die übrigen Kellermauern ausgeführt, sondern steigen abgetreppt, rampenartig bis zum ab Planum 1 erhaltenen Niveau an. Von der eigentlichen Struktur des Kellerabgangs ließen sich keinerlei Reste mehr nachweisen, es ist aber wohl, auch aufgrund der abgetreppten Wandführung, mit einer Holztreppe oder einer holzverkleideten Erdtreppe zu rechnen[15]. Hinweise auf die Türkonstruktion wurden ebenfalls nicht gefunden.

Während die Süd- und die Westmauer auch im Eingangsbereich mit 0,65 m relativ breit sind, fallen die beiden übrigen Mauern sowie die rechtwinklig ansetzende, zweite Eingangsmauer mit einer Breite von lediglich 0,3-0,35 m wesentlich schmaler aus. Auch die Bauweise der beiden breiteren Mauern unterscheidet sich von der Nord- und Ostmauer. Bei der Süd- und Westmauer waren noch bis zu sieben Lagen auf der Außen- und Innenseite sorgfältig gesetzter, größerer Mauersteine erhalten. Bei der Errichtung aus Kalk- und Sandsteinen sowie vereinzelt auch Bachkieseln war offenbar konsequent auf Fugenversatz geachtet worden, der Zwischenraum zwischen Außen- und Innenseite war mit kleineren und größeren Bruchsteinen

---

[15] Vgl. beispielsweise den gleichartig ausgeführten Zugang eines auch sonst gut vergleichbaren Kellers von Friedberg-Bauernheim: Wagner, Friedberg-Bauernheim Abb. 5. Es sind aber auch Beispiele von Kellern mit Rampen und Steintreppen bekannt: Ditmar-Trauth, Galloromisches Haus 44 ff.

und Lehm verfüllt. Neben dem dunkelbraunen, mit Holzkohlepartikeln durchsetzten Lehm kam bei beiden Mauern auch hellgelber kiesiger, kalkhaltiger Mörtel als Bindemittel zum Einsatz (Profilzeichnung *Abb. 22*, SO-NW Profil, Schicht IIa). Der Mörtel war jedoch völlig aufgelöst, eine feste Struktur gab es an keiner Stelle. Soweit erkennbar hatte man die Vermörtelung unregelmäßig durchgeführt, sie trat auch in tieferen Lagen der noch bis zu 0,8 m hoch erhaltenen Mauern auf.

Die schmalere Ost- und Nordmauer sowie die zweite Kellerwange des Eingangsbereichs waren eindeutig weniger sorgfältig aufgebaut. Die Mauern wurden hier direkt gegen den anstehenden Lößlehm gesetzt. Nur die Sichtseite bestand aus größeren, sorgfältiger gesetzten Steinen, der Rest wurde aus kleinsteinigerem Material errichtet. Als Bindemittel verwendete man dazu ausschließlich dunkelbraunen, mit Holzkohlepartikeln durchsetzten Lehm (Profilzeichnung *Abb. 22*, Schicht II), eine Vermörtelung war nicht festzustellen. Die Mauern zeigten unterschiedlich starke Zerstörungen durch Mauerausbruch. Am stärksten waren dabei die Ost- und Südmauer betroffen. Hier kamen stellenweise nur noch zwei bis drei Lagen zutage. Bei allen Mauern lag eine Verzahnung vor, und alle Mauerreste saßen ohne weitere Fundamentierung auf dem gewachsenen Kies der Baugrube bzw. auf einer dunkelgrauen, stark mit Kies durchsetzten Schicht von ca. 0,2 m Mächtigkeit auf (*Abb. 22*, Schicht IV bzw. IVa). Dieses Band ist zusammen mit einer weiteren, nicht überall verfolgbaren und nur wenige Zentimeter mächtigen Schicht (V) wohl bei Anlage der Baugrube für den Keller entstanden, oder die Schicht wurde absichtlich aufgebracht. Für eine Entstehung während des Aushubs der Baugrube bzw. während der ersten Tätigkeiten zur Errichtung der Mauern spricht m. E., dass das Band nur teilweise auch unterhalb der Mauern auftrat. Hätte man die kiesige Schicht als Drainageschicht o. ä. aufgebracht[16], so wäre die Schicht entweder nur innerhalb des ummauerten Kellerraums oder aber überall - so auch unterhalb der Mauern - angelegt worden. Im Profil zeigte sich jedoch, dass die Schicht unter der Südmauer nicht auftrat. Noch dazu ließ sich das Band auch unterhalb der nördlichen Wange des Eingangsbereichs verfolgen, wobei die Mauer hier nur an der Ansatzstelle zur Nordmauer auf der kiesigen Schicht ansetzte. Im abgetreppten Eingangsbereich ließ sich zwar das Band, das hier ebenfalls leicht ansteigt, weiterverfolgen, die Mauersteine setzten jedoch teilweise auf erheblich höherem Niveau an. Evtl. muss man in dieser Schicht den rampenartigen „Zufahrtsweg" zur Baugrube sehen. Da die Schicht unter der Südmauer offenbar nicht vorhanden war, wurde wohl dort mit dem Kellerbau begonnen.

Der gesamte Kellerinnenraum war mit graubraunem, lehmigen, stark mit Mauerbruchsteinen, Keramikfragmenten, Ziegel- und Schieferbruchstücken durchsetzten Material (I) verfüllt. Eine Schichtung ließ sich im Profil nur stellenweise erkennen, deutlich trennt sich eine obere, stärker mit Kalksteinbruch und Mörtelresten vermengte Schicht (Ia) von ca. 0,4 m Mächtigkeit von der unterlagernden etwas helleren Hauptverfüllung (I). Dabei reichte die obere Schicht über die erhaltenen Mauerreste hinweg. Zeitlich scheint sich das Material der beiden Schichten nicht zu unterscheiden, ebenso ließen sich kaum Unterschiede innerhalb der einzelnen Quadranten feststellen, lediglich im Eingangsbereich war die Funddichte erheblich geringer als im Kellerinnenraum. Die ursprüngliche Kellersohle bezeichnet wohl das dünne, kiesige Band (III), das allerdings nicht überall zu verfolgen war. Dafür spricht, dass in und unterhalb dieses Bandes keinerlei Reste von Keramik, Ziegeln oder Schiefer mehr vorhanden waren und auch die in die Verfüllung geratenen Steine größtenteils erst oberhalb des Bandes auftraten. Damit ist allerdings auch die Datierung der eigentlichen Nutzungszeit des Kellers offen, da das gesamte Keramikmaterial aus den mit der Zerstörung oder dem späteren Steinraub eingebrachten Verfüllschichten stammt Reste des zugehörigen Gebäudes ließen sich nicht mehr feststellen. Bis auf die in der Flucht der Südwand geradlinig zur Grabungsgrenze hin verlaufende Mauerausbruchgrube (*Abb. 23*) waren keinerlei Hinweise auf die Ausdehnung und Lage des aufgehenden Mauerwerks erkennbar. Im Bereich der Ausbruchgrube fanden sich noch nicht einmal Reste der ursprünglichen Fundamentierung. Es zeigten sich nur noch kleinere Bruchsteine und Mörtelreste innerhalb

---

[16] Dabei erscheint der Nutzen einer Drainageschicht bei einer Kelleranlage auf dem anstehenden Kies ohnehin fraglich.

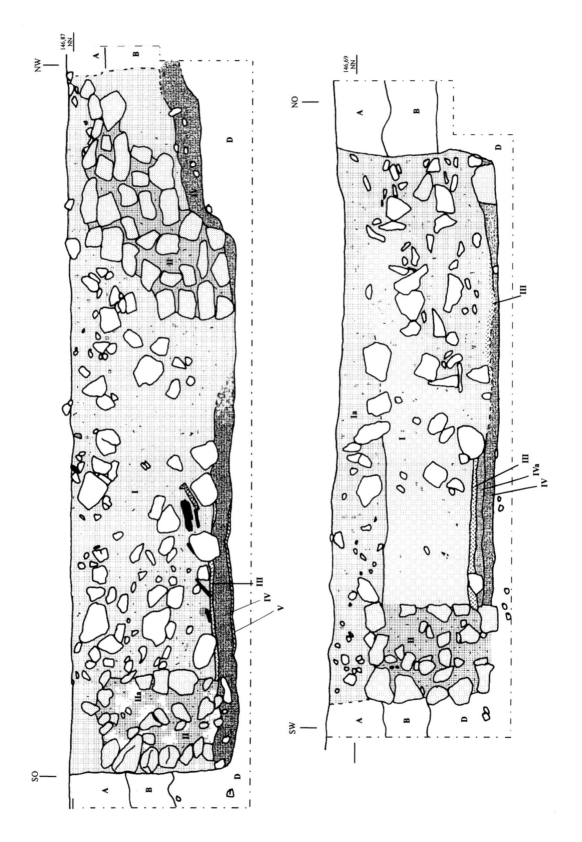

Abb. 22. Hofheim-Diedenbergen, „Elisabethenstraße". Profile durch den römischen Steinkeller Befund 55 (M. 1:25).

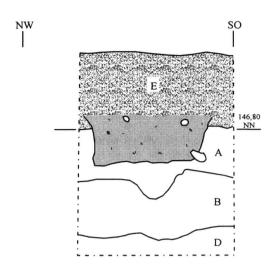

Abb. 23. Hofheim-Diedenbergen, „Elisabethenstraße". Profil der Mauerausbruchgrube von Befund 55 (M. 1:20).

der Verfüllung. Nach der maximal erhaltenen Tiefe der Ausbruchgrube von ca. 0,3 m zu urteilen, handelte es sich hier wohl nur um die Fundamentstickung für die aufgehende Südwand des Gebäudes. Es ist auch aufgrund der Breite und des sorgfältigen Baus der Kellersüdwand anzunehmen, dass es sich dabei um eine tragende Außenwand gehandelt hat. Eine zweite Außenwand oder zumindest tragende Wand ist aus den gleichen Gründen über der Kellerwestwand zu vermuten[17]. Trotzdem bleiben sowohl Größe als auch Form der Anlage völlig unklar.

Nordöstlich außerhalb der Grabungsfläche zeigten sich im Ackerbereich Keramikreste, Ziegelfragmente und auch Kalksteinbruchstücke sowie Mörtelreste, so dass für diesen Bereich mit weiteren erhaltenen Resten des Gebäudes zu rechnen ist. Fraglich bleibt dagegen, wieso sich innerhalb der nördlich an den Keller anschließenden Grabungsfläche selbst, bis auf einen nicht abzugrenzen-den Bereich direkt im Anschluss an den Kellereingang, keine römischen Reste mehr fanden. Als Erklärung bieten sich mehrere Möglichkeiten an. Zum einen könnte es sich um ein in OW-Richtung langgestrecktes Gebäude gehandelt haben, zum anderen ist auch nicht auszuschließen, dass von allen übrigen Wänden ebenfalls keine Reste erhalten sind. Erklärbar wäre dies durch eine sehr flache, inzwischen völlig zerstörte Fundamentierung oder durch Schwellbalken/Fachwerkbauweise, für die eine Fundamentierung, wenn überhaupt, nur in sehr geringem Maße vorgenommen wurde[18]. Allerdings erscheint ein völliger Abtrag der römischen Reste gerade in diesem Bereich ausgesprochen unwahrscheinlich. Neben der Tatsache, dass hier auf großer Fläche Kies ansteht und eine Zerstörung durch Tiefpflügen nicht in Frage kommt, spricht vor allem auch dagegen, dass römische Lesefunde selbst bei den Baggerarbeiten nur in unmittelbarer Nachbarschaft zu Befund 55 beobachtet wurden. Im Gegensatz dazu konnten aber gerade in diesem Bereich eine ganze Reihe von urnenfelderzeitlichen Gräbern geborgen werden, auch Lesekeramik urnenfelderzeitlicher Zeitstellung trat hier auf.

Keramikmaterial aus Befund 55 (Keller)
Der weitaus größte Teil des ansprechbaren Fundmaterials aus den Verfüllschichten des Kellerraums besteht aus Keramikfragmenten. Ansonsten fanden sich noch einige Ziegelfragmente, alle ohne Stempel, und einige Kleinfunde aus Metall. Davon besteht der bei weitem größte Teil aus eisernen Nägeln und unbestimmbaren

---

[17] Vergleichbar in Anlage und Fundamentgrube ist der Keller von Friedberg-Bauernheim: Vgl. Anm. 15.
[18] Ditmar-Trauth, Gallorömisches Haus 42 f.

Eisenfragmenten. Bei einigen weiteren Stücken handelt es sich um das Fragment einer Bronzefibel und zwei scheibenförmige Eisen-/Bronzestücke sowie ein größeres, völlig korrodiertes Eisenblech. Die Datierung muss sich daher fast ausschließlich auf die Keramik stützen. Von dem gesamten ansprechbaren Keramikmaterial entfällt ca. ein Drittel auf Terra Sigillata, einen sehr kleinen Teil macht die Ware mit Glanztonüberzug aus, während der größte Anteil aus rauhwandiger, tongrundiger Ware, z. T. in Urmitzer Technik gearbeitet, besteht.

Bei einem Großteil des Sigillatamaterials ist der Glanztonüberzug schlecht erhalten, vereinzelt sind sogar nicht einmal mehr Reste des Überzugs vorhanden. Besonders bei den betroffenen Reliefsigillaten ist daher eine Zuweisung erschwert, da ihre Verzierung teilweise nur noch in starkem Schräglicht erkennbar wird.

Es sind nur wenige verzierte Stücke vorhanden, soweit zuweisbar, handelt es sich durchweg um die Form Drag. 37. Von zwei Schüsseln sind lediglich Reste des Eierstabs erhalten (*Abb. 25,4.7*), eine weitere Wandscherbe (*Abb. 25,5*) trägt eine nicht zuweisbare Verzierung. Lediglich bei vier Fragmenten sind Teile der Reliefverzierung deutlich einsichtig, so dass eine genauere Einordnung vorgenommen werden kann. Davon ist ein Stück der Trierer Manufaktur zuzuweisen, die restlichen drei Exemplare sowie wohl auch eines der Stücke, bei denen nur Reste des Eierstabs erhalten sind, lassen sich dem Rheinzaberner Töpfereizentrum zuordnen (*Abb. 25,1-3.7*). Einem ganz bestimmten Töpfer bzw. einer Töpfergruppe mit einiger Sicherheit zuweisbar sind allerdings nur ein Bodenfragment (*Abb. 25,2*) (wohl Primitivus IV), die Schüssel (*Abb. 24 bzw. 25,1*) (Respectinus I) sowie das Trierer Stücke der Art des Attilus (*Abb. 25,6*). Zeitlich fallen dabei Primitivus IV in H. Bernhards Gruppe IIc, Respectinus I in seine Gruppe IIIa, wobei absolutchronologisch Gruppe IIc an das Ende der Periode 160/70-210/20, Gruppe IIIa in die Zeit zwischen 210/20-260 gestellt wird[19]. Der Trierer Töpfer Attilus-Pussosus lässt sich in die Zeit zwischen 205 und 225 einordnen[20].

Von den fünf vorhandenen Standringfragmenten gehören wohl nur zwei zu reliefverzierten Schüsseln Drag. 37 (*Abb. 25,2.14*). Die übrigen Standringe sind nach ihrer Form eindeutig anderen größeren Gefäßen zuzuordnen. Von den Stücken, die zu Bilderschüsseln gehören, zeigt sich das Exemplar *Abb. 25,2* als relativ plumper, leicht unterschnittener Standring, der nach I. Huld-Zetsche in die Gruppe der „mittleren" Standringe einzuordnen ist, ebenfalls in diese Gruppe dürfte auch das zweite Standringfragment *Abb. 25,14* gehören. Absolutchronologisch kann sie diese Gruppe zwischen ca. 170 und 230 n. Chr. ansiedeln[21].

Damit ist für den Befund bzw. für dessen Verfüllschicht nach Aussage der Reliefsigillaten eine Datierung in das frühe 3. Jh. anzunehmen. Bei der übrigen Keramik lässt sich eine Datierung in das späte 2. Jh. gut nachvollziehen. Dies gilt sowohl für die glatte Sigillata als auch für die übrigen Keramikgattungen.

So tritt die Tellerform Drag. 32, die erst ab dem letzten Viertel des 2. Jh. in größeren Mengen nachweisbar ist[22], als einzige Form neben Randscherben von Drag. 37 und der Tassenform Drag. 33 in größerer Zahl auf. Ebenfalls ab der 2. Hälfte des 2. Jh. kommen die konischen Tassen Drag. 33 auf [23], die, soweit dies an den

---

[19] Bernhard, Chronologie 84 f. Beil. 5. Zur zeitlichen Abgrenzung der Bernhardschen Gruppen: Oldenstein-Pferdehirt, Sigillatabelieferung 366 ff. und Zanier, Ellingen 123 ff. Dabei weicht der absolutchronologische Ansatz von W. Zanier leicht von B. Oldenstein-Pferdehirts ab: Gruppe Ib-II 170/80-230/40, Gruppe III 230/40-260/70.

[20] Die zeitliche Einordnung erfolgt nach Huld-Zetsche, Forschungsstand 235 Abb. 1. Allerdings liegt für Attilus-Pussosus auch eine abweichende Datierung vor: J. H. Holwerda, Arentsburg. Een romeinsch militair vlootstation bij Voorburg (1923) 115. Er stellt den Töpfer in die 2. Hälfte des 2. Jh. Siehe auch Simon/Köhler, Langenhain 96 Anm. 254-255. Identisch mit der Datierung ins 1. Viertel des 3. Jh. dagegen C. A. Kalee, Acta RCRF 14/15, 1972/ 73, 76.

[21] Huld-Zetsche, Werkstatt II 47 ff.

[22] So z. B. Eingartner u. a., Faimingen-Phoebiana 206. Zur Entwicklung und dem frühesten Auftreten Pferdhirt, Holzhausen 68 ff. und Zanier, Ellingen 132 ff.

[23] Eingartner u. a., Faimingen-Phoebiana 203 und Schönberger/Simon, Altenstadt 97.

Fragmenten erkennbar ist, alle eine leicht einziehende Wandung ha-ben. Inwieweit dies als Indiz für eine Datierung noch in das 2. Jh. zu werten ist, wie dies von B. Pferdhirt vorgeschlagen wird, bleibt fraglich[24].

Fragmente von Schüsseln mit Kerbdekor (Drag. 37) liegen in drei Stücken vor (*Abb. 25,17-19*). Lediglich bei dem Exemplar *Abb. 25,19* ist eine Zuweisung zur halbkugeligen Form mit schmalem Kerbband möglich. Im allgemeinen wird Drag. 37 mit schmalen Kerbbändern ebenfalls an das Ende des 2. Jh. gesetzt, wogegen die zweite Variante mit straffer Wandung aber bereits in das 3. Jh. datiert[25].

Abb. 24. Hofheim-Diedenbergen, „Elisabethenstraße". Fragment einer reliefverzierten Sigillataschüssel des Töpfers Respectinus I aus Rhein-zabern, siehe auch Abb. 25,1 (M. 1:2).

Bei der Glanztonkeramik fällt auf, dass Fragmente von Karniesrandbechern völlig fehlen. Lediglich Reste von Glanztonbechern vom Typ Niederbieber 32/33 sind vorhanden[26]. Dem Typ 33 mit hohem, einwärts geneigten Hals sind wahrscheinlich zwei Stücke zuweisbar (*Abb. 26,16.18*). Bei den übrigen Fragmenten kann über die Höhe des Halses keine Angabe gemacht werden, da sowohl Becher vom Typ 33 mit größerem Durchmesser als auch Stücke des Typs 32 mit kleinem Durch-messer auftreten[27]. Eine eindeutige Zuweisung ist daher nicht möglich. Bei fast keinem der Stücke vom Typ 32/33, bei denen Mündungsdurchmesser anzugeben waren, ließ sich feststellen, ob es sich um Faltenbecher - Niederbieber 32b, 33c oder 33d - gehandelt hat, auch Weißmalerei bzw. Griesbewurf trat an diesen Exemplaren nicht auf; Griesbewurf ist vereinzelt auf den häufiger vorkommenden Wandscherben von Faltenbechern nachweisbar. In zwei Fällen (*Abb. 26,19-20*) liegt dabei ein schmales umlaufendes Kerbband vor. Ein schmales Kerbband zusammen mit zwei umlaufenden Linien trägt auch das Stück *Abb. 26,18*. Für beide Gefäßformen ist ein gehäuftes Vorkommen ebenfalls erst ab dem späten 2. Jh. nachgewiesen, für die Stücke mit Barbotineverzierung und Griesbewurf vermutete F. Oelmann, daß sie an der Wende zum 3. Jh. bereits schon nicht mehr auftreten[28].

Krüge lassen sich nur in wenigen Stücken - einschließlich der Henkelfragmente - nachweisen. Davon gehören zwei Stücke zu Doppelhenkelkrügen (*Abb. 27,14-15*). Ein Fragment ist einem Einhenkelkrug zuzuweisen (*Abb. 27,12*) und bei einem weiteren Stück kann über die Henkelanzahl keine gesicherte Aussage getroffen werden (*Abb. 27,13*). Die beiden Doppelhenkelkrüge sind unterschiedlichen Typen zuzuordnen. Während das Stück *Abb. 27,14* zu einem enghalsigen Doppelhenkelkrug mit breiter Lippe und leicht trichterförmiger Mündung, Typ Niederbieber 69a, zu ergänzen ist, gehört das zweite Exemplar (*Abb. 27,15*) mit wulstiger, innen gekehlter Lippe zum Typ Niederbieber 68. Der Typ Niederbieber 69a ist ganz an das Ende des 2. Jh. bzw. an den Beginn des 3. Jh. zu stellen[29]. Dagegen ist für die Form Niederbieber 68 eine zeitliche Eingrenzung nicht gegeben[30]. Der Einhenkelkrug mit ausschwingender, verdickter Lippe (*Abb. 27,12*) gehört zur Form Niederbieber 62a. Auch für diese Form ist ein gehäuftes Auftreten erst ab dem Ende des 2. Jh. zu verzeichnen[31].

---

[24] Pferdhirt, Holzhausen 78. Anders Schönberger/Simon, Altenstadt 97 und Kortüm, Portus-Pforzheim 247 f., die beide keinen eindeutigen chronologischen Aspekt in der Wandführung sehen.

[25] Kortüm, Portus-Pforzheim 250; Schönberger/Simon, Altenstadt 101; Pferdhirt, Holzhausen 53.

[26] Die einzige Randscherbe, die Karniesrand aufweist, ist eine rottonige Scherbe (Abb. 26,21) ohne Überzugreste. Derartiges tritt vereinzelt auf, so z. B. in Groß-Gerau (Simon, Groß-Gerau 86) und in Altenstadt (Schönberger/Simon, Altenstadt 115).

[27] Zu den unterschiedlichen Durchmessern von Typ Niederbieber 32 und 33 vgl. Pferdehirt, Holzhausen 89 ff.

[28] Ebd. 89 ff.; Oelmann, Niederbieber 35 ff.

[29] Pferdehirt, Holzhausen 97 f.

[30] Schönberger/Simon, Altenstadt 121; Kortüm, Portus-Pforzheim 309.

[31] Pferdehirt, Holzhausen 96 f.; Kortüm, Portus-Pforzheim 307.

Bei der rauhwandigen Keramik finden sich besonders Schüsselformen und Deckelfalztöpfe. Andere Formen treten fast ausschließlich als Einzelstücke auf. Ein großer Teil der Schüssel- und Topffragmente ist dabei der ab 190 bis in die Mitte des 3. Jh. auftretenden Urmitzer Ware zuzuordnen (z. B. *Abb. 28,1-5.12-16.20*). Soweit in diesem Rahmen feststellbar, liegt dabei ausschließlich Ware der Tonart A vor[32].

Größtenteils in Urmitzer Ware wurden die ab der 2. Hälfte des 2. Jh. in großer Zahl vorhandenen Deckelfalztöpfe Typ Niederbieber 89 hergestellt. Lediglich ein Stück (*Abb. 28,6*) ist tongrundig mit braunem Überzug. Charakteristisch für diese Gefäße ist die im weitesten Sinne „herzförmige" Randgestaltung, die eine relativ große Variationsbreite zeigt[33]. Die in Holzhausen häufigste Randform mit ausgeprägtem Deckelfalz und Gliederung der Außenkehle durch einen Viertelrundstab wird von B. Pferdehirt bereits in die 1. Hälfte des 3. Jh. gestellt[34]. Dieser Form gehören auch die meisten der Scherben aus Befund 55 an. Lediglich das Stück *Abb. 28,6* ist der Form mit einfachem Deckelfalz zuzuordnen, bei der die Profilierung der Außenkehle kaum ausgeprägt ist. Bei dem Exemplar *Abb. 28,7* zeigt sich die Profilierung der Außenseite dagegen ausgesprochen scharfkantig. Ebenfalls größtenteils in Urmitzer Ware liegen die weitmundigen Schüsseln mit Kolbenrand vom Typ Niederbieber 104 vor (*Abb. 28,12-15*). Für die hier auftretende Ausprägung, mit bis auf die typischen umlaufenden Rillen oder Riefen völlig unprofilierter Außenseite, kann man einen Beginn frühestens in der Mitte des 2. Jh. annehmen. Die Einordnung der Variante mit „pilzförmigem" Profil (*Abb. 28,16*) durch B. Pferdehirt in das späte 3. Jh. ist hier auszuschließen[35]. Auf vereinzeltes Vorkommen dieser Variante vor der Mitte des 3. Jh. weist auch K. Kortüm hin[36].

Dem Typ Niederbieber 104 nahestehend sind die beiden Schüsseln mit einschwingendem Kolbenrand und zwei umlaufenden Rillen/Riefen (*Abb. 28,17-18*). Während vergleichbare Schüsseln in Pforzheim eher spät angesetzt werden, stellt D. Baatz die Stücke, die seiner Variante 10b entsprechen, in einen früheren Zeithorizont[37]. Von den beiden Gefäßen dieses Typs aus Befund 55 ist keines in Urmitzer Technik hergestellt. Der Urmitzer Ware zuzuordnen sind dagegen drei zu Tellern vom Typ Niederbieber 112 mit innen profiliertem Rand gehörende Randscherben (*Abb. 28,9-11*). Auch dieser Tellertyp ist frühestens seit der Mitte des 2. Jh. nachweisbar und tritt gehäuft ab dem 3. Jh. auf [38].

In großer Zahl fanden sich in der Verfüllung des Kellers Deckelfragmente, alle entsprechend Typ Niederbieber 120a. Von den sieben Exemplaren zeigen alle einen Randwulst, fünf Deckel waren in Urmitzer Technik gefertigt. Eine zeitliche Einordnung ist bei dieser langlebigen Form nur aufgrund der Herstellung in Urmitzer Ware möglich[39]. Zu welchem Gefäßtyp die Deckel gehören, ist unklar. B. Pferdehirt vermutet für ihre einzigen beiden glattwandigen tongrundigen Deckel einen Zusammenhang mit den sog. „Honigtöpfen"[40]. Von derartigen Gefäßen liegt in Befund 55 kein eindeutig zuweisbares Fragment vor. Es fanden sich lediglich eine Reihe von Bodenscherben in tongrundig glattwandiger Ware (*Abb. 27,8-9.11*). Für eine Zugehörigkeit

---

[32] Stamm, Spätrömische Keramik 91 f.

[33] Pferdehirt, Holzhausen 118 ff. gliedert das Holzhausener Material nach typologischen Gesichtspunkten in 18 Gruppen auf. Einen ähnlichen Variantenreichtum zeigt das Material von Pforzheim: Kortüm, Portus-Pforzheim 327 ff.

[34] B. Pferdehirt weist jedoch deutlich darauf hin, dass die Randentwicklung der Gefäße lediglich als grobe Linie fassbar ist und dass bei dem „großen Variantenreichtum [...] ein Einpassen in ein starres Schema zu falschen Schlüssen führen kann". Pferdehirt, Holzhausen 120.

[35] Stamm, Spätrömische Keramik 93; Pferdehirt, Holzhausen 131.

[36] Kortüm, Portus-Pforzheim 317.

[37] Kortüm, Portus-Pforzheim 317 f. Dagegen Baatz, Hesselbach 104 f., ähnlich Schönberger/Simon, Altenstadt 135 f.

[38] Pferdehirt, Holzhausen, 135 f.

[39] Schönberger/Simon, Altenstadt 147 f.

[40] Pferdehirt, Holzhausen 101; 130 f.

dieser Stücke zu den Honigtöpfen spricht, dass das Unterteil bei den bereits in die 2. Hälfte des 2. Jh. zu stellenden Stücken zum Boden hin einzieht[41]. Dieses Merkmal weisen alle von der Tonart hier zuweisbaren Fragmente auf.

Ebenfalls glattwandig-tongrundig ist eine Bodenscherbe mit kleiner Standfläche und stark nach außen ziehender Wandung (*Abb. 26,23*) sowie eine dünnwandige Randscherbe mit sichelför-mig gekehltem Rand (*Abb. 26,22*). Zu diesem Stück gehören weitere, nicht anpassende Wand-scherben, die einen kräftigen Bauchumbruch zeigen. Vergleiche zu diesem Stück sind mir bisher nicht bekannt geworden.

Von den drei Schüsseln mit Kragenrand gehört ein Gefäß zur Urmitzer Ware (*Abb. 28,20*), die beiden anderen Stücke sind tongrundig, eines mit dunkelgrauem Überzug (*Abb. 28,19*). Dabei ist die Rand- und Kragengestaltung nicht einheitlich: Eines weist einen senkrechten, waagerecht abgestrichenen Rand auf, der Kragen ist stark hängend und leicht gekehlt, das Exemplar *Abb. 28,20* zeigt einen leicht einziehenden Rand, der Kragen ist nur leicht hängend und leicht gekehlt, bei dem nicht sicher orientierbaren Stück *Abb. 28,21* ist der Kragen dagegen fast horizontal. Eine Engobierung war nur bei *Abb. 28,19* festzustellen. Inwieweit die Schalen ehemals eine Quarzkornauflage auf der Innenfläche trugen, kann hier nicht festgestellt werden, da jeweils nur die Randstücke erhalten sind[42].

Sicher zu drei Reibschalen lassen sich die Fragmente *Abb. 29,1-3* zuordnen. Die beiden Randscherben zeigen einen plump verdickten Kragen und sind aus dem für Reibschalen typischen orangefarbenen Ton gefertigt. Alle drei Stücke zeigen Reste von Quarzkornauflage, die bei den beiden Randscherben bis dicht unter den Rand reicht.

Neben den Reibschalen ist noch das Halsfragment einer Amphore der Schwerkeramik zuzuweisen (*Abb. 27,16*). Die zweirippigen Henkel setzen bei diesem Stück direkt unterhalb der schrägstehenden und nach außen stark abfallenden Randlippe an. Der Rand ist innen kräftig gekehlt. Nach der Randform gehört das Stück zu einer weithalsigen, bauchigen Amphora (Typ Niederbieber 74). Bei dieser Form ist die Gestaltung der Lippe sehr variabel, allerdings sind Stücke mit Kehlung und verrundeter Lippe an das Ende des 2. Jh. bzw. bereits in das 3. Jh. zu stellen[43].

Kleinfunde
Von den übrigen Kleinfunden war lediglich die Fibel auch ohne Restaurierung chronologisch genauer ansprechbar. Sowohl zwei runde Zierscheiben, die wohl aus Eisen und Bronze bestehen und noch Reste von ankorrodiertem Holz erkennen lassen, als auch ein Eisenblechrest, der kaum noch zu bergen war, liefern hier trotz der vorliegenden Röntgenbilder keinerlei Anhaltspunkte.

Bei der Fibel handelt es sich um eine eingliedrige, drahtförmige Bronzefibel vom Typ Almgren 15 mit vier Windungen und unterer Sehne. Der nur schwach geknickte Drahtbügel hat einen runden Querschnitt. Nach A. Böhme tritt diese Form vor allem zu Beginn des 2. Jh. in Erscheinung, verliert in der zweiten Hälfte

---

[41] Schönberger/Simon, Altenstadt 124 f.
[42] Ob diese Stücke als „Reibschalen" anzusprechen sind, wird in der Literatur nicht einheitlich gesehen. Während K. Kortüm derartige Stücke alle unter „Reibschalen mit einfachem Kragenrand" zusammenfasst (Kortüm, Portus-Pforzheim 332), aber gleichzeitig auf den starken Variantenreichtum dieser Gruppe hinweist, werden vergleichbare Stücke z. B. in Kaiseraugst als „Kragenrandschüsseln" bezeichnet: A. R. Furger/S. Deschler-Erb, Das Fundmaterial aus der Schichtenfolge beim Augster Theater. Forsch. Augst 15 (Augst 1992) 80 f. Abb. 59. Auch die Benennung „Kragenschalen" wird vereinzelt gebraucht: Schallmayer, Dreieich-Götzenhain 66.
[43] Oelmann, Niederbieber 63; Kortüm, Portus-Pforzheim 334 ff.; Schönberger/Simon, Altenstadt 156 ff.; Pferdehirt, Holzhausen 140 f.

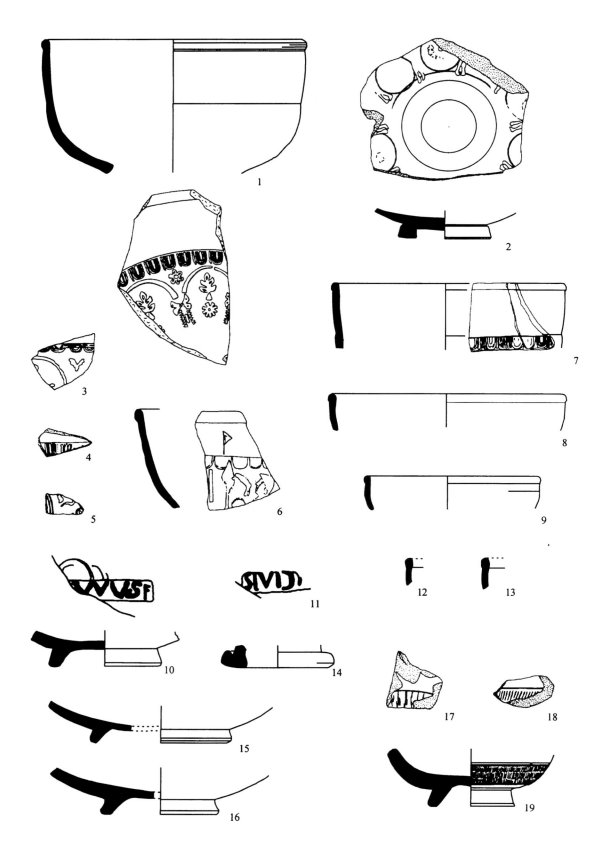

Abb. 25. Hofheim-Diedenbergen, „Elisabethenstraße". Keramik aus Befund 55 (M. 1:3, Stempel 1:1). 1. Zeichnung M. Krause.

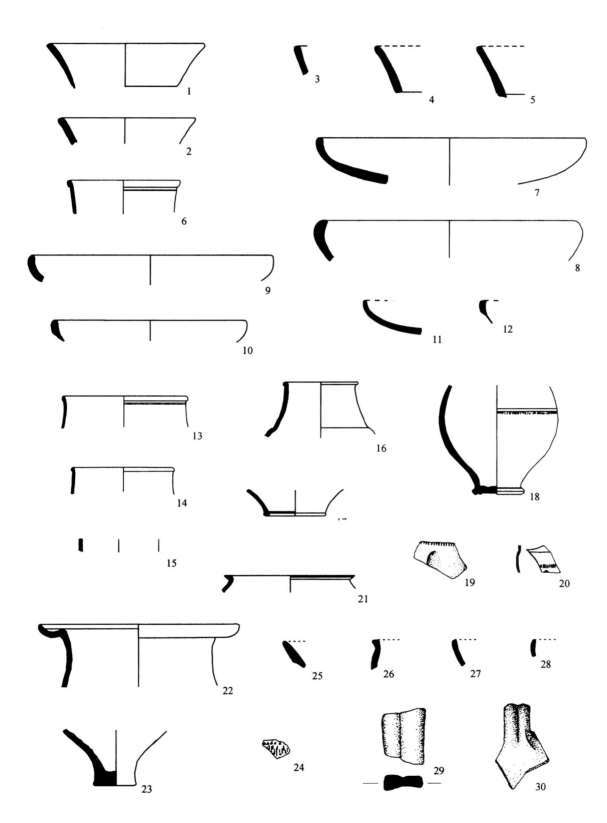

Abb. 26. Hofheim-Diedenbergen, „Elisabethenstraße". Keramik aus Befund 55 (M. 1:3).

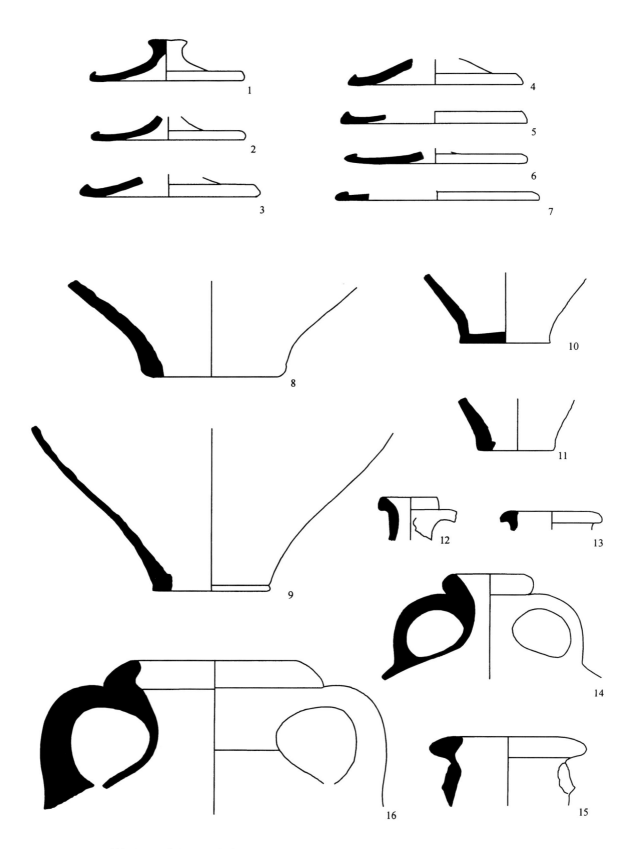

Abb. 27. Hofheim-Diedenbergen, „Elisabethenstraße". Keramik aus Befund 55 (M. 1:3).

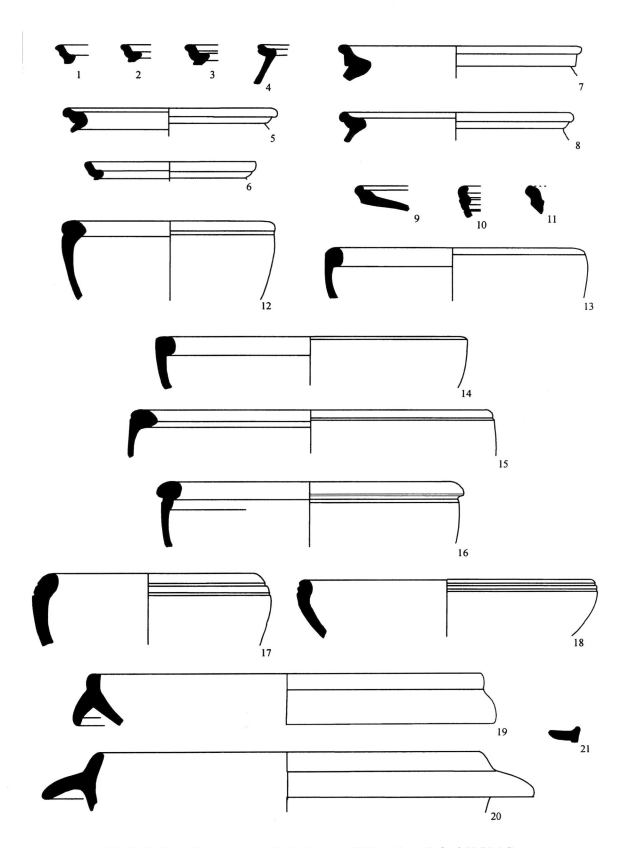

Abb. 28. Hofheim-Diedenbergen, „Elisabethenstraße". Keramik aus Befund 55 (M. 1:3).

des 2. Jh. dann stark an Bedeutung und tritt später kaum noch auf [44]. Der Typ findet sich aber durchaus auch noch in jüngeren Fundzusammenhängen bis hin zum Beginn des 3. Jh.[45].

Reliefverzierte Schüsseln Drag. 37
- RS (*Abb. 24; 25,1*), Eierstab wie Ricken/Fischer[46] E 19. Sich wiederholende Dekoration: Glatte Kreisbögen (KB 66) an deren Kontaktstellen geripptes Ornament (O 173), unter den Kreisbögen jeweils fünfteiliges Blatt (P 80) und darunter neunstrahlige Scheibenrosette (O 60), im Bogenzwickel sechsteilige Rosette (O 39 b), Dm. 15 cm. Rheinzabern, Respectinus I.
- BS (*Abb. 25,2*), Glanztonüberzug völlig abgerieben. Erkennbar sind noch die Reste von fünf glatten Kreisen (Dm. 3 cm), ehemals wohl neun Kreise vorhanden. Die Innendekoration ist nur noch bei einem Kreis schwach erkennbar, es scheint sich um eine Blattrosette zu handeln. Zwischen den Kreisen Gefesselter (wohl Ricken/Fischer M 229b). Erhalten lediglich der Fußbereich, der über eine Linie hinweggreift. Außenseite des Stand rings abgeschrägt und Standring leicht unterschnitten, Dm. 7,4 cm. Rheinzabern, möglicherweise Primitivus IV.
- WS (*Abb. 25,3*), Eierstab mit zwei umlaufenden Stäben ohne Zwischenstäbchen, stark verpresst im oberen Teil, nicht sicher einzuordnen. Im Bildfeld gezacktes Doppelblättchen wie Ricken/Fischer P 145. Links daneben Reste eines glatten Kreises. Rheinzabern, Punze belegt für Bernhard Gruppen IIa-c.
- WS (*Abb. 25,4*), Eierstab wohl Ricken/Fischer E 40. Rheinzabern.
- WS (*Abb. 25,5*), Reste eines glatten Kreises, alles weitere nicht zuweisbar.
- RS (*Abb. 25,6*), Eierstab. Im Bildfeld behelmte Büste Fölzer 579[47] nach links, links davon Blatt/Baumornament. Zwischen Blattornament und Büste am unteren Rand noch Reste einer Muschel (Fölzer 707) und weiteres Relief, wohl Fisch (Fölzer 702). Am linken Rand der Scherbe wohl Reste eines Zierbands, Graffito „P" ober halb des Eierstabs. Trier, Art des Attilus-Pusso.
- RS (*Abb. 25,7*), Zwillingseierstab wie Ricken/Fischer E 1. Dm. 18,4 cm. Rheinzabern.
- WS, Glanztonüberzug schlecht erhalten, vorhanden ist noch der Rest von zwei umlaufenden Rillen, darüber eine nicht weiter erkennbare Reliefverzierung.
- RS (*Abb. 25,8*), Dm. 18 cm.
- RS (*Abb. 25,9*), Dm. 14 cm.
- RS (*Abb. 25,12*) mit rundstabiger Lippe. Glanztonüberzug schlecht erhalten, Orientierung und Dm. nicht anzugeben.
- RS (*Abb. 25,13*) mit rundstabiger Lippe. Glanztonüberzug schlecht erhalten, Orientierung und Dm. nicht anzugeben.
- Standring (*Abb. 25,14*) mit abgeschrägter Außenkante, Ansatz stark unterschnitten, Dm. 8,1 cm.

Stempel
- BS (*Abb. 25,10*), Standring mit abgeschrägter Außenkante, Dm. 8,8 cm, Bodenstempel [- - -]NUS F.
- Bodenstempel (*Abb. 25,11*) wohl auf Schüssel Drag. 37 CIAIS oder SIVID.

Glatte Sigillata

Niederbieber 16 mit Kerbbandverzierung
- WS (*Abb. 25,17*), Ratterverzierung und Rille.
- WS (*Abb. 25,18*), Ratterverzierung und Rille.
- Unterteil (*Abb. 25,19*), im unteren Drittel Ratterverzierung, Dm. Standring 6,7 cm.

---

[44] Böhme, Fibeln 13 f.
[45] Riha, Fibeln 59 f.; W. Jobst, Die römischen Fibeln aus Lauriacum. Forsch. Lauriacum 10, 1975, 51 ff.; E. Patek, Verbreitung und Herkunft der römischen Fibeltypen in Pannonien. Diss. Pannonicae Ser. II 19 (Budapest 1942) 129.
[46] Ricken-Fischer, Rheinzabern.
[47] Fölzer, Bilderschüsseln.

Teller mit waagerechtem Boden und glattem Rand (Drag. 32/Niederbieber 5a)
- RS (*Abb. 26,7*), Dm. 20,8 cm.
- RS (*Abb. 26,8*), Rand leicht keulenförmig verdickt, Glanztonüberzug völlig zerstört, Dm. 20 cm.
- RS (*Abb. 26,9*), Glanztonüberzug stark abgegriffen, Dm. 19 cm.
- RS (*Abb. 26,10*), Dm. 15,4 cm.
- RS, Orientierung und Dm. nicht anzugeben, zugehörig?, möglich auch Drag. 40.
- RS (*Abb. 26,11*), Orientierung und Dm. nicht eindeutig anzugeben.
- RS (*Abb. 26,12*), Orientierung und Dm. nicht anzugeben, zugehörig, möglich auch Drag. 40.
- RS, außen unter dem Rand eine umlaufende Riefe, Orientierung und Dm. nicht anzugeben, zugehörig?, möglich auch Drag. 40.

Konische Tassen mit glattem Rand (Drag. 33)
- RS (*Abb. 26,1*), Wandung ganz leicht einwärts geschwungen, Glanztonüberzug schlecht erhalten, Dm. 12 cm.
- RS (*Abb. 26,2*), Wandung ganz leicht einwärts geschwungen, Dm. 11 cm.
- RS (*Abb. 26,3*), glatter Rand, Orientierung und Dm. nicht anzugeben, zugehörig?
- RS (*Abb. 26,4*), Wandung ganz leicht einwärts geschwungen, Orientierung und Dm. nicht sicher anzugeben.
- RS (*Abb. 26,5*), Wandung ganz leicht einwärts geschwungen, Orientierung und Dm. nicht sicher anzugeben.

nicht sicher zuweisbar
- RS (*Abb. 26,6*) eines dünnwandigen Gefäßes mit rundstabiger Lippe und umlaufender Rille unterhalb des Rands, Dm. 10 cm.
- RS mit rundstabiger Lippe, Glanztonüberzug schlecht erhalten, Orientierung und Dm. nicht anzugeben.
- Standring (*Abb. 25,15*) mit abgeschrägter Außenkante, Dm. 9,2 cm.
- Standring (*Abb. 25,16*) mit abgeschrägter Außenkante, Dm 9 cm.

Firnisware
- RS (*Abb. 26,14*) eines steilwandigen Glanztonbechers mit rundstabig verdickter Lippe, Dm. 8 cm.
- RS (*Abb. 26,15*) eines steilwandigen Glanztonbechers mit rundstabig verdickter Lippe, Dm. 6 cm.
- Glanztonbecher (*Abb. 26,16*) mit abgesetztem, hohen, nach innen geneigten Hals und rundstabartig verdickter Lippe, Dm. 6 cm, Typ Niederbieber 33a.
- Boden eines Glanztonbechers (*Abb. 26,17*), Boden-Dm. 5 cm.
- Unterteil eines Glanztonbechers (*Abb. 26,18*) Typ Niederbieber 32/33, verziert mit zwei Rillen und Ratterverzierung, Halsbereich nicht erhalten.
- WS eines Faltenbechers (*Abb. 26,19*), Reste der Ratterverzierung auf der Schulter.
- zahlreiche WS von weiteren Faltenbechern als Bruch.

Reduzierend gebrannte Ware
- RS (*Abb. 26,13*) eines steilwandigen Bechers mit rundstabig verdickter Lippe, sehr dünnwandig, hart gebrannt, Oberfläche metallisch glänzend, dunkelgrau/schwarz, Dm. 10 cm.
- WS eines Faltenbechers (*Abb. 26,20*) mit abgesetztem Hals und Ratterverzierung auf der Schulter, sehr dünnwandig, hart gebrannt, im Bruch grau, Oberfläche metallisch glänzend, dunkelgrau/schwarz.

Tongrundige Keramik

Krüge
- Hals eines Doppelhenkelkrugs (*Abb. 27,15*) mit wulstiger, innen gekehlter Lippe, tongrundig hellbeige, Dm. 7,6 cm, Typ Niederbieber 68.
- Hals eines Einkenkelkrugs (*Abb. 27,12*) mit wulstiger Bandlippe, Mündung leicht trichterförmig, Rest des zweistabigen Henkels erhalten, tongrundig hellbeige, Dm. 4,4 cm, Typ Niederbieber 62a.
- RS eines Krugs (*Abb. 27,13*) mit leicht unterschnittener Randlippe, innen leichte Kehlung des Rands, tongundig orange, Dm. 6 cm.
- Hals eines enghalsigen Doppelhenkelkrugs (*Abb. 27,14*) mit breiter Lippe, Mündung leicht trichterförmig, tongrundig hellbeige, Henkel zweistabig, Dm. 5,5 cm, Typ Niederbieber 69a.
- Henkelfragment (*Abb. 26,29*), zweigliedriger Bandhenkel, tongrundig hellbeige.
- Krughenkel (*Abb. 26,30*), zweigliedriger Bandhenkel, tongrundig hellbeige.

Sonstige Keramik
- BS (*Abb. 27,8*), tongrundig hellbeige, Magerung mittel, Dm. 10,4 cm.
- BS (*Abb. 27,9*), tongrundig hellbeige, Magerung fein, Boden deutlich abgesetzt, Dm. 9,5 cm.
- BS (*Abb. 27,11*), tongrundig hellbeige, Magerung fein, Dm. 6 cm.
- RS (*Abb. 26,21*) mit Karniesrand, rottonig, keinerlei Reste eines Überzugs erkennbar, Dm. 10,2 cm.
- RS (*Abb. 26,22*) mit oben stark gekehltem Rand, dünnwandig, zugehörige WS mit kantigem Bauchumbruch, tongrundig hellbeige, Magerung fein, Dm. 16 cm.
- BS (*Abb. 26,23*), tongrundig hellbeige, Magerung mittel, evtl. zu einem Einhenkelkrug gehörend, Dm. 3,4 cm.
- RS (*Abb. 26,26*) mit waagerecht abgestrichenem, leicht nach außen verdickten und kantig abgestrichenen Rand, mittelbraun, Außenseite geglättet, Magerung fein, Dm. und Orientierung nicht anzugeben.
- RS (*Abb. 26,27*), dunkelbraun, Oberfläche innen und außen geglättet, Magerung fein-mittel, Dm. und Orientierung nicht anzugeben.
- RS (*Abb. 26,25*) eines Gefäßes mit schrägem Hals/Rand, dunkelgrau, Dm. und Orientierung nicht anzugeben.
- RS (*Abb. 26,28*), abgerundeter Rand, tongrundig, Magerung fein, Dm. und Orientierung nicht anzugeben.
- RS, Rand abgerundet, schwarz/grau, Magerung mittel, Dm. und Orientierung nicht anzugeben.
- BS, tongrundig hellbeige, Magerung mittel, Dm. 8 cm.
- WS (*Abb. 26,24*), sehr dünnwandig, verziert mit Ratterdekor und Einstichen, innen Reste von rotem Überzug.

Schüsseln mit Kragenrand
- RS (*Abb. 28,19*), grau mit dunkelgrauem Überzug, Rand waagerecht abgestrichen, Dm. 30 cm.
- RS (*Abb. 28,20*), Urmitzer Ware, Dm. ca. 29,1 cm.
- RS (*Abb. 28,21*), dunkelgrau, Dm. und Orientierung nicht anzugeben.

Deckelfalztöpfe (Typ Niederbieber 89)
- RS (*Abb. 28,1*), Urmitzer Ware, Orientierung und Dm. nicht anzugeben.
- RS (*Abb. 28,2*) mit „herzförmigem" Profil, Urmitzer Ware, Orientierung und Dm. nicht anzugeben.
- RS (*Abb. 28,3*), Urmitzer Ware, Orientierung und Dm. nicht anzugeben.
- RS (*Abb. 28,4*), Urmitzer Ware, Orientierung und Dm. nicht anzugeben.
- RS (*Abb. 28,5*) mit „herzförmigem" Profil, Urmitzer Ware, Dm. 16 cm.
- RS (*Abb. 28,6*), einfacher Deckelfalz, tongrundig mit braunem Überzug, Dm. 13 cm.
- RS (*Abb. 28,7*), Profilierung der Außenseite kantig, Urmitzer Ware, Dm. 18,6 cm.
- RS (*Abb. 28,8*), Urmitzer Ware, Dm. 17,6 cm.

Schüssel mit Kolbenrand
- RS (*Abb. 28,12*) einer Schüssel mit Kolbenrand, Riefe auf der Außenseite, Urmitzer Ware, Dm. 15 cm, Typ Niederbieber 104.
- RS (*Abb. 28,13*) einer Schüssel mit Kolbenrand, Urmitzer Ware, Dm. 19 cm, Typ Niederbieber 104.
- RS (*Abb. 28,14*) einer Schüssel mit Kolbenrand, Urmitzer Ware, Dm. 23,4 cm, Typ Niederbieber 104.
- RS (*Abb. 28,15*) einer Schüssel mit Kolbenrand, Rille auf der Außenseite, Urmitzer Ware, Dm. 26 cm, Typ Niederbieber 104.
- RS (*Abb. 28,16*) einer Schüssel mit pilzförmig verdicktem Rand, Rille auf der Außenseite, tongrundig, Dm. 22 cm, Typ Niederbieber 104.
- RS (*Abb. 28,17*) einer Schüssel mit einschwingendem Kolbenrand und zwei Rillen auf der Außenseite, ehemals schwarzer Überzug, Dm. 16 cm, Typ Hofheim 93 A/C.
- RS (*Abb. 28,18*) einer Schüssel mit einschwingendem Kolbenrand, zwei Riefen auf der Außenseite, tongrundig, Dm. 22 cm, Typ Hofheim 93 A/C.

Teller mit innen profiliertem Rand (Typ Niederbieber 112)
- RS (*Abb. 28,9*), Urmitzer Ware, Dm. nicht anzugeben.
- RS (*Abb. 28,10*), Urmitzer Ware, Dm. nicht anzugeben.
- RS (*Abb. 28,11*), wohl von einem Teller Typ Niederbieber 112, Urmitzer Ware, Dm. und Orientierung nicht anzugeben.

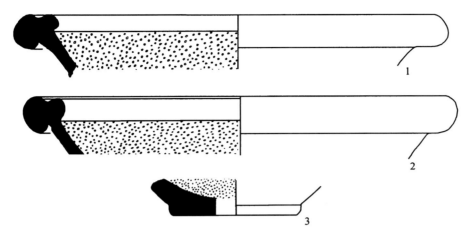

Abb. 29. Keramik aus Befund 55 (M. 1:3).

Deckel (Typ Niederbieber 120a)
- RS (*Abb. 27,1*), Deckelknopf glatt abgestrichen, Urmitzer Ware, Dm. 12 cm.
- RS (*Abb. 27,2*), Urmitzer Ware, Dm. 12 cm.
- RS (*Abb. 27,3*), tongrundig hellbeige, Dm. 14 cm.
- RS (*Abb. 27,4*), tongrundig hellbeige, Dm. 14 cm.
- RS (*Abb. 27,5*), Urmitzer Ware, Dm. 14,6 cm.
- RS (*Abb. 27,6*), Urmitzer Ware, Dm. 14,4 cm.
- RS (*Abb. 27,7*), Urmitzer Ware, Dm. 16 cm.

Fragmente Urmitzer Ware
- Henkelfragment (*Abb. 26,29*), asymmetrischer, zweigliedriger Bandhenkel, Urmitzer Ware.
- BS (*Abb. 27,10*), Boden leicht abgesetzt, Urmitzer Ware, Dm. 7 cm.
- BS, Urmitzer Ware, Boden extrem unregelmäßig, außen und innen stark versintert, Risse, Schmelztiegelfragment?
- RS mit leicht verdicktem Rand, Urmitzer Ware, Orientierung und Dm. nicht anzugeben.

Schwerkeramik

Amphoren
- Halsfragment einer Amphore (*Abb. 27,16*) mit dreieckiger Lippe, Typ Niederbieber 74, Kehlung innen am Hals, Henkelansatz direkt unterhalb der Randlippe, Henkel zweirippig, Dm. 12,6 cm.

Reibschalen
- RS einer Reibschale (*Abb. 29,1*) mit verdicktem Kragenrand, Quarzauflage innen bis unter den Rand, Dm. 30 cm.
- RS einer Reibschale (*Abb. 29,2*) mit verdicktem Kragenrand, Quarzauflage innen bis unter den Rand, Dm. 32 cm.
- BS (*Abb. 29,3*), Boden-Dm. 10 cm.

Kreisgraben (Befund 2/3/4)
Von den beiden im Luftbild anhand von Bewuchsmerkmalen eindeutig erkennbaren Kreisgrabenstrukturen lag die nördliche innerhalb der Grabungsfläche. Beide Kreisgräben zeigten so deutliche Bewuchsmerkmale, dass sie bereits vom Boden aus sichtbar waren. Das Getreide bildete hier bis zu 20 cm längere Halme, als im umliegenden Bereich. Im Luftbild wies der innerhalb der Grabungsfläche gelegene Kreisgraben eine Öffnung im Nordwesten auf. Projiziert man Luftbild und Grabungsplan übereinander, so zeigt sich eine weitgehende Übereinstimmung, lediglich die Öffnung war durch eine überdeckende Lößlehmschicht nur vorge-

täuscht (*Abb. 3*). Auch deshalb ließ sich der Kreisgraben selbst nur gegen den anstehenden Kies gut abgrenzen. Aus Zeitgründen wurde daher bei Baggerarbeiten zur Freilegung der Nordhälfte gleich auf ein tieferes Niveau abgetieft, um die Abgrenzung gegen den anstehenden Kies erkennen zu können.

Der max. 2 m breite Graben umschloss eine Fläche mit 12-13 m Durchmesser, die größte erhaltene Tiefe unter der heutigen Ackeroberfläche betrug dabei 0,8-1 m. Der im Luftbild erkennbare Durchlass im Nordwesten war - wie erwähnt - nur durch die Überdeckung mit einer nicht sterilen Lößlehmschicht vorgetäuscht (*Abb. 30*). Es konnten keine Hinweise auf den antiken Zugang gefunden werden, wobei ein derartiger Graben auch durch eine einfache Holzkonstruktion zu überqueren gewesen wäre. Die Grabensohle zeigte sich als relativ unregelmäßig muldenförmig. Innerhalb des Grabens fanden sich keine Hinweise auf eine Palisadenkonstruktion oder entsprechende Annäherungshindernisse.

Der Kreisgraben war vollständig mit weitestgehend sterilem, stark lehmigen Material verfüllt. Abgesehen von einigen Brandlehmbröckchen fehlten anthropogene Einschlüsse nahezu völlig. Im Sohlenbereich konnte fast durchgehend eine wenige Zentimeter mächtige, harte Eisenoxidkruste beobachtet werden, die wohl auf eine dauerhaft starke Durchfeuchtung und dadurch bedingte Auswaschung der Eisenanteile aus dem umgebenden Kies zurückzuführen ist. Darauf, dass diese Auswaschung nicht während der Nutzungszeit des Grabens, sondern erst nach bereits erfolgter Verfüllung entstanden ist, verweist die starke Anreicherungen von Eisenoxidausfällungen innerhalb der fundleeren Grabenverfüllung. Insgesamt scheint zur Verfüllung des Grabens das in der unmittelbaren Umgebung anstehenden Material gedient zu haben. Dafür spricht, dass der Kiesanteil der Verfüllung stark variiert.

In den Bereichen, in denen der Graben direkt in den anstehenden Kies eingetieft war, lag der Kiesanteil in der Verfüllung durchweg - vor allem im Sohlenbereich - sehr hoch. Dagegen war der Erdanteil z. B. im Südosten wesentlich höher, hier steht außerhalb des Grabens mittelbrauner Lößlehm an. Ob diese Verfüllung absichtlich vorgenommen wurde oder sich der Graben evtl. infolge von landwirtschaftlicher Tätigkeit[48] nach und nach verfüllt hat, ist nur schwer zu entscheiden. Gegen eine absichtliche Verfüllung scheint die Fundarmut zu sprechen, allerdings ist auch bei lediglich landwirtschaftlicher Nutzung des Bereichs ein Graben eher unerwünscht. Wenn der Graben absichtlich mit dem direkt umliegenden Material zugefüllt wurde, so ist sicherlich damit zu rechnen, dass nach Absenkung der Verfüllung in diesem Bereich wiederum eine Mulde entstanden ist. Bei der Bodenbeschaffenheit ist dann ständige Staunässe bei jedem Regenfall anzunehmen, was wohl kaum lange toleriert wurde. Evtl. ist in diesem Zusammenhang aus Richtung der „Elisabethenstraße" gezielt Schutt in der Mulde abgelagert worden, dies würde dann auch die über 20 m Länge verfolgbare, nicht sterile Aufschüttungsschicht von Befund 4 erklären.

Klare Anzeichen für die Nutzung und Bebauung des Innenraums fanden sich nicht. Offenbar waren nur geringe Reste der ehemaligen Oberfläche des Innenraums erhalten. Diese reichten max. bis 0,3 m unter Planum 1. Trotz sorgfältiger Beobachtung konnte lediglich ein Pfostenloch aufgedeckt werden. Dieses zeigte mit nur 0,3 m Durchmesser und einer Tiefe von 0,4 m unter Planum 1 kaum die entsprechende Größe, um es der Konstruktion eines Turmes zuordnen zu können. Da keinerlei Steinfundamentierung vorlag, kann man hier nur mit einem Holzbau rechnen, ob es allerdings aufgrund des Kiesuntergrunds hier überhaupt möglich war, vier Pfosten mit entsprechendem Halt zu verankern, erscheint unsicher. Evtl. ließen sich auch deshalb keine Pfosten nachweisen. Denkbar wäre auch eine Art Schwellbalken/Blockbau, von dem sich dann entsprechend wenige Bodeneingriffe erhalten hätten. Ein weiterer Grund für das Fehlen von Pfostenstellungen könnte auch ein vollständiger Abbruch des Turms zu einer Zeit gewesen sein, in der das Holzmaterial noch verwendbar erschien und deshalb ebenfalls entfernt wurde. Im Zusammenhang damit könnte dann der zweite, weiter südlich gelegene Turm errichtet worden sein.

---

[48] Darauf deuten wohl die westlich des Kreisgrabens aufgedeckten „Befunde" 14-17, s. u. S. 71.

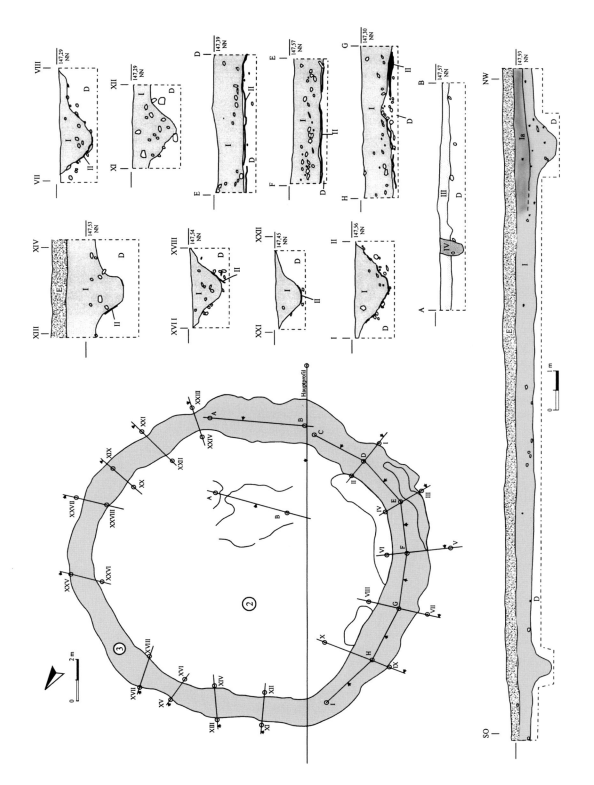

Abb. 30. Hofheim-Diedenbergen, „Elisabethenstraße". Kreisgraben (Befund 2/3) mit Profilen.

Abb. 31. Fragment einer reliefverzierten Sigillataschüssel des Töpfers Comitialis III aus Rheinzabern, vgl. Abb. 32,1.

In keinem Profil ließ sich eine klare Trennung zwischen der weitestgehend sterilen Verfüllung des Grabens und der maximal 0,25 m mächtigen untersten Fundschicht im Innenraum feststellen. Trotzdem ist diese Schicht durch das eingetiefte Pfostenloch eindeutig der Nutzungsphase des Bauwerks zuzuordnen. Auch zeigten sich durchaus vereinzelt römische Fundstücke innerhalb der untersten Fundschicht und in einem Falle auch in der Verfüllung des Grabens. Eine Struktur war in den ausgesprochen unregelmäßigen Verfärbungsbereichen nicht zu erkennen. Lediglich im Südosten ließ sich feststellen, dass der genutzte Bereich des Innenraums erst in ca. 2,2 m Entfernung zum Kreisgraben begann[49].

Als weitaus fundreicher erwies sich eine sowohl die Grabenfüllung als auch den Grabeninnenraum überlagernde Auffüllschicht von max. 0,35 m Mächtigkeit. Eine klare Abgrenzung zur unterlagernden Schicht war nur stellenweise möglich, so dass auch hier die Ausdehnung nicht ganz klar fassbar war. Deutlich zeigte sich jedoch, dass diese Schicht im Nordwesten auch außerhalb des Kreisgrabens über eine Länge von mehr als 20 m zu verfolgen war, wobei jedoch der Fundanfall mit zunehmender Entfernung vom Graben stark abnahm. Im Südosten reichte die Schicht jedoch nicht einmal bis an den Kreisgraben heran. Eine Abgrenzung der Auffüllschicht gegen den anstehenden Lößlehm war kaum erkennbar, da beide Materialien sich weder in der Farbgebung noch in ihrer Konsistenz unterschieden, so ermöglichte nur die Durchmischung mit Funden eine Trennung. Da jedoch der Fundanfall nach Nordwesten stetig abnahm, blieb eine klare Grenzziehung hier unmöglich. Die größte Menge des im folgenden zu beschreibenden Fundmaterials stammt aus dieser Aufschüttungsschicht.

Keramikmaterial aus den Befunden 2/3/4

Außer der Fundhäufigkeit ließen sich weder ein chronologischer Unterschied noch Abweichungen in der Verteilung des Fundmaterials zwischen der Überlagerungsschicht und der wahrscheinlich der Nutzungsperiode zuzuordnenden Schicht feststellen. Von den vier reliefverzierten Terra Sigillata-Fragmenten scheint bei allen eine Herkunft aus Rheinzabern gesichert. Allerdings sind nur zwei einem bestimmten Töpfer zuweisbar: Das Stück *Abb. 32,10* ist Cerialis VI zuzuordnen, das Exemplar *Abb. 31 bzw. 32,1* gehört zur Ware nach Art des Comitialis III. Während Cerialis VI in H. Bernhards Gruppe II a zu stellen ist, lässt sich Comitialis III noch seiner Gruppe I b zuweisen[50]. Chronologisch werden diese Gruppen von B. Oldenstein-Pferdehirt in den Zeitraum zwischen 160/70 und 210/20 gestellt[51].

Neben Standringfragmenten von Schüsseln des Typs Drag. 37 (*Abb. 32,7-8*) sind noch einige ebenfalls Drag. 37 zuweisbare Randscherben erhalten. Die Standringe des Typs Drag. 37 gehören beide in die Gruppe der „mittleren" Standringe nach I. Huld-Zetsche, für die sie einen zeitlichen Ansatz zwischen 170 und 230 n. Chr. annimmt[52].
Eine Scherbe (*Abb. 32,9*) ist einer barbotineverzierten Schüssel vom Typ Niederbieber 19 zuzuweisen. Der Beginn derartiger Schüsseln wird im allgemeinen in die 2. Hälfte des 2. Jh. gesetzt[53].

---

[49] Allerdings war auch dies nur im Planum erkennbar, im Profil konnte eine Abgrenzung zwischen sterilem Lößlehm und unterster Fundschicht nicht beobachtet werden.
[50] Bernhard, Chronologie 84 f. Beil. 5.
[51] Vgl. Anm. 19
[52] Huld-Zetsche, Werkstatt II 47 ff. bes. 49; 51.
[53] Pferdehirt, Holzhausen 53 f.; Schönberger/Simon, Altenstadt 102.

Von der glatten Sigillata sind nur wenige Stücke vertreten. Außer einem Standringfragment (*Abb. 32,6*) fanden sich nur noch wenige, unzuweisbare Wandscherben im Scherbenmaterial. Auffällig erscheint das völlige Fehlen jeglicher Teller- und Tassenbruchstücke, die im Gegensatz dazu im Material des Kellers (Befund 55) vergleichsweise häufig vertreten sind[54].

Krüge liegen nur in Form von drei kleinen Halsbruchstücken vor (*Abb. 32,19-21*), ihre Henkelanzahl kann in keinem Fall angegeben werden. Alle Stücke sind dem Typ Niederbieber 62 zuzuordnen und damit ans Ende des 2. Jh. zu stellen[55].

Glanztonkeramik findet sich nur in geringer Menge im Fundspektrum. Einem Typ zuweisbar ist nur das Fragment *Abb. 32,13* (Typ Niederbieber 32/33). Ansonsten liegen nur Wandscherben bzw. Bodenscherben vor, davon gehört mindestens ein Stück zu einem Faltenbecher (*Abb. 32,14*). Weitere unverzierte Wandscherben von Faltenbechern befinden sich unter dem nicht gezeichneten Scherbenmaterial. Keines dieser Stücke trägt Weißmalerei, Barbotineverzierung oder Griesbewurf. Singulär erscheinen zwei mit senkrecht verlaufenden Rippen verzierte Wandscherben, die ebenfalls Glanztonüberzug aufweisen. Eine tongrundige Randscherbe mit verschliffenem Karniesrand (*Abb. 32,30*) unterscheidet sich von gleichartigen Stücken nur durch das Fehlen eines Glanztonüberzugs[56].

Auch das übrige Fundspektrum zeigt deutliche Unterschiede zu Befund 55. So treten z. B. Stücke, die in Urmitzer Technik hergestellt wurden, nur in geringer Menge auf [57]. Auch die in relativ großer Anzahl unter dem Material von Befund 55 vertretenen Deckelfalztöpfe (Typ Niederbieber 89) finden sich hier nur in zwei, in Urmitzer Technik hergestellten Exemplaren (*Abb. 33,1-2*). Kragenrandschüsseln sind im vorliegenden Material nur mit zwei Exemplaren vertreten (*Abb. 33,5-6*). Dagegen liegen in einiger Anzahl (*Abb. 32,33-38*) Töpfe bzw. Schüsseln mit gerilltem Horizontalrand (Typ Niederbieber 88/102) vor. Diese Form tritt im Material des Kellers Befund 55 nicht auf. Eine genaue Zuweisung zu Topf- oder Schüsselformen ist allerdings nicht bei allen Stücken möglich. Im allgemeinen geht man bei diesem Typ aufgrund des geringen Vorkommens in Holzhausen und Niederbieber nur von einer Fortdauer bis an den Beginn des 3. Jh. aus. Die Schüsseln mit gerilltem Horizontalrand scheinen dabei schon in der 2. Hälfte des 2. Jh. auszulaufen[58]. Auch die in drei Stücken (*Abb. 32,29-32*) vorliegenden Töpfe mit ausbiegendem bzw. umgeschlagenem Rand (Typ Niederbieber 87) treten an der Wende des 2. zum 3. Jh. kaum noch auf [59].

Von den Schüsselformen mit nach innen verdicktem Rand liegen zwei Randscherben mit stark wulstig verdicktem und auf der Außenseite durch eine kräftige Rille abgesetzten Rand vor (*Abb. 33,3-4*). Da diese Form u. a. in Altenstadt in Urmitzer Technik auftritt, ist eine Laufzeit bis zum Beginn des 3. Jh. gesichert[60].

---

[54] Vgl. dazu die Aufstellung der Keramik aus Befund 55, s. o. S. 48ff.
[55] Vgl. Anm. 31
[56] Vgl. Anm. 26
[57] Diese Aussage ändert sich auch nicht, wenn man das ungezeichnete Scherbenmaterial komplett berücksichtigt. Es liegen kaum Fragmente vor, die in Urmitzer Technik hergestellt wurden.
[58] Schönberger/Simon, Altenstadt 141 f.; Pferdehirt, Holzhausen 117 f.; Kortüm, Portus-Pforzheim 319 f.
[59] Kortüm, Portus-Pforzheim 324; Pferdehirt, Holzhausen 116; Schönberger/Simon, Altenstadt 139 f. Die genaue Benennung der einzelnen Ausprägungen ist nicht einheitlich: Während K. Kortüm zwischen Stücken mit ausbiegendem und solchen mit umgeschlagenem Rand trennt, wird der Typ Niederbieber 87 bei B. Pferdehirt als „Urne mit waagerecht umgeschlagenem Rand" bezeichnet. H. Schönberger u. H.-G. Simon stellen die Stücke unter dem Begriff „mit nach außen gebogenem Rand" zusammen und bleiben damit am nächsten an der ursprünglichen Definition durch F. Oelmann (Oelmann, Niederbieber 70 f.).
[60] Schönberger/Simon, Altenstadt 135 f. Auch Kortüm, Portus-Pforzheim 319 f. weist auf die „tendenziell späte Datierung" hin.

Schwerkeramik ist ebenfalls nur in geringen Mengen vertreten. Neben einer Rand- und einigen Wandscherben von Reibschalen fanden sich eine Amphorenrandscherbe (*Abb. 33,15*, wohl Typ Niederbieber 74) sowie zwei rundstabige Amphorenhenkel (*Abb. 33,8-9*). Davon trägt einer den Stempel **L I T**. Dieser Stempel ist nur auf Ölamphoren der Form Dressel 20 aus Spanien belegt. Herstellungsort ist Alamo Alto im Gebiet von La Catrias. Zeitlich ist der Export für die 2. Hälfte des 2. Jh. nachweisbar. Weitere **L I T**-Stempel sind in einiger Anzahl aus Südwestdeutschland bekannt[61]. Ebenfalls zur Schwerkeramik gehört die Randscherbe (*Abb. 33,17*), die am ehesten einer Dolienform zugewiesen werden kann. Vergleichbar erscheinen besonders die Rille auf dem Rand sowie die Rille, die den Rand auf der Außenseite absetzt, singulär ist dagegen die Verzierungszone.

Alles in allem scheint das besprochene Material etwas älter als das Keramikspektrum aus Befund 55 zu sein. Dieser Eindruck wird besonders durch die geringen Mengen an Urmitzer Ware und die - gerade angesichts des nicht allzu zahlreichen Fundmaterials - doch erhebliche Anzahl an Gefäßen mit gerilltem Horizontalrand gestützt. Es tritt keine Keramikform auf, die zwingend erst in das 3. Jh. gestellt werden muss. Da für die unterste Fundschicht eine Entstehung noch während der Nutzungszeit des Turms anzunehmen ist, wird diese zeitliche Eingrenzung wohl auch für die Nutzungsphase des Turms Gültigkeit haben.

Im Fundmaterial fanden sich innerhalb der Aufschüttungsschicht auch einige vorgeschichtliche Stücke. Dazu gehören neben größtenteils nicht näher ansprechbaren grobkeramischen Resten - Ausnahme bildet hier nur eine wohl urnenfelderzeitliche Scherbe *Abb. 33,11* - auch einige Abschläge und das Nackenstück eines Steinbeils (*Abb. 34*).

Reliefverzierte Schüsseln Drag. 37
- RS (*Abb. 31; 32,1*), Eierstab wie Ricken/Fischer E 40. Im Bildfeld laufender Hund nach links (T 134a) in gemustertem Kreis (K 48), rechts davon Spitzblatt (P 12) mit gewelltem Stiel, rechts davon Löwe nach rechts (T 21) über gerippten Bogen (KB 89), darunter Dekor aus geraden und gekreuzten Perlstäben (O 260) und siebenteiligen Rosetten (O 50), Dm. 26 cm. Rheinzabern, Art des Comitialis III.
- RS (*Abb. 32,4*), Glanztonüberzug stark zerstört, Dm. nicht anzugeben. Eierstab wie Ricken/Fischer E 44. Rheinzabern, keinem einzelnen Töpfer zuweisbar.
- WS (*Abb. 32,10*), unterer Abschlussfries mit Doppelblättchen (Ricken/Fischer R 30), Spitze nach rechts, oberhalb geringe Reste des Bildfelds. Rheinzabern, Cerialis VI.
- WS (*Abb. 32,11*), Eierstab mit spitzem Kern und zwei umlaufenden Stäben, Reste eines kurzen, links angelehnten Zwischenstäbchens, am oberen Rand durch eine Linie gestört.
- RS (*Abb. 32,2*), Glanztonüberzug völlig abgerieben, Dm. nicht anzugeben.
- RS (*Abb. 32,3*), Glanztonüberzug völlig abgerieben, Dm. nicht anzugeben.
- RS (*Abb. 32,5*), Dm. 16,4 cm.
- Standringfragment (*Abb. 32,7*), Außenseite gerundet, Ansatz nicht unterschnitten, Innenseite mit leichter Einziehung, Dm. 9 cm.
- Standringfragment (*Abb. 32,8*), Außenseite verläuft leicht schräg, gerundet, Ansatz unterschnitten, Innenseite gerade, Dm. 8,6 cm.

Glatte Sigillata

Barbotineverzierte Sigillata
- WS (*Abb. 32,9*) Typ Niederbieber 19 mit Barbotineverzierung, eine der beiden für diesen Typ charakteristischen Leisten ist erhalten, Dm. und Orientierung nicht anzugeben.

nicht sicher zuweisbar
- Standringfragment (*Abb. 32,6*), Dm. 10,4.
- RS (*Abb. 32,12*), Rand abgerundet, direkt unterhalb des Rands kleine Scheinöse und plastische Auflagen in einem nur ca. 1 cm breiten Streifen, Glanzton fast völlig abgerieben, Dm. nicht mehr anzugeben.

---

[61] Remesal Rodríguez, Heeresversorgung 39. Zum Vorkommen in der römischen Provinz ebd. 37 und 127 ff.

Firnisware
- RS eines Glanztonbechers (*Abb. 32,13*) mit einwärts geneigtem Hals (Typ Niederbieber 32/33), Ton hellgrau, Überzug schwarz, stark zerstört, Rand ausbiegend, leicht verdickt, Dm. 6 cm.
- BS (*Abb. 32,18*), Ton hellgrau, Überzug grau, Dm. 5 cm.
- BS eines Glanztonbechers (*Abb. 32,17*), Boden-Dm. 2 cm.
- BS eines Faltenbechers (*Abb. 32,14*), Ton rötlich, Überzug schwarz, stark zerstört, Dm. 5,6 cm.
- 2 WS (*Abb. 32,15*) mit Resten des schwarzen Glanztonüberzugs, Ton hellbeige, Wanddicke max. 0,6 cm, senkrecht verlaufende Rippen auf der Außenseite.
- WS (*Abb. 32,16*), Ton hellgrau, Überzug schwarz, Ratterverzierung.

Tongrundige Keramik

Krüge
- RS (*Abb. 32,20*), Lippe ausschwingend und verdickt (wohl Typ Niederbieber 62), tongrundig hellbeige, Magerung mittel, Dm. 3,4 cm.
- RS (*Abb. 32,21*), Lippe ausschwingend und leicht verdickt, innen leicht gekehlt (Typ Niederbieber 62), tongrundig-glattwandig, hellbeige, Magerung fein, Dm. 4,8 cm.
- RS (*Abb. 32,19*), Lippe ausschwingend und leicht verdickt (Typ Niederbieber 62), tongrundig-glattwandig, hellbeige, Magerung fein, Dm. 3,4 cm.
- Krughenkel (*Abb. 32,24*), dreigliedriger Bandhenkel, tongrundig hellbeige.
- Krughenkel (*Abb. 32,23*), tongrundig hellbeige, Magerung fein, zweirippiger Bandhenkel.
- Krughenkel (*Abb. 32,22*), tongrundig orange, Magerung fein, zweirippiger Bandhenkel.
- Krughenkel (*Abb. 32,10*), tongrundig orange, Magerung mittel, zweirippiger Bandhenkel, asymmetrisch.
- Krughenkel, tongrundig hellbeige, zweigliedriger Bandhenkel, Magerung mittel.

Deckel (Typ Niederbieber 120a)
- Deckelscherbe (*Abb. 32,25*), tongrundig, hellbeige, Magerung mittel, Deckelknopf ungleichmäßig abgestrichen, Dm. oben 3 cm.

Schüsseln mit Kragenrand
- RS (*Abb. 33,5*), tongrundig hellgrau, dunkelgrauer Überzug, Dm. 22,6 cm.
- RS (*Abb. 33,6*), Urmitzer Ware, Dm. 24,4 cm.

Deckelfalztöpfe (Typ Niederbieber 89)
- RS (*Abb. 33,1*), außen kräftig, fast kantig profiliert, Urmitzer Ware, Dm. 16 cm.
- RS (*Abb. 33,2*), Profilierung außen nur schwach, Deckelfalz seicht, Urmitzer Ware, Dm. ca. 14 cm.

Schüsseln mit nach innen verdicktem Rand
- RS (*Abb. 33,4*), Rand stark kolbenförmig verdickt, Rand außen durch Rille abgesetzt, tongundig braun, Dm. und Orientierung nicht anzugeben.
- RS (*Abb. 33,3*), Rand stark kolbenförmig verdickt, Rand außen durch Rille abgesetzt, tongrundig hellbeige, Magerung mittel-grob, Dm. 26 cm.

Töpfe (Typ Niederbieber 88) oder Schüsseln (Typ Niederbieber 102) mit gerilltem Horizontalrand
- RS (*Abb. 32,37*) eines Topfes (Typ Niederbieber 88), dunkelgrau, Rand doppelt gerillt und schwach nach innen vorspringend, Dm. 14 cm.
- RS (*Abb. 32,38*) eines Topfes (Typ Niederbieber 88), hellbeige-weiß, Rand doppelt gerillt und nach innen vorspringend, Magerung mittel, Dm. 13 cm.
- RS (*Abb. 32,34*) eines Topfes (Typ Niederbieber 88), hellgrau-weiß, Rand doppelt gerillt und schwach nach innen vorspringend, Magerung mittel, Dm. 12 cm.
- RS (*Abb. 32,33*) eines Topfes (Typ Niederbieber 88), Horizontalrand nicht gerillt und kaum nach innen vorspringend, hellrot-braun, Magerung mittelgrob, Dm. 12 cm.
- RS (*Abb. 32,36*), hellbeige-grau, Rand doppelt gerillt und nach innen vorspringend, Magerung fein-mittel, Reste von rotem Überzug, Dm. nicht feststellbar.
- RS (*Abb. 32,35*), rotbraun, Rand doppelt gerillt und stark nach innen vorspringend, Magerung mittel, Dm. und Orientierung nicht anzugeben.

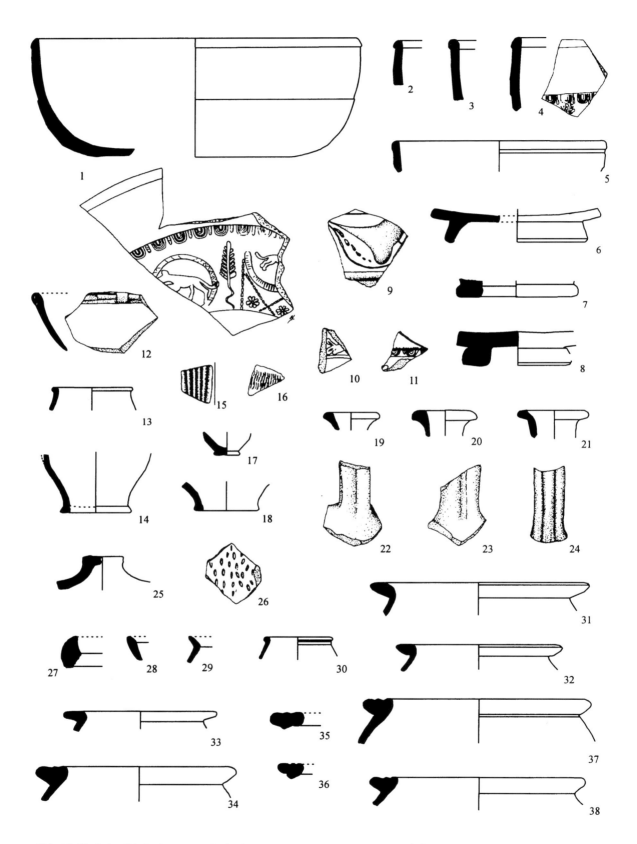

Abb. 32. Hofheim-Diedenbergen, „Elisabethenstraße". Keramik aus Befund 2/3/4 (M. 1:3). 1. Zeichnung M. Krause.

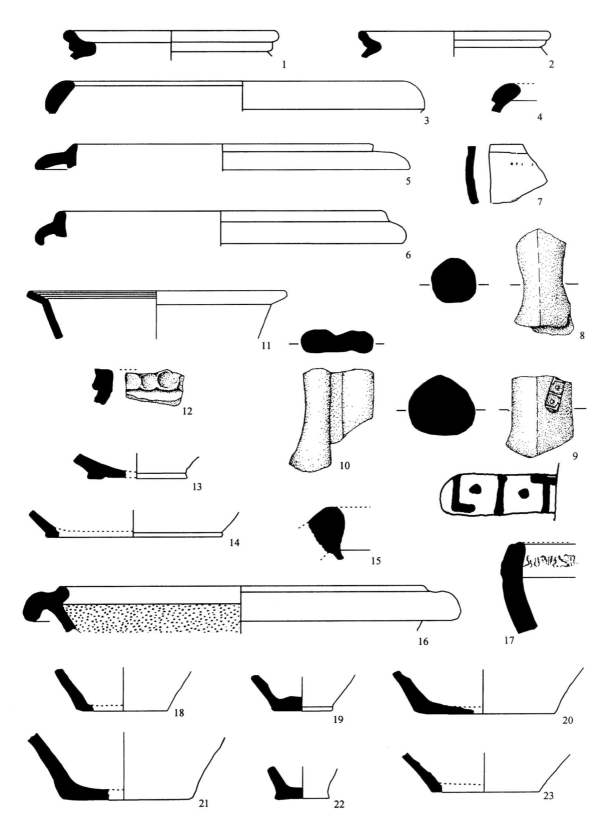

Abb. 33. Hofheim-Diedenbergen, „Elisabethenstraße". Keramik aus Befund 2/3/4 (M. 1:3).

- Topf mit nach außen umgebogenem Rand (Typ Niederbieber 87)
- RS (*Abb. 32,32*) mit verdickter Randlippe, im Querschnitt dreieckig, leicht unterschnitten, hellrot, Magerung fein, Dm. 13 cm.
- RS (*Abb. 32,31*), mit verdickter Randlippe, im Querschnitt dreieckig-spitzoval, hellbeige, Magerung mittelgrob, Dm. 17 cm.

Sonstige tongrundige Gefäße und Fragmente
- WS (*Abb. 33,7*), tongrundig hellbraun, Verzierung durch Einstiche/-drücke.
- BS, tongrundig hellbeige, Magerung mittel, Dm. 8,6 cm.
- BS (*Abb. 33,18*), tongrundig hellbeige, Magerung fein, Dm. 7 cm.
- BS (*Abb. 33,21*), tongrundig hellbeige, Magerung fein, Dm. 10 cm.
- RS (*Abb. 32,29*), schwach verdickter Rand schräg ausbiegend, Abschluss gerundet, rötlich-tongrundig, Magerung fein, Dm. und Orientierung nicht anzugeben.
- RS (*Abb. 33,11*), Rand schräg ausbiegend und gerade abgestrichen, Oberseite gerillt, handgemacht, graubraun, Außenkante des Rands gekerbt, Innenseite geglättet, Magerung mittel-grob, Dm. 20 cm.
- RS (*Abb. 32,27*), Rand leicht einziehend mit spitzem Abschluss, rottonig, Magerung fein, eine Rille knapp unterhalb umlaufend.
- WS (*Abb. 32,26*), graubraun, handgemacht, Innen geglättet, außen unregelmäßige Fingerspitzeneindrücke, Magerung grob.
- BS (*Abb. 33,22*), tongrundig hellbeige, Magerung mittel, Boden leicht einziehend, Dm. 4,4 cm.
- BS (*Abb. 33,14*), tongrundig hellbraun, Magerung fein, Dm. 14 cm.
- BS (*Abb. 33,23*), tongrundig hellbeige, Magerung fein, Dm. 8 cm.
- BS (*Abb. 33,20*), tongrundig hellbeige, Magerung mittel, Dm. 11 cm.
- BS (*Abb. 33,19*), hellbraun-grau, Magerung mittel, Dm. 4,6 cm.
- RS (*Abb. 32,28*), Rand schräg nach innen abgestrichen und leicht verdickt, dunkelgrau, Magerung mittel, Dm. und Orientierung nicht anzugeben.
- BS, handgemacht, schwarz-braun, Magerung grob, Außenseite unregelmäßig geglättet, Dm. 21 cm.
- RS (*Abb. 32,30*) mit unscharfem Karniesrand, dünnwandig, orange-hellbraun, ehemals roter Überzug, Rand leicht verdickt und nach außen umgeschlagen, unterhalb des Rands zwei Rillen umlaufend, Magerung fein, Dm. 5 cm.
- BS (*Abb. 33,13*), grau, ehemals schwarzer Überzug, Magerung mittel, Standrille, Dm. 7,6 cm.
- WS/RS? (*Abb. 33,12*), tongrundig, Drehscheibenkeramik, Magerung grob, breite grobe Fingertupfenleiste.

Schwerkeramik

Amphoren
- Amphorenhenkel (*Abb. 33,8*), rundstabig, tongrundig orange.
- Amphorenhenkel (*Abb. 33,9*), rundstabig, tongrundig orange, Stempel L I T auf einer Seite.
- RS (*Abb. 33,15*) mit Henkelansatz direkt unter der Randlippe, Dm. und Orientierung nicht anzugeben, wohl zu einer Amphore mit dreieckiger Lippe (Typ Niederbieber 74) gehörend.

Reibschalen
- RS (*Abb. 33,16*), tongrundig, Magerung fein, Griesbelag bis knapp unter den Rand, Dm. 27,4 cm.

Sonstiges
- RS (*Abb. 33,17*), dunkelbraun, tongrundig, Magerung grob, erhöhte Verzierungszone von ca. 1,3 cm Breite, Verzierungszone nach unten mit einer Rille abgeschlossen, Verzierung selbst nicht erkennbar, Dm. und Orientierung nicht anzugeben. Wohl RS eines Doliums.

Darre (Befund 54/56)

Am nördlichen Ende der Grabungsfläche wurde ein annähernd quadratisches Gebäude von 3,2 x 3,5 m Größe aufgedeckt. Bereits im Laufe der Baggerarbeiten fanden sich bis in die überlagernde Humusschicht hinein römische Ziegel und Ziegelfragmente sowie Schieferplatten in großer Menge. Die Fragmente lagen regellos und in unterschiedlichen Verkippungsrichtungen, ohne dass irgendeine Verfärbung erkennbar war.

Erst auf tieferem Niveau - ca. 0,2 m unter der Humusschicht - zeigte sich eine rechteckige Mauerstruktur (*Abb. 35*). Die regelmäßigen und sorgfältig gebauten „Mauern" bestanden jedoch nur aus einer Steinlage und waren lediglich 0,3 m breit. Neben abgerollten Bachkieseln wurden auch Kalksteine, Sandsteine sowie vereinzelt Ziegelstücke und größere Brandlehmbrocken verwendet. Die Steine waren alle lediglich in Lehm gesetzt, einige Steine wiesen deutliche Brandspuren auf. Wegen der geringen Breite und der nur einlagigen Setzung muss man die Mauern wohl als Unterzug einer Fachwerkkonstruktion ansprechen, zumal eine Störung hier auszuschließen ist; die überlagernden Schichten waren definitiv steinfrei. Im Innenraum fanden sich vereinzelte Verfärbungen an der

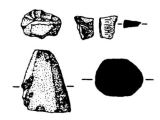

Abb. 34. Vorgeschichtliche Kleinfunde aus dem Bereich des Kreisgrabens Befund 2/3/4 (M. 1:3).

Nordwest- und Südostmauer. Eine weitere, rechteckige Verfärbung wurde auf der Außenseite der Südostmauer festgestellt. Keine der Verfärbungen ließ eine ehemalige Funktion erkennen, im Schnitt waren diese Bereiche jeweils nur 1-2 cm mächtig. Eine „Baugrube" für die einlagige Steinsetzung ließ sich nur auf ca. 2 m Länge entlang der Nordwestmauer verfolgen. Ansonsten fanden sich im Innenraum lediglich Schieferplatten und Ziegelfragmente. Die Schieferplatten lagen fast alle waagerecht, z. T. überlappend und in zwei parallel vlaufenden „Reihen", vereinzelte Platten wiesen Durchlochungen auf.

Im Nordosten saß an dem rechteckigen Hauptraum ein schmaler „Eingang" von nur 0,7 m Breite. Die beiden Mauerwangen waren ca. 1 m lang und wiesen keinerlei Verzahnung mit der Setzung des Hauptraums auf. Sie begannen jeweils auf 5-7 cm höherem Niveau und waren mehrlagig aufgemauert. Während die lediglich 0,15 m breite nördliche Wange nur aus kleinen Steinen bestand, war die südliche aus deutlich größeren Steinen errichtet und 0,4 m breit. Quer zum Eingangsbereich fanden sich im Innenraum noch zwei kürzere Mauerstücke, die wohl zu einer ehemals durchgehenden Quermauer gehörten.

Dieser Einbau, der charakteristische „Eingangsbereich" und die in neueren Arbeiten zusammengestellten zahlreichen Vergleichsbeispiele[62] ermöglichen eine hinreichend gesicherte Deutung des Befunds als Darre. Nach der ersten Unterteilung in Typen von G. Dreisbusch gehört unser Befund zu den quadratischen Anlagen mit Schürkanal und Einbau[63].

Der Schürkanal war offenbar immer mit einer, allerdings sehr variablen Abdeckung versehen. Bei Befund 54 fanden sich außer den großen Mengen an teilweise vollständigen Dachziegeln und den großen Schieferplatten, die größtenteils auf höherem Niveau völlig regellos angetroffen wurden, keinerlei Hinweise auf die Art der ehemaligen Abdeckung. Im Bereich des Praefurniums war das Erdreich stark mit Holzkohlepartikeln sowie Brandlehm, Schiefer und Ziegelbruchstücken versetzt. Während nach Norden hin aus technischen Gründen keine komplette Untersuchung des verfärbten Bereichs möglich war, zeigte sich im Innenraum der Darre deutlich, dass die Verfärbung hier, außer im Heizkanal, nur noch in dem dem Einbau vorgelagerten Bereich auftrat. Der Boden und die Wände des Heizkanals zeigten deutliche Hitzeeinwirkung, wobei der Boden und der untere Teil der Seitenwände bis zu einer Höhe von 0,15 m entweder zum Schutz gegen die entstehende Hitze oder zum Zweck des besseren Sauberhaltens mit einer Lehmschicht von ca. 1-2 cm Mächtigkeit verkleidet waren. Unterhalb dieser Lehmschicht zeigte der Boden bis zu 0,2 m Tiefe massive Brandrötung (*Abb. 36*). Eine ähnliche Lehmverkleidung fand sich bei einer Darre in Obernburg a. M., Lkr. Miltenberg. Hier waren bei einer quadratischen Anlage mit U-förmigem oder geschlossenem Einbau der Boden sowie die Wände des Heizkanals und auch der Innenraum selbst mit einem Lehmestrich versehen[64].

---

[62] Filgis, Bad Wimpfen 71-82; Dreisbusch, Darre 181-205.
[63] Dreisbusch, Darre 183 f. Abb. 2 A.
[64] F. Teichner, Zur Chronologie des römischen Obernburg a. M., Lkr. Miltenberg, Unterfranken. Ber. Bayer. Bodendenkmalpfl. 30/31, 1989/90, 190 Abb. 7.

Da der Schürkanal selbst keine konstuktive Verbindung mit dem restlichen rechteckigen Bau des Darrenraums zeigte, und zudem auf leicht höherem Niveau lag, wurde das Praefurnium evtl. erst in einer zweiten Bauphase nachträglich angesetzt. Dies könnte auch auf den Einbau der Quermauer zutreffen. Die genaue Form dieses Einbaus ist unklar. Erhalten waren lediglich zwei kurze, unregelmäßige Teilbereiche, die wohl ehemals zu einem durchgehenden Quermäuerchen, ca. 0,4 m von der Heizkanalmündung entfernt gelegen, gehört haben[65].

Über den Aufbau der eigentlichen Darrenfläche im Innenraum läßt sich bei dem vorliegenden Befund kaum eine Aussage treffen. Evtl. gehörten die auffällig in zwei parallelen Reihen angetroffenen Schieferplatten zu einer Abdeckung. Hinweise auf eine Verwendung von Schieferplatten lassen sich auch vereinzelt bei den anderen, bis heute bekannt gewordenen Darren finden. So war bei einer Darre vom gleichen Typ aus Weitersbach, Ofen A, der Fuchs und der Raum zwischen Quermauer und Außenmauer mit Schieferplatten überdeckt. Ob dies zur besseren Wärmeleitung oder Wärmespeicherung diente, oder gegen eine zu starke Hitzeentwicklung schützen sollte, ist unklar[66]. In jedem Falle sind die Schieferplatten von Befund 54 hier in sekundärer Verwendung genutzt worden. Eine Reihe von Platten weist nämlich Durchlochungen auf, die auf eine ehemalige Nutzung als Dachdeckungsmaterial hindeuten. Als Zwischenboden kommen am ehesten Holzroste, Strohmatten bzw. anderes Flechtwerk oder auch textile Auflagen in Betracht[67]. Wie man sich in diesem Falle die Beschickung der Kammer mit Trockengut vorstellen muss, bleibt ungeklärt. Auch zum Überbau der eigentlichen Trockenfläche lassen sich hier keinerlei Aussagen treffen. Offenbar lagen viele der bekannten Darren innerhalb von größeren Gebäuden, zum Teil in Gruppen von mehreren Anlagen[68]. Bei den freistehenden Darrenanlagen ist jedoch zumindest ein offenes Schutzdach anzunehmen. Zur Funktion der vorliegenden Anlage als Darre oder als Räucherkammer ist kaum noch eine Aussage zu treffen. Ohnehin bleibt bei den meisten der heute als „Darre" gedeuteten Anlagen unklar, ob sie zum Räuchern oder Trocknen gedient haben. Ebenso ist die Frage nach dem jeweiligen Trockengut größtenteils ungeklärt. In Frage kommen neben Getreide auch Obst, Hülsenfrüchte, Flachs sowie Töpferwaren; nur in wenigen Fällen ließen sich eindeutige Hinweise finden[69]. Bei Befund 54/56 ist lediglich das Fehlen eines Lehmestrichs im Innenraum selbst evtl. als ein Indiz für eine Nutzung zum Trocknen von Nahrungsmitteln zu werten[70]. Auffällig ist, dass Darren gehäuft erst ab dem 2. Jh. errichtet wurden, ab dem 3 Jh. finden sich auch vermehrt T-förmige Heiz-/Trocknungsanlagen. Es wird daher vermutet, dass eine Klimaverschlechterung der Grund für diese Entwicklung sein könnte[71].

---

[65] Da diese Einbauten die Aufgabe hatten, den direkten Zugang des Feuers zu unterbinden und eine gleichmäßigere Rauch- und Wärmeverteilung zu ermöglichen, ist genau gegenüber des Schürkanals wohl kaum ein konstruktiver Nutzen in einer Lücke zu vermuten, es erscheint weitaus wahrscheinlicher, dass der fehlende Teil der Quermauer zerstört wurde. Dafür spricht v. a. auch, dass sich hinter der gedachten Flucht der beiden Mauerstücke keinerlei Niederschlag der Heiztätigkeit mehr nachweisen ließ.

[66] Dreisbusch, Darre 198. Der Befund gehört allerdings bereits in das 4. Jh. Dass allerdings eine solche Abdeckung der Rauchführungskanäle nicht ungewöhnlich war, zeigen anderen Befunde, wo diese Abdeckung aus Ziegeln bestand. So z. B. in Ladenburg: Ebd. 202.

[67] Filgis, Bad Wimpfen 78 f.; Dreisbusch, Darre 195.

[68] Vgl. dazu die Katalogaufstellung Dreisbusch, Darre 196 ff.

[69] Ebd. 187 ff.; Filgis, Bad Wimpfen 76 ff.

[70] G. Dreisbusch weist darauf hin, dass bei einer Funktion als Räucherkammer ein Bodenbelag im Innenraum eher wahrscheinlich ist. Dreisbusch, Darre 194.

[71] Ebd. 195. Auf starke Bodenvernässung und Klimaverschlechterung am Ende des 2. Jh. deuten auch die Befunde aus den Niederlanden und dem Rheinland hin: M. Gechter/J. Kunow, Zur ländlichen Besiedlung des Rheinlandes in römischer Zeit. Bonner Jahrb. 186, 1986, 392 Anm. 36 mit weiterführender Literatur.

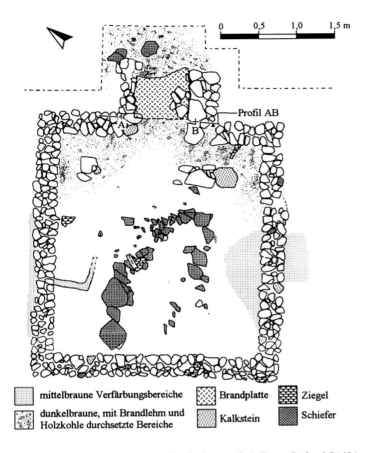

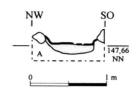

Abb. 36. Hofheim-Diedenbergen, „Elisabethenstraße". Profil durch den Schürkanal der Darre Befund 54/56.

Abb. 35. Hofheim-Diedenbergen, „Elisabethenstraße". Darre Befund 54/56.

Abb. 37. Hofheim-Diedenbergen, „Elisabethenstraße". Fragment einer Kragenrandschüssel aus Befund 54/56 (M. 1:2).

An datierbaren Funden aus Befund 54/56 liegt lediglich eine römische Scherbe (*Abb. 37*) vor, außer Tierknochen und Eisenfragmenten traten keine weiteren Fundstücke auf. Zwar sind die angetroffenen Ziegel eindeutig in römische Zeit zu stellen, allerdings kann es sich dabei auch um in späterer Zeit wiederverwendete Baumaterialien handeln[72]. Daß man die Anlage größtenteils mit sekundär verwendetem Baumaterial errichtet hat, zeigen schon die Schieferplatten sowie die vermauerten Kalksteine, Brandlehmbrocken und Ziegelstücke. Auch die Lage in der unmittelbaren Nähe der römischen Straße kann nur wenig zur Frage der Zeitstellung beitragen, da die „Elisabethenstraße" auch in späterer Zeit immer ein Haupthandelsweg war und Darren meist an Straßen oder Flüssen angelegt wurden, um einen schnellen Weitertransport der Waren zu garantieren[73]. Inwieweit der Befund - eine römische Zeitstellung vorausgesetzt - mit dem größeren Gebäude, dessen Keller während der Ausgrabung untersucht werden konnte, in Zusammenhang zu bringen ist, bleibt ungeklärt. Die große Entfernung scheint jedoch nicht unbedingt gegen eine solche Zusammengehörigkeit zu sprechen, da Darren wegen der Feuergefahr ohnehin meist abseits der übrigen Gebäude angelegt wurden[74]. Außerdem kommt die Nähe der Straße als standortbestimmender Faktor hinzu.

---

[72] Auf die starke Ähnlichkeit römischer Darren mit rezenten bzw. frühneuzeitlichen Anlagen verwiesen bereits M. N. Filgis und G. Dreisbusch: Filgis, Bad Wimpfen 74 ff.; Dreisbusch, Darre 191.
[73] Dreisbusch, Darre 195.
[74] Ebd. 184.

Betrachtet man die Fundstelle im Bezug zu der umliegenden römischen Besiedlung, so lassen sich nur wenige Aussagen treffen. Zurückzuführen ist dies auf die dürftige Publikationslage und die meist kleinflächigen Grabungen, die gerade bei den flächenmäßig großen villae rusticae jegliche Aussage erschweren. Für das Arbeitsgebiet liegt zwar mit der Publikation von G. Schell eine Aufstellung aller bekannten römischen Siedlungshinterlassenschaften vor, allerdings stützt sich diese Arbeit überwiegend auf ältere Publikationen und Fundmeldungen[75], die zumeist nur die Aussage zulassen, dass es an den entsprechenden Plätzen römische Funde gibt bzw. dort ein römisches Gebäude gestanden hat[76]. Dadurch sind keine konkreten Aussagen zum Charakter dieser Fundplätze möglich und eine Datierung, nur aufgrund von Lesefunden, ist meist erschwert.

Die nächstgelegene römische Fundstelle befindet sich ca. 1,1 km entfernt auf der Gemarkung Flörsheim-Weilbach direkt neben der Autobahn[77]. Hier wurde eine Brandschicht der 1. Hälfte des 1. Jh. n. Chr. im Zuge der Autobahnerweiterung aufgedeckt. Ansonsten sind aus der unmittelbaren Umgebung keine weiteren Funde bekannt geworden. Eine mit dem neu aufgedeckten Gebäude annähernd gleichzeitig genutzte villa rustica liegt in ca. 3 km Entfernung südöstlich von Wicker am „Wickerer Berg". Offenbar wurde das Gebäude bis in das 3. Jh. genutzt[78]. Weitere römische Hinterlassenschaften finden sich im Ortsbereich von Weilbach, südlich von Massenheim[79] und entlang der klimatisch begünstigten Mainhänge. In älteren Publikationen wird letzteres meist als Indiz für Weinanbau gedeutet[80], jedoch scheint dies eher auf den Verlauf der römischen Straße von Mainz nach Frankfurt-Höchst, die dem Hochufer folgt, zurückzugehen[81]. Entlang der „Elisabethstraße" selbst sind bisher im Bereich zwischen Mainz und Hofheim dagegen kaum Funde bekannt geworden[82]. Für villae rusticae sind nach V. Rupp in der Wetterau Entfernungen zwischen 400 und 1000 m zur nächstgelegenen, gleichzeitigen Anlage üblich. Als Voraussetzung für die Anlage einer villa rustica war neben der naturräumlichen Gegebenheit auch die verkehrsgeografische Anbindung ausschlaggebend[83]. Dementsprechend ließe sich hier die seit vespasianischer Zeit bestehende „Elisabethenstraße" als eine solche Voraussetzung anführen. Evtl. ist auch der nördlich der Grabung verlaufende Weilbach anzuschließen. Inwieweit dieser heute nur noch als kleiner Bach sichtbare Wasserlauf in römischer Zeit mit kleinen Booten befahrbar war, ist jedoch fraglich, allerdings fällt auf, dass auch weitere Fundstellen häufig direkten Bezug zu Wasserläufen, auch kleineren Bächen, haben[84].

---

[75] Schell, Besiedlung. Nach Rupp, Wetterau 237 Anm. 5-6 sind die Angaben G. Schells zumindest für das Wetteraugebiet fehlerhaft, ältere Angaben wurden „ohne quellenkritische Beleuchtung" übernommen und sind teilweise nicht mehr nachvollziehbar.

[76] So kann G. Schell oftmals lediglich auf die überblicksartige Publikation Kutsch, Wiesbaden oder auf die Katalogaufnahme Nahrgang, Mainmündungsgebiet verweisen.

[77] Ca. bei 57 860/45 440, TK 5916: Fundber. Hessen 15, 1975, 556.

[78] Nahrgang, Mainmündungsgebiet 39 (R9) mit älterer Literatur.

[79] Dabei scheint es sich bei einer Fundstelle nur um Lesefunde zu handeln, bei der zweiten Fundstelle wurden auch Mauerreste aufgedeckt. Beide Fundorte liegen in vergleichbarer Lage zu Hofheim-Diedenbergen „Elisabethenstraße" ebenfalls am Hochufer eines Baches, hier des Wickerbachs. Ebd. 43 (R1, R2).

[80] Zu den dafür angeführten weiteren Argumenten und ihrer Stichhaltigkeit vgl. Rupp, Wetterau 244.

[81] Fabricius, Straßennetz 238. Auch zum Straßennetz im Allgemeinen.

[82] Vgl. dazu die Fundkarten von Nahrgang, Mainmündungsgebiet Abb. 1 und Schell, Besiedlung Kartenbeilage.

[83] Rupp, Wetterau 238.

[84] Vgl. die beiden Fundstellen südwestlich von Massenheim, siehe Anm. 7. Auch M. Klee (M. Klee, Die ländliche Besiedlung und Landwirtschaft des linksrheinischen Obergermanien. In: H. Bender/H. Wolff [Hrsg.], Ländliche Besiedlung und Landwirtschaft in den Rhein-Donau-Provinzen des römischen Reiches. Kolloquium 1991. Passauer Universitätsschr. zur Arch. 2 [Elspelkamp 1994] 199-209 bes. 208.) nimmt eine Nutzung der Wasserwege als billigere und leichtere Transportmöglichkeit an. Nach M. Eckoldt (M. Eckoldt, Schiffahrt auf kleinen Flüssen Mitteleuropas in Römerzeit und Mittelalter. Schriften des Deutschen Schiffahrtsmuseums 14 [Oldenburg 1980] 21 ff.) reichen Wassertiefen von 60 cm für einen Nutzung als Transportweg völlig aus, ob allerdings die kleinen Bäche ehemals soviel Wasser führten, ist unbekannt.

Ob es sich bei dem hier ergrabenen Gebäuderest überhaupt um einen Teil einer villa rustica handelt, ist fraglich. Ginge man nämlich von einer solchen Anlage aus, so überrascht es doch, dass römische Fundstellen auf der übrigen Grabungsfläche kaum auftraten. Auch wenn der angegrabene Keller evtl. nur einem Nebengebäude zuzuweisen ist, würde man innerhalb der ausgedehnten untersuchten Fläche doch mit weiteren Gebäuderesten rechnen müssen. Dagegen fand sich im gesamten Grabungsareal bis auf den Kreisgraben nur noch in der Nähe der - nicht sicher zu datierenden - Darre mit dem kleinen Graben (Befund 1) ein sicher in römische Zeit zu stellender Befund. Natürlich kann eine Zugehörigkeit bei der geschätzten Größe von villa rustica-Anlagen[85] nicht ausgeschlossen werden. Der hier beschriebene, 400 m lange Grabungsschnitt wäre dann aber ausgesprochen unglücklich vorgegeben worden und hätte somit zufällig alle weiteren Gebäude und Nutzungshinterlassenschaften verfehlt. Im Grabungsareal lassen sich außer den erwähnten Befunden römische Reste noch als unstrukturierte Auffüllschicht vereinzelt nachweisen, so im nordöstlichen Anschluss an Befund 2/3 und auch im weiter westlich gelegenen Bereich (Befund 15-19). Dabei lässt keine der genannten Fundstellen eine Deutung zu. Die Befunde 14-19 sind völlig unregelmäßig geformt und meist nur wenige Zentimeter mächtig, sie enthalten jedoch eindeutig römische Fundstücke. Evtl. sind diese Befunde mit einer Beackerung in römischer Zeit in Verbindung zu bringen, ein Verdacht, der sich durch Befund 14, hier als eine über 4,5 m Länge zu verfolgende Pflugspur angesprochen, zu erhärten scheint. Möglicherweise muss man in diesem Zusammenhang auch die Auffüllschicht Befund 4 sehen, die den zu dieser Zeit bereits verfüllten Kreisgraben überdeckt. Auch in weiteren Bereichen (Befund 32-45) fanden sich Befunde, die in nicht steriles Erdreich eingetieft waren, wobei größtenteils weder diese Fundstellen, noch das umgebende, mit Brandlehmresten und vereinzelt auch kleinen Keramikfragmenten und Eisenbruchstücken durchsetzte Erdreich datierbare Funde lieferten. Auch hier ist eine Deutung als ehemaliger Ackerbereich wahrscheinlich.

Statt einer Zuweisung zu einer villa rustica bietet sich noch eine weitere Möglichkeit an. Besonders in der Wetterau sind eine Reihe von isoliert stehenden Gebäuden bekannt, die alle keine Umfassungsmauer aufweisen. Diese Gebäude zeigten auch vereinzelt eine Unterkellerung[86]. Für ihre Nutzung liegen keine verläßlichen Angaben vor. In den Fällen, in denen archäologische Ausgrabungen stattfanden, ließ sich jedoch ausschließen, dass hier mit umgebenden Holzbauten zu rechnen ist, wie man es für ausschließlich durch Luftbilder nachgewiesene Anlagen noch annehmen könnte.

Auch eine Deutung von Befund 55 als Straßenstation ist nicht von vorneherein auszuschließen, wobei jedoch der ergrabene Turm nach Ausweis des datierbaren Materials sicher nicht mit dem Gebäude in Verbindung zu bringen ist, über eine Zugehörigkeit des zweiten Turms ist jedoch keine Aussage möglich. Zur zeitlichen Einordnung dieses, nur im Luftbild nachgewiesenen Befunds liegen keinerlei Anhaltspunkte vor. Gegen eine Straßenstation im Sinne einer Nutzung als Rasthaus spricht wohl die mit über 200 m relativ große Entfernung zur Straße. Während man sich dies bei der Lage des Beobachtungsturms selbst evtl. durch topografische Bedingungen erklären kann, erscheint es für das eigentliche „Gasthaus" nicht möglich. Zieht man zum Vergleich den nur ca. 5 km entfernt gelegenen, von H. Schoppa als Straßenstation gedeuteten Befund von Kriftel heran, so liegen dort Turm und Nebengebäude auf engem Raum beisammen, zudem fand sich ein gepflasterter Hof[87]. Fraglich bleibt auch, ob unter rein wirtschaftlichen Gesichtspunkten eine Straßenstation hier rentabel gewesen wäre. H. Schoppa gibt als Grund für die Errichtung einer

---

[85] Zu den angenommenen Größen von villae rusticae liegen unterschiedliche Angaben vor: Während Rupp, Wetterau 241 für das Gebiet der Wetterau Größen von 0,3-3,5 ha angibt, rechnet Hüssen, Obergermanien 260 mit einer Größe zwischen 60 und 120 ha, wobei der Mittelwert bei Größen von 65-80 ha liegt.

[86] Rupp, Wetterau 242 Anm. 38 nennt Vergleiche aus Bad Nauheim Steinfurth (Wetteraukreis, unpubl.), Münzenberg-Gambach (Wetteraukreis), Götzenhain (Kr. Offenbach) sowie weitere, nur durch Luftbilder erschlossene Befunde.

[87] Schoppa, Straßenstation 98-116.

Straßenstation nahe des zu dieser Zeit bereits nicht mehr bestehenden Kastells Hofheim die Entfernung zu den beiden nächstgelegenen vici von Nida-Heddernheim und Mainz-Kastel von jeweils 18 km, was ca. einer Tagesreise entspricht, an[88]. Die Fundstelle von Hofheim-Diedenbergen liegt jedoch nur 5,5 km von dieser, ebenfalls in die 2. Hälfte des 2. Jh. datierten Station und ca. 8 km von Mainz-Kastel entfernt, so dass eine Raststation hier kaum erforderlich scheint.

Für die Deutung des Turms der vermuteten Straßenstation von Kriftel lassen sich außer der Nähe zur „Elisabethenstraße", und natürlich der günstigen Lage zwischen Mainz-Kastel und Nida-Heddernheim, keine weiteren Indizien anführen[89]. Möglich wäre hier auch eine Ansprache als Getreidespeicher. Ein ähnlicher Turm, allerdings im Zusammenhang mit einem umfriedeten, größeren Gebäudekomplex, fand sich ebenfalls in Straßennähe in Eschborn-Niederhöchstadt[90]. Hier konnte eine Nutzung als Getreidespeicher durch ein dort gefundenes Steingewicht wahrscheinlich gemacht werden. Ein weiteres, als Speicher angesprochenes „turmartiges" Gebäude wurde in Wölfersheim-Wohnbach aufgedeckt. Auch diese Anlage stand ehemals frei und wurde erst in einer zweiten Bauphase an den südlich vorgelagerten Gebäudekomplex angeschlossen[91]. Überhaupt scheint die Ansprache eines Gebäudes oder Gebäudekomplexes als „Staßenstation" oftmals allein auf die Nähe zu einer Straße gestützt zu sein[92].

Bei dem während der Grabung aufgedeckten Kreisgraben gilt ähnliches. Zwar spricht der Kreisgraben für eine Ansprache als Turm, anzuschließen ist hier wohl das Vorhandensein der zweiten Kreisgrabenanlage, die dann als ältere oder jüngere Bauphase gedeutet werden kann. Allerdings ließen sich, wie bereits erwähnt, keinerlei Baubefunde im Innenraum nachweisen, die eindeutige Hinweise auf die Nutzung geben könnten. Auch erscheint die Entfernung von der „Elisabethstraße" mit 150 m relativ weit. Letzteres lässt sich jedoch evtl. mit der topografischen Situation erklären. Falls es sich nämlich tatsächlich um einen Straßenwachturm handelte, so ist er sicherlich nicht alleine zu sehen, sondern war in eine Signalkette eingebunden[93]. Für diese war die vom Vortaunus in das Main-Taunus-Vorland vorspringende Bergzunge von Diedenbergen westlich von Hofheim vielleicht ein Hindernis, das durch Zurücksetzen des Turms umgangen werden musste. Ähnliche Türme in direkter Straßennähe fanden sich bisher nur in geringer Anzahl. Vergleiche sind mir lediglich aus Wölfersheim-Wohnbach und Rüsselsheim bekannt[94].

Der Turm von Wohnbach liegt 70 m westlich der römischen Straße und diente wohl zur Überwachung/ Sicherung der Straßengabelung der beiden, ca. 1 km nördlich des Turms zusammenlaufenden Straßen von Echzell nach Arnsburg und von Friedberg nach Arnsburg. Er war von einem Graben mit ca. 7,1 m Breite und 1,5 m Tiefe umgeben. Im Inneren konnte F. Kofler 1898 noch Reste des quadratischen Steinfundaments mit 5,75 m Kantenlänge nachweisen[95]. Etwa 600 m westlich des Turms fanden sich ebenfalls Reste eines als villa rustica gedeuteten Gebäudekomplexes. Eine zeitliche Einordnung ist bei beiden Bauwerken nicht möglich. Der zweite Turm von Rüsselsheim „Haßlocher Tanne" steht ebenfalls an einem Straßenkreuzungspunkt. Hier kreuzt sich die Straße von Hofheim nach Groß-Gerau mit der Straße von Rüsselsheim nach Seligenstadt. Auch dieser Turm ist von einem Graben mit 1,2-1,8 m Breite und 0,8 m Tiefe umgeben, der im Osten

---

[88] Ebd. 105.

[89] H. Schoppa weist selbst darauf hin, daß der Turm nicht von einem Graben umgeben war und bemerkt auch, für einen Straßenturm habe das Gebäude ein „verhältnismäßig schwaches Fundament": Ebd. 105.

[90] G. Seitz, Eine römische Station bei Eschborn-Niederhöchstadt. Arch. Denkmäler Hessen 90 (Wiesbaden 1990); Rupp, Wetterau 241 f. Anm. 37.

[91] Baatz/Herrmann, Römer in Hessen 496 f. Abb. 473.

[92] Rupp, Wetterau 241.

[93] Eine Bedeutung als Signalturm erscheint zumindest für die Limestürme sicher: Baatz, Limes 52. Darauf deutet neben der Darstellung auf der Trajanssäule (ebd. 44 Abb. 27) auch das in einem Limesturm der Wetterau gefundene Mundstück eines Signalhorns o. ä. (ebd. 150 f. Abb. 82).

[94] Baatz/Herrmann, Römer in Hessen 469; 495 f.;

[95] F. Kofler, Westdt. Zeitschr. Gesch. u. Kunst 17, 1898, Limesblatt, Sp. 767 ff.

eine Unterbrechung aufweist. Im Innenraum zeigten sich vier Pfosten eines quadratischen Holzturms mit ca. 3 m Seitenlänge sowie Reste eines Nebengebäudes. Nach Aussage des in der Grabenverfüllung auftretenden Keramikmaterials scheint der Turm allerdings bereits in der 1. Hälfte des 2. Jh. aufgegeben worden zu sein[96]. Ein weiterer Wachturm, allerdings ohne direkten Kontakt zu einer Straße, ist vom Kapellenberg nordwestlich von Hofheim bekannt. Für den in die Mitte des 1. Jh. n. Chr. datierten und von zwei Gräben und einer Palisade umgebenen Turm vermutet Baatz eine Funktion als Überwachungs- und Signalturm[97]. In ähnlicher Lage fand sich der Turm von Bad Nauheim „Johannisberg", der zur Einbindung des Kastells Friedberg in die Signalkette der Wetteraukastelle diente[98].

Während bei dem Graben des Turms von Wohnbach, mit seiner Breite von über 7 m, und auch bei der Anlage auf dem Kapellenberg sicherlich eine fortifikatorische Aufgabe anzunehmen ist, lässt sich bei den Gräben von Rüsselsheim und auch beim vorliegenden Befund 2/3, mit ihrer geringen Tiefe von lediglich ca. 0,4-0,8 m, keine Verteidigungsfunktion erkennen. Vergleichbare Gräben bei den Holztürmen des Limes werden als Entwässerungsgräben gedeutet, um die Lebensdauer der Holzpfosten zu erhöhen[99]. Falls dies auch für Befund 2/3 zutrifft, so scheint bei dem zweiten Kreisgraben, in dem auch eine Turmkonstruktion zu vermuten ist, ebenfalls ein Holzturm vorzuliegen. Dass man bei einer notwendigen Erneuerung nicht zwangsläufig einen Steinturm errichtet hat, zeigen auch Befunde am Limes. So war z. B. von den fünf Turmgrundrissen bei Grüningen westlich von Lich (WP 4/53) lediglich ein Turm als Steinbau errichtet[100]. Führt man den Vergleich mit den Limestürmen weiter, so zeigt sich zumindest im Bau ein Unterschied. Während bei den Holztürmen des Limes regelhaft eine Konstruktion aus vier eingetieften Pfosten mit dazwischenliegendem Trockenmauerwerk und Holzrost im unteren Bereich festgestellt werden konnte[101], fehlen, wie bereits erwähnt, bei Befund 2/3 jegliche Hinweise auf vergleichbare Bodeneingriffe im Innenraum. Eine identische Konstruktion kann daher wohl ausgeschlossen werden. Es bleibt jedoch zu überlegen, ob die Eintiefung der vier Pfosten für die Standfestigkeit zwingend notwendig war, oder ob eine Errichtung des Trockenmauerwerks mit integriertem Holzrost nicht auch ohne eine Eintiefung hinreichend stabil gewesen wäre.

Mit letzter Sicherheit ist also ein Straßenturm hier nicht nachweisbar. Es konnte jedoch eine derartige Nutzung zumindest wahrscheinlich gemacht werden. Inwieweit der Turm in Verbindung mit dem südöstlich aufgedeckten Gebäude zu sehen ist, bleibt völlig fraglich, da für den Keller nur ein terminus ante quem durch das Material des eingefüllten Schutts anzugeben ist. Für den Turm ist nach dem Material aus der untersten Fundschicht, die wohl bereits während seiner Nutzungsphase entstand, eine Eingrenzung auf die zweite Hälfte des 2. Jh. möglich.

---

[96] S. Roth, Der römische Wachturm bei Rüsselsheim, Kr. Groß-Gerau, in der Flur Haßlocher Tanne. Fundber. Hessen 5/6, 1965/66, 89-94.

[97] Baatz/Herrmann, Römer in Hessen 354; D. Baatz, Die vorgeschichtliche Befestigung auf dem Kapellenberg bei Hofheim am Taunus. Saalburg-Jahrb. 21, 1963/64, 7-15 bes. 10-12.

[98] Baatz/Herrmann, Römer in Hessen 238; Simon, Wetterauer Geschbl. 26, 1977, 27 ff. Allgemein zur Bedeutung der Sichtverbindungen zwischen den einzelnen Kastellen, Kleinkastellen und Wachtürmen: D. J. Woolliscroft/B. Hofmann, Zum Signalsystem und Aufbau des Wetterau-Limes. Fundber. Baden-Württemberg 16, 1991, 531-543.

[99] Baatz, Limes 42 f.

[100] M. Klee, Der Limes zwischen Rhein und Main (Stuttgart 1989) 102 Abb. 87.

[101] Baatz, Limes 42 f.

Befundkatalog

Abkürzungen: siehe Katalogteil „Urnenfelderzeitliches Gräberfeld".

Bef. 1:
Schmales Gräbchen von max. 0,8 m Breite und ca. 21,8 m Länge, Tiefe unter Pl. 1 0,15 m. Verfüllt mit lehmigem, nur sehr schwach humos verfärbten Löß, gegen den anstehenden, mittelbraunen Lößlehm nur sehr schlecht abzugrenzen, deutlicher erst nach Abtrocknen erkennbar. Am deutlichsten zeigte sich der Bef. an seinem SO-Ende, hier war er in den anstehenden Kies eingetieft. Ein klares Ende des Bef. ließ sich nur hier erkennen, im NW ging der Bef. dagegen ohne Grenze in den Lößlehm des Anstehenden über. Ver. sehr homogen mit Ausnahme eines dunkelbraunen, schwarzfleckigen Bereichs von 0,3 m Dm. und 4-5 cm Mächtigkeit. Dieser Bereich zeigte nur undeutliche Abgrenzungen zur restlichen Grabenfüllung. Im Profil zeigte sich der Graben als muldenförmige Eintiefung, klare Abgrenzungen ließ sich auch hier nur gegen den anstehenden Kies bzw. nach Abtrocknung erkennen.
Funde: Keramik, Brandlehm, Mahlsteinfragment.
Datierung: Ver. römisch, Anlage des Grabens undatiert.

Bef. 5 (*Abb. 38*):
Von NW nach SO verlaufender Graben von max. 1,4 m Tiefe unter Pl. 1, verfolgbar auf einer Länge von 19 m. Der Graben verbreiterte sich von 0,4 m im NW auf max. 2,5 m im SO. Ein erkennbares Ende wurde nur an seiner schmalsten Stelle im NW erreicht, nach SO war eine Abgrenzung gegen den hier anstehenden, mittelbraunen Lößlehm nicht mehr möglich. Gegen den anstehenden Kies wies der Graben dagegen eine scharfkantige, aber unregelmäßig verlaufende Abgrenzung auf. In allen 4 Profilen zeigte sich der Graben als sehr unregelmäßige, im untersten Bereich spitz zulaufende Eintiefung. In der Verf. ließen sich 3-4 unterschiedliche Schichten abgrenzen, von denen drei in allen Profilen auftraten.
I unregelmäßiger Bereich aus tonig-schluffigem, hellgelb bis weißlichem Material, Dm. max. 0,4 x 0,6 m.
II unregelmäßige, helle Lößlehmschicht von unterschiedlicher Mächtigkeit im Sohlenbereich von Bef. 5, durchsetzt mit Eisenausfällungen, geht nach oben fließend in III über.
III dunkelbrauner Lößlehm von sehr fester Konsistenz, durchsetzt mit Eisenausfällungen.
IV dünnes, kiesiges Band von max. 0,15 m Mächtigkeit innerhalb von III bzw. zwischen III und II, die Schicht war nur in drei Profilen erkennbar.
Im SW schloß sich an Bef. 5 eine unregelmäßige Steinansammlung aus bis kindskopfgroßen Bachkieseln ohne klare Struktur an. Das Verhältnis zu Bef. 5 ließ sich trotz mehrer Probeschnitte nicht feststellen.
Funde: Brandlehm, Eisenfragment.
Datierung: -

Bef. 14:
Geradlinig auf 4,5 m Länge mit Unterbrechungen verfolgbarer, nur wenige Zentimeter breiter Lößlehmstreifen im anstehenden Kies. Im Schnitt nur 1-2 cm tief. Der Bef. schneidet im Süden Bef. 16/16 A.
Funde: -
Datierung. -

Bef. 16/16 A:
Bef. von sehr unregelmäßiger Form, eine Trennung von Bef. 16 (Dm. 1,3 m) und 16 A (Dm. 1 x 1,4 m) war nicht möglich. Verfüllung aus leicht lehmigem, mittelbraunen Löß, im Randbereich zum anstehenden Kies bereits stark mit kiesigen Anteilen durchsetzt. Kiesbeimengungen traten auch innerhalb der Ver. selbst inselartig auf. Im Schnitt zeigte sich Bef. 16 A als max. 0,1 m mächtig, im Bereich von Bef. 16 betrug die Tiefe lediglich noch 1-2 cm. Im NW wurde Bef. 16/16 A von Bef. 14 geschnitten, eine Abgrenzung von 14 innerhalb von 16/16 A ist nicht möglich.
Funde: Mahlsteinfragment, Ziegel.
Datierung: römisch.

Bef. 17:
Langovale Verf. von 2 x 0,9 m Größe. Die Ver. aus mittelbraunem, leicht lehmigen Löß war gegen den anstehenden Kies deutlich abzugrenzen, im Randbereich traten bereits vermehrt kiesige Anteile auf. Im Schnitt zeigte sich der Bef. als lediglich 0,15 m mächtig, der Sohlenverlauf war ausgesprochen unregelmäßig.
Funde: -
Datierung: -

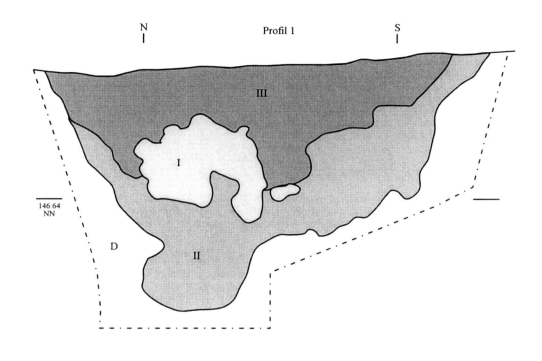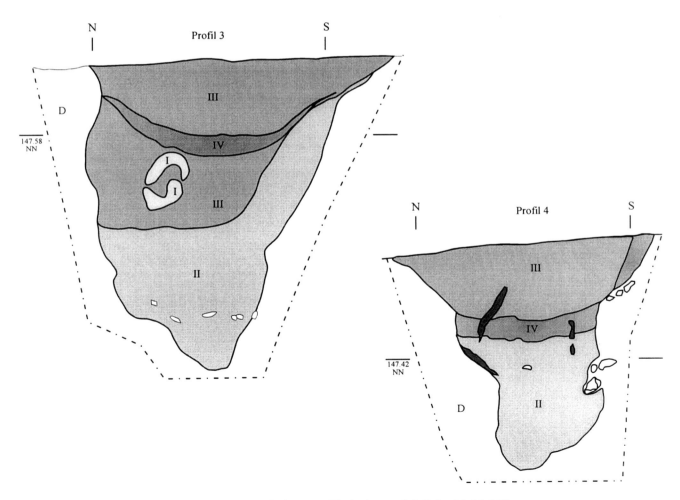

Abb. 38. Hofheim-Diedenbergen, „Elisabethenstraße". Befund 5 (M. 1:20).

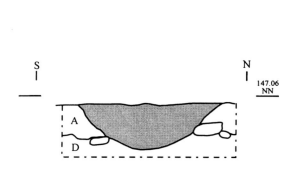

Abb. 39. Hofheim-Diedenbergen, „Elisabethenstraße". Profil Befund 27 (M. 1:20).

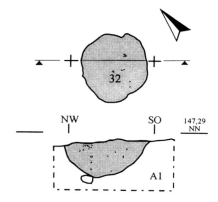

Abb. 40. Hofheim-Diedenbergen, „Elisabethenstraße". Befund 32 (M. 1:20).

Bef. 27 (*Abb. 39*):
Unregelmäßig rundl., graubraune Verf. von fester Konsistenz. Größe 0,6 x 0,8 m. Gegen den anstehenden mittelbraunen Löß grenzte sich Bef. 27 nur undeutlich ab. Innerhalb der Ver. traten in geringer Menge Hk-Partikel sowie Keramikfragmente auf. Im Schnitt zeigte sich Bef. 27 als muldenförmige Eintiefung, die noch bis in den gewachsen Kies reichte, von max. 0,2 m Tiefe unter Pl. 1. Auch im Profil war keine klare Abgrenzung gegen den anstehenden Löß erkennbar.
Funde: Mahlsteinfragment, Brandlehm, Keramik
Datierung: vermutlich römisch.

Bef. 32 (*Abb. 40*):
Annähernd rundl., graubraune Verf. von max. 0,3-0,35 m Dm. Gegen den umgebenden, noch als dünne Schicht über dem anstehenden Kies erhaltenen, nicht sterilen mittelbraunen Lößlehm grenzte sich Bef. 32 im Pl. nur diffus ab. Im Schnitt zeigte sich der Bef. als muldenförmige Eintiefung von max. 0,2 m Mächtigkeit unter Pl. 1, die sich hier gegen den anstehenden Kies scharfkantig abhebt.
Funde: Brandlehm.
Datierung: -

Bef. 33 (*Abb. 41*):
Längl., graubraune Verf. von 0,6 x 0,4 m Ausdehnung. Gegen den umgebenden, nicht sterilen Lößlehm war eine Abgrenzung nur aufgrund der Beimengung von Hk-Partikeln im Bereich des Bef. möglich, ansonsten verlief der Übergang fließend. Im Zentrum des Bef. zeigte sich im Pl. eine Anreicherung von Hk-Partikeln. Im Profil erwies sich Bef. 33 als max. 0,3 m mächtige, muldenförmige Eintiefung. Eine klare Abgrenzung war nur gegen den tiefer anstehenden Kies möglich.
Funde: Keramik, Brandlehm.
Datierung: -

Bef. 35 (*Abb. 42; 43,1*):
Annähernd runde Verf. von 0,45 m Dm. Gegen den anstehenden, mittelbraunen Löß kaum abgrenzbar. Innerhalb der hellgrauen-braunen Ver. fanden sich nur wenige Hk-Partikel sowie Brandlehmreste. Im Schnitt zeigte sich Bef. 35 als unregelmäßig-muldenförmige Grube von max. 0,25 m Tiefe unter Pl. 1. Eine deutliche Abgrenzung gegen den anstehenden Löß war auch im Profil nicht erkennbar. Ca. 0,15 m unter Pl. 1 fanden sich mehrere große, zusammengehörige Keramikfragmente, darunter auch eine Randscherbe mit unregelmäßigem, ausbiegenden Rand und einer unregelmäßigen Fingertupfenverzierung im Halsbereich, Oberfläche unsorgfältig geglättet, Magerung grob, Dm. etwa 25 cm.
Funde: Keramik, Brandlehm.
Datierung: -

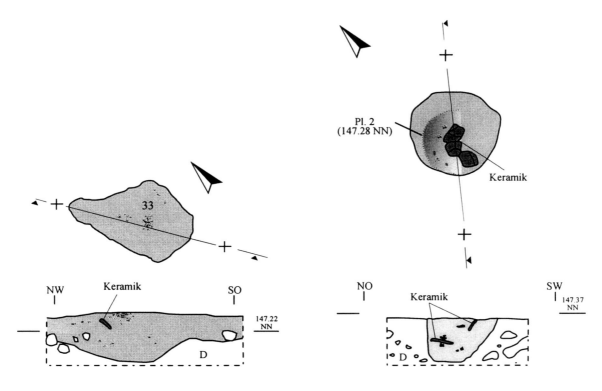

Abb. 41. Hofheim-Diedenbergen, „Elisabethenstraße". Befund 33 (M. 1:20).

Abb. 42. Hofheim-Diedenbergen, „Elisabethenstraße". Befund 35 (M. 1:20).

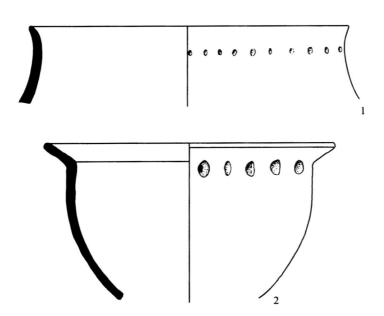

Abb. 43. Hofheim-Diedenbergen, „Elisabethenstraße". Grobkeramik aus Befund 35 (1) und Befund 37 (2) (M. 1:3).

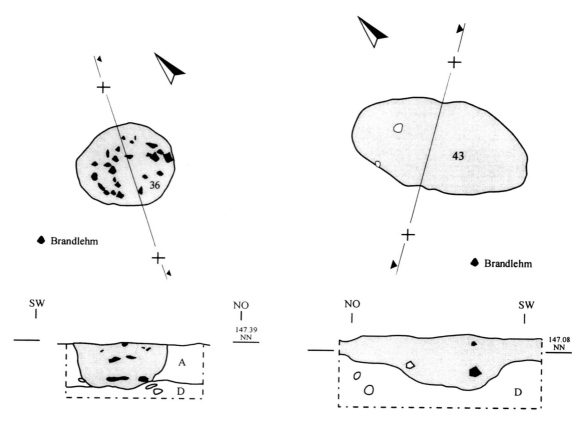

Abb. 44. Hofheim-Diedenbergen, „Elisabethenstraße". Befund 36 (M. 1:20).

Abb. 45. Hofheim-Diedenbergen, „Elisabethenstraße". Befund 43 (M. 1:20).

Bef. 36 (*Abb. 44*):
Annähernd runder Bef. von ca. 0.45 m Dm. Gegen den anstehenden, mittelbraunen Löß kaum abgrenzbar. Innerhalb der hellgrauen-braunen Ver. fanden sich zahlreiche größere, z. T. stark aufgelöste Brandlehmbrocken und kleine und kleinste Hk-Partikel. Im Profil zeigte sich Bef. 36 als muldenförmig Grube von max. 0.25 m Tiefe unter Pl. 1. Die Grube reichte noch wenige Zentimeter in den anstehenden Kies. Auch im Schnitt war keine klare Abgrenzung gegen den mittelbraunen Löß erkennbar.
Funde: Brandlehm.
Datierung: -

Bef. 43 (*Abb. 45*):
Langovale Verf. von 0,8 x 0,5 m Größe. Der Bef. war nur leicht dunkler als der umgebende, mittelbraune Lößlehm, die Übergänge waren fließend. Im Profil zeigte sich Bef. 43 als muldenförmig mit sehr unregelmäßigem Sohlenverlauf, wobei eine klare Abgrenzung gegen den umgebenden Lößlehm nicht erkennbar war. In der Ver. fanden sich nur wenige Hk-Partikel und Brandlehmbröckchen.
Funde: Brandlehm.
Datierung: -

Bef. 44 (*Abb. 46*):
Unregelmäßig-langovale Verf. von 1,2 x 2,8 m Ausdehnung. Der Bef. zeigte sich als deutlich heller und von festerer Konsistenz als der umgebende, mittelbraune Lößlehm. Der Grenzverlauf war fließend und sehr unregelmäßig. In beiden Profilen zeigte sich Bef. 44 als max. 0,3 m mächtige, fleckig graubraune Verf. mit ausgesprochen unregelmäßigem Sohlenverlauf. Inwieweit Bef. 44 bereits in den anstehenden Kies reichte, war unklar. Eine klare Grenze gegen den umgebenden leicht lehmigen Löß ließ sich auch im Schnitt nicht erkennen.
Funde: -
Datierung: -

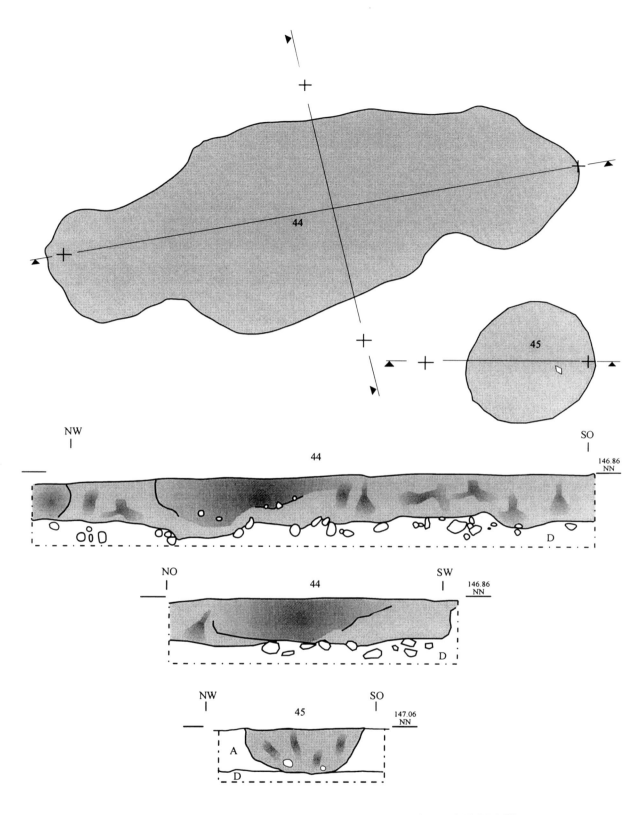

Abb. 46. Hofheim-Diedenbergen, „Elisabethenstraße". Befund 44 und 45 (M. 1:20).

Bef. 45 (*Abb. 46*):
Annähernd runder Bef. von 0,55 m Dm. Die Ver. bestand aus graubraunem, leicht lehmigen Löß, der sich gegen den anstehenden mittelbraunen Lößlehm relativ deutlich abgrenzte. Innerhalb der Ver. traten nur wenige kleine und kleinste Hk-Partikel und Brandlehmeinschlüsse auf. Im Schnitt zeigte sich Bef. 45 als muldenförmige Eintiefung, die nicht mehr bis in den gewachsenen Kies reichte.
Funde: Brandlehm.
Datierung: -

Literaturliste

Baatz, Hesselbach
D. Baatz, Kastell Hesselbach und andere Forschungen am Odenwaldlimes. Limesforsch. 12 (Berlin 1973).

Baatz, Limes
D. Baatz, Der römische Limes³ (Berlin 1993).

Baatz/Herrmann, Römer in Hessen
D. Baatz/F.-R. Herrmann (Hrsg.), Die Römer in Hessen (Stuttgart 1982).

Bernhard, Chronologie
H. Bernhard, Zur Diskussion um die Chronologie Rheinzaberner Relieftöpfer. Germania 59, 1981, 79-93.

Böhme, Fibeln
A. Böhme, Die Fibeln der Kastelle Saalburg und Zugmantel. Saalburg-Jahrb. 29, 1972.

Ditmar-Trauth, Gallorömisches Haus
G. Ditmar-Trauth, Das Gallorömische Haus. Antiquitates 10, 1-2 (Hamburg 1995).

Dreisbusch, Darre
G. Dreisbusch, Darre oder Räucherkammer? Fundber. Baden-Württemberg 1994, 19,1, 181-205.

Eingartner u. a., Faimingen-Phoebiana
J. Eingartner/P. Eschbaumer/G. Weber, Faimingen-Phoebiana I. Limesforsch. 24 (Mainz 1993).

Fabricius, Straßennetz
E. Fabricius, Das römische Straßennetz im unteren Maingebiet, im Taunus und in der Wetterau. ORL A II 1 Strecke 3-5 (Berlin, Leipzig, Heidelberg 1936) 235-285.

Filgis, Bad Wimpfen
M. N. Filgis, Römische Darre aus Bad Wimpfen im Vergleich mit rezenten Beispielen. Fundber. Baden-Württemberg 18, 1993, 71-82.

Fölzer, Bilderschüsseln
E. Fölzer, Die Bilderschüsseln der ostgallischen Sigillata-Manufakturen (Bonn 1913).

Herrmann, Urnenfelderkultur
F.-R. Herrmann, Die Funde der Urnenfelderkultur in Mittel- und Südhessen. Röm.-Germ. Forsch. 27 (Berlin 1966).

Huld-Zetsche, Forschungsstand
I. Huld-Zetsche, Zum Forschungsstand über Trierer Reliefsigillaten. Trierer Zeitschr. 34, 1971, 233-245.

Huld-Zetsche, Werkstatt II
I. Huld-Zetsche, Trierer Reliefsigillata Werkstatt II. Mat. Röm.-Germ. Keramik 12 (Bonn 1993).

Hüssen, Obergermanien
C. M. Hüssen, Die ländliche Besiedlung und Landwirtschaft Obergermaniens zwischen Limes, unterem Neckar, Rhein und Donau. In: H. Bender/H. Wolff (Hrsg.), Ländliche Besiedlung und Landwirtschaft in den Rhein-Donau-Provinzen des Römischen Reiches. Kolloquium 1991. Passauer Universitätsschr. Arch. 2 (Espelkamp 1994) 255-266.

Kortüm, Portus-Pforzheim
K. Kortüm, Portus-Pforzheim (Sigmaringen 1995).

Kutsch, Wiesbaden
F. Kutsch, Die Vor- und Frühgeschichte des Landkreises Wiesbaden. In: A. Henche (Hrsg.), Der ehemalige Landkreis Wiesbaden (Wiesbaden 1930) 42-84.

Nahrgang, Mainmündungsgebiet
K. Nahrgang, Archäologische Fundkarte des Mainündungsgebietes. Mainzer Zeitschr. 29, 1934, 28-44.

Oelmann, Niederbieber
F. Oelmann, Die Keramik des Kastells Niederbieber. Mat. Röm.-Germ. Keramik 1 (Frankfurt 1914).

Oldenstein-Pferdhirt, Sigillatabelieferung
B. Oldenstein-Pferdehirt, Zur Sigillatabelieferung von Obergermanien. Jahrb. RGZM 30, 1983, 359-380.

Pferdehirt, Holzhausen
B. Pferdehirt, Die Keramik des Kastells Holzhausen. Limesforsch. 16 (Berlin 1976).

Rau, Strietwald
H.-G. Rau, Das urnenfelderzeitliche Gräberfeld von Aschaffenburg-Strietwald. Materialh. Bayer. Vorgesch. 26 (Kallmünz-Lassleben 1972).

Remesal-Rodríguez, Heeresversorgung
J. Remesal-Rodríguez, Heeresversorgung und die wirtschaftliche Beziehung zwischen der Baetica und Germanien. Materialh. Arch. Baden-Württemberg 42 (Stuttgart 1997).

Ricken/Fischer, Rheinzabern
H. Ricken/Ch. Fischer, Die Bilderschüsseln der römischen Töpfer von Rheinzabern. Mat. Röm.-Germ. Keramik 7 (Bonn 1963).

Riha, Fibeln
E. Riha, Die römischen Fibeln aus Augst und Kaiseraugst. Forsch. Augst 3 (Augst 1979).

Rupp, Wetterau
V. Rupp, Die ländliche Besiedlung und Landwirtschaft in der Wetterau und im Odenwald während der Kaiserzeit (bis 3. Jh. n. Chr. einschließlich). In: H. Bender/H. Wolff (Hrsg.), Ländliche Besiedlung und Landwirtschaft in den Rhein-Donau-Provinzen des Römischen Reiches. Kolloquium 1991. Passauer Universitätsschr. Arch. 2 (Espelkamp 1994) 237-254.

Schallmayer, Dreieich-Götzenhain
E. Schallmayer, Der römische Gutshof „Am Kirchbornweiher" bei Dreieich-Götzenhain, Lkr. Offenbach. Stud. u. Forsch. N. F. 13, 1990.

Schell, Besiedlung
G. Schell, Die römische Besiedlung von Rheingau und Wetterau. Nassau. Ann. 75, 1964, 1-100.

Schönberger/Simon, Altenstadt
H. Schönberger/H.-G. Simon, Die Kastelle in Altenstadt. Limesforsch. 22 (Bonn 1983).

Schoppa, Straßenstation
H. Schoppa, Eine römische Straßenstation bei Kriftel, Maintaunuskreis. Fundber. Hessen 4, 1964, 98-116.

Simon, Groß-Gerau
H.-G. Simon, Die römischen Funde aus den Grabungen in Groß-Gerau 1962/63. Saalburg-Jahrb. 22, 1965, 38-99.

Simon/Köhler, Langenhain
H.-G. Simon/H.-J. Köhler, Ein Geschirrdepot des 3. Jahrhunderts. Grabungen im Lagerdorf des Kastells Langenhain. Mat. Röm.-Germ. Keramik 11 (Bonn 1992).

Stamm, Spätrömische Keramik
O. Stamm, Spätrömische und frühmittelalterliche Keramik der Altstadt Frankfurt am Main. Schr. Frankfurter Mus. Vor- u. Frühgesch. 1 (Frankfurt 1962).

Wagner, Friedberg-Bauernheim
P. Wagner, Untersuchungen am Keller einer Villa rustica in Friedberg-Bauernheim, Wetteraukreis. Fundber. Hessen 27/28, 1987/88, 99-122.

Zanier, Ellingen
W. Zanier, Das römische Kastell Ellingen. Limesforsch. 23 (Mainz 1992).

Breckenheim, Stadt Wiesbaden, „Wallauer Hohl"

Neolithikum, Bronze-, Hallstatt- und Latènezeit, römische Zeit und Völkerwanderungszeit

Robert Heiner

Mr. M.: Viel Glück und eine gute Feuersbrunst.
M.: Hoffen wir es ...

Eugène Ionesco

Angesichts der großen Menge an Funden und teilweise komplizierten Befunden aus verschiedensten vor- und frühgeschichtlicher Perioden beschränkt sich dieser Vorbericht auf einen ersten Einblick in die Ausgrabung „Wallauer Hohl"[1]. Lediglich einzelne Aspekte werden etwas ausführlicher behandelt.

Voraussetzungen[2]

Während des Autobahnbaus 1937 entdeckte man beim damaligen Autobahnkilometer um 18,4 bis 18,8 zwischen Breckenheim und Wallau zahlreiche archäologische Überreste. Nachdem bereits im Januar 1937 eine große Anzahl an Funden dem Museum Wiesbaden übergeben bzw. von diesem angekauft worden war[3], führte F. Kutsch im darauffolgenden März und April eine Grabung an dieser Stelle durch[4]. Dabei legte er eine Vielzahl an Überresten verschiedenster vor- und frühgeschichtlicher Kulturen frei: Linearbandkeramische

---

[1] Stellvertretend für viele, die uns während der Grabungskampagne und danach in vielfältiger Weise unterstützt und geholfen haben, gilt folgenden Damen und Herren unser ausdrücklicher Dank: Frau Dr. R. Amedick, Marburg, Prof. Dr. D. Baatz, Idstein, Prof. Dr. J. Oldenstein, Mainz, Dr. B. Pinsker, Oestrich-Winkel, W. J. Schäfer, Hochheim, Prof. Dr. A. Semmel, Hofheim, und B. Starossek, Cölbe.

[2] Ausführlicher zu den Ausgrabungsbedingungen im vorliegenden Band bei: R. Heiner, So etwas wie „Just-in-Time-Archäologie". Zum Charakter der Untersuchungen auf der ICE-Trasse zwischen Taunus und Main.

[3] Inventarbuch der Sammlung Nassauischer Altertümer, Museum Wiesbaden (im folgenden zitiert als: Inventarbuch des Museums Wiesbaden) 1937 Nr. 2 f.; 6; 19; 25 f.; 39.

[4] A. Dörr, Das mittelbronzezeitliche Fundmaterial von Wiesbaden-Breckenheim. Unpubl. Magisterarbeit (Mainz 1998) 3 f.

Gruben[5], wahrscheinlich mittelneolithische inkrustierte Keramik[6], aber auch „älterbronze-"[7], mittelbronze[8]-, „jüngstbronze-" sowie urnenfelder-[9], hallstatt-[10] und latènezeitliche[11] Funde und Befunde[12]; insbesondere sind große Wohngruben[13], Kegelgruben[14] und eine birnenförmige Grube[15] erwähnt. Dazu kamen umfangreiche spätrömische Funde mit „tadellos erhaltenen" Keramiken, Bronzegefäßen und anderen Metallfunden. Von einem Keller mit römischen (?) Bauten ist die Rede[16] und mehrfach von einer „Stelle mit spätrömischen Funden"[17].

Gemessen an dem begrenzten Bereich von ca. 400 m zwischen Autobahnkilometer etwa 18,4 bis 18,8, dürfte dort eine sehr hohe Befunddichte vorgelegen haben[18], so dass im unmittelbaren Umfeld der Autobahn mit weiteren archäologischen Kulturdenkmälern zu rechnen war. Aus diesem Grund verlangte das Landesamt für Denkmalpflege Hessen, Abt. Archäologische und Paläontologische Denkmalpflege (LfD), auch eine archäologische Voruntersuchung für diesen Bereich der neu geplanten Baumaßnahmen.

Lage und Situation

Die Untersuchungsstelle (*Abb. 1*) befindet sich unmittelbar am Fuße der südlichen Taunusausläufer, am Osthang eines niedrigen Geländesporns zwischen dem Wickerbach im Westen und dem von Norden aus dem Taunus heranfließenden Klingenbach. Dieser mündet etwa 500 m unterhalb der „Wallauer Hohl" in den Wickerbach, der bei Flörsheim den Main erreicht. Das Gelände befindet sich auf einer Höhe von etwa 149-159 m NN. Die Situation, auf einem nach Osten zum Klingenbach hin geneigten Hang von heute etwa 3-6 % Gefälle, erlaubte vor dem Autobahnbau eine weite Sicht nach Süden zum Mainmündungsgebiet hin.

Bei der Ausgrabung ergaben sich Hinweise darauf, dass der Hang in vorgeschichtlicher Zeit steiler war und das Gelände überhaupt profilierter gewesen sein muss; auch war der Bach tiefer eingeschnitten (s. u.).
Die archäologischen Schnitte verliefen parallel zur Autobahn A 3 und schräg zur Hangrichtung (*Abb. 1*). Anfangs waren die Bodenverhältnisse schwer zu durchschauen. In oberen Hangbereichen wurde an manchen Stellen unter dem Humushorizont sogleich der C-Löß angetroffen. An anderen Stellen waren noch Reste von Parabraunerden (B-Horizont) vorhanden. Am unteren Hang hatten sich umfangreiche Kolluvien

---

[5] Inventarbuch des Museums Wiesbaden 1937 Nr. 6; 25; 26; 39; K. Wurm, Die vorgeschichtlichen Funde und Geländedenkmäler des Main-Taunus-Kreises und der westlichen Frankfurter Vororte (im Selbstverlag hrsg. von H. Wurm, Betzdorf 1989) 3 ff.

[6] Inventarbuch des Museums Wiesbaden 1937 Nr. 39,101.

[7] Ebd. 1937 Nr. 39,3a.3b.6.28.76 u. a.

[8] Dörr (Anm. 4).

[9] Inventarbuch des Museums Wiesbaden 1937 Nr. 39,7.9 u. a.

[10] Ebd. 1937 Nr. 3; 19.

[11] Ebd.; Wurm (Anm. 5) 16.

[12] Akten des Landesamtes für Denkmalpflege Hessen, Abt. Archäologische und Paläontologische Denkmalpflege (LfD); Inventarbuch des Museums Wiesbaden 1937 Nr. 3 ff.; 39.

[13] Ebd. 1937 Nr. 3; 19 ff.

[14] Ebd. 1937 Nr. 39,23.

[15] Ebd. 1937 Nr. 39,52.

[16] Ebd. 1937 Nr. 2; 32; 39,11.

[17] Ebd. 1937 Nr. 39 und an verschiedenen Stellen. Möglicherweise ist aufgrund dieser zum Teil gut erhaltenen Funde, insbesondere der Bronzefunde, die überwiegend von Laien bereits vor der Grabung geborgen worden waren, vermutet worden, dass es sich hier auch um Gräber handeln könnte.

[18] Das Inventarbuch des Museums Wiesbaden, für das Jahr 1937 geführt von F. Kutsch, wurde von mir erst nach Beginn der Grabungen eingesehen. Kutsch nimmt auch auf einen entsprechenden Plan Bezug, in den ich jedoch keinen Einblick hatte. Vgl. auch Wurm (Anm. 5) 3 ff.; Dörr (Anm. 4).

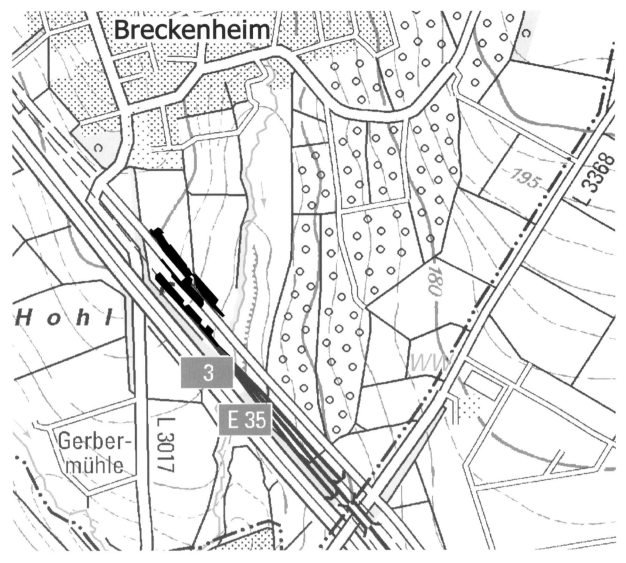

Abb. 1. Wiesbaden-Breckenheim, „Wallauer Hohl". Lage der Grabungsschnitte. Kartengrundlage: TK 10 Bl. 5916 Hochheim.

angesammelt, die stellenweise fossile Böden (alte Schwarz- und Parabraunerden) wie archäologische Befunde überlagerten[19]. Ältere Befunde befanden sich unterhalb der Kolluvien, jüngere, vor allem latène- und römerzeitliche, waren in die Kolluvien eingelagert und deshalb nur sehr schwer zu erkennen. Zudem erschwerten ausgedehnte, nicht sogleich als solche erkannte, zum großen Teil mit reinem Löß wiederverfüllte und oft nahezu sterile Grubenkomplexe die Übersicht, weil deren Grenzen zum anstehenden Löß an manchen Stellen nicht auszumachen waren. Dafür hinterließen diese jedoch ein stellenweise völlig unregelmäßiges Muster an Schleiern und Flecken von humoserem Material oder Parabraunerden, was zu mancherlei Interpretationsversuchen Anlass gab, bevor große Prospektionsschnitte mit dem Bagger die Situation zu klären halfen.

In den untersten Bereichen der Ausgrabungsschnitte, zum Klingenbach hin, „tauchten" die von mächtigen alten Kolluvien und jüngeren Ablagerungen bedeckten vor- und frühgeschichtlichen befundführenden Schichten bei etwa 1,5 m Tiefe unter den Grundwasserspiegel ab. So waren für die tiefliegenden Befunde aus diesen Bereichen, insbesondere für die Bachbettverfüllungen (Befundkomplex 300), hervorragende Erhaltungsbedingungen im Feuchtbodenmilieu gegeben.

---

[19] Siehe den Beitrag von A. Semmel im vorliegenden Band.

Vorgehensweise

Die Ausgrabung an dieser Stelle dauerte vom 30. Mai bis zum 12. Dezember 1997. Insgesamt wurde eine Fläche von etwa 1,5 ha freigelegt, die jedoch nicht überall vollständig untersucht werden konnte (*Abb. 2-4*). Als Grabungsleiter war für diesen Abschnitt Gerard Martin zuständig, ein international erfahrener Archäologe aus England.

Der erste Prospektionsschnitt wurde - wie bei diesen Untersuchungen vom LfD vorgegeben - in einer Breite von 4 m direkt auf die geplante ICE-Trasse gelegt (*Abb. 2*, in Schnitt I) und führte auf einer Länge von 300 m vom Einschnitt des Hohlwegs der Landstraße Breckenheim-Wallau („Wallauer Hohl") hinunter bis zum Klingenbach. Er erfasste so, schräg zum Gefälle, den gesamten Hang, der ehemals wohl noch höher hinaufreichte, dessen Kuppe jedoch wahrscheinlich beim Bau der Autobahn im Jahre 1937 etwas abgetragen worden ist.

Bereits der Prospektionsschnitt zeigte sich voller Befunde. Dementsprechend wurden in Abstimmung mit dem LfD Erweiterungen innerhalb der vom Bau betroffenen Flächen vorgenommen. Diese Erweiterungen erfolgten von den stark befundführenden Bereichen ausgehend hauptsächlich in nordöstlicher Richtung bis hin zur Ruhrgas-Fernleitung. In südwestlicher Richtung waren Erweiterungen wegen der unmittelbar benachbarten Böschung zur Autobahn nur in sehr geringem Umfang möglich.

Während dieser Arbeiten zeichnete sich überraschenderweise ab, dass die Baumaßnahmen schon in wenigen Wochen einsetzen würden. Allerdings nicht in dem Gelände der augenblicklichen Untersuchungen von Schnitt I, sondern jenseits der Ferngasleitungen im Bereich der neuen Leitungstrasse und der zukünftigen Umgehungsstraße. Es war damit zu rechnen, dass auch in dieser, nach Breckenheim hin gelegenen Zone archäologische Reste vorliegen könnten, die nun unmittelbar durch Baumaßnahmen bedroht waren.

So wurde umgehend ein weiterer Suchschnitt von etwa 215 m Länge über den geplanten Verlauf der Ferngasleitung gelegt; unterbrochen von einem Feldweg, teilte er sich in zwei Abschnitte von etwa 115 und 100 m Länge (*Abb. 2*, Schnitt II-III). Da auch diese Schnitte weiterhin viele vorgeschichtliche Befunde aufwiesen, wurden die Arbeiten in den noch nicht abgeschlossenen Flächen von Schnitt I vorläufig beendet, um die neuen Schnitte mit den auch hier notwendigen Erweiterungsflächen zu untersuchen. Es galt dabei einen möglichst schnellen Abschluss zu erreichen, um die anstehenden Baumaßnahmen nicht zu behindern. Da die Flächen von Schnitt I offensichtlich erst später von den Bautätigkeiten betroffen sein würden, bestand Hoffnung, diese dann anschließend weiter bearbeiten zu können. Doch bereits nach kurzer Zeit, als die Arbeiten in den ebenfalls sehr befundreichen Schnitten II und III noch in vollem Gange waren, wurde bekannt, dass noch weitere umfangreiche Zonen möglichst umgehend zu untersuchen seien[20]. Es handelte sich um einen 20 m breiten, nur vorübergehend für Baufahrwege vorgesehenen Geländestreifen, der unmittelbar nordöstlich an das eigentliche Baugelände anschloss. Auf diesem Fahrstreifen sollte vor seiner Benutzung lediglich der Mutterboden abgeschoben werden, womit nur eine begrenzte Gefährdung archäologischer Hinterlassenschaften einhergegangen wäre. Es war jedoch abzusehen, dass die intensive Belastung des Weges durch Schwermaschinen und -fahrzeuge den Boden so stark verdichten würde, dass man anschließend eine tiefreichende Bodenlockerung durchführen müsste. Dies hätte aber die Zerstörung der archäologischen Substanz bis in eine Tiefe von nahezu 1 m zur Folge gehabt. Da diese Fahrwege bereits für den Bau der neuen Ferngasleitungen benutzt werden sollten, mussten die entsprechenden Bereiche also noch vor Abschluss der Grabungsflächen um Schnitt II-III untersucht werden, also parallel zu diesen Arbeiten und mit möglichst sofortigem Beginn. Da hierfür nur noch etwa zehn Tage Zeit in Aussicht stand, war eine archäologisch angemessene Bearbeitung von zusätzlichen etwa 5000 m² nicht zu leisten. Es gelang aber immerhin, den nördlichen, Schnitt II benachbarten Bereich weitgehend zu untersuchen und durch vorübergehende Umleitung des Verkehrs einige zusätzliche Tage und ein Wochenende für die Untersu-

---

[20] Siehe Heiner (Anm. 2).

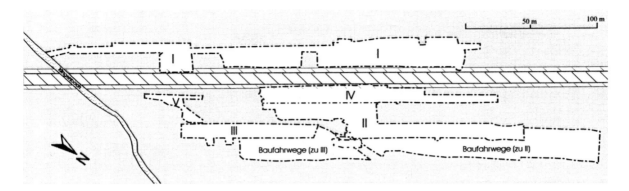

Abb. 2. Wiesbaden-Breckenheim, „Wallauer Hohl". Ausgrabungsschnitt I-V. Durch die alte Ferngasleitung und deren Sicherheitsbereich gestörte Zonen sind schraffiert dargestellt.

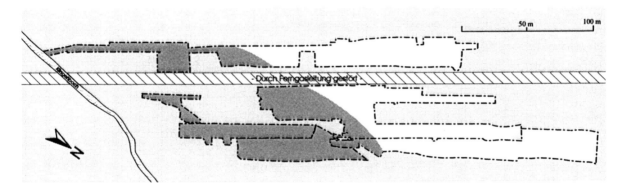

Abb. 3. Wiesbaden-Breckenheim, „Wallauer Hohl". Ausgrabungsschnitt I-V. Die Verbreitung der Kolluvien auf den Grabungsflächen ist grau dargestellt.

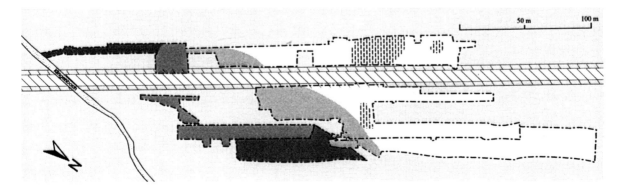

Abb. 4. Wiesbaden-Breckenheim, „Wallauer Hohl". Ausgrabungsschnitt I-V. Befunderkennung und Bearbeitungsqualität.

Abb. 5. Wiesbaden-Breckenheim, „Wallauer Hohl". Funde aus den Bodenproben der völkerwanderungszeitlichen Verfüllungen eines alten Klingenbachbetts. Links und Mitte Viehdung (Schaf oder Ziege), sog. Koprolithen, rechts blaue Glasperle mit 2 mm Dm. Fotos A. Kreuz, LfDH.

chung der völkerwanderungszeitlichen Bachbettverfüllungen in Schnitt III, die in den Baufahrwegebereich hineinreichten, zu bekommen. Dieser nordöstlich neben Schnitt III gelegene Bereich, in dem die Befunderkennung und -freilegung wegen der aufliegenden Kolluvien erheblich erschwert war, konnte nur stellen-weise über das bereits in Planum 1 Erkennbare hinaus untersucht werden.

Die Arbeiten an den völkerwanderungszeitlichen Verfüllungen eines alten Bachbetts des Klingenbachs, am unteren Rand des Ausgrabungsbereichs in Schnitt III (Befundkomplex 300), standen somit unter ganz erheblichem Zeitdruck, da die Befunde schwer zugänglich und gleichzeitig sehr umfangreich waren. Diese zudem außerordentlich fundreichen Auffüllungsschichten wurden erst unterhalb der Kolluvien in etwa 2-3 m Tiefe freigelegt (*Abb. 31*). Sie lagen zum überwiegenden Teil unter dem Grundwasserniveau. Aufgrund der außergewöhnlich guten Erhaltungsbedingungen, insbesondere für organisches Material, und der stratifizierbaren Ablagerungen mit zahlreichen, z. T. auch gut datierbaren Funden wurden umfangreiche Bodenproben entnommen (*Abb. 5*)[21]. Trotz der erschwerten Arbeitsbedingungen, die einigen Aufwand für das Trockenhalten der Untersuchungsbereiche erforderten, konnten ein kleiner Teil dieser Ablagerungen untersucht und dokumentiert sowie zahlreiche Funde stratifiziert geborgen werden[22]. In der zweiten Novemberwoche wurde dann in Abstimmung mit dem Auftraggeber und dem LfD ein Grabungsabschluss für Mitte Dezember vereinbart. So blieb noch etwas Zeit, die in der Bearbeitung unterbrochenen Flächen weiter zu untersuchen und letzte notwendige Erweiterungen vorzunehmen; u. a. wurde der Schnitt V angelegt, um Hinweise für den weiteren Verlauf des alten Klingenbachbetts in südlicher Richtung zu finden.

Im darauffolgenden Jahr, die Baumaßnahmen waren hier nach Verlegung der Ferngasleitungen überraschenderweise noch nicht wesentlich fortgeschritten, konnte noch ein weiterer kleiner Profilschnitt in die alten Bachbettverfüllungen eingebracht werden, um den Verlauf und Umfang dieser Befunde etwas weiter in

---

[21] Erste Ergebnisse der pollenanalytischen Untersuchungen finden sich im Beitrag von Frau Dr. A. Stobbe in diesem Band. Für die Untersuchung der botanischen Makroreste wurden insgesamt 19 Proben entnommen, die von Frau Dr. A. Kreuz damals Institut der Kommission für archäologische Landesforschung in Hessen, jetzt LfDH, bearbeitet werden. Aufgrund des umfangreichen Materials sind die Untersuchungen aber noch nicht abgeschlossen. Frau Kreuz übermit-telte freundlicherweise aber schon einige Fotos (Abb. 4a) und teilte mit, dass eine „hervorragende Pflanzenerhaltung gegeben (sei) ... . Neben vielen Pflanzenarten, die im anthropogen überformten Uferbereich gewachsen sein dürften, finden sich auch Arten von Acker- und Ruderalstandorten. Von besonderem Interesse sind die Funde von Viehdung, sog. Koprolithen. Sie stammen von Schaf oder Ziege und ihr Inhalt muss besonders sorgfältig untersucht werden, da er uns etwas über die Ernährung des/r betreffenden Tiere/s verraten kann. Dank der Feinschlämmung der Proben mit Sieben von 0,5 mm Maschenweite können auch archäologische Kleinstfunde erfasst werden."

[22] Dass dies gelingen konnte, ist insbesondere dem intensiven Einsatz und außergewöhnlichen Engagement einiger Mitarbeiter zu verdanken.

Richtung Norden zu verfolgen[23]. Der Rahmen dieser Maßnahme war jedoch auf das Erstellen eines zweiten Profilschnitts und der Entnahme einer zweiten Serie von Bodenproben begrenzt und ließ ein flächiges Freilegen und Verfolgen dieses außerordentlich ausgedehnten und umfangreichen Befundkomplexes auch in diesem Falle nicht zu.

Ergebnisse

Die untersuchten Flächen am Hang zwischen der Autobahn und dem Klingenbach waren dicht übersät mit archäologischen Überresten aus unterschiedlichen vor- und frühgeschichtlichen Perioden: Neolithikum, Bronze-, Hallstatt- und Latènezeit, römische Kaiserzeit bis in die Völkerwanderungszeit. Soweit erkennbar handelt es sich um Siedlungsüberreste. Einige Zeiträume und Kulturperioden sind besonders umfangreich vertreten, so der Abschnitt zwischen der ausgehenden Bronze- (Urnenfelderkultur) und der späten Eisenzeit (Latènekultur). Weniger häufig fanden sich Hinterlassenschaften der neolithischen Kulturen, der mittleren Bronzezeit und der römischen Kaiserzeit. Auch schienen die Ausgrabungsflächen sehr unterschiedlich dicht belegt zu sein. Die größte Befunddichte lag etwa im mittleren Hangbereich. Nach Norden hin dünnte die Belegung aus, auch die tiefer gelegenen Bereiche Richtung Klingenbach schienen eine geringere Befunddichte aufzuweisen. Jedoch muss für diese Ausgrabungsstelle in Betracht gezogen werden, dass die Überlieferungsbedingungen das Bild der ehemaligen Besiedlung stark verzerren. Besonders zahlreich erhalten sind Befunde aus den Zeitabschnitten, in denen man tiefe Gruben anlegte; Eisen- und Völkerwanderungszeit sowie späte Bronzezeit. Kulturperioden, die in der Regel in geringerem Umfang tief in den Boden eingegriffen haben, sind hier weniger stark vertreten. So wurden zwar Funde der frühneolithischen bandkeramischen Kultur geborgen, jedoch keine eindeutig zuweisbaren Befunde entdeckt. Gleiches gilt für die frühe römische Kaiserzeit. In vergleichbarer Weise hat auch die geologische Entwicklung des Platzes die Erhaltungs- und Auffindungsbedingungen verzerrend beeinflusst. Vor allem die oberen und nördlichen Hangbereiche sind bereits in alter Zeit sehr stark erodiert, so dass stellenweise mit einem Bodenverlust von bis zu 1 m rechnen ist. Entsprechend können hier nur Reste ehemals tiefreichender Befunde erhalten sein. Die umfangreichen Kolluvien im unteren Hangbereich erschweren dagegen die Befunderkennung erheblich (*Abb. 6*). Schließlich „tauchten" die vor- und frühgeschichtlichen Oberflächen in Bachnähe unter den Grundwasserspiegel ab und konnten nur noch partiell verfolgt werden. Diese störenden Einflüsse müssen also berücksichtigt werden, bevor man aus den Befundplänen Rückschlüsse auf die ehemalige Besiedlung zieht.

Insgesamt ließen sich etwa 400 Befunde freilegen und dokumentieren. In der Regel waren es Gruben verschiedenster Form und Größe; von kleinen und flachen Abfallgruben über kegelstumpfförmige Vorratsgruben bis hin zu sehr großen Grubenkomplexen mit bis um 20 m Durchmesser und über 2 m oder sogar 3 m Tiefe. Eindeutig als solche anzusprechende Pfostengruben wurden vergleichsweise wenige vorgefunden, was mit dem umfangreichen Bodenabtrag am oberen Hang und den schlechten Beobachtungsbedingungen in den Niederterrassenbereichen in Zusammenhang stehen mag. Zu rekonstruktionsfähigen Pfostengruppen ließen sich lediglich sechs pfostenlochartige Gruben in kreisförmiger Anordnung im unteren Bereich von Schnitt I zusammenfassen, jedoch deuteten ihre noch messerscharfen Umrisse und lockeren, stark humosen Verfüllungen, trotz einiger in ihnen vorgefundener Scherben vorgeschichtlicher Machart, eher auf eine moderne Zeitstellung hin[24]. Dazu kamen grabenartige Anlagen, die, etwa dem Gefälle folgend, senkrecht auf den Klingenbach zuliefen. Während einer dieser Gräben sicher modern einzuord-

---

[23] Deren Ergebnisse werden hier noch nicht behandelt. Allerdings sind die Münzfunde aus diesem Schnitt bereits berücksichtigt (s. u.).

[24] Überhaupt wurden auf dieser Ausgrabung ausgesprochen wenige moderne, neuzeitliche oder auch mittelalterliche Fundstücke geborgen, so dass es bei mehreren Befunden mit relativ eindeutigen modernen Merkmalen nicht möglich war, die Zeitstellung durch Funde zu verifizieren.

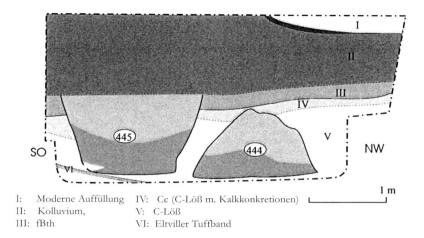

I: Moderne Auffüllung   IV: Cc (C-Löß m. Kalkkonkretionen)
II: Kolluvium,   V: C-Löß
III: fBth   VI: Eltviller Tuffband

Abb. 6. Wiesbaden-Breckenheim, „Wallauer Hohl". Von dem neuen Fernleitunggraben angeschnittene Profile späturnenfelderzeitlicher Befunde bei Koordinate 104/401.

nen ist, war die stratigrafische Lage eines anderen nicht zweifelsfrei festzustellen, die spärlichen Funde aus seiner Verfüllung sind jedoch urnenfelderzeitlich anzusprechen. Zum Bach hin schlossen Kolluvien und Sedimentpakete des Klingenbachs die Untersuchungsflächen ab, darunter mächtige und einheitlich spätrömisch zu datierende Verfüllungsschichten eines alten verlandeten Betts des Klingenbachs.

Die größte Befunddichte wurde im mittleren Hangbereich festgestellt, unmittelbar oberhalb einer ehemaligen, heute kaum mehr erkennbaren Geländekante über dem an dieser Stelle sich öffnenden schmalen Auenbereich des Bachs (s. u.). Alter Bodenverlust am oberen Hang und erschwerte Befunderkennung im tieferliegenden Bereich mögen dieses Bild beeinflusst haben. Jedoch ist deutlich, dass die Dichte zumindest der von der Erosion nicht vollständig zerstörten tiefen Gruben in allen Schnitten jeweils zum oberen, nordwestlichen Schnittende hin abnam. Unter den zeitlich und kulturell ansprechbaren Funden dieser Siedlungssituationen überwiegt das Keramikmaterial. Somit beruhen die Datierungen der Befunde überwiegend auf Keramik, die dementsprechend bei der Beschreibung und kulturellen Ansprache der Befunde hier meist im Vordergrund steht. Lediglich die jüngsten, aus der Völkerwanderungszeit stammenden Befunde enthielten einen hohen Anteil an Kleinfunden wie Fibeln, Münzen, Beschläge, Kämme, Schmuckteile usw. Diese befinden sich zum Teil noch in Restaurierung und sollen später in einer gesonderten Arbeit untersucht werden[25]. An dieser Stelle gilt es lediglich eine kleine Auswahl vorzustellen.

So wie die verschiedenen hier nachgewiesenen Kulturen ungleichgewichtig durch Befunde belegt sind, so ist auch die Menge und der Erhaltungszustand der Funde selbst sehr ungleichmäßig verteilt. Beispielsweise enthielten die großen urnenfelderzeitlichen Grubenkomplexe in Relation zur Menge des untersuchten Erdreichs erstaunlich wenige Funde, meist stark fragmentierte Keramik. Vergleichbares gilt für die überwiegend hallstattzeitlichen Vorratsgruben. Dagegen wurde aus den überwiegend flachen latènezeitlichen Gruben in erheblicher Menge - und oft sogar deutlich geringer fragmentierte - Keramik geborgen. Ähnlich fundreich zeigten sich die völkerwanderungszeitlichen Befunde. Wobei das Übergewicht der Funde dieser jüngeren Kulturen nicht unbedingt den jeweiligen Siedlungsumfang wiederspiegeln muss, sondern seine Ursache in der Funktion der Befunde selbst, vielleicht im unterschiedlichen Umgang der damaligen Menschen mit dem Abfall, haben mag. Eine Rolle dürfte auch die Entfernung zu den eigentlichen Wohnplätzen spielen, die als Hausgrundrisse o. ä. aber leider an keiner Stelle nachgewiesen werden konnten.

---

[25] Im Rahmen einer Magisterarbeit von J. Schultze bei Prof. Dr. H. W. Böhme, Vorgeschichtliches Seminar der Philipps-Universität Marburg.

Neolithikum

An verschiedenen Stellen wurden Keramikfragmente der Linearbandkeramik freigelegt, überwiegend in Fundeinheit mit jüngerem Material. Ein eindeutig als frühneolithisch anzusprechender Befund scheint nicht vorhanden zu sein. Zumeist entstammen diese Scherben aus dem unteren Bereich von Schnitt I, einmal zusammen mit einer starken Brandlehmkonzentration, ohne dass auch hier eindeutig eine Grube oder ähnliches hätte nachgewiesen werden können. Umfangreichere Siedlungsbefunde im tiefgelegenen und von Überschwemmungen bedrohten Auenbereich des Bachs sind auch kaum zu erwarten. Leider war in diesem Bereich ein vollständiges und sorgfältiges Ausgraben der Fundschichten nicht möglich.

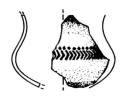

Abb. 7. Wiesbaden-Breckenheim, „Wallauer Hohl". Fragment eines Keramikbechers aus Befund 480 (M. 1:3).

Am oberen Hang in Schnitt IV wurde ein kleiner Grubenkomplex mittelneolithischer Zeitstellung freigelegt (Befund 480/522, *Abb. 48*). Es handelte sich um zwei kleine unregelmäßige, aber zusammenhängende Vertiefungen. Schon bei der Anlage des Profilschnitts durch den Befund war zu sehen, dass sich unmittelbar unterhalb der Grubenverfüllung, und die Grubenunterkante begleitend, ein schmales Band von Kalkkonkretionen („Lößkindel") gebildet hatte, ein Phänomen, welches uns bei besonders alten Befunden mehrfach auffiel. Anscheinend hatte die humose und porenreichere Grubenverfüllung den Kalkauswaschungsvorgang gegenüber dem umliegenden Boden deutlich beschleunigt.

Unter den relativ spärlichen Keramikfunden aus diesem kleinen Grubenkomplex befindet sich das Fragment eines verzierten Kugelbechers. Der Becher mit ausgeprägt S-förmigem Profil wäre nach H. Spatz der Form Kb-2 zuzurechnen[26] (*Abb. 7*)[27]. Die horizontal auf der Schulter umlaufende Verzierung besteht aus einem einzeiligen Band schräggestellter rechteckiger Einstiche[28], darunter ein weiteres Band fischgrätförmig gegeneinandergestellter langer und schmaler Einstiche[29]. Reste der weißen Inkrustierungen sind stellenweise erhalten. Daneben wurden mehrere Scherben der unteren Wandung einer reich verzierten Schüssel mit horizontal durchbohrten kleinen Knubben geborgen. Die Fragmente sind ebenfalls mit weiß inkrustierten Ritzlinien und Einstichen verziert. Das Muster besteht hier aus senkrecht stehenden Fischgrätmotiven, die jeweils rechts und links von einer Ritzlinie eingefasst sind und nach unten (der obere Abschluss der Motive ist nicht erhalten) von einer Reihe kleiner Einstiche abgeschlossen werden. Die sich nebeneinander aufreihenden Motive sind voneinander jeweils durch ein schmales unverziertes Band getrennt. Unterhalb des Verzierungshorizonts befinden sich zum Boden hin kleine, horizontal durchbohrte Knubben (zwei erhalten). Die unverzierten Partien der Gefäßoberfläche sind gut geglättet. Das Fragment findet eine ausgezeichnete Parallele in einer Schüssel aus Erfurt und wird in die jüngste Phase der Rössener Kultur datiert[30].

---

[26] H. Spatz, Beiträge zum Kulturkomplex Hinkelstein-Großgartach-Rössen. Der keramische Fundstoff des Mittelneolithikums aus dem mittleren Neckarland und seine Gliederung. Materialh. Arch. Baden-Württemberg 37 (Stuttgart 1996) 57 ff. Abb. 36.

[27] Die Keramikabbildungen wurden von Frau R. Beusing M. A. und Verfasser angefertigt. Unterbrochene Linien, als Abstrichlinien beispielsweise, bezeichnen nicht durchgehend verlaufende Kanten o. ä., ungleiche Profilverläufe auf der rechten gegenüber der linken Seite sollen eine entsprechende ungleichmäßige Gefäßform zeigen. Drehscheibenware ist durch dunkelgraue Rasterung des Scherbenschnitts gekennzeichnet, möglicherweise gedrehte Gefäße durch hellgraue Rasterung.

[28] Etwa Motiv 110 nach Spatz (Anm. 26).

[29] Etwa Stichform 11 in Motiv 160 nach Spatz (Anm. 26) 119 ff.; 147 ff. Abb. 46; 55; 63.

[30] H. Spatz, Zur phaseologischen Gliederung der Kultursequenz Hinkelstein-Großgartach-Rössen. In: H.-J. Beier (Hrsg.), Der Rössener Horizont in Mitteleuropa. Beitr. Ur- und Frühgesch. Mitteleuropas 6 (Wilkau-Hasslau 1994) Taf. 10,1. Auch: J. Ehrhardt, Rössener Kultur. In: H.-J. Beier/R. Einicke (Hrsg.), Das Neolithikum im Mittelelbe-Saale-Gebiet und in der Altmark. Beitr. Ur- und Frühgesch. Mitteleuropas 4 (Wilkau-Hasslau 1994) Taf. 2,2.

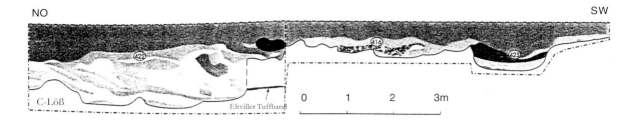

Abb. 8. Wiesbaden-Breckenheim, „Wallauer Hohl". Großer urnenfelderzeitlicher Grubenkomplex bei Koordinate 85/415.

Die überwiegende Menge der vergesellschafteten Wandscherben gehört einer dickwandigen und unverzierten, z. T. mit Quarzbruch gemagerten und in der Regel uneinheitlich in verschiedenen Dunkelbraun- bis Graubrauntönen gebrannten Ware an. Die Wandstärken liegen knapp unter bis über 1 cm, ihre Oberflächen können rauh belassen, aber auch gut geglättet sein.

Bronzezeit

Eindeutig hügelgräberbronzezeitliche Fundkomplexe wurden, im Gegensatz zur Grabung von 1937[31], nicht nachgewiesen. Vor allem in den höher gelegenen Schnittbereichen wurden ein in WO-Richtung den Hang hinablaufender Graben sowie große Grubenkomplexe freigelegt, die in die Urnenfelderzeit zu datieren sind. Hinzu kamen mehrere locker über das Gelände verteilte Kegelstumpfgruben, die allerdings wegen ihrer Fundarmut und der schwierigen Unterscheidbarkeit von späturnenfelder- und frühhallstattzeitlicher Siedlungskeramik[32] nicht immer eindeutig chronologisch bzw. kulturell zugewiesen werden können. Sie sind wohl in eine länger andauernde Siedlungsentwicklung zu stellen, die in der jüngeren Urnenfelder- oder am Übergang Urnenfelder-/ Hallstattzeit ihren Ausgang nahm, da die Hallstattzeit auf dieser Fläche mit zahlreichen Siedlungsgruben vertreten ist. Insbesondere die kleine Gruppe von Kegelstumpfgruben im nördlichen Bereich von Schnitt II und der angrenzenden Baufahrwege (Befund 301 f., 405 ff., *Abb. 48*) gehört in die Zeit der ausgehenden Urnenfelder- bis frühen Hallstattzeit. Die dichte Konzentration an Gruben in der Mitte des Ausgrabungsgeländes (*Abb. 49-50*) bestand ebenfalls hauptsächlich aus Kegelstumpfgruben, diese datieren überwiegend hallstattzeitlich; allerdings befanden sich sowohl späturnenfelder-/frühhallstattzeitlich wie bereits frühlatènezeitlich zu datierende Kegelstumpfgruben in unmittelbarer Nähe oder inmitten dieser Gruppe. Eingedenk der deutlich bruchlosen Entwicklung der Siedlungskeramik von der Urnenfelder- über die Hallstatt- zur frühen Latènezeit deutet die Nachbarschaft dieser Gruben auf eine kontinuierliche Siedlungsentwicklung auf diesem Platz hin. Allerdings scheinen typische frühhallstättische Keramikformen und -verzierungen etwas unterrepräsentiert zu sein (s. u.).

Die beiden großen Grubenkomplexe der Urnenfelderzeit (Befundkomplex 75 etc., Befundkomplex 339, 356, 422, 423 etc.) erstreckten sich jeweils auf eine Fläche von knapp unter 100 bis um 200 m² und hatten

---

[31] Vgl. Dörr (Anm. 4).

[32] Vgl. hierzu die Untersuchungen von W. Kubach, der sehr enge Beziehungen zwischen der ausgehenden Urnenfelder- und der beginnenden Hallstattzeit gerade bei der Keramik feststellt und für viele der wichtigsten Gefäßformen eine kontinuierliche Entwicklung nachweist: W. Kubach, Archäologische Untersuchung zum Übergang von der Bronze- zur Eisenzeit im südlichen und mittleren Hessen. In: Archäologische Untersuchungen zum Übergang von der Bronze- zur Eisenzeit zwischen Nordsee und Kaukasus. Regensburger Beitr. Prähist. Arch. 1 (Regensburg 1994) 242 ff. Ähnlich für Oberfranken: P. Ettel, Zum Übergang von der späten Urnenfelder- zur frühen Eisenzeit in Oberfranken. In: Archäologische Untersuchungen zum Übergang von der Bronze- zur Eisenzeit zwischen Nordsee und Kaukasus. Regensburger Beitr. Prähist. Arch. 1 (Regensburg 1994) 180 f.

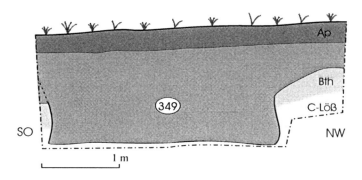

Abb. 9. Wiesbaden-Breckenheim, „Wallauer Hohl".
Profil des Grabens Befund 349 bei Koordinate 96/400.

eine sehr unregelmäßige Form im Umriss wie im Planum[33] (*Abb. 8; 48*). Ihre Verfüllung bestand in den tieferen Bereichen zu einem guten Teil aus Erdbrocken humosen Lehms und reinen Lößes in unterschiedlicher Größe, jeweils anscheinend umgelagertes Erdreich aus ehemaligem C-Löß oder Parabraunerden. Daher ließen sich die ehemaligen Grubenausdehnungen nicht immer genau erkennen. Besonders dort, wo große Lößklumpen am Grubenrand abgelagert waren, konnte man die Befundgrenzen oft nicht zweifelsfrei bestimmen. Diese Grubenverfüllungen waren selbst im Bodenbereich auffällig fundarm, was dafür spricht, dass sie anscheinend nicht sehr lange offengelegen haben.

Die Keramik aus diesen Befunden weist überwiegend späturnenfelderzeitliche Merkmale auf[34] (*Abb. 10-14*). Zwei ^{14}C-Proben aus holzkohlereichen Schichten verschiedener Niveaus innerhalb der Verfüllung des Grubenkomplexes Befund 339, 422, 423 u. a. ergaben allerdings Daten von etwa 1000 v. Chr.[35]
Die angesprochene Fundarmut gilt insbesondere auch für den Graben Befund 349, 413 u. a. (*Abb. 9*). Die Spärlichkeit der daraus geborgenen und ansprechbaren Funde lässt eine zeitliche Einordnung aufgrund weniger charakteristischer Scherben gewagt erscheinen. Das Hauptargument, den Graben als spätbronzezeitlich anzusprechen, ergibt sich daraus, dass neben den - zwar relativ wenigen - urnenfelderzeitlich anzusprechenden Scherben keine eindeutig jüngeren Funde aus der Grabenverfüllung zutage kamen, obwohl das Gelände auch in der Folgezeit intensiv besiedelt wurde. Solch jüngeres Material hätte jedoch auftreten müssen, wären die urnenfelderzeitlichen Funde zu einem wesentlich späteren Zeitpunkt als Altmaterial in den Graben gelangt. Leider ergab sich auch aus Befundüberschneidungen keine eindeutige Klärung. Der Graben war, im Gegensatz zu den großen Grubenkomplexen, homogen mit humosem Lehm verfüllt (*Abb. 9*). Er hatte eine relativ gleichmäßige - Profilschnitte wurden an mehreren Stellen angelegt - Breite von knapp 3 m, seine maximal erhaltene Tiefe betrug etwa 1 m. Am oberen Hang, in Schnitt I nahe der Autobahn, war er nur noch in Resten erhalten und stellenweise bereits völlig der Erosion zum Opfer gefallen. Am unteren Hang überdeckten ihn dagegen Kolluvien. Er führte in gerader Linie und etwa der Hangrichtung folgend nahezu senkrecht auf den Klingenbach zu. Der Grabenboden zeigte sich eben, Fahrspuren oder Laufschichten waren nicht erkennbar, auch fanden sich am Grabenboden ebensowenig Funde wie in der Verfüllung. Selbst Schwemmschichten waren nicht nachweisbar, so dass der Graben nicht allzu lange offengelegen haben dürfte oder aber bis zu seiner Aufgabe sytematisch saubergehalten worden ist. Irgendwelche Hinweise zu seiner Funktion o. ä. konnten nicht ermittelt werden.

---

[33] Leider konnte keiner der Grubenkomplexe vollständig ausgegraben werden.
[34] Nach F.-R. Herrmann, Die Funde der Urnenfelderkultur in Mittel- und Südhessen (Berlin 1966) 15 ff.; vgl. auch entsprechende Keramikmerkmale der Siedlung bei Alten-Buseck: A. Rehbaum, Siedlungsfunde der späten Urnenfelderzeit vom Eltersberg bei Alten-Buseck, Kreis Gießen. Fundber. Hessen 15, 1975 (1977), 175-212.
[35] Beide Proben wurden im Labor des Niedersächsischen Landesamtes für Bodenforschung in Hannover untersucht und ergaben bemerkenswerterweise denselben konventionellen Mittelwert von 2880 Jahren b. p. ± 65 bzw. ± 120 Jahre; kalibriert: 1130-930 bzw. 1255-900 v. Chr. (1*s*-Intervalle).

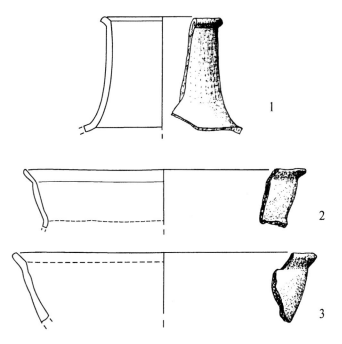

Abb. 10. Wiesbaden-Breckenheim, „Wallauer Hohl".
Keramik aus den Befunden 349 (1) und 413 (2–3) (M. 1:3).

Bei den kleineren Gruben handelte es sich zumeist um Kegelstumpfgruben, die sich in lockerer Streuung vor allem in den mittleren bis oberen Bereichen der Ausgrabungsflächen verteilten. Die Grube Befund 407 hob sich durch ihre Tiefe und Größe von den hallstattzeitlichen Gruben (s. u.) ab (*Abb. 15*). Da auch diese Gruben meist nur wenige Funde erbrachten, ist nicht jede von ihnen chronologisch zuverlässig ansprechbar.

Die Keramik

Ware
Die urnenfelderzeitliche Keramik lässt sich nicht auf übersichtlich einfache Weise und nicht vollständig in Warengruppen aufteilen, bestimmte Waren sind jedoch ganz charakteristisch:
Eine grobe Ware mit Wandstärken knapp unter bis um 1 cm - eine typische Form dieser Ware ist der große Topf mit nach außen abgeknicktem Schrägrand - ist in der Regel mäßig hart, bisweilen auch hart und oxidierend bis überwiegend oxidierend gebrannt.

Eine feine und dünnwandige Ware mit Wandstärken um 4-5 mm - eine typische Form ist hier die offene Schale mit straffer Wandung und senkrechtem Rand - hat eine ausgesprochen gleichmäßig ebene und fein geglättete Oberfläche. Sie ist fein gemagert und überwiegend reduzierend in dunkelbraungrauen Tönen hart gebrannt. Häufig fällt im Scherben ein dünner rotbrauner innerer und äußerer Mantel auf, der auf einen späten und kurzfristigen oxidierenden Einfluss beim Brennen hinweist. Die Oberflächenfarbe dieser Ware entspricht in der Regel etwa der Farbe des Scherbenkerns.

Gefäßformen und Verzierung
Unter den Gefäßformen überwiegen die offenen Schalen mit konischer bis gewölbter Wand. Schalen mit einziehendem Rand fehlen fast gänzlich.

Die häufigste Gefäßform ist eine Schale mit straffer und mittelsteiler Wandung, der Rand ist senkrecht aufgebogen und verjüngt sich häufig oder läuft bisweilen fast spitz zu (*Abb. 13,11-13; 14,6-8.10.12*). Diese Schalen kommen in unterschiedlichen Größen vor. Seltener sind Schalen mit nahezu horizontal nach außen

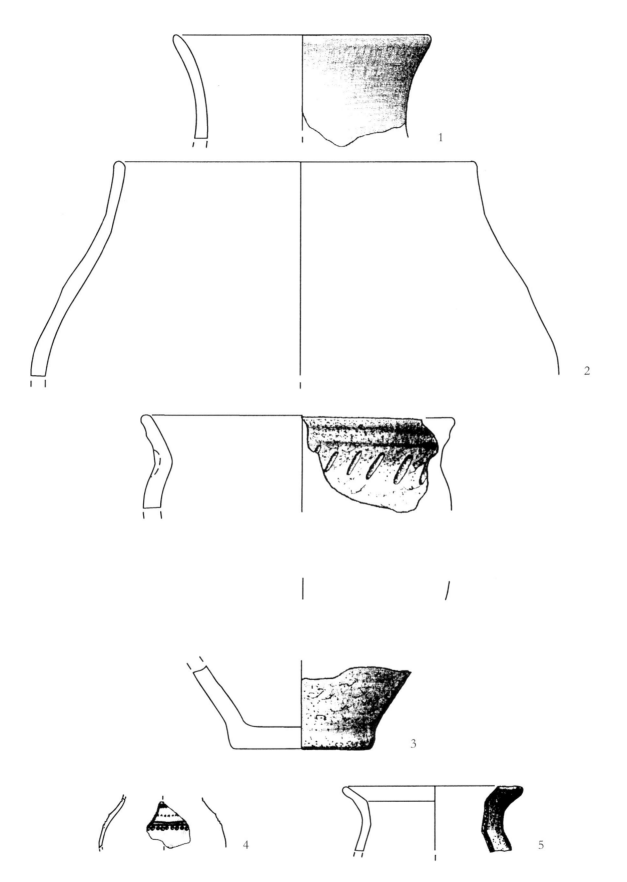

Abb. 11. Wiesbaden-Breckenheim, „Wallauer Hohl". Keramik aus den Befunden 123 (1, 2), 124 (3) und 356 (4,5) (M. 1:3).

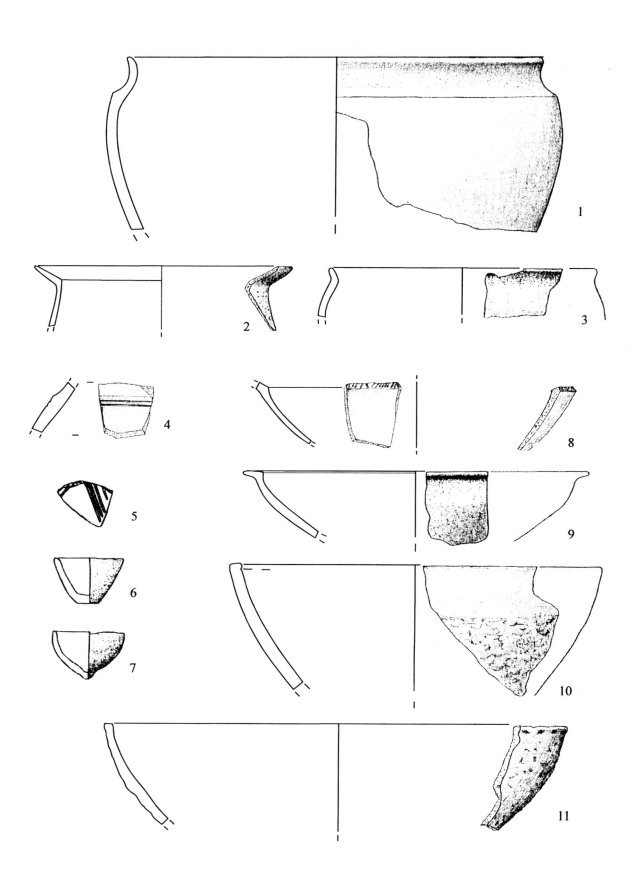

Abb. 12. Wiesbaden-Breckenheim, „Wallauer Hohl". Keramik aus Befund 75 (M. 1:3).

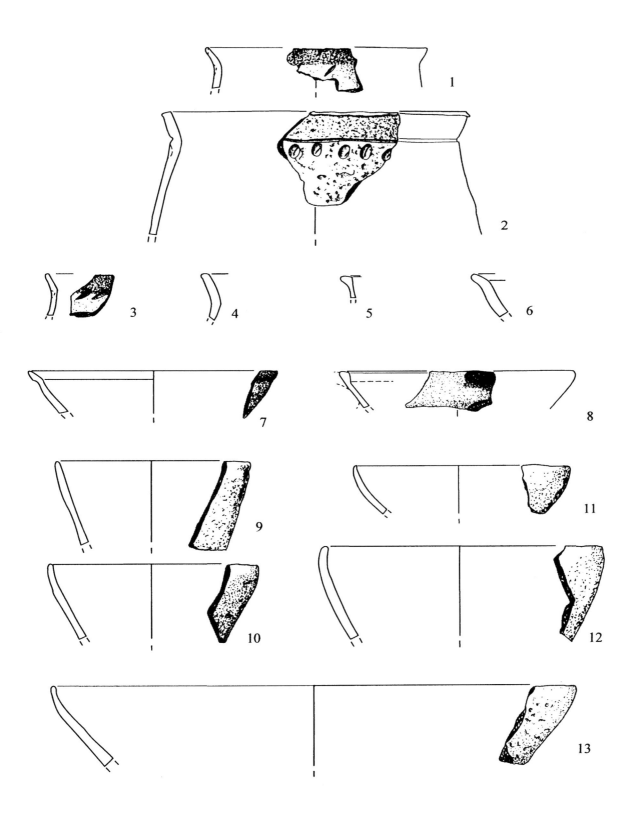

Abb. 13. Wiesbaden-Breckenheim, „Wallauer Hohl". Keramik aus Befund 339 (M. 1:3)

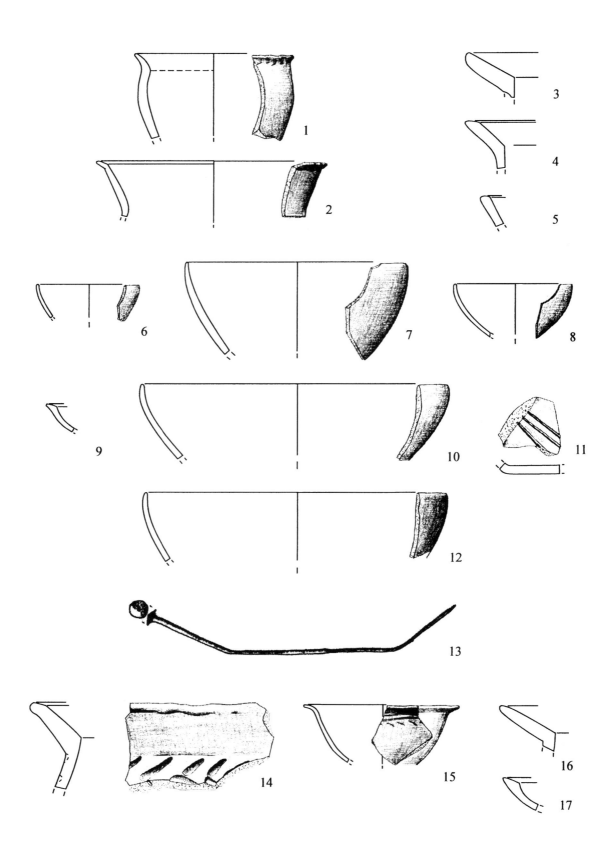

Abb. 14. Wiesbaden-Breckenheim, „Wallauer Hohl". Funde aus Befund 423 (1–13) und 422 (14–17) (M. 1:3). 13 Bronze (M. 1:2).

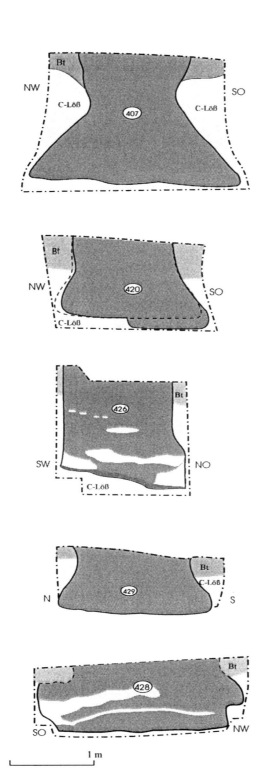

Abb. 15. Wiesbaden-Breckenheim, „Wallauer Hohl". Profile verschiedener Kegelstumpfgruben.

abgeknicktem Schrägrand (Abb. 11,9); er kann auf der Oberseite ritzverziert sein (*Abb. 11,8*). Solche offenen Gefäßformen sind in feiner Ware hergestellt und reduzierend, seltener überwiegend reduzierend gebrannt.

Mehrteilige Gefäße sind seltener. Die häufigste mehrteilige Form ist der Topf mit nach außen abgeknicktem Schrägrand. Es sind überwiegend große und dickwandige Gefäße mit innen glatt abgestrichenem Rand, so dass auf der Gefäßinnenseite der Rand- zum Schulterbereich scharf umknickt (*Abb. 12,2; 14,3-4.14.16*). Bisweilen ist der Rand sogar an der Innen- und an der Oberseite abgestrichen, so dass er Facetten aufweist. Nahezu immer sind diese Gefäße am äußeren Rand-Schulterknick verziert. Meist sind es tiefe dreieckigkantige Einstiche (*Abb. 13,3*), es kommen aber auch schräglängliche tiefe Kerben oder Fingertupfen zusammen mit einer Rille vor (*Abb. 13,1-2; 14,1.14*). Die großen und dickwandigen Exemplare dieser Form sind in der Regel oxidierend gebrannt, die kleineren häufiger in feiner Ware dünnwandig hergestellt und reduzierend bis überwiegend reduzierend gebrannt.

Mehrteilige Formen mit Trichter-, Zylinder- oder Kegelhals treten zwar auf, sie bilden jedoch die Ausnahme (*Abb. 10,1-2; 13,2*). Riefenzier auf der Schulter ist ebenfalls sehr selten, kommt jedoch vereinzelt vor. Gefäße mit diesen Merkmalen sind meist in feiner Ware hergestellt und reduzierend bis überwiegend reduzierend gebrannt.

Aus Befund 423 wurde eine Bronzenadel mit scheibenförmigem, an der Oberseite flachkonischem Kopf geborgen (*Abb. 14,13; 15*). Der unverzierte Nadelschaft ist zweimal stumpfwinklig abgebogen und im Querschnitt rund. Scheibenkopfnadeln dieser Art sind typologisch schwer zu gliedern, da kaum eine der anderen gleicht. Am ehesten gehört unser Stück nach W. Kubach zu den Nadeln mit kleinem gewölbten oder flach doppelkonischem horizontalen Scheibenkopf und findet eine Parallele, jedoch mit flacherer, weniger ausgeprägt konischer Oberseite des Kopfes, in Fritzlar[36]. Kubach datiert diese Form an das Ende der Urnenfelderzeit[37]. Vergleichbare und ebenfalls unverzierte Exemplare aus Niedersachsen zählt F. Laux zu den Nadeln mit flachem oder nagelkopfähnlichem Ende, die er einer fortgeschrittenen Phase der Urnenfelderkultur zurechnet[38].

Anzuschließen ist noch eine als Lesefund geborgene Bronzenadel (*Abb. 16*) mit kleinem Vasenkopf. Der unverzierte Nadelschaft ist etwa im oberen Drittel leicht abgebogen, die Nadelspitze fehlt. Der Kopf zeigt eine deutlich in Rand, Hals und runden Körper gegliederte Vasenform und ist etwa 7 mm breit und 9 mm hoch. Vasenkopfnadeln dieser Art entsprechen nach Laux den Varianten Düstrup (mit gekrümmtem Schaft) und Drögennindorf. Im östlichen Niedersachsen sind sie zahlreich verbreitet und werden späturnenfelderzeitlich datiert[39]; weitere Belege finden sich auch in Hessen[40].

Hallstattzeit

Aus der Hallstattzeit kamen als Befunde überwiegend Kegelstumpfgruben vor, konzentriert in einem Komplex dicht nebeneinanderliegender Vorratsgruben unmittelbar oberhalb einer ehemaligen Geländekante über der Niederterrasse des Klingenbachs (*Abb. 49-50*). Dieser Komplex alter Vorratsgruben gehört zu

---

[36] Grab 1970 vom Schladenweg: W. Kubach, Die Nadeln in Hessen und Rheinhessen. PBF XIII 3 (München 1977) Nr. 1325 Taf. 130 J.

[37] Ebd. 521 f.

[38] F. Laux, Die Nadeln in Niedersachsen. PBF XIII 4 (München 1976) 117 f.; vergleichbare Stücke aus Kroge, Kr. Vechta (Nr. 673), Lüdingen, Kr. Rotenburg (Nr. 675), Walnbek, Kr. Ammerland (Nr. 676).

[39] Ebd. 101; 103.

[40] Kubach (Anm. 36) 512 ff.; nach W. Kubach können Nadeln mit kleinen und verflauten Vasenkopfformen auch noch in der Hallstattzeit vorkommen, eine Ausprägung, die unserem Exemplar aber nicht entspricht: Kubach (Anm. 32) 247.

Abb. 16. Wiesbaden-Breckenheim, „Wallauer Hohl". Oberteil einer Scheibenkopfnadel aus Befund 423 und Oberteil einer Vasenkopfnadel, Lesefund (M: 2:1).

einer Siedlungsentwicklung, die bereits in der ausgehenden Urnenfelderzeit einsetzte (s. o.) und möglicherweise bis in die beginnende Latènezeit reichte. Obwohl die Gruben zum Teil dicht an dicht nebeneinander lagen, überschnitten sie sich nur selten.

Auch aus diesen Gruben wurden zumeist nur vereinzelte Fundstücke geborgen, in der Regel wenige Keramikfragmente oder Knochen. Nur selten waren es größere Gefäßfragmente wie aus der etwas abseits gelegenen Grube Befund 420 der späten Hallstattzeit oder der Grube Befund 428 mit einer Kinderbestattung, die bereits an die Wende zur Latènezeit zu datieren ist. Einige der Kegelstumpfgruben sind mangels Funden chronologisch oder kulturell nicht ansprechbar.

Drei der Kegelstumpfgruben enthielten menschliche Skelette oder Skelettreste[41]. In zwei Fällen waren es Kleinkinder, so ein Neonatus in Grube Befund 428 sowie ein 3-6 Monate alter Säugling aus Grube Befund 493. In der Grube Befund 429 wurde ein 25-35 Jahre alter Mann in gestreckter, OW-orientierter Rückenlage freigelegt (*Abb. 17*). Eindeutig als Beigaben anzusprechende Funde waren bei keiner dieser Bestattungen vorhanden. Unmittelbar neben der rechten Schädelseite des Kindes aus Befund 493 lag ein kleiner geschlossener Ring aus Bein, am ehesten ein Lockenring. Unweit davon kam ein weiterer Ring aus Eisen zutage. An gleicher Stelle, neben der rechten Schädelseite des Erwachsenenskeletts, fand sich ebenfalls ein kleiner Ring, in diesem Fall aus zusammengebogenem Bronzedraht.

Siedlungsbestattungen der Eisenzeit sind in der Wiesbadener Gegend mehrfach belegt[42]. Es handelt sich, soweit erkennbar, um komplette Skelette von in Siedlungsgruben niedergelegten Toten, ohne dass absichtlich zugefügte Verletzungen erkennbar wären. Sie sind ohne eigentliche Beigaben beigesetzt. Allerdings wurden in Breckenheim und auch in Erbenheim mehrfach kleine Ringe am Schädel nachgewiesen. In Wiesbaden-Nordenstadt kamen ebenfalls innerhalb einer Gruppe von eisenzeitlichen Siedlungsgruben Skelettbestattungen zutage[43]. Eine dieser Gruben barg die Skelette von drei Kindern, in einer anderen fanden sich Reste einer weiteren, jedoch von Bauarbeiten bereits gestörten Bestattung. G. Lange datiert die mitgefundenen Keramikreste in die Latènezeit[44], wobei anhand der Abbildungen auch eine Zuweisung in die späte Hallstattzeit nicht ausgeschlossen scheint.

---

[41] Siehe in der vorliegenden Veröffentlichung den Beitrag: S. Budendeich/M. Kunter, Anthropologische Bearbeitung von vier menschlichen Skeletten aus Wiesbaden-Breckenheim „Wallauer Hohl".
[42] R. Heiner, Wiesbaden-Erbenheim „Am Bürgerhaus". Fundber. Hessen 32/33, 1992/1993 (im Druck).
[43] G. Lange, Fundmeldung „Nordenstadt". Fundber. Hessen 13, 1973 (1975), 293-296.
[44] Ebd. 294.

Eine weitere Bestattung in einer hallstattzeitlichen Kegelstumpfgrube wurde bei Marktbreit freigelegt. Hier lag der Tote in seitlicher, O-W orientierter Rückenlage mit leicht angewinkelten Beinen. Die Bestattung war zum Teil mit großen Steinen abgedeckt[45]. In einer mittellatènezeitlichen Siedlungsgrube bei Nörten-Hardenberg im Landkreis Northeim fand sich inmitten von Siedlungsabfall ein Säuglingsskelett[46]. Bei Obernjesa im Landkreis Göttingen waren es zwei Tote, die mit Kopf-, Hals- und Armschmuck in Kegelstumpfgruben beigesetzt worden sind. K. Müller datiert diese in die Zeit um 500 v. Chr. und bringt sie in Verbindung mit den sog. „Thüringischen Skelettgräbern" der späten Hallstattzeit[47]. Charakteristisch für diese wie auch für die entsprechenden nordhessischen Körperbestattungen ist, dass sie kaum noch Keramik enthalten[48], dafür allerdings oft reiche Metallbeigaben und, dass es sich in der Regel um Frauen- oder Kinderbestattungen handelt[49]. Neben dieser Tradition hallstattzeitlicher Skelettgräber erwähnt K. Simon irreguläre Bestattungen von Frauen und besonders von Kindern in Siedlungsgruben der späten Thüringischen Kultur[50]. Weitere späthallstatt- bis frühlatènezeitliche Sonderbestattungen, allerdings in unnatürlicher Lage oder lediglich als Teilskelette, wurden auf der Ehrenbürg nachgewiesen[51]. Mit den Sonderbestattungen offensichtlich gewaltsam zu Tode Gekommener oder in Siedlungsgruben verscharrter Skelettteile der späten Latènezeit, wie sie beispielsweise in Manching[52] oder Bad Nauheim[53] gefunden wurden, haben die Befunde aus dem Wiesbadener Raum aber offenbar nichts zu tun.

Die Keramik

Zwischen der Urnenfelder- und der Hallstattzeit lässt sich bei der Keramik eine kontinuierliche Entwicklung feststellen. Dies gilt anscheinend für die Grab- wie für die Siedlungskeramik, für die Gefäßformen[54] wie für die Waren und lässt sich auch über das Rhein-Main-Gebiet hinaus beobachten[55]. So werden zahlreiche Merkmale und Gefäßformen sowohl als typisch für die jüngste Stufe der Urnenfelderkultur wie für die beginnende Hallstattzeit angesehen: Schrägrandtöpfe und -schalen, Kegelhalsgefäße, Einstichreihen in der Halskehle mehrteiliger Gefäße u. a.[56]. Einigen Bearbeitern scheint es gleichwohl möglich, auch bei der Siedlungskeramik anhand bestimmter Merkmale zwischen später Urnenfelder- und frühester Hallstatt-

---

[45] P. Pietsch/P. Schröter, Eine ungewöhnliche hallstattzeitliche Bestattung vom Kapellenberg bei Marktbreit. Arch. Jahr Bayern 1989, 79 f.

[46] A. Heege, Siedlungsbestattung, Sonderbestattung, Abfall? Ein Kinderskelett der jüngeren vorrömischen Eisenzeit vom „Steinbühl" bei Nörten-Hardenberg, Ldkr. Northeim - Archäologischer Befund. Die Kunde N. F. 41/42, 1990/1991, 397-416. Vor allem anhand einer Fibel im Mittellatèneschema datiert Heege die Grubenverfüllung nach Latène C bis D1.

[47] K. Müller, Ein mehrperiodiger Bestattungsplatz bei Obernjesa, Gde. Rosdorf, Ldkr. Göttingen. Die Kunde N. F. 41/42, 1990/1991, 172 ff.

[48] W. Jorns, Die Hallstattzeit in Kurhessen (Marburg 1939) 46; W. Kubach, Bronzezeit und ältere Eisenzeit in Niederhessen. In: Führer vor- und frühgesch. Denkmälern 50 I (Mainz 1982) 109 ff. Auch in Südhessen treten in den Gräbern der späten Hallstattzeit kaum noch Keramikbeigaben auf: M. Rech/P. Prüssing, Ein hallstatt-/latènezeitliches Gräberfeld bei Bürstadt, Kr. Bergstraße. Fundber. Hessen 13, 1973 (1975), 120.

[49] Kubach (Anm. 48) 109.

[50] K. Simon, Die Hallstattzeit im östlichen Thüringen. Ethnogr.-Archäolog. Zeitschr. 18, 1977, 660.

[51] B.-U. Abels/P. Schröter, Drei Sonderbestattungen von der Ehrenbürg. Arch. Jahr Bayern 1992, 80-83.

[52] G. Lange, Die menschlichen Skelettreste aus dem Oppidum von Manching. Die Ausgr. Manching 7 (Wiesbaden 1983) 7 ff.

[53] G. Lange, Die menschlichen Skelettreste aus der Latènesiedlung von Bad Nauheim. Fundber. Hessen 29/30, 1989/90 (1995), 277 ff.

[54] Kubach (Anm. 32) 242 ff. Abb. 2 ff.

[55] Z. B.: A. Sehnert-Seibel, Hallstattzeit in der Pfalz. Universitätsforsch. prähist. Arch. 10 (Bonn 1993) 85 f.; Ettel (Anm. 32) 180 f.

[56] Ettel (Anm. 32); vgl. auch Herrmann (Anm. 34) 15 ff. und A. Schumacher, Die Hallstattzeit im südlichen Hessen. Bonner H. Vorgesch. 5 (Bonn 1972) 17 ff.

Abb. 17. Wiesbaden-Breckenheim, „Wallauer Hohl". Kegelstumpfgrube Befund 429, vgl. Abb. 14.
Skelett eines 25-35 Jahre alten Mannes.

keramik zu unterscheiden[57]. F.-R. Herrmann wies in seiner Arbeit über die Urnenfelderkultur in Mittel- und Südhessen auf einige Merkmale hin, die bereits frühhallstattzeitlich seien, unter anderem Graphitbemalung, gewellte oder gekerbte Ränder, Leisten im Halsknick mehrteiliger Gefäße u. a.[58]. Gerade diese Merkmale scheinen in der „Wallauer Hohl" eher selten zu sein. Sie sind jedoch in der nur wenige Kilometer entfernten frühhallstattzeitlichen Siedlungsstelle Wiesbaden-Erbenheim, Kreuzberger Ring, besonders häufig[59]. Ob sich damit an der Breckenheimer Fundstelle ein eisenzeitlicher Siedlungsschwerpunkt für die späte Hallstatt- und frühe Latènezeit andeutet und demgegenüber eine Siedlungslücke oder -ausdünnung für die frühe Hallstattzeit vorliegt, oder ob andere Gründe für das eher seltene Auftreten früher Merkmale unter der hier geborgenen hallstattzeitlichen Keramik verantwortlich sind[60], muss eine intensive Bearbeitung des Fundplatzes erweisen.

---

[57] H. Koepke, Zur älteren Eisenzeit in Rheinhessen. Mainzer Arch. Zeitschr. 2, 1995, 42 f.; M. K. H. Eggert, Die Urnenfelderkultur in Rheinhessen. (Wiesbaden 1973) 126. Für die Grabkeramik siehe Kubach (Anm. 32) 243 ff. Abb. 2 ff.

[58] Herrmann (Anm. 34) 16.

[59] M. Posselt, Hallstattzeitliche Siedlungsfunde aus Wiesbaden-Erbenheim, Kreuzberger Ring. Unpublizierte Magisterarbeit (Frankfurt 1996); G. Amann-Ille/Ph. Ille, Tönerne Kleinplastiken aus Wiesbaden-Erbenheim. In: C. Dobiat (Hrsg.), Festschrift für Otto-Herman Frey zum 65. Geburtstag. Marburger Stud. Vor- und Frühgesch. 16 (Marburg 1994) 33-52; Ph. Ille, Hallstattzeitliche Siedlung aus Wiesbaden-Erbenheim, Fundber. Hessen 37/38, 1997/98 (2001).

[60] W. Torbrügge erklärt den Mangel an HaC-Formen auf Wohnplätzen dadurch, dass diese an das Grabritual gebunden seien und die gewöhnliche Gebrauchskeramik sich zwischen HaC und HaD kaum unterscheide: W. Torbrügge, Die frühe Hallstattzeit (Ha C) in chronologischen Ansichten und notwendigen Randbemerkungen. Teil I: Bayern und der „westliche Hallstattkreis". Jahrb. RGZM 38, 1991, 332 f.

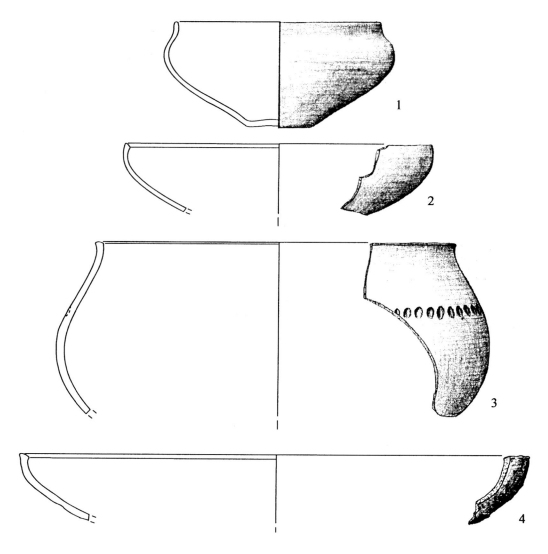

Abb. 18. Wiesbaden-Breckenheim, „Wallauer Hohl". Keramik aus der hallstattzeitlichen Grube Befund 487 (M. 1:3).

Auch der Übergang zur Latènezeit zeigt eine kontinuierliche Keramikentwicklung, wodurch die Zuordnung eines kleinen Keramikkomplexes nicht immer eindeutig ist. Das rekonstruierbare hohe mehrteilige Gefäß in Befund 428 beispielsweise (*Abb. 20,4*) weist in der Form eher noch Merkmale der späten Hallstattzeit auf, jedoch finden die Verzierungstechnik der kurzen Ritzlinien wie auch das sich kreuzende Muster („Gitterband") Parallelen, die bereits in die beginnende Latènezeit datiert werden können[61].

---

[61] Z. B. auf einer Schale mit bereits kantigem Umbruch aus Winkel, Am Wasserwerk, Grube 2: O. Behaghel, Die Eisenzeit im rechtsrheinischen Schiefergebirge (Marburg 1942) Taf. 17,A4. In der Hunsrück-Eifel-Kultur ist das „Gitterband" eine charakteristische Verzierung der frühen Latènezeit (HEK Phase IIa): H.-E. Joachim, Die Hunsrück-Eifel-Kultur am Mittelrhein. Beih. Bonner Jahrb. 29 (Köln, Graz 1968) 104; 114; sie tritt hier in der Regel auf bereits deutlich profilierten Flaschenformen auf: ebd., Taf. 27,A1; 30,B2; 31,D1 u. a. Siehe auch: Horath, Hügel 13, wo in einem Grab mit solcherart verzierten und ebenfalls bereits profilierten flaschenförmigen Gefäßen zwei gegossene bronzene Vogelkopffibeln vergesellschaftet sind, die A. Haffner der ältesten Stufe der jüngeren Hunsrück-Eifel-Kultur zuweist; A. Haffner, Die westliche Hunsrück-Eifel-Kultur (Berlin 1976) 68; 71 Taf. 26,10.11.

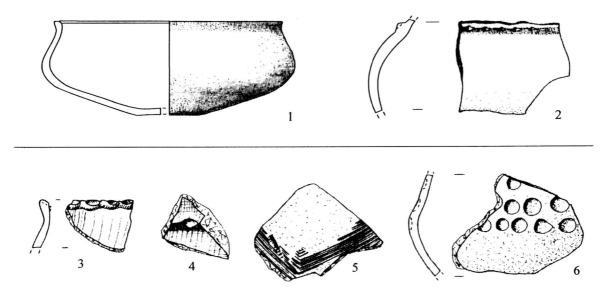

Abb. 19. Wiesbaden-Breckenheim, „Wallauer Hohl". Keramik aus den Gruben Befund 420 (1–2) und 426 (3–6) (M. 1:3).

Ware
In der Hallstattzeit scheinen Warentypen undeutlicher ausgeprägt zu sein als noch in der vorhergehenden Periode. Die in besonderem Maße ausgeprägte Warendifferenzierung der Latènezeit ist noch nicht erkennbar.

Die überwiegende Anzahl der Gefäße gehört einer mittelfeinen Ware mit mittlerer Wandstärke um 6-7 mm an. Sehr grobe und dickwandige wie auch sehr feine dünnwandige Gefäße mit ausgesprochen sorgfältiger Oberflächenbearbeitung sind selten, auch der Brand ist meist uneinheitlich.

Gefäßformen
Unter den Formen treten nun die mehrteiligen Gefäße in etwas höherem Anteil auf als in der Urnenfelderzeit (*Abb. 19-20*).
Die Schalenränder sind nun häufiger auf- oder leicht eingebogen und oft abgestrichen (*Abb. 19,2.4*), die Wandung wird bauchiger, demgegenüber sind offene einteilige Schalen seltener[62].
Schrägrandgefäße kommen deutlich seltener vor. Auch die mehrteiligen Formen sind sowohl bei den Hoch- wie bei den Breitformen (*Abb. 20,1.3; 20,1-2; 20,1.4*) meist als bauchige Gefäße ausgeprägt. Scharfkantige Schulterumbrüche scheinen in unserem Fundmaterial bis an die Wende zur Latènezeit zu fehlen.

Verzierungen
Sie finden sich nun zumeist auf der Schulter von mehrteiligen Formen als horizontal umlaufendes Band aus Fingertupfen, Ritzmustern oder Tupfenleisten.
Für die ältere Hallstattzeit als typisch angesehene Verzierungsmerkmale wie beispielsweise Graphitbemalung und Tupfenleisten in der Halskehle mehrteiliger Gefäße scheinen deutlich unterrepräsentiert (*Abb. 19,2.4*). Der Gefäßrand ist nun häufig auf der Oberseite abgestrichen, und es kommen auch Fingertupfenränder an mehrteiligen Gefäßen vor (*Abb. 19,2-4; 19,1.3*).

---

[62] Vgl. die Situation in Wiesbaden-Erbenheim: Posselt (Anm. 59) 56 Abb. 10.

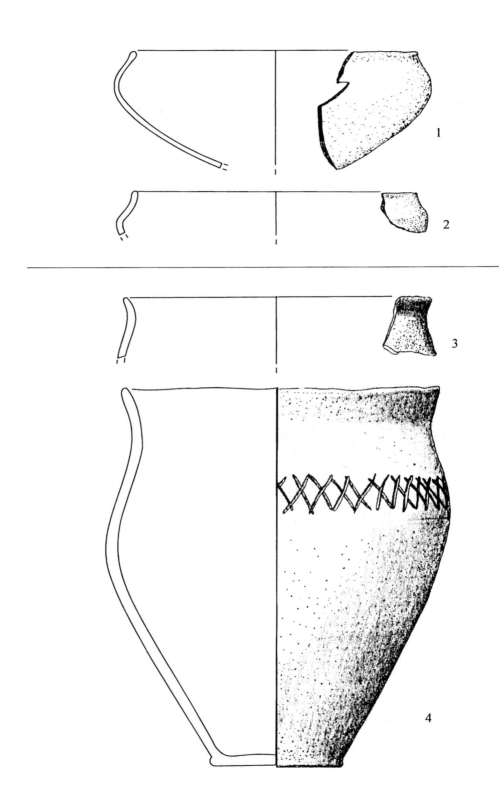

Abb. 20. Wiesbaden-Breckenheim, „Wallauer Hohl". Keramik aus den Gruben Befund 479 (1–2) und 428 (3–4) (M. 1:3).

Abb. 21. Wiesbaden-Breckenheim, „Wallauer Hohl". Nordprofil von Befund 434.

Latènezeit

Die Befunde dieser Zeitstellung lagen locker über die Schnitte verstreut, aber in der Regel im mittleren Hangbereich in etwa gleichbleibendem Abstand zum Klingenbach (*Abb. 51*). Vorwiegend waren es kleine, flache und unregelmäßige Eintiefungen (*Abb. 21*), seltener kasten- bis kegelstumpfförmige Gruben. Nur der Grubenkomplex Befund 188 fiel durch seine Größe aus dem Rahmen (*Abb. 22*). Es war auffällig, dass die latènezeitlichen Fundschichten am unteren Hang bereits an der Oberkante der Kolluvien angetroffen wurden, man die Gruben hier also in obere Bereiche der Kolluvien eingetieft hatte. An diesen Stellen waren die Befundumrisse nicht immer genau festzustellen, so dass sich die Gruben oft zuerst an den Fundkonzentrationen erkennen ließen.

Bei den unregelmäßig geformten, flachen Gruben handelte es sich wohl um Abfallgruben. Im Gegensatz zu den tieferen und älteren Gruben enthielten sie oft auffallend viel Siedlungsabfall, in erster Linie Keramik; die Scherben sind im Durchschnitt deutlich größer und viele Gefäße rekonstruierbar. Das chronologisch ansprechbare Material, fast ausnahmslos Keramik, datiert in die frühe bis mittlere Latènezeit. Eindeutig spätlatènezeitliche Komplexe scheinen zu fehlen.

Die Keramik

Ware
Die latènezeitliche Keramik lässt sich deutlich in eine feine und eine grobe Ware trennen, wobei die Waren in der Regel jeweils auf bestimmte Formen beschränkt sind.

Die feine Ware kann weiter in handgeformte und scheibengedrehte Keramik unterteilt werden, jedoch unterscheiden sich diese in ihren Formenspektren nicht wesentlich.
Die feine Ware hat eine mittlere Wandstärke von 5-8 mm, ist gut geglättet und reduzierend hart bis sehr hart gebrannt. Sie ist deutlich härter und im Durchschnitt auch dickwandiger als die hier angetroffene feine Ware der Urnenfelderzeit. In dieser Ware treten die Schüsselformen mit einziehendem Rand auf, aber auch, allerdings seltener, mehrteilige Gefäße.

In grobkeramischer Machart sind die Töpfe hergestellt. Dabei handelt es sich in der Regel um Hochformen, einfache steilwandige Töpfe oder Kümpfe, es kommen aber auch mehrteilige Topfformen in grober Machart vor. Diese Ware ist dickwandig mit Wandstärken um oder über 1 cm, die Gefäßoberflächen sind meist uneben oder rauh belassen, bisweilen geschlickt. Der Brand ist meist oxidierend bis uneinheitlich oxidierend und unterschiedlich hart.

Gefäßformen
Einfache ein- oder zweiteilige Formen überwiegen nun gegenüber den mehrteiligen (*Abb.23,7-10; 24-28*). Bei den grobkeramischen Gefäßen sind es hohe Topf- bis niedrige Kumpfformen (*Abb. 24,4; 26,5.7-8; 27,3-4*).

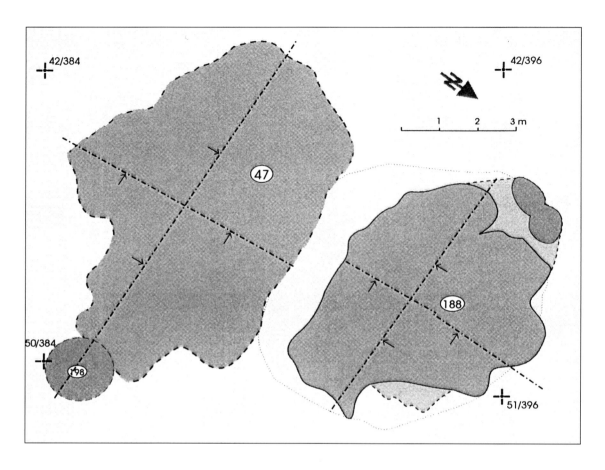
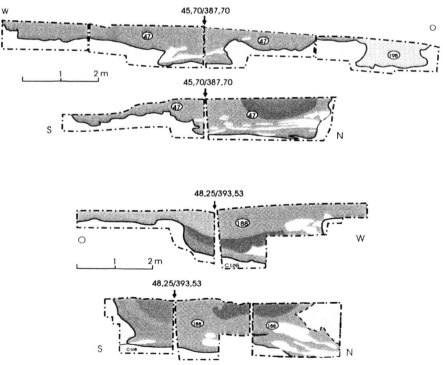

Abb. 22. Wiesbaden-Breckenheim, „Wallauer Hohl". Planums- und Profilansichten der Befunde 47, 188 und 198.

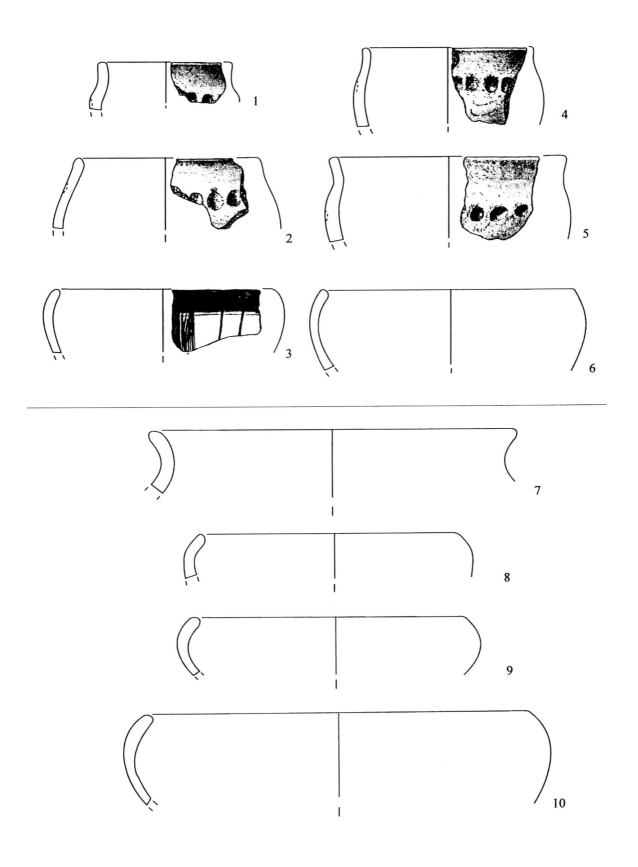

Abb. 23. Wiesbaden-Breckenheim, „Wallauer Hohl". Keramikfunde aus den Befunden 46 (1-6) und 179(7-10) (M. 1:3).

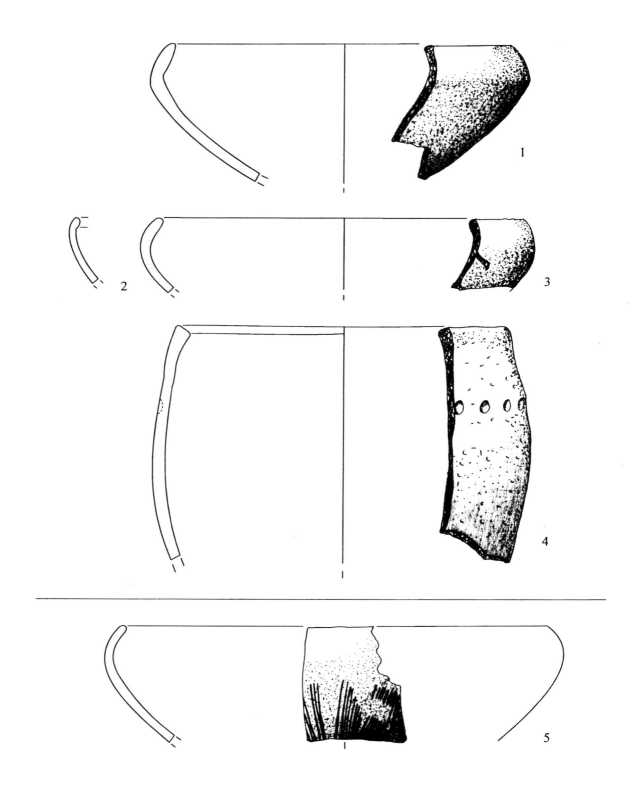

Abb. 24. Wiesbaden-Breckenheim, „Wallauer Hohl". Keramik aus den Befunden 296 (1-49) und 434 (5) (M. 1:3).

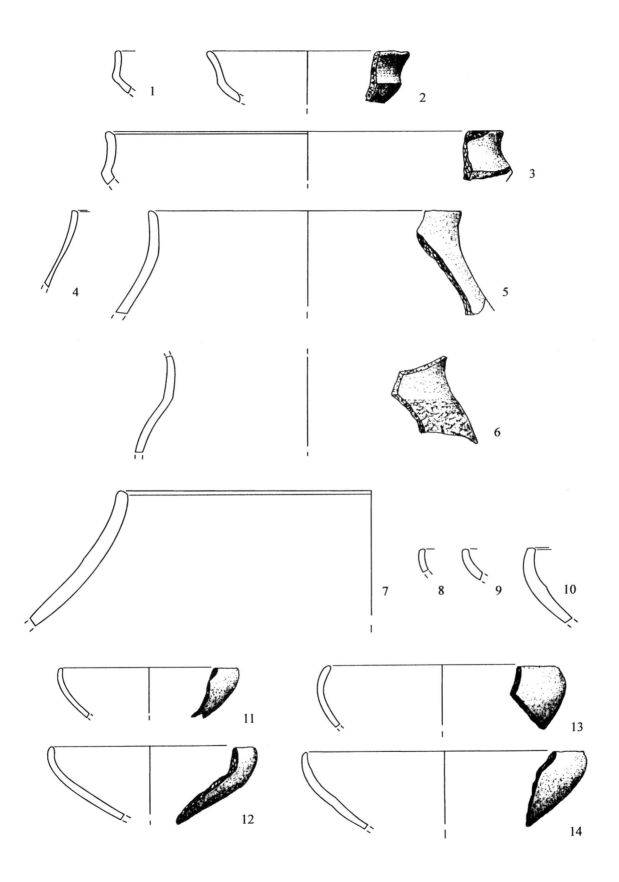

Abb. 25. Wiesbaden-Breckenheim, „Wallauer Hohl". Keramik aus Befund 484 (M. 1:3).

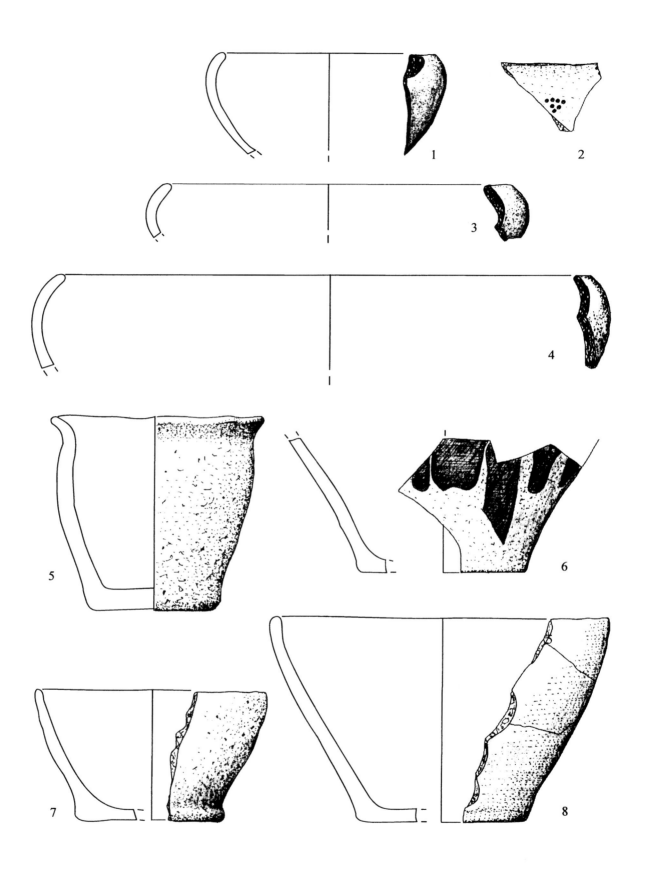

Abb. 26. Wiesbaden-Breckenheim, „Wallauer Hohl". Keramik aus Befund 304 (M. 1:3).

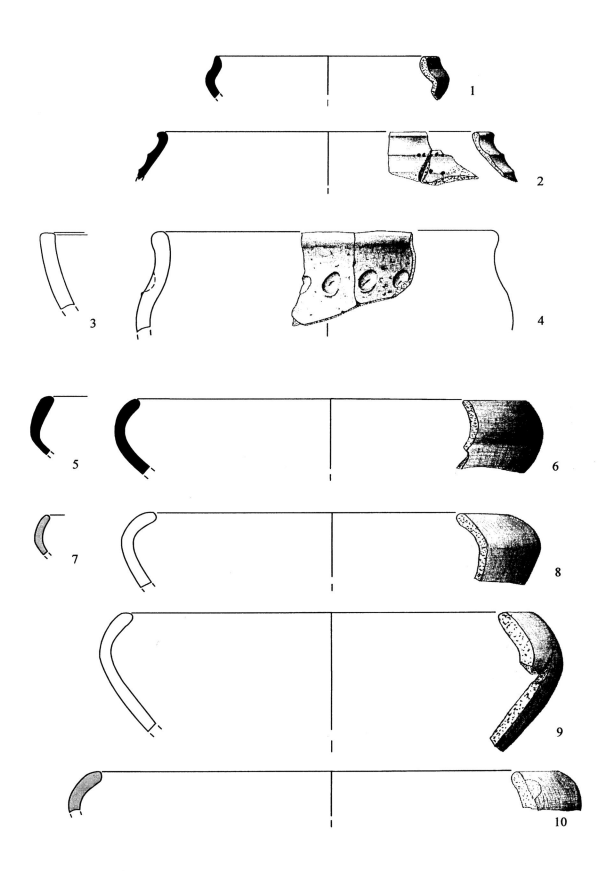

Abb. 27. Wiesbaden-Breckenheim, „Wallauer Hohl". Keramik aus Befund 529 (M. 1:3).

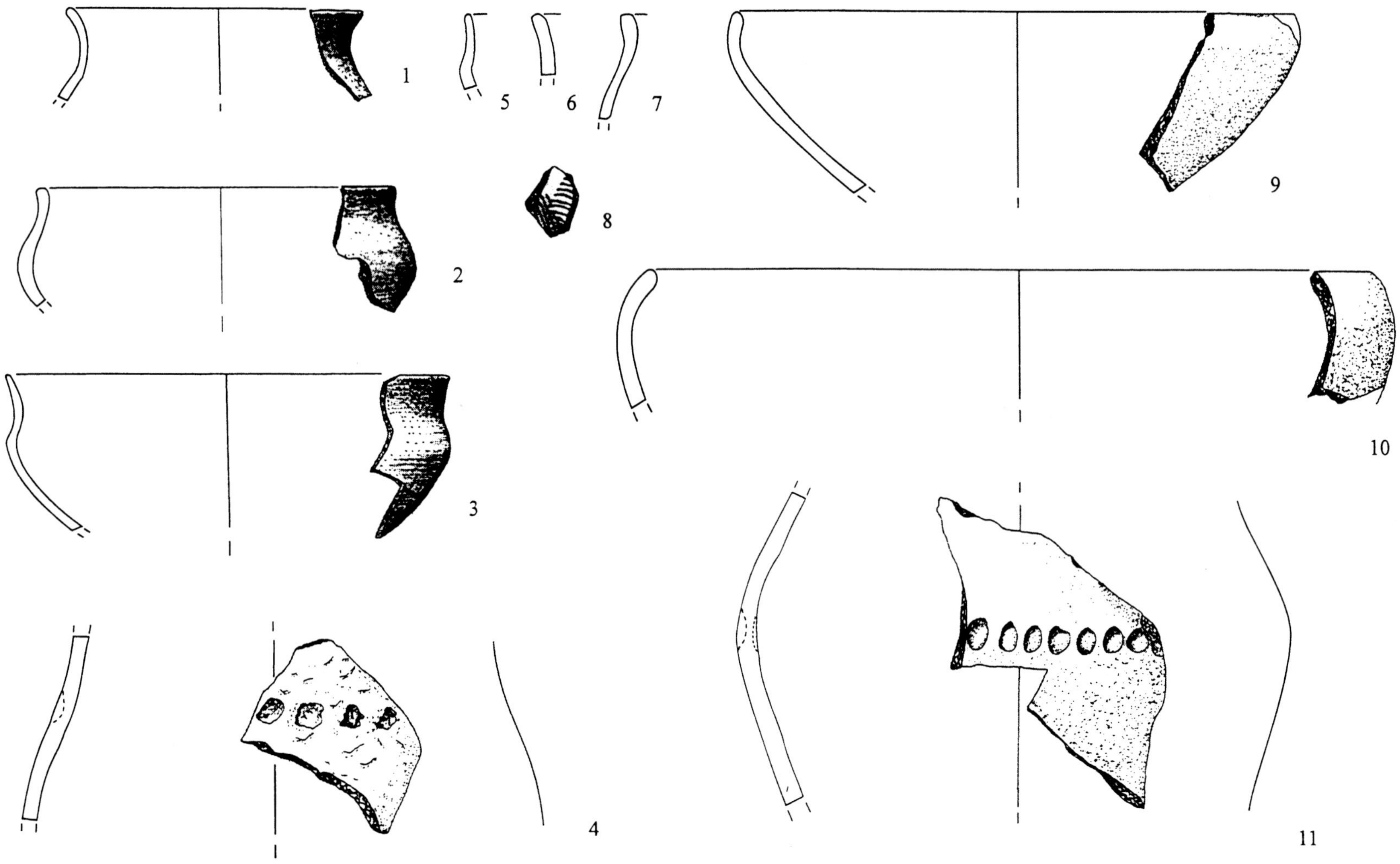

Abb. 28. Wiesbaden-Breckenheim, „Wallauer Hohl". Keramik aus Befund 188 (M. 1:3).

108

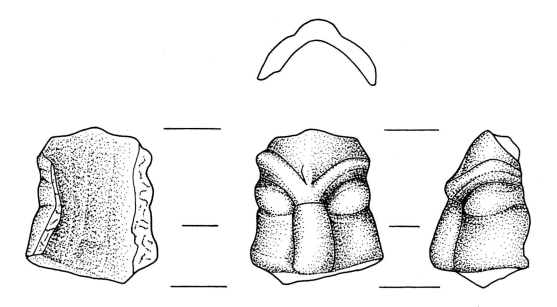

Abb. 29. Wiesbaden-Breckenheim, „Wallauer Hohl". Fragmentierte Bronzemaske im Frühlatènestil. Einzelfund (M. 2:1). Zeichnung M. Krause.

Bei der Feinkeramik überwiegen die Schalen oder Schüsseln mit einziehendem Rand (*Abb. 23,8-10; 24,1-3.5; 26,1.3-4; 27,5-10*), offene Gefäße dieser Art fehlen nun anscheinend.
An mehrteiligen Formen gibt es in grober Machart Hochformen mit S-förmig geschwungener Wandung (*Abb. 27,4*). Bei der feinen Ware liegen Gefäße mit ausgeprägter Schulter und deutlichem Schulterumbruch oder -knick vor (*Abb. 25,13*).

Verzierungen
Einzeilige Fingertupfenreihen finden sich auf der Schulter mehrteiliger Gefäße vorwiegend grober Ware (*Abb. 28,4.11*).

An Feinkeramik treten Rillen oder Riefen auf der Schulter mehrteiliger Gefäße sowie eingestempelte Kreisaugen auf der Schulter oder der Bodeninnenseite von Gefäße auf (*Abb. 26,2; 27,2*). Daneben kommen Pichung (*Abb. 26,6*) und Kammstrichverzierung vor.

Ein schöner Einzelfund wurde mit der Metallsonde geborgen. Es handelt sich um ein kleines, in Bronze gegossenes Gesicht im Frühlatènestil (Umschlagvignette und *Abb. 29*). Das 2,1 cm hoch erhaltene maskenartige Gesicht ist stark stilisiert, betont und kräftig modelliert sind Augenbrauen, Augen und Nase, Mund- und Kinnpartie sind nicht ausgebildet.

Römische Kaiserzeit

Frühkaiserzeitliche Fundkomplexe liegen nicht vor. Gleichwohl wurden zwei Drahtfibeln ähnlich Almgren 15 und eine Aucissa-Fibel[63] aus jüngeren Zusammenhängen geborgen. Hinzu kommt eine nicht näher ansprechbare Kupfermünze, ein as oder ein dupondius, wahrscheinlich der 1. Hälfte des 1. Jh. Weiterhin kam als Lesefund eine sehr gut erhaltene gegossene Knickfibel mit weichem Bügelumbruch und Bügelleiste

---

[63] Zur Datierung und kultureller Ansprache der Aucissa-Fibeln vgl. in diesem Band den Beitrag: R. Heiner, Weilbach, Gemeinde Flörsheim, „Ruhrgastrasse".

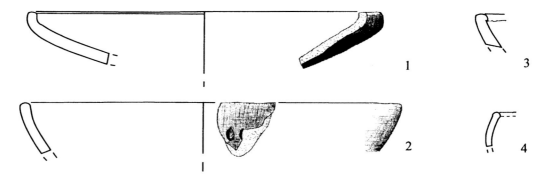

Abb. 30. Wiesbaden-Breckenheim, „Wallauer Hohl". Keramik aus Befund 421 (M. 1:3).

Typ Almgren 20 bzw. Hofheim Typ Ib, etwa aus der Zeit um die Mitte des 1. Jh. zutage. Diese wie auch die anderen frührömischen Fibeln lassen sich in das erste nachchristliche Jh. datieren und treten überwiegend in den römischen Grenzprovinzen in militärischen Zusammenhängen auf[64].

Eine kleine Grube (Befund 421) erbrachte einen kleinen Komplex handgemachter spätkaiserzeitlicher Keramik (*Abb. 30*) mit lediglich sehr wenigen und kleinen Fragmenten scheibengedrehter römischer Ware.

Völkerwanderungszeit

Aus dem 4. Jh. liegen einige, z. T. ausgesprochen fundreiche Komplexe vor. Neben der Verfüllung eines alten Betts des Klingenbachs sind es mehrere Grubenbefunde.

Die drei Gruben im mittleren Hangbereich (Befund 47, 49, 538, *Abb. 22; 32; 52*) hatten eine unterschiedliche Form und Größe. Trotz ihres außergewöhnlichen Fundreichtums waren es wohl keine einfachen Abfallgruben. Dafür scheinen sie zum Teil viel zu groß, und auch die Funde sind zu einem Teil nicht als einfacher Abfall anzusprechen. Die Verfüllungshorizonte eines alten Klingenbach-Betts (Befund 300b-f, k, *Abb. 31*) erbrachten Funde ähnlicher Zeitstellung (*Abb. 33 ff.; 39 ff.*).

Die freigelegten Fundschichten der Bachbettverfüllung (Befundkomplex 300) befinden sich an der Stelle eines ehemaligen Prallhangs, etwa 15-20 m vom heutigen Bachverlauf entfernt; die Schichten sind an steil abfallenden pleistozänen Grobkies angelagert und in diesen eingebettet. Die unteren Verfüllungen (Befund 300d-f, k) wurden in einen Feuchtbereich eingebracht, der jedoch nicht mehr im normalen Fließbereich des Bachs lag, so dass sich umfangreiche Pakete aus organischem Material vor allem in den tieferen Bereichen (Befund 300f) ablagern und vertorfen konnten. Randlich in diese Verfüllungen schneiden von der Bachseite her Lehm- und Sandbänder ein (Befund 300k), die eine sporadische Teilerosion dieses Altbettmaterials, wahrscheinlich in Hochwasserperioden, mit anschließender Neuablagerung von Lehmen und Sanden durch den Klingenbach belegen. Eine Überschwemmungssedimentabfolge ist vollständig erhalten; von einer weiteren sind Reste vorhanden.

---

[64] Dieser Fibeltyp fehlt noch in den augusteischen Lagern, ist aber in Hofheim zahlreich vorhanden. Er wird übereinstimmend hauptsächlich claudisch-frühflavisch datiert, mit vereinzeltem Vorkommen in tiberischer oder domitianischer Zeit: A. Böhme, Die Fibeln der Kastelle Saalburg und Zugmantel. Saalburg-Jahrb. 29, 1972, 10; die Form entspricht Riha Typ 2.7.1. mit massivem Bügel und gleichbreitem Fuß mit gerundetem Abschluss: E. Riha, Die Fibeln aus Augst und Kaiseraugst (Augst 1979) 71; dies., Die Fibeln aus Augst und Kaiseraugst. Die Neufunde seit 1975 (Augst 1994) 68.

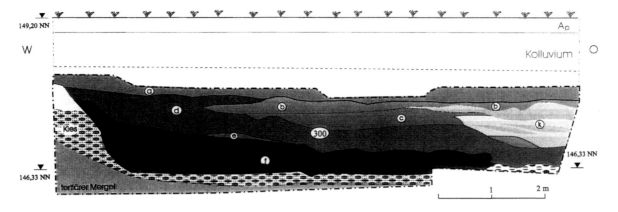

Abb. 31. Wiesbaden-Breckenheim, „Wallauer Hohl". Profil der Verfüllungshorizonte eines alten Klingenbach-Betts.

Die zahlreichen Funde aus diesen Altbettverfüllungen sind in der Regel so gut erhalten, dass ein nennenswerter Transport im Wasser durch den Bach ausgeschlossen scheint. Auch hätte in diesem Falle eine Sortierung der sehr unterschiedlichen Verfüllungsmaterialien durch den Wassertransport erfolgen müssen. Ihr Erhaltungszustand ist, abgesehen von der im ehemaligen Bachbett teilweise vorliegenden Feuchtbodensituation, keineswegs schlechter als bei den aus den Gruben geborgenen Funden. Ganz im Gegenteil, in diesen Schichten wurden zahlreiche große Keramikfragmente bis hin zu nahezu vollständigen Gefäßen geborgen[65]. Auch die Fundmünzen machen vielfach einen prägefrischen Eindruck (s. u.). Wahrscheinlich ist ein Teil des Erdreichs zusammen mit organischen Resten, wohl auch zusammen mit einigen Funden, von Menschen absichtlich eingebracht (Befund 300f), z. T. auch in natürlicher Erosion oder Sedimentation an dieser Stelle abgelagert worden; vor allem obere Bereiche des Schichtpakets Befund 300d. Die Mehrzahl der Funde macht allerdings nicht den Eindruck, dass sie längere Zeit an der Erdoberfläche gelegen hätten und intensiven Witterungseinflüssen ausgesetzt gewesen wären. Sie mögen sehr bald nach ihrem Gebrauch oder ihrem Verlust in das schützende Erdreich gelangt sein. Es scheint, als sei in erheblichem Ausmaß Abfall an den Bach gebracht worden, bzw. Starkregen haben hier eine kolluviale Ablagerung von größeren Mengen Erdreich samt eingelagerter Keramikreste, Kleinfunden etc. verursacht.

Von den Grubenbefunden konnte lediglich die verhältnismäßig kleine Grube Befund 49 vollständig ausgegraben werden. Sie war allerdings in einen vergleichsweise sehr großen Grubenkomplex eingebettet, der nach Südwesten wie nach Nordosten über die Schnittgrenzen hinausreichte. An den angeschnittenen Stellen erreichte dieser Grubenkomplex eine Tiefe von zwei bis über drei Meter. Von Befund 49 ausgehend führte eine der Verfüllung dieser Grube sehr ähnliche, ebenfalls sehr holzkohlereiche Schicht in die große Grube hinein, so dass dieser große Grubenkomplex, zumindest in den oberen Bereichen, ebenfalls in diese Zeit gehören dürfte. Die Verfüllungspakete dieser riesigen Eingrabung konnten leider nur stellenweise untersucht werden, außer dieser an Brandresten reichen Schicht war die Grubenverfüllung nahezu steril. Da sich auch am Grubenboden, soweit freigelegt, weder Funde noch Hinweise auf einen alten Laufhorizont oder Einschwemmschichten zeigten, wird die Grube wahrscheinlich bald nach dem Anlegen wiederverfüllt worden sein. Auch hier, ähnlich den urnenfelderzeitlichen Grubenkomplexen, bestand die Verfüllung zu einem Teil aus großen und sehr großen Erdbrocken aus reinem Löß, so daß auch die Grenzen dieser Grube nicht an allen Stellen präzise zu erkennen waren.

Die Grube Befund 47 wurde zum überwiegenden Teil untersucht (*Abb. 22*), die Grube Befund 538 nur soweit sie erhalten war (*Abb. 32*); ihre ehemalige Größe ließ sich jedoch aufgrund der Störungen durch die alten Fernleitungsgräben nicht mehr erschließen. Die umfangreichen Verfüllungen im ehemaligen Bachbett

---

[65] Zu erinnern ist hier auch an die zahlreichen vollständigen und fast unbeschädigten spätrömischen Gefäße, die 1937 beim Autobahnbau aufgefunden wurden (vgl. Anm. 16 f.).

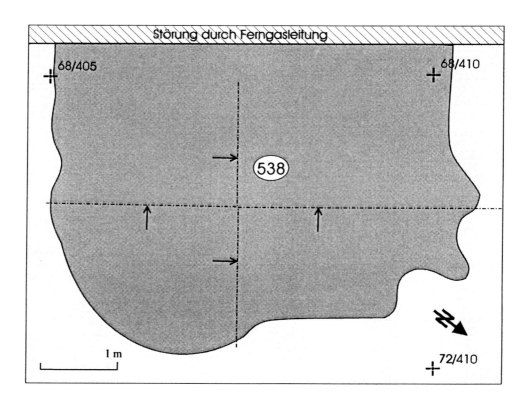
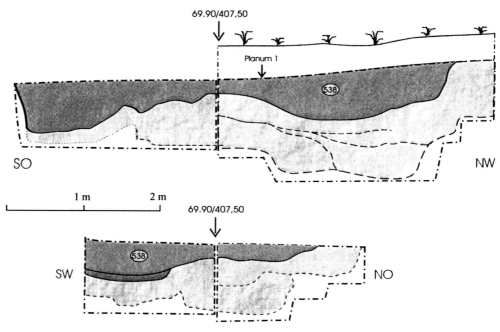

Abb. 32. Wiesbaden-Breckenheim, „Wallauer Hohl". Teilplanums- und Profilansichten von Befund 538.

wurden nur in kleinem Ausschnitt untersucht. Da diese Schichten bachauf- wie bachabwärts und auch zum Bach hin über die geöffneten Grabungsflächen hinausreichten, ließ sich über ihre Gesamtausdehnung keine zuverlässige Angabe machen. Ihre Breite wird sicherlich durch den Bach selbst begrenzt, da das Gelände auf der anderen Seite sofort steil ansteigt. Bachaufwärts dürfte ihr Umfang abnehmen, da der tiefliegende Auenbereich sich deutlich verschmälert. Bachabwärts wurden beim Bau der Autobahn 1937 noch in einer Entfernung von etwa 100 m zahlreiche gut erhaltenen spätrömischen Funde geborgen[66], die in Zeitstellung und Qualität mit unseren Funden vergleichbar sind. Nun ist allerdings keineswegs gesichert, dass diese Funde noch mit den Verfüllungen in Schnitt III in Verbindung stehen[67], die Übereinstimmung in Lagesituation, Fundspektrum und Alter der Funde spricht jedoch dafür.

Die handgemachte germanische Keramik aus drei fundreichen Gruben (Befund 47, 49 und 538) und den Bachbettverfüllungen (Befund 300d-f) macht einen chronologisch einheitlichen Eindruck. Sie soll hier etwas ausführlicher vorgestellt werden[68]. Hierzu wurden Keramikfragmente von etwa 90 Gefäßen aufgenommenen (Rand-, Boden- und verzierte Scherben).

Die wichtigsten Gefäßformen

Etwa ein Drittel der Gefäße hat eine mehrteilige Form, etwa die Hälfte eine zweiteilige, in der Regel sind dies relativ große Hochformen, und lediglich bei ca. 15 % handelt es sich um einteilige Gefäße, zumeist flache Schalenformen.
Die charakteristische Hauptform ist ein großer tonnenförmiger Topf mit deutlich einziehendem Rand, dessen Index (Wanddurchmesser : Höhe x 100) in der Regel bei etwa 120-140 liegen dürfte, vereinzelt auch um 110 oder 150 (*Abb. 34,5-7.9; 35,11-13; 36,6-7; 38,15*).
Bei den mehrteiligen Formen handelt es sich zum einen um dreiteilige Gefäße mit steilem bis senkrechtem Rand und un-gegliedertem, leicht konkav geschwungenem Oberteil (*Abb. 35,1; 37,2; 38,1*), zum anderen um vierteilige Gefäße mit vom Hals deutlich abgesetzter Schulter, verwandt der mittel- bis spätkaiserzeitlichen Form Uslar 2[69] (*Abb. 33,6-7*). Diese Formen weisen meist einen ausgeprägten Umbruch auf, sehr scharfkantige Umbrüche sind jedoch die Ausnahme.

Die, soweit rekonstruierbar, eher kleinen einteiligen Formen sind flache Schälchen mit einem Index um etwa 300 (*Abb. 34,1-3; 37,10*). In der Mehrzahl handelt es sich um offene, nahezu geradwandige Schalen mit nach außen weisendem Rand. Formen mit senkrecht aufgebogenem Rand kommen ebenfalls vor.

Magerung
Fast alle (etwa 97 %) der Scherben sind mit Quarzsand oder -bruch gemagert. Bei ungefähr einem Viertel der Gefäße ist die Magerung zusätzlich, zumeist in deutlich geringerem Anteil, mit Schamotte angereichert. Die Magerungsmengen sind durchaus uneinheitlich und können unter 10 %, aber auch um oder sogar über 30 % betragen; mit einer Handlupe sichtbaren Korngrößenbereich ab 0,1 mm. Meist lässt sich ein Anteil von etwa 10-25 % feststellen.

---

[66] Ebd.
[67] Eine genaue Lokalisation der spätrömischen Funde von 1937 ist nicht mehr möglich. Lediglich für ein gut erhaltenes Bronzebecken gibt F. Kutsch in seinen Aufzeichnungen (Inventarbuch des Museums Wiesbaden 1937 Nr. 32) als Fundplatz auf der nordöstlichen Fahrbahn der Autobahntrasse eine Stelle in 8 m Entfernung und nordwestlich vom Klingenbach an, also in ähnlicher Lage zum Bach wie Befundkomplex 300.
[68] Die römische Keramik aus den völkerwanderungszeitlichen Befunden wird zur Zeit von Frau R. Beusing M. A., die Kleinfunde von J. Schultze bearbeitet.
[69] R. v. Uslar, Westgermanische Bodenfunde des ersten bis dritten Jahrhunderts n. Chr. aus Mittel- und Westdeutschland. Germanische Denkmäler der Frühzeit 3 (Frankfurt 1938).

Der Hauptmagerungsanteil (also ohne in der Menge geringfügige Magerungsanteile, die aus dem Hauptkorngrößenspektrum herausfallen) enthält fast immer (über 95 %) die feinen Korngrößen von 0,2-0,8 mm. Mittlere Korngrößen (bis 2 mm) treten zu den feinen in etwa der Hälfte der Scherben hinzu. Zusätzlich grobe Magerung (Korngröße über 2 mm) kommt ebenfalls vor (knapp ein Viertel). Etwa die Hälfte der Gefäße sind ausschließlich fein gemagert; im mittleren oder groben Bereich gemagerte Keramiken kommen lediglich vereinzelt vor (weniger als 5 %).

Oberfläche
Die Oberflächen der Gefäße sind in der Regel relativ eben. Die Einschränkung „relativ" weist hier darauf hin, dass die oft auffällig gleichmäßig ebenen Oberflächen vieler spätkaiserzeitlicher, rhein/wesergermanischer handgemachter Feinkeramiken des 2. und frühen 3. Jh., wie wir sie aus Fritzlar-Geismar beispielsweise kennen[70], in der Regel nicht erreicht werden.
Sie sind weit überwiegend einfach geglättet. Eine sehr feine Oberflächenbearbeitung, die zu einer gleichmäßig glänzenden Scherbenoberfläche führt, so wie es ebenfalls bei der rhein/wesergermanischen Ware der späten Kaiserzeit häufiger auftritt, kommt selten vor.

Wandstärke
Die mehrteiligen Formen haben Wandungsdicken von in der Regel um 5 mm, kleine einteilige Schälchen um 4 mm, größere zweiteilige Hochformen von über 6 mm.
Die Wandungsstärke steht in Relation zur Größe der Gefäße.

Brand
Der Brand ist in der Regel hart, seltener mittelhart oder sehr hart. Der Scherbenbruch ist geklüftet, Sinterungsansätze sind in keinem Fall zu erkennen. Eine bisweilen fühlbare, leicht rauhe Oberfläche mag auf einsetzende Schrumpfung des Scherben hindeuten. Dies könnte auch ein Grund für die nur selten erreichte gleichmäßig ebene oder glänzende Oberfläche des Scherben sein (s. o.).
Die Gefäße sind in etwa 90 % der Fälle in reduzierender oder überwiegend reduzierender Athmosphäre gebrannt. Brauntöne finden sich bei den überwiegend reduzierend gebrannten Gefäßen lediglich stellenweise an der Oberfläche des Scherben, der Kern ist dunkelgrau bis grauschwarz. Oxidierend oder überwiegend oxidierend gebrannte Keramiken sind die Ausnahme.

Verzierungen
Etwa 10 % der aufgenommenen Gefäßeinheiten sind verziert.
Die Verzierungen, vor allem die Rillenzier, finden sich zumeist auf mehrteiligen Formen (6 Fälle), seltener sind ein- oder zweiteilige Gefäße verziert (3 Fälle).

Verziert wird in der Regel der Bereich des Umbruchs und der Schulter bei Rillen, Riefen oder Knubben. Fingernagelkerben (1 Fall) bedecken, in Reihen angeordnet, flächig Umbruch und Unterteil eines zweiteiligen Gefäßes (*Abb. 38,3*).

Horizontal auf der Schulter des Gefäßes umlaufende oder schräg darüberlaufende Rillenbänder (meist drei Rillen) sind die häufigste Verzierungstechnik (6 Fälle, *Abb. 33,7; 35,2.5; 37,6*).

Einzelne Knubben im Umbruchbereich treten dreimal auf (*Abb. 35,2.4; 38,2*). Knubben können mit Rillen kombiniert vorkommen (2 Fälle).

---

[70] Vgl. W. Best, Funde der Völkerwanderungs- und Merowingerzeit aus der frühgeschichtlichen Siedlung Fritzlar-Geismar, Schwalm-Eder-Kreis. Mat. Vor- u. Frühgesch. Hessen 12,2 (Wiesbaden 1990); R. Heiner, Studien an Siedlungskeramik. Ausgewählte Merkmale und Fundkomplexe der Latène- und der Römischen Kaiserzeit aus der Siedlung Fritzlar-Geismar, Schwalm-Eder-Kreis. Mat. Vor- u. Frühgesch. Hessen 12,1 (Wiesbaden 1994).

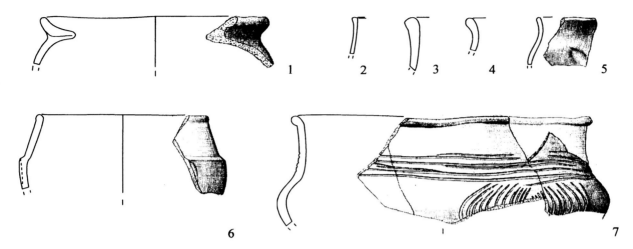

Abb. 33. Wiesbaden-Breckenheim, „Wallauer Hohl". Keramik aus der Bachbettverfüllung Schicht Befund 300d (M. 1:3).

Auf dem Schulterumbruch eingetiefte schräge Kanneluren (zweimal, *Abb. 33,5-6*) oder ein jeweils unterhalb des Randes umlaufender Wulst, eine einzelne horizontal umlaufende Rille sowie flächig in Zeilen aufgebrachte Fingernagelkerben (je ein Fall, *Abb. 37,5; 36,12; 38,3*) treten ebenfalls auf.

In vielen Gefäßformen sind noch deutlich spätkaiserzeitliche Traditionen erkennbar. So beispielsweise in den vierteiligen Formen mit abgesetztem Hals und Schulter - ähnlich Form II nach R. v. Uslar - (*Abb. 33,6-7*) oder in den zweiteiligen hohen Schalenformen - ähnlich Form V nach Uslar (*Abb. 36,1-2; 38,3*). Jedoch überwiegen im Formenensemble nun die hohen und zumeist großen Topf- bis Kumpfformen mit zumeist deutlich einziehendem Rand, die sich, auch im Merkmal ihrer relativen Häufigkeit, vom Rhein über Nordhessen und Niedersachsen bis zur mittleren und unteren Elbe und darüber hinaus verfolgen lassen[71]. Ähnliches gilt für die typischen Verzierungarten, die horizontalen und schrägen oder senkrechten Rillen am Hals- und Schulterumbruch, die kleinen Knubben in Umbruchnähe, die Kanneluren oder Dellen am Umbruch, und schließlich grundsätzlich für die Bevorzugung des Hals-Schulter-Umbruchbereichs für Verzierungen[72]. Interessant ist die offensichtliche Nachahmung eines römischen Topfes mit nach außen umgelegtem Rand (*Abb. 33,1*).

Die provinzialrömische Keramik[73] macht etwa die Hälfte der aus diesen Befunden geborgenen Töpferware aus (32 kg gegenüber 28,5 kg handgemachter germanischer Keramik). Sie ist allerdings ungleichmäßig auf die Befunde verteilt. So überwiegt die germanische Keramik in den Grubenverfüllungen im Verhältnis von etwa 3:1, während aus der Bachbettverfüllung doppelt soviel scheibengedrehte wie handgemachte Keramik geborgen wurde. Auch fällt auf, dass in den Grubenbefunden nur ganz selten Sigillaten vorkommen.

Die scheibengedrehten Stücke bestehen aus rauhwandiger Keramik Mayener Art. Vor allem sind es Töpfe Alzey Form 27 nach W. Unverzagt, Schüsseln mit verdickten Rändern Form Alzey 28 und 29 sowie Reibschalen Form Alzey 31; unter den Töpfen Alzey 27 sind es jüngere Varianten mit steilerem Deckelfalz etwa der Mitte des 4. bis zum Beginn des 5. Jh.

---

[71] Vgl. Best (Anm. 70) 18 f.; 81 f.; 89 ff. (dort weiterführende Literatur); zahlreiche Beispiele bei H. Schach-Dörges, Die Bodenfunde des 3.- 6. Jahrhunderts n. Chr. zwischen unterer Elbe und Oder (Neumünster 1970).

[72] Best (Anm. 70) 19 ff.; 54 ff.; Schach-Dörges (Anm. 71) beispielsweise Taf. 10,9; 17,1.5; 19,16 (Dellen am Umbruch); Taf. 34, 23 (kleine Knubben); Taf. 13, 17; 71, 9f. (Kerben) und zahlreiche weitere Beispiele für Horizontalrillen und -kerben an Schulter und Umbruch der Gefäße.

[73] Diese Informationen verdanke ich Frau R. Beusing M. A., die mir freundlicherweise erste Ergebnisse ihrer Untersuchung der römischen Keramik übermittelte.

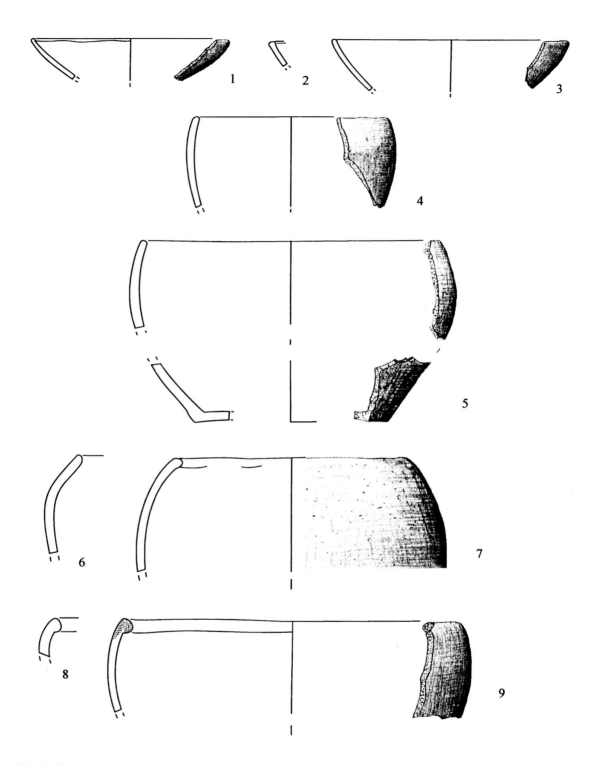

Abb. 34. Wiesbaden-Breckenheim, „Wallauer Hohl". Keramik aus der Bachbettverfüllung Schicht Befund 300d (M. 1:3).

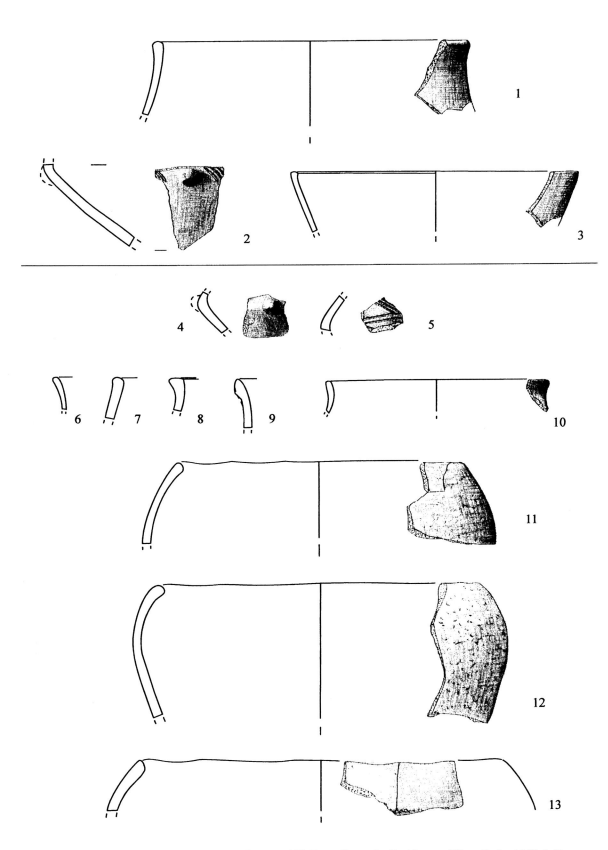

Abb. 35. Wiesbaden-Breckenheim, „Wallauer Hohl". Keramik aus der Bachbettverfüllung Befund 300 (1-3) sowie ausSchicht 300 f (4-13) (M. 1:3).

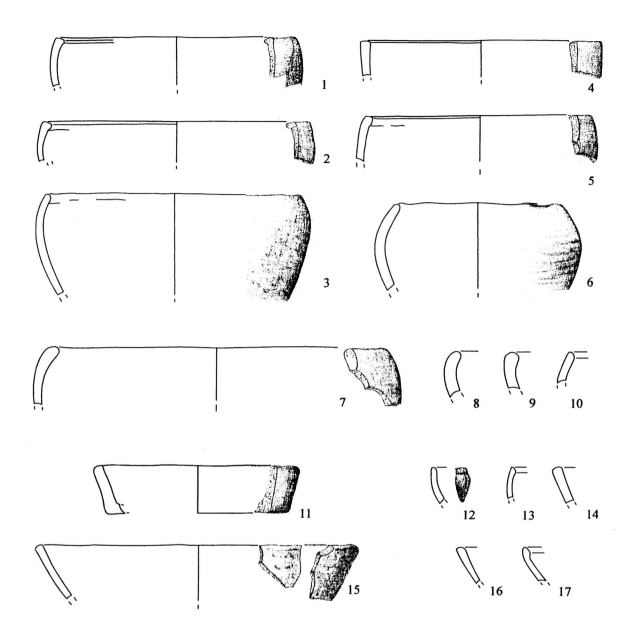

Abb. 36. Wiesbaden-Breckenheim, „Wallauer Hohl". Keramik aus Befund 47 (M. 1:3).

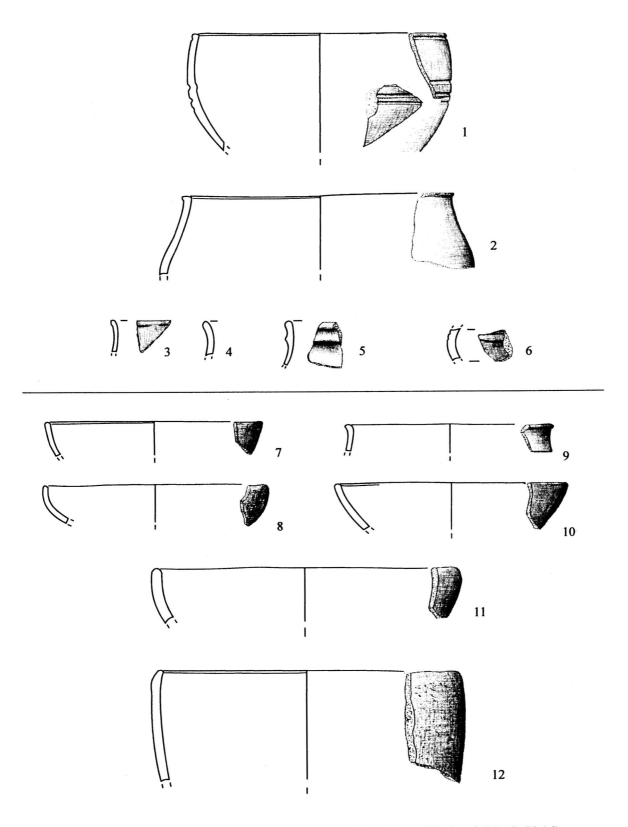

Abb. 37. Wiesbaden-Breckenheim, „Wallauer Hohl". Keramikfaus Befund 47 (1-6) und 49(7-12) (M. 1:3).

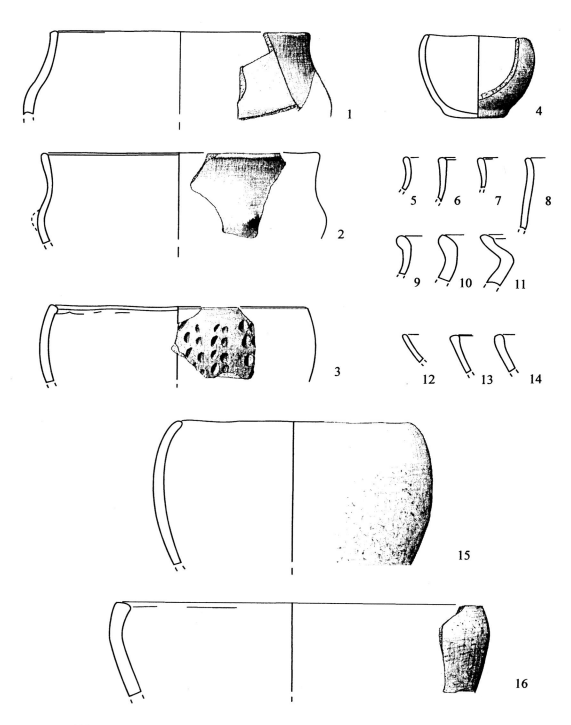

Abb. 38. Wiesbaden-Breckenheim, „Wallauer Hohl". Keramik aus Befund 538 (M. 1:3).

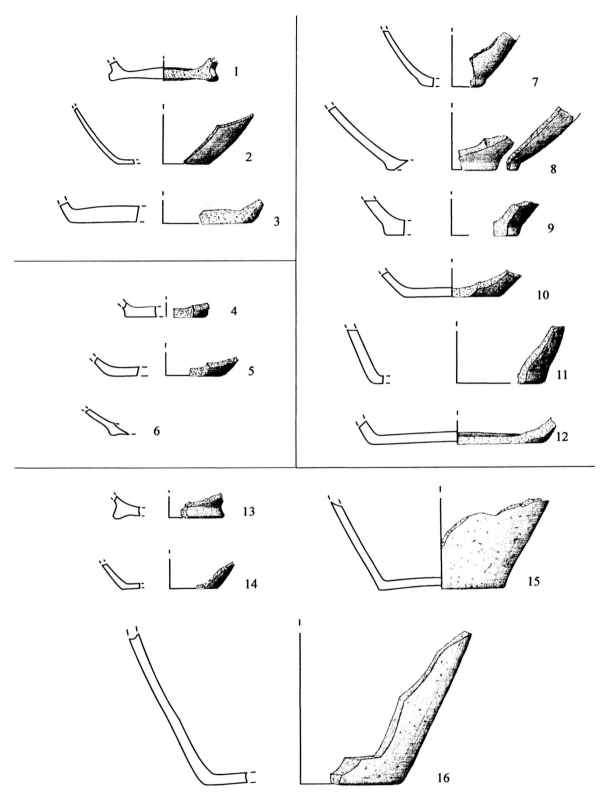

Abb. 39. Wiesbaden-Breckenheim, „Wallauer Hohl". Bodenfragmente von Keramikgefäßen aus den völkerwanderungszeitlichen Befunden 330 f (1-3), 49 (4-6), 300d (7-12) und 47 (13-16)(M. 1:3).

Fragmente von Terra Nigra-Schüsseln sind sehr zahlreich. Diese Keramiken kommen mit braunem, überwiegend aber mit grauem Scherbenkern vor. Nur der feine Tonschlickerüberzug ist braunschwarz bis dunkelbraun. Auch die Formen dieser Ware lassen sich am ehesten in die 2. Hälfte des 4. Jh. datieren, wobei eine Datierung in die erste Hälfte allerdings nicht immer ausgeschlossen werden kann. Die rädchenstempelverzierte Terra Sigillata, relief- oder barbotineverzierte Sigillaten kommen nicht vor, lässt sich chronologisch auf die 2. Hälfte des 4. Jh. n. Chr. eingrenzen.

Die Münzen

Insgesamt wurden 40 römische Fundmünzen geborgen, davon 36 aus den spätantiken Befunden. Es handelt sich ausnahmslos um Exemplare aus Kupferlegierungen, von denen 34 aus den Bachbettverfüllungen, zwei als Lesefunde[74] und zwei weitere Münzen aus unklaren Zusammenhängen geborgen wurden. 22 Exemplare aus den Bachbettverfüllungen waren ausreichend präzise bestimmbar[75] (*Abb. 40*), ebenso auch Einzelstücke aus den Gruben; in Befund 47 fand sich eine wenig abgegriffene maiorina des Magnentius aus dem Jahre 350, in Befund 566 ein prägefrischer follis des Constantius II von 340 (*Abb. 41*). Bei den in den Bachbettverfüllungen aufgefundenen Münzen der Periode zwischen 341 und 348 handelt es sich ohne Ausnahme um folles des Constans oder Constantius II aus den Jahren 347-348 (zwei von sechs Exemplaren mit wahrscheinlicher Zuweisung). Der folgenden Periode gehören eine maiorina von 350-351 aus Befund 300d und eine weitere als Lesefund geborgene maiorina Constantius II von 353 an; diese also bereits aus den Jahren der Germaneneinfälle.

Die Münzen der sechziger und siebziger Jahre des 3. Jh. haben eine lange Umlaufzeit und werden auch noch häufig in wesentlich späteren Kontexten vorgefunden[76]. So sind die Münzen der 2. Hälfte des 3. Jh. nicht unbedingt ein Beleg für eine zu der Zeit bereits bestehende Ansiedlung an dieser Stelle. Vor allem Antoniniane der 2. Hälfte des 3. Jh. spielen im Münzvorrat des 4. Jh. noch eine große Rolle[77]. Jedoch sind ein Antoninian des Gallienus, ausgegeben zwischen 260 und 268 n. Chr. (Befund 300d), sowie ein weiterer des Quintillus als Barbarisierung von 270-280 - aus unklaren Zusammenhängen (Befund 10) - in prägefrischem Zustand in den Boden gelangt. Sie waren also kaum längere Zeit im Umlauf oder müssten ansonsten lange Zeit verwahrt worden sein, wären sie nicht bereits bald nach der Ausgabe in den Boden gelangt. Auch die Münzen aus den Jahren zwischen 318 und 330 kommen in vielen Fällen, in nicht geringer relativer, Anzahl noch in deutlich späteren Zusammenhängen vor, insbesondere auch in Münzschätzen aus den Zeiten der Germaneneinfälle um 350[78]. Die Fundlücke an Münzen zwischen 280 und 310 und das erst allmähliche Ansteigen der Fundmünzen seit 310 entspricht einer monetären Erscheinung in unserem Gebiet[79]. Das ausgeprägte Maximum der Münzmenge zwischen 330 und 351 verweist eher darauf, dass die Mehrzahl der Münzen erst kurz vor oder seit der Mitte des Jh. in den Boden gelangt ist. Einzelfunde von kurz belegten Höhensiedlungen (Fluchtburgen) wie auch Schatzfunde aus den Jahren der Germaneneinfälle haben häufig ein ganz ähnliches Münzspektrum[80].

---

[74] Metallverdächtige Bereiche wurden systematisch mit der Metallsonde untersucht, auch der entsprechende Abraum.

[75] Die Bestimmung erfolgte freundlicherweise durch Dr. D. G. Wigg an der Forschungsstelle Fundmünzen der Antike der Akademie der Wissenschaften und der Literatur, Mainz.

[76] Vgl. D. Wigg, Münzumlauf in Nordgallien um die Mitte des 4. Jahrhunderts n. Chr. Studien zu Fundmünzen der Antike 8 (Berlin 1991); K. Stribrny, Römer rechts des Rheins nach 260 n. Chr. Kartierung, Strukturanalyse und Synopse spätrömischer Münzreihen zwischen Koblenz und Regensburg. Ber. RGK 70, 1989, 351-505.

[77] F. Berger, Untersuchungen zu römerzeitlichen Münzfunden in Nordwestdeutschland. Studien zu Fundmünzen der Antike 9 (Berlin 1992) 197.

[78] Wigg (Anm. 76) 182.

[79] Vgl. etwa Stribrny (Anm. 76) 373 f.

[80] Vgl. Wigg (Anm. 76) beispielsweise 54 ff.; 257 ff.; 386 ff.; 430 ff.

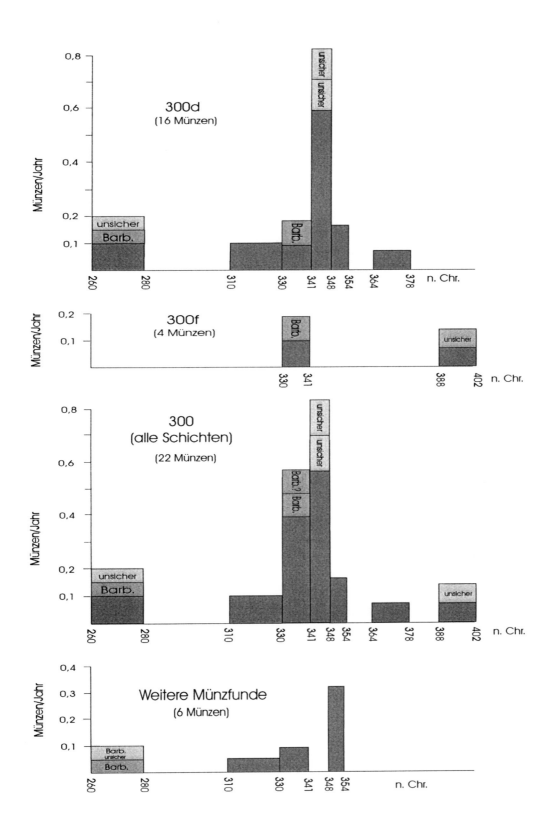

Abb. 40. Wiesbaden-Breckenheim, „Wallauer Hohl". Spektrum der 40 römischen Fundmünzen.

Abb. 41. Wiesbaden-Breckenheim, „Wallauer Hohl". Links eine *maiorina* des Magnentius aus dem Jahre 350 aus Befund 47, rechts ein *follis* des Constantius II von 340 aus Befund 566.

Hinzu kommen, nach einer Fundlücke von gut einem Jahrzehnt, aus den Bachbettverfüllungen noch einmal drei Münzen etwa des letzten Drittels des 4. Jh. Ein follis von 364-378 (Valentinian I, Valens oder Gratian), ein Halbcentenionalis des Theodosius I von 388-395 sowie ein weiterer, jedoch mit unsicherer Datierung, von 388-402 (?). Der deutliche Rückgang bei den Münzen zwischen 354 und etwa 361 n. Chr. hat seine Ursache in den Germaneneinfällen dieser Jahre und die dadurch unterbrochene Münzversorgung Nordgalliens bzw. im entsprechend nachlassenden Münzbedarf; auch war die Münzstätte Trier zwischen 355 und 364 geschlossen. Die Fundlücke unter unseren Stücken wird man hiermit in Zusammenhang sehen müssen[81]. Der größte Anteil an Kleinfunden - wie auch die Münzen - wurde aus Schichtpaket Befund 300d geborgen, wobei sich die Prägezeit der Münzen über ein Jh. erstreckt.

Relativ wenige Münzen kommen aus dem untersten Verfüllungspaket Befund 300 f, darunter befinden sich keine, die vor 330 n. Chr. geprägt worden sind, jedoch fanden sich hier die jüngsten Fundmünzen vom Ende des 4. Jh. Diese untersten und sehr torfreichen Schichten des Befunds entstanden anscheinend allmählich und überwiegend aus organischem Material[82], in das Siedlungsabfall eingelagert war. Die in geringerem Maße humos angereicherten Schichten Befund 300d sind wahrscheinlich teilweise aus umgelagerten Kolluvien entstanden, die mit erheblichen Mengen an Funden innerhalb kurzer Zeit das ehemalige Bachbett aufgefüllt haben.

Weitere Funde

Vor allem die Bachbettverfüllungen waren außerordentlich fundreich, insbesondere die mittleren Schichtenpakete (Befund 300d). Neben zahlreichen Eisenfragmenten (Nägel, Keile, Scheiben- und weiteren Blechfragmenten etc.), kamen Fragmente von Bronzegefäßen, zahlreiche Hohlglasfragmente verschiedenster Gefäßtypen, Fibeln, Münzen, ein Gewicht in Form einer menschlichen Büste, ein fragmentierter, aber weitgehend erhaltener Dreilagenkamm, Goldbrokatreste, eine Ösennadel etc. zutage. Aber auch die Gruben bargen mehr als nur gewöhnlichen Abfall. So fanden sich ein Halsring aus Bronze, weitere Knochenkammfragmente, Münzen u. a. m.[83].

Ein besonders schönes Fundstück ist das linke vordere Eckfragment („Eckpfosten") eines Kästchens aus Elfenbein mit figürlicher Verzierung in Hochrelief aus der Grube Befund 538 (*Abb. 42-43*): Eros steht auf einem kräftig herausgearbeiteten Wulst über vier undeutlich ausgearbeiteten Krallen einer stilisierten Raub-

---

[81] Wigg (Anm. 76) 47; 80 ff.
[82] Vgl. im vorliegenden Band den Beitrag von A. Stobbe.
[83] Die Restaurierung der Kleinfunde, soweit der Restaurierung oder Konservierung bedürftig, hat freundlicherweise die Restaurierungswerkstatt des Landesmuseums Wiesbaden, Sammlung Nassauischer Altertümer, übernommen. Röntgenuntersuchungen an zahlreichen korrodierten Metallfunden führte das LfD durch. Für die freundliche Unterstützung sei beiden Institutionen hiermit herzlich gedankt.

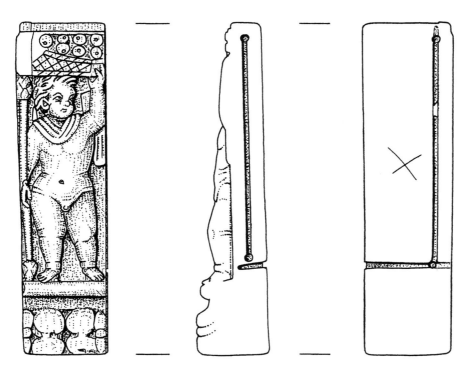

Abb. 42. Wiesbaden-Breckenheim, „Wallauer Hohl". Teil eines Elfenbeinkästchens aus Befund 538 (M. 1:1). Zeichnung M. Krause.

tier- oder Greifenklaue[84]. Mit Blick zur Seite steht er im Kontrapost mit rechtem Stand- und linkem Spielbein, im rechten Arm den Thyrsosstab. Mit der linken Hand stützt er einen Früchtekorb, den er auf dem Kopf trägt. Auf der rechten und auf der Rückseite des Eckpfostens sind die eingeschnittenen Fassungen für die Vorder-, Seiten- und Bodenwand des Kästchens sehr gut erhalten. Auf der Rückseite ist ein kreuzförmiges Zeichen eingeritzt.

Vollständige elfenbeinverzierte Kästchen mit heidnischem Bildinhalt sind nicht erhalten. Ein in Bildaufbau, Stil und Thematik gut vergleichbares Gegenstück aus der Dumbarton Oaks Collection, ebenfalls vom linken „Eckpfosten" eines nur unwesentlich höheren Kästchens (Eckpfostenhöhe 10,6 gegenüber 9,1 cm), zeigt eine Mänade in nahezu gleicher Haltung, jedoch mit dem Thyrsosstab im linken Arm; auch sie steht auf einem Wulst über einer ähnlichen und ebenfalls undeutlich gearbeiteten stilisierten Raubtiertatze[85]. Der Bildinhalt beider Exemplare ist also vorchristlich und bezieht sich auf den Dionysosmythos. Dionysos in Verbindung mit Jahreszeit-Eroten ist ein häufiger anzutreffendes Motiv spätantik-vorchristlicher Bildthematik, der Früchtekorb symbolisiert den Herbst als Jahreszeit der Ernte[86]. Die Herkunft dieser und vergleichbarer

---

[84] Füße von Möbelstücken, Tischen, Dreifüßen u. a. waren häufig als Raubtiertatzen oder -beine ausgebildet: G. M. A. Richter, The Furniture of the Greeks, Etruscans and Romans (London 1966) beispielsweise Abb. 574 f.; 580; 586; N. Franken, Die antiken Bronzen im Römisch-Germanischen Museum Köln. Fragmente von Statuen. Figürlicher Schmuck von architektonischen Monumenten und Inschriften. Hausausstattung, Möbel, Kultgeräte, Votive und verschiedene Geräte. Kölner Jahrb. 29, 1996, 53 ff. Abb. 67 ff.

[85] K. Weitzmann, Catalogue of the Byzantine an Early Medieval Antiquities in the Dumbarton Oaks Collection. III Ivories and Steatites (Washington D. C. 1972) 7 ff. Taf. II; A. Cutler, The Craft of Ivory (Washington D. C. 1985) 19 Abb. 22.

[86] Vgl. auch P. Kranz, Die Jahreszeiten-Sarkophage (Berlin 1984) Kat. Nr. 140 Taf. 55,5 (Dionysos mit Thyrsostab und Eroten mit jahreszeitlichen Motiven); Kat. Nr. 75 Taf. 50 B2 (Erot mit Thyrsostab und Traube) u. a. m. Zu einer möglichen Rekonstruktion vgl. Le Collezioni del Museo Nazionale di Napoli (Rom 1986) Photoabb. 5.

Kästchen mit heidnischen Motiven ist ungeklärt, allgemein hält man sie für ägyptische, insbesondere für alexandrinische Arbeiten[87]. K. Weitzmann datiert das Dumbarton Oaks Elfenbein aus stilistischen Erwägungen in das 2./3. Jh. n. Chr.[88].

Elfenbein war in der römischen Antike und im frühen Mittelalter ein außerordentlich kostbarer Rohstoff und wurde ursprünglich nahezu ausschließlich für Prestigeobjekte, als kostbares Geschenk oder im Kultus verwendet[89]. Da aus der Zeit vom 4. bis zum 6. Jh. n. Chr. relativ viele Elfenbeinarbeiten auf uns gekommen sind, und man Kästchen wie auch Pyxiden beispielsweise für ganz praktische Zwecke herstellte, sieht A. Cutler während dieser Zeit eine weite Verbreitung auch in anderen Gesellschaftsschichten und schließt auf einen vorübergehend gefallenen Materialwert[90]. Trotz möglicherweise zeitweise eingeschränkter Exklusivität scheint eine derartige Elfenbeinarbeit im Schutt einer germanischen Siedlung doch ein eher ungewöhnlicher Fund zu sein.

Der bronzenen Zwiebelknopffibel aus den Bachbettverfüllungen Schicht Befund 300f (*Abb. 44*) fehlen Querarme und Knöpfe. Sie besitzt einen relativ kurzen, auf der Oberseite verzierten schmalen Bügel und einen mit drei Kreisgruppenpaaren verzierten langen Fuß; sie entspricht Typ 3b nach E. Keller[91], den er in die beiden Jahrzehnte um die Mitte des 4. Jh. datiert[92].

Abb. 43. Wiesbaden-Breckenheim, „Wallauer Hohl". Teil eines Elfenbeinkästchens aus Befund 538 (M. 1:1).

Eine fragmentierte herzförmige Riemenzunge (*Abb. 45*), die ohne Befundzusammenhang in Schnitt I geborgen wurde, findet in Form und Verzierung, mit dem Zirkel eingeritzte Kreise und Kreisaugengruppen, eine sehr gute Parallele im Gräberfeld von Westerwanna[93]. Weitere Parallelen mit entsprechender Verzierung und wahrscheinlich näherer, jedoch unsicherer Herkunft (Rhein-, Moselgebiet?), befinden sich im Römisch-Germanischen Zentralmuseum in Mainz[94]. Im Donaugebiet kommen Riemenzungen in Herzform in Gräbern zusammen mit Münzen des Constans, Constantius II (jeweils mehrfach) bis Valentinian I (einmal) vor und werden somit von E. Keller in die Zeit von etwa 340 bis um 380 n. Chr. datiert[95]; sie sind häufig mit den Zwiebelknopffibeltypen 3 und 4 vergesellschaftet[96]. Wie ein propellerförmiger Riemenbesatz aus Befund 208 gehört diese Riemenzungenform zu einer weit über das ganze Imperium verbreiteten typisch

---

[87] Weitzmann (Anm. 85) 9; Cutler (Anm. 85) 20 verweist auf antike Quellen, die ägyptische Lieferungen von bearbeitetem Elfenbein für das 2. und 5. Jh. n. Chr. belegen. Auf durchaus mangelhafte archäologische Belege für eine alexandrinische Herkunft entsprechender Elfenbeinarbeiten macht R. D. Barnett aufmerksam: R. D. Barnett, Ancient Ivories in the Middle East (Jerusalem 1972) 69.

[88] Weitzmann (Anm. 85) 9. Vier Elfenbeinplatten mit Darstellungen von Mänaden in ähnlicher Haltung aus einem Grab datiert F. Fremersdorf in das 2./3. Jh. n. Chr.: F. Fremersdorf, Das Römergrab in Weiden bei Köln (Köln 1957) 35.

[89] Cutler (Anm. 85) 51 f.

[90] Ebd. 52.

[91] E. Keller, Die spätrömischen Grabfunde in Südbayern. Münchener Beitr. Vor- und Frühgesch. 14 (1971) 37 f.

[92] Ebd.; kritische Bemerkungen zur Fibeltypologie von E. Keller bei R. Pirling, Das römisch-fränkische Gräberfeld von Krefeld-Gellep 1964-1965 (Berlin 1979) 56 ff.

[93] K. Zimmer-Linnfeld, Westerwanna I. 9. Beiheft zum Atlas der Urgeschichte (Hamburg 1960) Taf. 3,17d.

[94] Auf diese Exemplare (Inv. Nr. T86/1900 und 1901) machte mich freundlicherweise Prof. Dr. H. W. Böhme (Marburg) aufmerksam.

[95] Keller (Anm. 91) 64 f.

[96] Ebd. 47; 57 Abb. 19-21.

Abb. 44. Wiesbaden-Breckenheim, „Wallauer Hohl".
Verschiedene Fundstücke aus spätrömischer Zeit.

provizialrömischen Gürteltracht, vor allem als Bestandteil von Militärgürteln[97]. Auch die Zwiebelknopffibel unterstreicht die Beziehung mancher Funde von diesem Platz zum römischen Militär.

Weitere Funde lassen sich mit der Frauentracht in Verbindung bringen. Während Knochennadeln ein typischer, im 3. und 4. Jh. n. Chr. häufig anzutreffender Bestandteil der aufwendigen römischen Frauenhaarmode sind[98], werden Armringe mit Haken-Ösenverschluss der spätrömischen Zeit wie das Fundstück aus Befund 49 zwar auch in den nördlichen römischen Grenzprovinzen angetroffen, häufiger jedoch in germanischem Zusammenhang am Rhein und besonders zwischen Pommern und Ostpreußen[99]. Die Haarnadel aus ungleichmäßig dunkelgrüngrauem (gefärbtem?) Bein mit Pinienzapfenkopf und horizontalen Drechselkerben (*Abb. 44*) gehört zu einer relativ seltenen Form. Der entsprechende Typ 10.1 nach E. Riha wird überwiegend ins 4. Jh. n. Chr. datiert, er kommt jedoch vereinzelt bereits früher vor[100].
Ein weiterer interessanter Fund aus den Bachbettverfüllungen stellt die kleine männliche Büste aus massiver Bronze dar (*Abb. 46*). An einer Öse am Kopf ist ein jetzt stark verbogener und möglicherweise nicht mehr vollständiger Draht befestigt. Der flache Boden der Büste ist malteserkreuzförmig eingeritzt. Es handelt sich um ein Schiebegewicht einer römischen Schnellwaage[101]. Es wiegt 26,3 g; das Gewicht einer römische uncia beträgt etwa 27,3 g[102].

Der große Anteil der handgemachten, typisch germanischen Töpferware und einige charakteristische Kleinfunde belegen also germanische Siedler an dieses Stelle. Zusammen mit dem Erhaltungszustand spricht das

---

[97] Ebd. 67; 173.
[98] S. Deschler-Erb, Römische Beinartefakte aus Augusta Raurica. Rohmaterial, Technologie, Typologie und Chronologie. Forsch. Augst 27 (Augst 1998) 161.
[99] Keller (Anm. 91) 105; 222 Liste 15.
[100] E. Riha, Der römische Schmuck aus Augst und Kaiseraugst. Forsch. Augst 10 (Augst 1990) 102; Deschler-Erb (Anm. 98) 160 f.; 164.
[101] Franken (Anm. 84) 139 ff. Abb. 271 ff.; A. Mutz, Römische Waagen und Gewichte aus Augst und Kaiseraugst. Augster Museumsh. 6 (Augst 1983) 13 Abb. 5; 50 Abb. 33.
[102] Mutz (Anm. 101) 4.

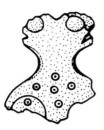

Abb. 45. Wiesbaden-Breckenheim, „Wallauer Hohl". Riemenzunge aus Schnitt I (M. 1:1). Zeichnung M. Krause.

Abb. 46. Wiesbaden-Breckenheim, „Wallauer Hohl". Schiebegewicht einer römischen Schnellwaage aus den Bachbettverfüllungen (M. ca. 1,5:1).

Münzspektrum für eine Dauer von etwa (kurz vor?) der Mitte bis gegen Ende des 4. Jh. n. Chr. Das Vorhandensein von vier Münzen, davon zwei in prägefrischem Zustand, aus der Zeit zwischen 260 und 280 n. Chr. mag man vielleicht als Hinweis für einen früheren Besiedlungsbeginn werten wollen; da jedoch entsprechend eindeutige frühe Keramikformen fehlen, wird dies kaum wesentlich vor der Mitte des 4. Jh. gewesen sein. Das Vorhandensein dieser Altmünzen könnte andere Ursachen haben. Ein Teil der Funde kann mit römischem Militär in Verbindung gebracht werden. Möglicherweise haben wir es an diesem Platz mit Germanen in römischem Militärdienst zu tun. Auch eine Interpretation der wertvolleren römischen Funde als Raubgut von Beutezügen aus der Zeit der Germaneneinfälle in das Reichsgebiet während der Jahre 352 bis 356 scheint möglich, es bleibt jedoch zu bedenken, dass ein Teil der Funde chronologisch bis in die Zeit stabilisierter Grenzverhältnisse unter Valentinian und sogar darüber hinaus reicht.

Das Fundensemble und die -menge machen nicht den Eindruck, dass es sich hierbei um normalen Siedlungsabfall handelt. Hinweise, weshalb Funde in für normalen Siedlungsabfall ungewöhnlicher Qualität und Anzahl in diese Schichten gelangt sind, liegen nicht vor. Einige der Kleinfunde zeigen Brandspuren, auch der nahezu prägefrische Zustand vieler Münzen fällt auf. Insbesondere aber erstaunt ihre Anzahl, wenn man bedenkt, dass von den fundführenden Bachbettauffüllungen nur ein geringer Teil ausgegraben werden konnte; sicherlich weniger als 10 %, vielleicht sogar erheblich weniger, da die Gesamtausdehnung unbekannt ist. Falls diese Schichten bis unter die heutige Autobahn reichen, wie es die Funde von 1937 nahelegen, so dürften die jetzt untersuchten Bereiche vielleicht etwa 1 % der gesamten fundreichen Ablagerungen der 2. Hälfte des 4. Jh. ausmachen.

Zur Veränderung des Geländereliefs

Auf dem Ausgrabungsareal fanden sich interessante Hinweise zur Geländereliefentwicklung in vor- und frühgeschichtlicher Zeit. Bis in die Bronzezeit muss der heute stark verschliffene Hang steiler und profilierter gewesen sein. Der untere Hang, Niederterrasse, lag um etwa 1 m tiefer, er ist heute mit Kolluvien und Bachsedimenten aufgefüllt. Die oberen Partien müssen erheblich höher gelegen haben, stellenweise erodierte 1 m Boden ab. Jedoch zeigt die sehr unterschiedliche Erhaltung der Parabraunerden (B-Horizont) am oberen Hang, dass das Relief auch geklüfteter gewesen sein muss. Die sehr unterschiedlichen Erhaltungstiefen der Hallstattgruben werden ein Zeichen dafür sein, dass der Hang damals noch nicht zu einer gleichmäßig abfallenden Ebene verflacht war.

Noch während der Urnenfelderzeit bestand etwa auf halber Hanghöhe eine deutliche Geländekante oberhalb der Niederterrasse des Bachs. Unmittelbar unterhalb dieser Kante wurden daher die umfangreichsten Kolluvien angelagert; bis zu 1,2 m Stärke. Da sich latènezeitliche Fundkonzentrationen bereits an der Oberkante der Kolluvien befinden, ist damit zu rechnen, dass diese Reliefveränderungen in der frühen Eisenzeit stark einsetzten. Für das späte 4. Jh. n. Chr. kann die Auffüllung eines alten Klingenbachbetts und damit wohl die teilweise Trockenlegung der Auenniederung festgestellt werden. Die bis heute fortdauernde Bearbeitung des fruchtbaren Bodens wird weitere noch verbliebene Geländeunebenheiten beseitigt haben. Zuletzt griff der Bau der Autobahn 1937 in das Gelände ein, indem im Bachbereich in Trassennähe erhebliche Erdaufschüttungen erfolgten, wobei der Bach wohl auch begradigt wurde. Weitere Erdbewegungen finden derzeit statt ...

Zusammenfassung

Die Ausgrabungen an der ICE-Trasse zwischen Breckenheim und Wallau haben Flächen angeschnitten, die seit dem Neolithikum mehrfach und teils langandauernd besiedelt wurden. Vor allem wegen der starken Reliefveränderungen seit der Eisenzeit konnten keine eindeutigen Wohnsituationen wie Hausreste o. ä. nachgewiesen werden. Zahlreiche Befunde, besonders Vorratsgruben und Fundkonzentrationen bezeugen aber Siedlungstätigkeiten vor Ort oder in der Nähe.

Einschließlich der Grabungsergebnisse vom Autobahnbau 1937 liegen hier zahlreiche Funde und Befunde aus den meisten vor- und frühgeschichtlichen Perioden vor, Neolithikum bis Völkerwanderungszeit, die belegen, dass dieses Gelände beinahe seit Beginn der Sesshaftwerdung des Menschen in unserem Raum immer wieder aufgesucht und überwiegend langandauernd besiedelt wurde. Größere Siedlungslücken bestanden anscheinend nur vom jüngeren Neolithikum bis in die frühe Bronzezeit und von der Spätlatènezeit bis etwa zur Zeitenwende, da aus dem 1. Jh. n. Chr. zwar keine eindeutigen Siedlungsreste, aber mehrere Einzelfunde vorliegen.

Einige Befunde gehen über das nomalerweise bei solchen Siedlungssituationen Vorgefundene hinaus. So die großen, vergleichsweise teils riesigen, aber trotzdem offensichtlich alsbald wieder verfüllten Grubenkomplexe der Urnenfelderzeit. Über deren Funktion lassen sich im Augenblick nur Vermutungen anstellen. Auch ließen sich an dieser Stelle Siedlungsbestattungen der Hallstatt- bis Frühlatènezeit freilegen, wie sie bislang gerade in der Wiesbadener Gegend schon häufiger nachgewiesen werden konnten; sie lassen sich jedoch weiterhin nicht schlüssig deuten. Einer Erklärung bedürfen ebenfalls die völkerwanderungszeitlichen Befunde mit ihrem für eine kleine germanische Ansiedlung doch eher ungewöhnlichen Fundspektrum und auffälligen Fundreichtum.

Augenfällig ist auch die ungleichmäßige Fundverteilung: Wenige neolithische Funde, entsprechend nur ein einziger eindeutig neolithischer Befund. In den großen urnenfelderzeitlichen Grubenkomplexen und in vielen der hallstattzeitlichen Gruben fanden sich ebenfalls nur vereinzelte Funde. Dagegen wurden in den meist flachen Eingrabungen der Latènezeit zahleiche und oft vergleichsweise gering fragmentierte Gefäßreste gefunden. Auch die völkerwanderungszeitlichen Befunde wiesen eine große Menge an Funden auf, insbesondere die Vielzahl an Münzen und anderen Kleinfunden aus Metall, Glas und sogar Elfenbein geben dem Platz eine besondere Bedeutung.

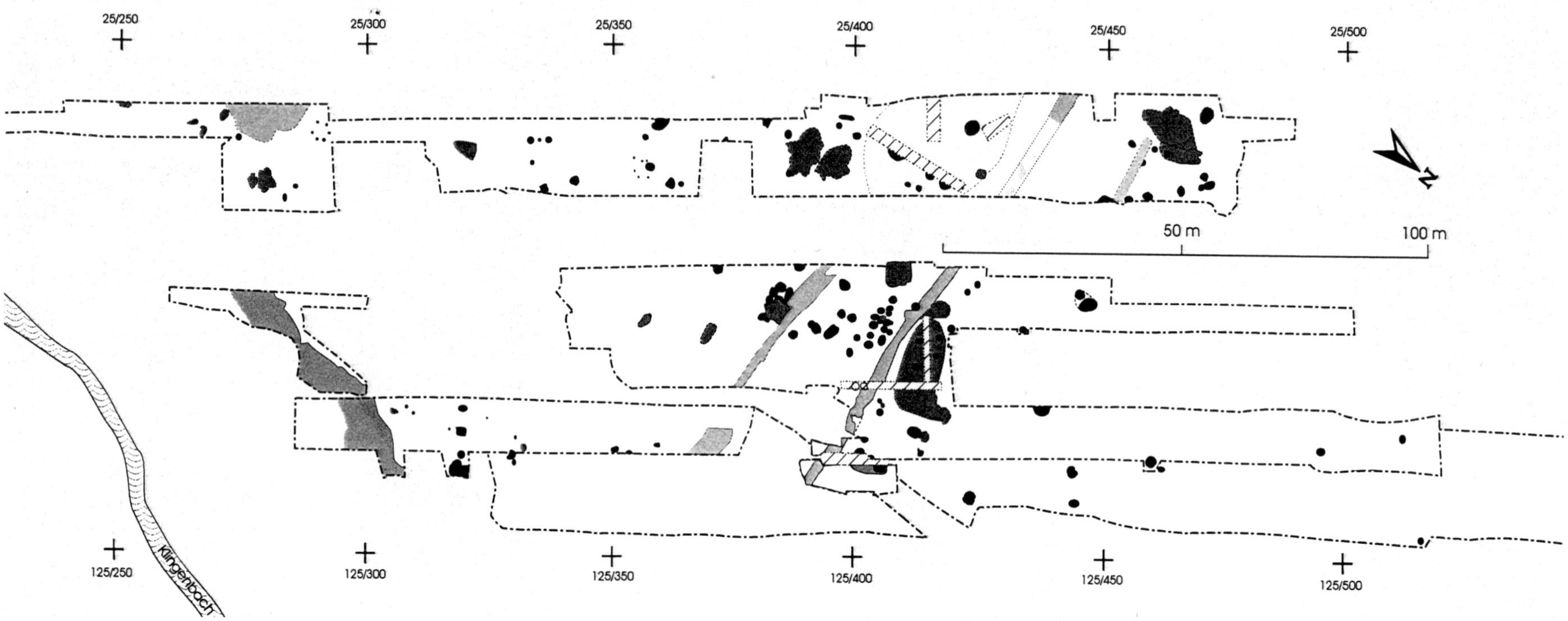

Abb. 47. Wiesbaden-Breckenheim, „Wallauer Hohl". Gesamtplan der wichtigsten Befunde.

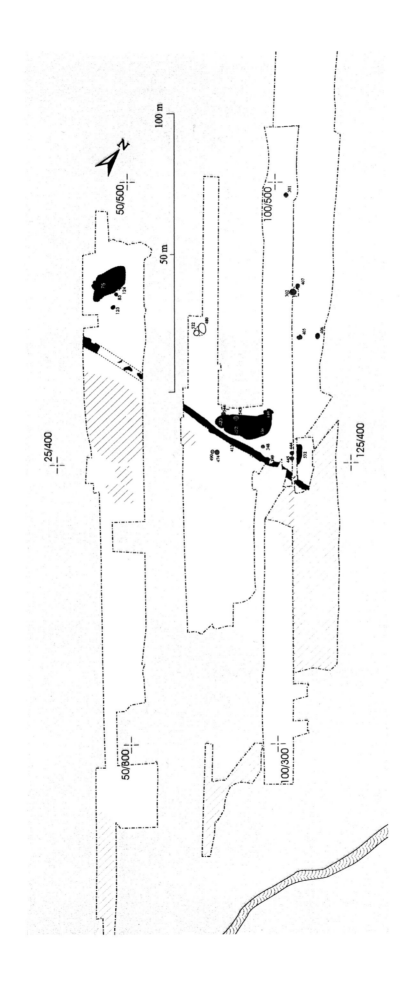

Abb. 48. Wiesbaden-Breckenheim, „Wallauer Hohl". Befunde der Urnenfelderzeit (helles Raster: möglicherweise frühhallstattzeitlich) und der mittelneolithische Befund 480/522.

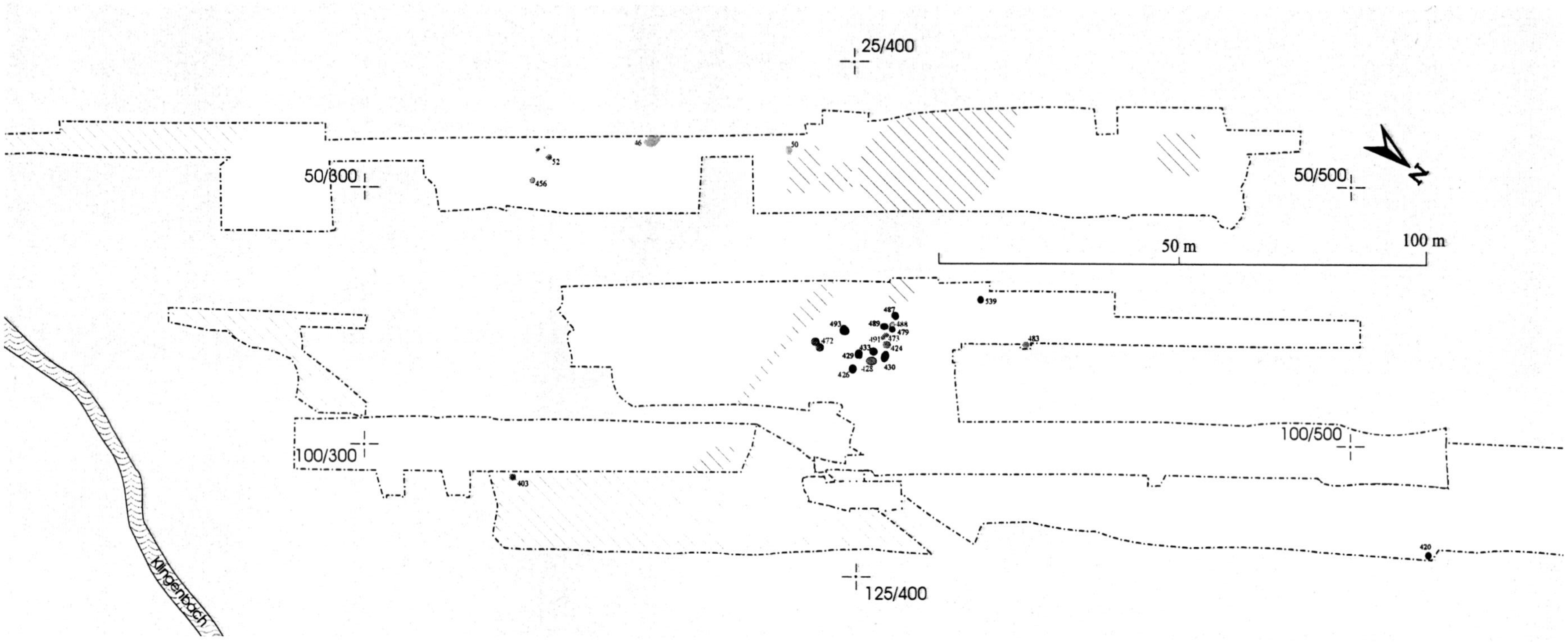

Abb. 49. Wiesbaden-Breckenheim, „Wallauer Hohl". Befunde der Hallstattzeit (helles Raster: Datierung unsicher).

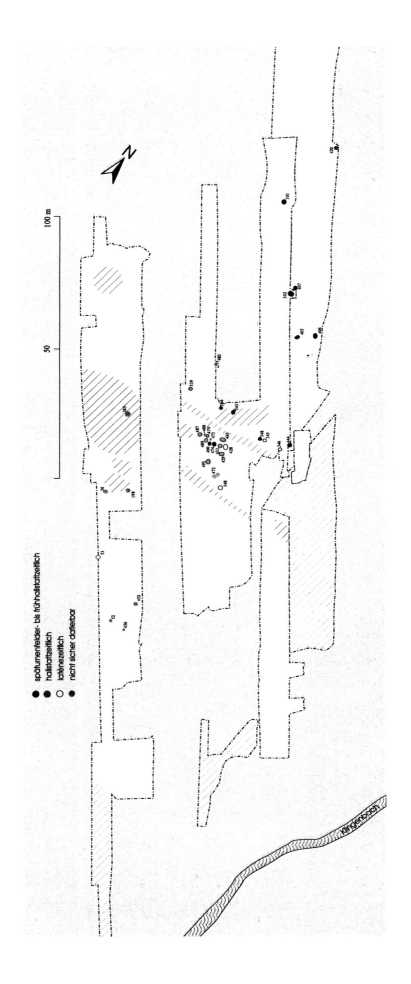

Abb. 50. Wiesbaden-Breckenheim, „Wallauer Hohl". Kegelstumpfgruben und Kegelstumpfgrubenreste (schraffiert: Beobachtungsbedingungen schlecht).

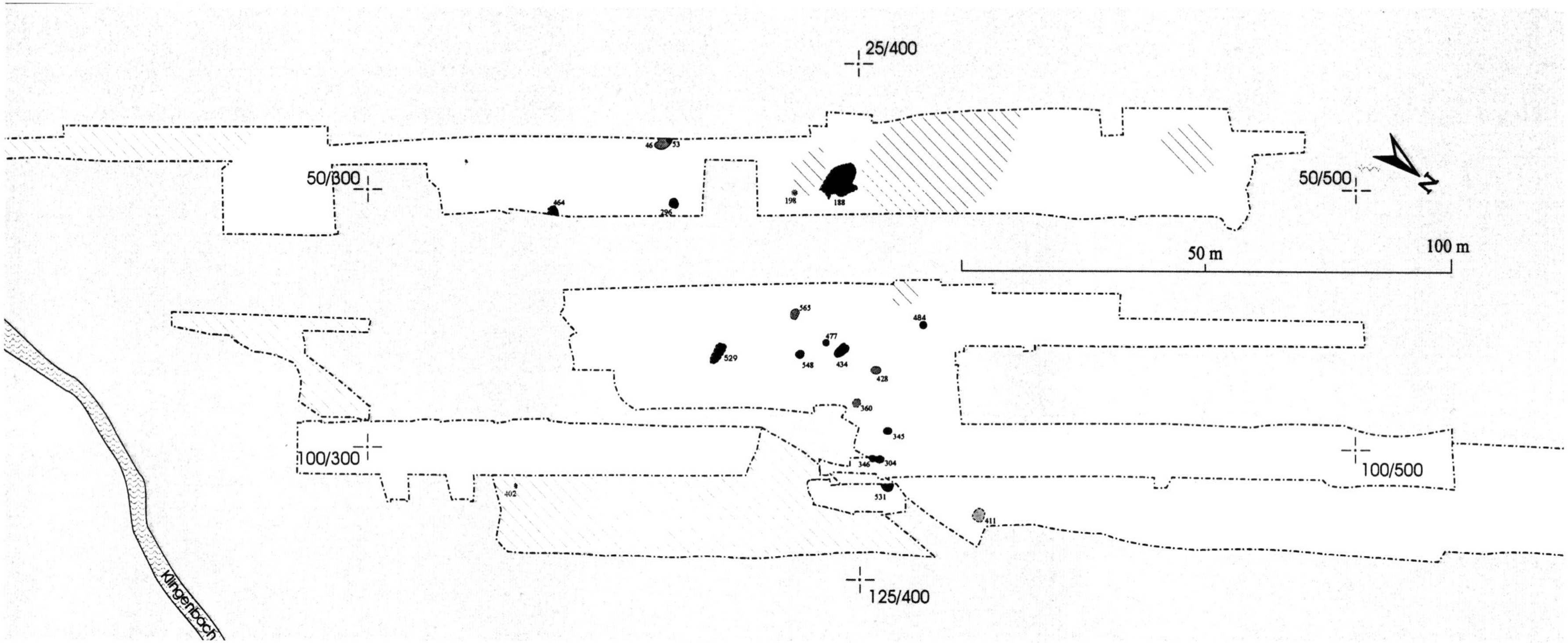

Abb. 51. Wiesbaden-Breckenheim „Wallauer Hohl". Befunde der Latènezeit (helles Raster: Datierung unsicher).

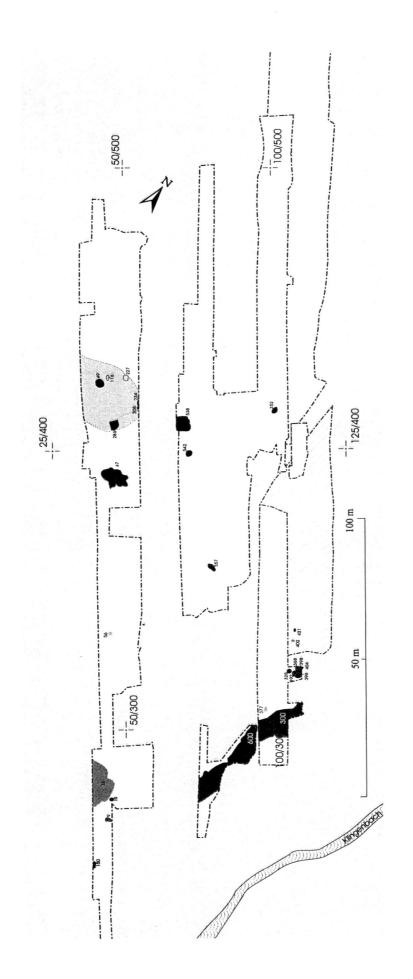

Abb. 52. Wiesbaden-Breckenheim, „Wallauer Hohl". Befunde der Völkerwanderungszeit (helles Raster: Datierung unsicher) und der spätkaiserzeitliche Befund 421.

Weilbach, Gemeinde Flörsheim, „Ruhrgastrasse"

Bronze-, Hallstatt-, Latènezeit und römische Zeit

Von Robert Heiner

> *Schön ist's, miteinander schweigen,*
> *Schöner, miteinander lachen, -*
> ...
> *Macht' ich's gut, so woll'n wir schweigen;*
> *Macht' ich's schlimm -, so woll'n wir lachen*
> ...
>
> Friedrich Nietzsche

Anlass

Ende Mai 1997 wurde zwischen Weilbach und dem Main, etwa dem Verlauf der Autobahn A 3 folgend, der Graben für die Verlegung einer Gasleitung (Köln/Wesseling-Frankfurt/Raunheim) ausgehoben. Dieses Gelände war nicht in die archäologischen Voruntersuchungen im Rahmen der ICE-Trassengrabungen einbezogen worden, da zwingende Hinweise auf eine Gefährdung archäologischer Hinterlassenschaften hier nicht vorlagen. Da das Gebiet aber an sich sehr siedlungsgünstig ist, schien es geboten, die Gelegenheit wahrzunehmen, welche die Beobachtung eines kilometerlangen Geländeaufschlusses in dieser Form bot. Die in der Nähe stattfindenden archäologische Arbeiten schienen dies mit relativ geringem Aufwand ermöglichen zu können.

Vorgehensweise

Die Breite und Tiefe des Grabens waren nicht gleichmäßig angelegt, sondern änderten sich häufig, zumeist war der Graben aber 1,5-1,8 m tief. Er war oben etwa 2,5 m, an der Sohle etwa 1,5 m breit, die Grabenwände waren also angeschrägt. Da zwischen Öffnen des Grabens, Rohrverlegung und Verfüllung in der Regel ein paar Tage vergingen, wurde versucht, durch Abgehen des Grabens zufällig angeschnittene Befunde festzustellen und in einem Schnellverfahren soweit wie möglich aufzunehmen. Von Weilbach ausgehend konnten

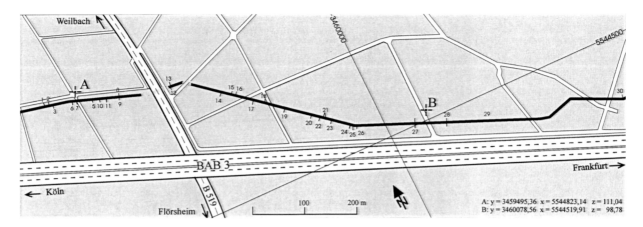

Abb. 1. Weilbach- Flörsheim, „Ruhrgastrasse". Lage der angeschnittenen Fundstellen im beobachteten Verlauf der Ruhrgasleitung.

hangabwärts Richtung Main nahezu 2 km Strecke beobachtet werden. Zur Mainaue hinab nahmen jedoch die kolluvialen Ablagerung derart an Mächtigkeit zu, dass bereits vor Erreichen der Niederterrasse, noch mehrere hundert Meter vor der Bahnlinie Frankfurt-Wiesbaden/Mainz, die prähistorische bis römerzeitliche Oberfläche unter einem über 1,5 m starken Kolluvium verschwand und von der Grabentiefe nicht mehr erreicht wurde. So war die zuunterst angetroffene Fundstelle Nr. 30 (*Abb. 1*) bereits von einem 1,2 m mächtigen Kolluviumpaket überdeckt; einschließlich des bereits abgeschobenen Mutterbodens lag die Oberkante dieses Befunds also in etwa 1,5 m Tiefe. Weiter hangabwärts waren aus diesem Grunde, wegen der an Mächtigkeit zunehmenden Kolluvien, keine Befunde mehr zu erfassen.

So wurden zeitweise, soweit die Arbeitssituation dies zuließ, ein bis drei Helfer von den gleichzeitig laufenden Trassengrabungen bei Weilbach oder Breckenheim abgezogen, um den Graben abzugehen und nach Befunden zu suchen. Zumeist wurden die Befunde geputzt und im zufälligen Anschnitt fotografiert. Danach wurde die Verfüllung so weit ausgenommen, bis über die Funde eine kulturelle Ansprache möglich war. Einige Bodenverfärbungen erwiesen sich als natürlich entstanden (Eisspalten, Bachbettverfüllung), andere Fundkonzentrationen zeigten keine Befunde, sondern waren als Kolluvien anzusprechen, bezeugen jedoch Siedlungstätigkeit in geringer Entfernung. Auf einer Strecke von etwa 1,3 km ließen sich 22 vor- und frühgeschichtliche Befunde nachweisen, dazu mehrere eng begrenzte und stark fundführende Kolluvienbereiche. Ein eindrucksvolles Zeugnis, mit welcher Dichte an archäologischen Denkmälern in diesem Gebiet am unteren Weilbach zu rechnen ist.

Die Situation ließ eine komplette Dokumentation der Befunde nicht zu. Ausnahmsweise konnten einzelne Befunde im zufällig angeschnittenen Profil gezeichnet und die Verfüllungen teilweise oder weitgehend ausgenommen werden; eine vollständige Freilegung und Ausgrabung, die Aufnahme eines Befundplanums und eine genaue Einmessung waren in der Regel nicht möglich. Lediglich der außergewöhnliche Befund 27, dessen Bedeutung durch seinen Fundreichtum alsbald deutlich wurde, konnte etwas eingehender untersucht werden. Dies war indessen nur möglich, weil die zuständige Bauleitung verständnisvollerweise die laufenden Baumaßnahmen so einteilen konnte, dass die betreffende Stelle für ein paar Tage unbehelligt blieb. Gleichwohl konnte auch dieser Befund, eine tiefe und unregelmäßig begrenzte Grube von ungewöhnlichem Umfang und Fundreichtum, nur zum Teil ausgegraben und dokumentiert werden. Diesen Befund gilt es hier zusammen mit seinen Funden etwas ausführlicher darzustellen.

Ergebnisse[1]

Einige der Fundstellen sind mangels aussagekräftiger Funde chronologisch nicht weiter zu bestimmen, weitere können lediglich als vor- oder frühgeschichtlich angesprochen werden (s. u. Katalog der Fundstellen). Unter den näher bestimmbaren Fundstellen überwiegen die eisenzeitlichen (Fundstelle 3, 5, 12-13, 30, *Abb. 1-2*); unter diesen scheinen die hallstatt- bis frühlatènezeitlichen den größeren Teil auszumachen. Fundstellen der Römischen Kaiserzeit sind vergleichsweise häufig (Fundstelle 21-22, Schicht 27d), auch die Bronzezeit ist vertreten (Fundstelle 27[?], 28).

Die Fundstelle 27

Sie befindet sich heute an einer nahezu ebenen Stelle des Geländes; ein ganz leichtes Gefälle war etwa in südöstlicher Richtung zu erkennen. Die (heutige) Entfernung zum Weilbach beträgt etwa 200 m, die damalige Entfernung (Fundstelle 21!) höchstens 100 m, und zum Main (heute) ca. 2 km, die Höhe über NN liegt bei 98 m.

Der anstehende Boden besteht aus Löß; der B-Horizont war bei Untersuchungsbeginn noch in einer Mächtigkeit von 0,2-0,25 m erhalten, der Mutterboden und Teile des B-Horizontes waren bereits vor Dokumentationsbeginn im Rahmen der Baumaßnahmen abgetragen worden („Baggerplanum"). Der Befundkomplex war vom Leitungsgraben auf etwa 2,5-3 m Breite durchschnitten und zeigte sich auf beiden Seiten des Grabens. Es handelte sich um eine 6 m breite und bis 2,5 m tiefe unregelmäßige Grube, die über 7 m Länge verfolgt werden konnte, jedoch noch deutlich länger gewesen sein dürfte (*Abb. 3-4*).

Ein Verfüllungshorizont (wohl einer undeutlich erkennbaren flachen Grube) mit im Profil unregelmäßig gerundetem und nicht überall klarem Umriss (Schichten 27b, c, d, *Abb. 3-4*) lag in ein größeres, wahrscheinlich bronzezeitliches Verfüllungspaket eingebettet (Schichten 27a, e). Die mit 27d bezeichnete Schicht des oberen Verfüllungspakets enthielt, im Gegensatz zur ausgesprochen einschluss- und fundarmen unteren Verfüllung, neben vielen Funden auch umfangreiche Brandreste wie Brandlehm, Holzkohle, Asche; zum Teil war der Boden direkt verziegelt.

Aus der älteren Verfüllung 27a und 27e wurden etwa zehn grobkeramische Fragmente eines Gefäßes geborgen, deren Scherben mittelstark mit grobem Quarzbruch gemagert und uneinheitlich gebrannt sind. Die Randscherben unter diesen Fragmenten deuten auf eine flache Schüsselform mit sehr großem Gefäßdurchmesser hin. Auf der Außenseite unterhalb des Randes sind zwei dicke horizontal umlaufende Fingertupfenleisten angebracht. Des weiteren wurden neben wenigen nicht weiter ansprechbaren grobkeramischen Wandscherben ein ca. 3 cm breiter halbrundstabförmiger Henkel eines oxidierend und weich gebrannten Gefäßes sowie drei feinkeramische Wandscherben von ebenfalls uneinheitlichem Brand gefunden. Diese Keramikfragmente sind am ehesten bronzezeitlich zu datieren.

Die handgemachte Keramik aus der fundreichen Schicht 27d[2] macht in ihren technischen Merkmalen einen überwiegend sehr homogenen Eindruck[3]. Sie ist immer mit Schamotte gemagert, häufig ist auch ein Zu-

---

[1] Für wertvolle Hinweise möchte ich den Damen und Herren Prof. Dr. D. Baatz, Idstein, M. C. Blaich M. A., Marburg, Dr. A. Böhme, Mainz, Prof. Dr. S. Rieckhoff, Leipzig, M. A. Soares da Silva M. A., Porto, sowie Dr. D. G. Wigg, Mainz, der die Fundmünze bestimmte, herzlich danken.

[2] Das interessante Keramikensemble wurde an anderer Stelle ausführlicher veröffentlicht: R. Heiner, Flörsheim-Weilbach „Gastrasse" Fundkomplex 27d. In: S. Biegert/S. v. Schnurbein/B. Steidel/D. Walter (Hrsg.), Beiträge zur germanischen Keramik zwischen Donau und Teutoburger Wald. Kolloquium zur germanischen Keramik des 1. - 5. Jahrhunderts, Frankfurt a. M. 1998 = Koll. Vor- und Frühgesch. 4 (Bonn 2000) 50 ff.

[3] Fragmente von 36 handgemachten Gefäßen wurden ausgewertet.

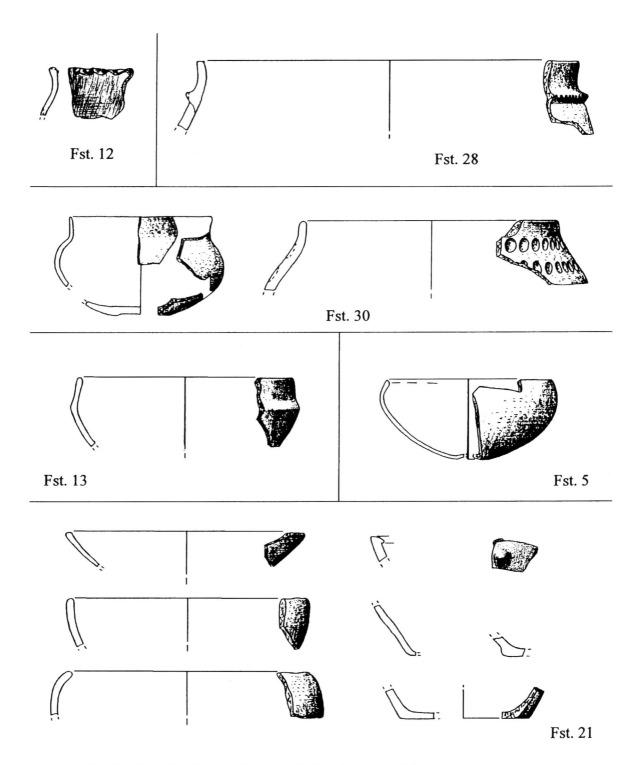

Abb. 2. Weilbach-Flörsheim, „Ruhrgastrasse". Keramik von verschiedenen Fundstellen (M. 1:3).

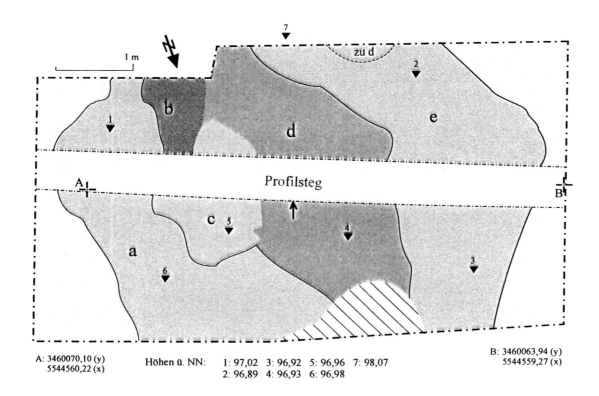

Abb. 3. Teilplanum des Befundkomplexes 27.

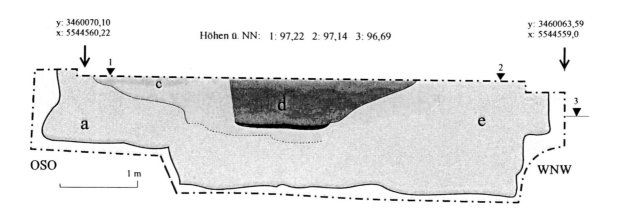

Abb. 4. Weilbach- Flörsheim, „Ruhrgastrasse". Profil des Befundkomplex 27.

schlag aus Quarzsand oder Quarzbruch erkennbar. In der Regel sind die Gefäße reduzierend oder überwiegend reduzierend gebrannt worden, lediglich bei sechs Stücken war ein oxidierender (darunter die beiden einzigen grobkeramischen Gefäßfragmente) oder überwiegend oxidierender Brand festzustellen. Die Wandstärken der Feinkeramik betragen zumeist relativ einheitlich um 5-6 mm, die der Grobkeramik 7-10 mm.

Etwa die Hälfte der Gefäße sind mehrteilige, ca. 30 % einteilige (offene Schalen) und etwa 20 % zweiteilige Formen (mit einfach einziehendem Rand). Die häufigste und sehr charakteristische mehrteilige Form hat einen zumeist hochliegenden, immer weich gerundeten Umbruch, ein straffes Unterteil sowie einen kurzen, steil bis schräg nach außen umgelegten und unverdickten Rand. Kantige Umbrüche fehlen bei allen For-

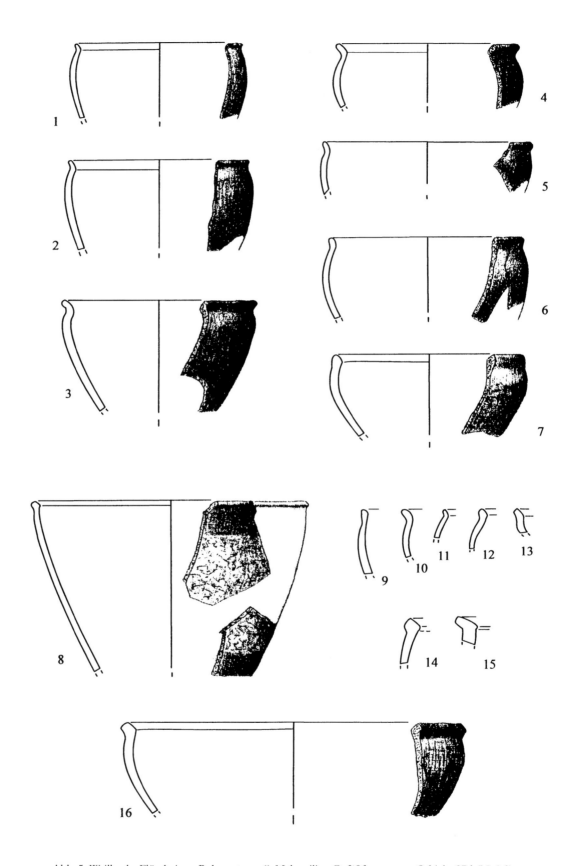

Abb. 5. Weilbach-Flörsheim, „Ruhrgastrasse". Mehrteilige Gefäßformen aus Schicht 27d (M. 1:3).

men. Die Randdurchmesser liegen, soweit bestimmbar, um 15 cm, ihr Index[4] bei 130 bis 140 (*Abb. 5,1-6*). Eine weitere mehrteilige Form besitzt ähnliche Merkmale, hat jedoch einen verdickten und in der Regel zumindest einmal abgestrichenen Rand (*Abb. 5,7.16*).

Die einfachen (ein- und zweiteiligen) Formen der Feinkeramik sind überwiegend Flachformen, ihr Index liegt, abgesehen von einer Ausnahme (*Abb. 5,8*), um oder über 250. Die Gefäßunterteile sind ebenfalls straff bis nahezu geradwandig ausgeprägt. Die selteneren zweiteiligen Formen besitzen einen nur kurz eingezogenen (*Abb. 6,3-4*) oder nahezu senkrechten Rand (*Abb. 6,6*). Zum Teil weisen auch die offenen Schalenformen einen kurzen, nach außen umgelegten Rand auf (*Abb. 5,13; 6,1-2*).

Zwei charakteristische steilwandige und einteilige Gefäße mit nahezu gerader Wand besitzen einen außen und innen verdickten und ungleichmäßig abgestrichenen Rand (*Abb. 5,8; 6,5*).

Zwei Randfragmente von grobkeramischen Töpfen fallen auch durch ihren oxidierenden Brand aus dem üblichen Rahmen der anscheinend sonst technisch recht einheitlich hergestellten Keramik (*Abb. 7,1-2*). Die Randformen der Gefäße können unverdickt und einfach gerundet sein, aber auch verdickte, und dann immer (zum Teil mehrfach) abgestrichene Ränder kommen, wenn auch seltener, vor. Die beiden oxidierend gebrannten grobkeramischen Topffragmente weisen Ränder mit Fingertupfenverzierung auf. Fragmente von drei feinkeramischen Gefäßen sind verziert (etwa 8% der Feinkeramik)[5]. Mehrere Wandscherben eines Gefäßes weisen Kammstrichverzierungen auf. Rillenverzierungen (*Abb. 7,7*, Orientierung fraglich) und Verzierungen durch Glättung/Rauhung (*Abb. 5,8*) kommen ebenfalls jeweils einmal, Fingertupfen kommen zweimal und ausschließlich auf Rändern von Grobkeramik vor (*Abb. 7,1-2*).

Von den wenigen kleinen Fragmenten scheibengedrehter römischer Keramik ist nur eine Scherbe näher ansprechbar (*Abb. 7,13*). Es handelt sich um eine Randscherbe eines Terra Sigillata-Tellers mit anliegender Hängelippe, entsprechend Conspectus Form 12[6]: Die Innenwand des Tellers ist dreigeteilt in Hohlkehle-Wulst-Hohlkehle, der Übergang Wand-Boden ist weich gerundet. Diese Merkmale entsprechen am ehesten der Form 12.3. bzw. Service Ic, deren Merkmale und Formen in Dangstetten selten, in Haltern jedoch häufig vorliegen. Allerdings ist der Rand bei diesem Exemplar deutlicher unterschnitten, ähnlich Form 12.1. bzw. Form 11. Letztere werden etwas älter datiert und sind typisch für den Horizont Dangstetten-Oberaden[3].

Des weiteren konnten vier Fibeln aus Schicht 27d geborgen werden (*Abb. 8*):
Eine Aucissafibel (*Abb. 8,1*) aus Bronze gegossen, stark korrodiert, Kopfplatte, Scharniervorrichtung und Nadel fehlen, der Nadelhalter und der Bügel, dieser vor allem an den Außenkanten, sind stark angegriffen. Der nahezu halbkreisförmige und leicht geschweifte, bandartige Bügel hat eine erhöhte Mittelrippe, worauf stellenweise noch Reste einer Punktleiste[8] erkennbar sind. Die Seiten waren zu den Außenkanten hin leicht aufgewölbt, was aufgrund der starken Korrosion nur schlecht erkennbar ist. Der Fuß, der in Profilansicht in den Bügel übergeht, ist in der Aufsicht von diesem deutlich abgetrennt. Auch hier hat die Korrosion stark eingegriffen; einzelne Querrillen (zwei?) sind noch recht schwach erkennbar. Auch der Fußknopf ist stark in Mitleidenschaft gezogen, seine Form aber noch zu erschließen.

---

[4] Max. Wanddurchmesser : Höhe x 100 (Höhe geschätzt).
[5] Mengenrelationen bei selten auftretenden Merkmalen und einer Stichprobe von nur wenig über 30 Individuen sind allerdings für Mengenvergleiche von begrenzter Aussagekraft.
[6] E. Ettlinger/B. Hedinger/B. Hoffmann/P. M. Kenrick/G. Pucci/K. Roth-Rubi/G. Schneider/S. v. Schnurbein/C. M. Wells/S. Zabehlicky-Scheffenegger, Conspectus Formarum Terrae Sigillatae Italico Modo Confectae. Mat. Röm.-Germ. Keramik 10 (Bonn 1990) 72 Taf. 11.
[7] Ebd. 70 ff. Taf. 10 f.
[8] Die als „Punktleiste" beschriebene Verzierung ist technisch wahrscheinlich als regelmäßig in engem Abstand gekerbte schmale Leiste hergestellt worden, so dass der Eindruck einer Punktreihe entsteht.

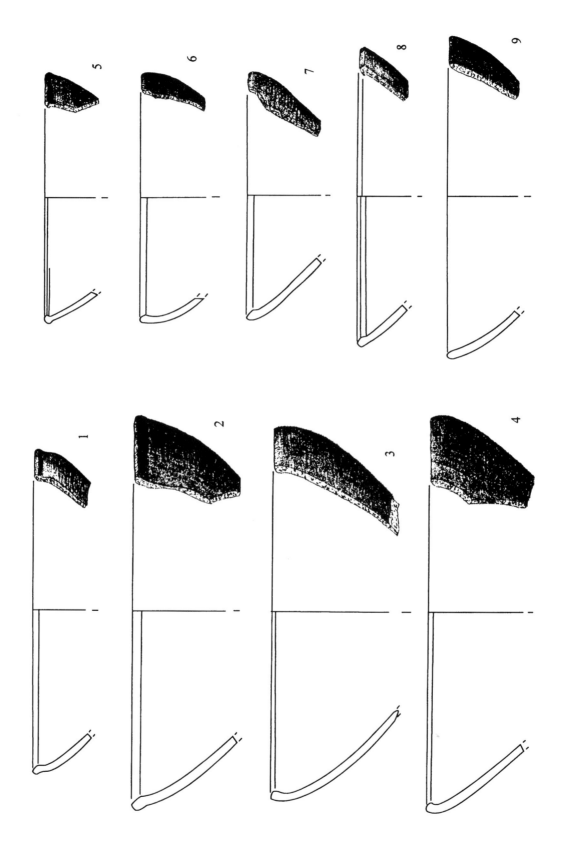

Abb. 6. Weilbach- Flörsheim, „Ruhrgastrasse". Ein- und zweiteilige Gefäßformen aus Schicht 27d (M. 1:3).

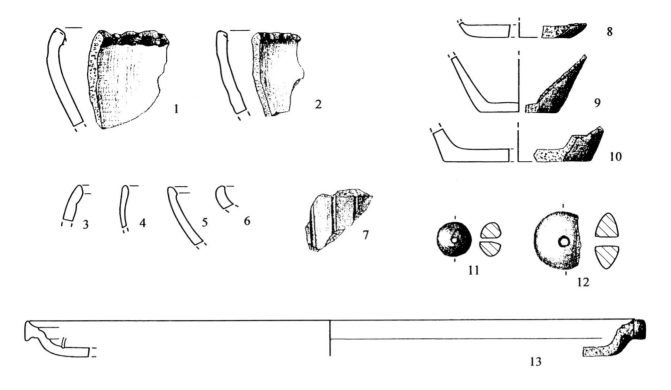

Abb. 7. Weilbach-Flörsheim, „Ruhrgastrasse". Keramik aus Schicht 27d (M. 1:3).

Nach A. Böhme ist diese Fibelform (Form 8) die am weitesten verbreitete in frührömischer Zeit, wobei die vorliegende Form mit bandartigem Bügel und erhöhter Mittelrippe die ältere sei[9]. Nach E. Riha (Typ 5.2) gehört diese Form zu ihrer Variante 5.2.1b mit bandförmigem Bügel und profilierter wie verzierter Mittelrippe. Solche Fibeln seien in großen Mengen für Legionäre hergestellt worden, was aus deren überdurchschnittlich häufigem Vorkommen in Militärlagern und der Verbreitung im gesamten Imperium hervorgehe. Sie wurden von frühaugusteischer Zeit bis über die Mitte des 1. Jh. hinaus getragen[10].

Eine Fibel Typ „Langton-Down" (*Abb. 8,2*) aus Bronze gegossen, Oberfläche verzinnt, nahezu vollständig erhalten, jedoch korrodiert, wodurch vor allem die Form des Fußendes nicht mehr erkennbar ist. Der Bügel ist schwach gewölbt und die Oberseite im Querschnitt fein profiliert. Ihn zieren drei parallele, längs über den Bügel laufende Bänder aus jeweils einer Punktleiste mit beidseitig begrenzenden Spitzrippen. Das mittlere Zierband ist erhöht. Am Kopfende des Bügels trennen zwei zusätzliche Rippen die Zierbänder. Auf der geschlossenen Spiralhülse sind lineare Streifenmuster (flache Rillen?) wegen der Korrosion nur undeutlich zu erkennen und daher nicht mehr vollständig zu erschließen. Der Nadelhalter ist einfach dreieckig durchbrochen.

M. Feugère zählt diese Form zu seinem Typ 14b1b. Dieser ist über ganz Gallien bis ins Rheinland und in die Schweiz verbreitet. Das älteste bekannte Stück dieser Variante sei das Exemplar aus Dangstetten, und die Form laufe bis in tiberische Zeit[11]. Nach E. Riha kommt ihr Typ 4.4 schon in frühaugusteischer Zeit vor und wurde bis in claudische Zeit vor allem von Frauen getragen[12].

---

[9] A. Böhme, Die Fibeln der Kastelle Saalburg und Zugmantel. Saalburg-Jahrb. 29, 1972, 11.
[10] Ebd.; E. Riha, Die römischen Fibeln aus Augst und Kaiseraugst. Forsch. Augst 3 (Augst 1979) 114 f.
[11] M. Feugère, Les fibules en Gaules méridionale de la conquête à la fin du Ve siècle après J.-C. Revue Arch. Narbonnaise. Suppl. 12 (Paris 1985) 262 ff.
[12] Riha (Anm. 10) 98.

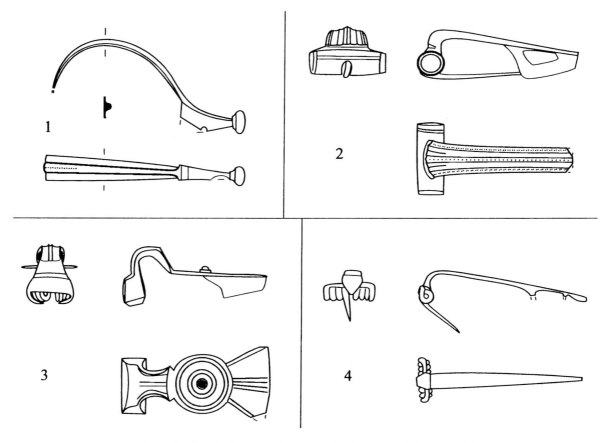

Abb. 8. Weilbach-Flörsheim, „Ruhrgastrasse". Fibeln aus Schicht 27d (M. 1:1).

Eine Distelfibel (*Abb. 8,3*) aus Bronze gegossen, verzinnt (?), mit Korallen(?)einlage, korrodiert. Die Oberfläche und die Verzierungen sind stark angegriffen, die Nadel fehlt. Der Bügel ist etwa halbkreisförmig aufgewölbt, seine Seiten sind konkav eingezogen, die Oberseite ist durch vier (?) spitze Längsrippen profiliert. Der trapezförmige Fuß ist durch eine Längsrillengruppe und jeweils einer die Seitenränder begleitenden Rille, die kreisförmige Zwischenscheibe mit konzentrischen Rillen und einem aufgesetzten Knöpfchen aus roter Koralle (?) in deren Zentrum verziert. Die kastenförmige Spiralhülse lässt nach unten die Spirale teilweise frei und die verlängerten äußeren seitlichen Wangen der Hülse sind teils um die Spiralkonstruktion herumgebogen. Nach M. Feugère gehören solche Stücke zu seinem Typ 17a „mit pfauenschwanzförmigem Fuß". Es handelt sich um eine kurzlebige Form mit ebenfalls hauptsächlich gallischer Verbreitung, die augusteisch datiert[13].

Eine einfache gallische Fibel (*Abb. 8,4*) aus Bronze, stärker korrodiert, der Bügel bereits sehr angegriffen, der Nadelhalter ist nur noch in Ansätzen, die Nadel als Stumpf erhalten. Der schmale schwach gewölbte Bügel läuft zum Fußende spitz zu. Der Nadelhalter war anscheinend mehrfach durchbrochen. Von den Stegen sind lediglich Ansatzstellen erhalten, die sich an der äußeren, der Nadel gegenüberliegenden Kante des Fußes befinden. Der Nadelhalter war also nicht – wie sonst typisch - mittig unter der Längsachse des Fußes befestigt[14], sondern an dessen Seite. Die Spirale hat acht Windungen und eine obere, von einem breit

---

[13] Feugère (Anm. 11) 276 f.
[14] Riha (Anm. 10) 65.

ausgehämmerten Sehnenhaken gehaltene Sehne. Diese Form gehört zu Typ 2.2. nach E. Riha, am ehesten zur Variante 2.2.2., und wird von ihr in frühaugusteische Zeit bis zur Mitte des 1. Jh. datiert, wobei sie in claudischer Zeit bereits seltener werde[15]. M. Feugère zählt die Form zu seinem Typ 14a und datiert sie von der Zeit um 20/10 v. Chr. bis in tiberische Zeit[16]. Sie ist in der Ostschweiz häufig und kommt verbreitet in Gallien und in frühen Militärlagern am Rhein vor, z. B. in Hofheim. Dementsprechend wird sie gern als Militärfibel angesprochen, obwohl sie nicht selten auch in Frauengräbern vorkommt[17].

Den genauesten Datierungshinweis unter den Fibeln gibt die kleine Distelfibel, die sich nach Feugère auf die augusteische Zeit beschränkt. Die anderen Stücke widersprechen diesem Zeitansatz nicht, sie kommen allerdings auch noch in späteren Zusammenhängen vor. Die Sigillata passt ebenfalls in diesen Horizont, wobei sie sich auf die mittel- bis spätaugusteische Zeit eingrenzen lässt.

Der Glücksfall, dass dieser sehr einheitlich erscheinende Keramikkomplex durch Beifunde römischer Provenienz gut datierbar ist, legt es nahe, ihn mit vergleichbaren Keramikfunden in chronologische und formenkundliche Beziehung zu setzen.

Das damit gut vergleichbare Keramikensemble aus Fritzlar-Geismar A277 ist ein typischer Komplex der Keramikgruppe Geismar 2a (der „Übergangszeit"), die sich deutlich von der vorhergehenden spätlatènezeitlichen, in Latène-Tradition stehenden Keramikgruppe Geismar 1c und von der frühkaiserzeitlichen Gruppe 2b abtrennen lässt[18]. Die Fundkomplexe der Gruppe 2a sind in Fritzlar-Geismar nicht aus sich heraus datierbar. Für Nordhessen ist jedoch erkennbar, dass die für die Gruppe 2a charakteristischen mehrteiligen Formen mit bauchiger Wandung und verdicktem und/oder steil bis schräg nach außen umgelegtem Rand ab der Spätlatènezeit auftreten. Aus Hanau-Mittelbuchen Befund 89 kommen ähnliche Gefäße[19] im Siedlungszusammenhang mit Fibeln im Spätlatèneschema vor, darunter zwei Nauheimer Fibeln. Sie sind in eine späte Phase der Stufe Latène D1 oder schon nach D2a zu datieren[20] und mit Keramik in latènezeitlicher Tradition vergesellschaftet[21], aber auch bereits mit Keramik, die Merkmale der Przeworsk Kultur/Oder-Warthe-Gruppe aufweist[22]. Solche Keramik ist in Hessen mehrfach belegt[23]. Die hier auftretende typische Tasse mit X-Henkel und die charakteristischen, mehrfach gleichmäßig und scharfkantig abgestrichenen Ränder („Facettierung") an Tassen wie an „Krausen" fehlen in Flörsheim-Weilbach wie in Fritzlar-Geismar. Entsprechend bauchige Gefäßformen, aber ohne die charakteristische mehrfache und gleichmäßige Randfacettierung, sind in Hessen aus späteren Zusammenhängen innerhalb der Stufe Latène D2 bekannt. Das kleine Gräberfeld von Goddelsheim im Waldeckischen, das vielleicht noch in einer frühen Phase der Stufe Latène D2 beginnt und bis in augusteische Zeit reicht, weist mehrere Exemplare dieser

---

[15] Ebd. 64 ff.
[16] Feugère (Anm. 11) 266.
[17] Freundliche Mitteilung von Frau Dr. A. Böhme. Auch Feugère (Anm. 11) 262 ff. äußert Zweifel an dieser Ansprache als reine Militärfibel.
[18] Vgl. R. Heiner, Studien an Siedlungskeramik. Ausgewählte Merkmale und Fundkomplexe der Latène- und der Römischen Kaiserzeit aus der Siedlung Fritzlar-Geismar, Schwalm-Eder-Kreis. Mat. Vor- u. Frühgesch. Hessen 12,1 (Wiesbaden 1994) 44; 57 ff.; 88; 92 ff. (Fall Nr. 16). W. Best/R. Heiner, Katalog der latène- bis merowingerzeitlichen Funde der Siedlung Fritzlar-Geismar, Schwalm-Eder-Kreis (in Druckvorbereitung für Mat. Vor- u. Frühgesch. Hessen 12,3) Taf. 180-182.
[19] M. Seidel, Frühe Germanen am unteren Main. Bemerkungen zu neuen Zeugnissen der Przeworsk-Kultur aus Oberhessen. Germania 74, 1996, Abb. 2,4.7.
[20] Aufgrund der Datierung der dort vorliegenden Variante der Nauheimer Fibeln; vgl. ebd. 241 ff.
[21] Ebd. Abb. 1,1-3 (Fibeln); Abb. 1,4-5 (Keramik).
[22] Ebd. Abb. 2.
[23] Zusammenstellung bei M. Meyer, Funde vom Charakter der Przeworsk-Kultur aus Hessen. In: J. Gurba/A. Kokowski (Hrsg.), Kultura Przeworska (Lublin 1994) 185 f.; Seidel (Anm.19) Abb. 3.

Form auf [24]. Die Ränder können abgestrichen sein (Grab 5), sie sind jedoch nicht auf die charakteristische Weise mehrfach scharfkantig facettiert, ebenso wie im noch deutlicher abseits der latène- wie kaiserzeitlichen Siedlungszentren gelegenen Gräberfeld von Hatzfeld-Lindenhof nahe der oberen Eder. Dieses Gräberfeld ist anhand der Fibelformen etwa nach Latène D2b zu datieren und läuft ebenfalls bis in augusteische Zeit hinein[25]. Unter den Keramikformen überwiegen auch hier bauchige terrinenartige Gefäße mit gerundetem Umbruch. Ein Gefäß ist möglicherweise zu einer hochschultrigen Trichterurnenform mit deutlich einziehendem Unterteil ergänzbar. Solche situlenartigen Formen kommen in Hessen seltener vor[26].

Chronologisch naheliegende Siedlungskomplexe scheinen auch aus Wanfried-Aue vorzuliegen[27]. Hochschultrig bauchige mehrteilige Formen mit nach außen umgelegtem Rand[28] passen in diesen Zusammenhang. Sie finden Parallelen in Hatzfeld-Lindenhof [29] bis an den Niederrhein[30], ebenso wie die auffällig häufigen rauhwandigen grobkeramischen Töpfe mit und ohne Randtupfen[31], die im elbgermanisch beeinflussten Kontext der Keramikgruppe 2a in Niederhessen sonst eher selten sind. Die offenen Schalenformen mit ausbiegendem Rand[32] kommen in der Spätlatènezeit bis in die früheste Kaiserzeit vor[33]. Auch die nahezu

---

[24] Es wurden insgesamt zehn Brandgräber freigelegt: K. Naß, Brandgrubengräber der frühen Kaiserzeit aus Waldeck. In: E. Sprockhoff (Hrsg.), Marburger Studien 1 (Marburg 1938) Taf. 70; O. Uenze, Keramik der frühesten Kaiserzeit in Nordhessen. Fundber. Hessen 2, 1962, Taf. 43; Akten des Landesamtes für Denkmalpflege Hessen, Abt. Archäologische und Paläontologische Denkmalpflege, Außenstelle Marburg. Aus zumindest sieben Gräbern konnten Fibeln bzw. Fragmente von Fibeln geborgen werden: Drei Exemplare Typ Kostrzewski Var. N (Grab 1 und Grab 9 aus Eisen, Grab 8 aus Bronze), ein Exemplar Typ Almgren 22 (Grab 8, Bronze), Fragmente zweier Scharnierfibeln (Grab 6 und Grab 10, beide aus Bronze), Reste einer bronzenen Drahtfibel mit Spirale aus vier Windungen und oberer Sehne (Grab 2), Grab 3 enthielt ein Paar eiserner geschweifter Fibeln mit kleinen Stützflügelchen wie frühe geschweifte Fibel (nach S. Rieckhoff, Süddeutschland im Spannungsfeld von Kelten, Germanen und Römern [Trier 1995] 56 ff.; 131), aber mit lanzettförmigem, im Querschnitt etwa dreieckigem Fuß wie sonst bei Kostrzewski Var. M. An ansprechbaren Gefäßformen sind dokumentiert: Vier bauchige Terrinenformen mit nach außen umgelegtem oder senkrecht gestelltem Rand (Gräber 1, 2, 5 und 7), eine offene Schale und eine situlaähnliche hochschultrige Form mit S-förmigem Oberteil und leicht konkaver unterer Wandung sowie Eindruckverzierung aus dem wohl ältesten Grab 3. Von mehreren Gräbern sind weitere Keramikfunde vermerkt, aber nicht erhalten.

[25] Freundliche Mitteilung von Frau M. A. Soares da Silva M. A., die mir Einblick in das Fundmaterial gewährte. Neben jeweils mehreren Vertretern der Typen Kostrzewski M und Almgren 22 liegen aus dem Gräberfeld einzelne Exemplare der Typen Kostrzewski Var. N sowie Almgren 2 und Almgren 19 vor: M. A. Soares da Silva/M. Seidel, Das frühgermanische Gräberfeld von Hatzfeld-Lindenhof. Fundber. Hessen 34/35, 1994/1995 (im Druck).

[26] Z. B. aus Hümme, Kr. Hofgeismar: R. v. Uslar, Westgermanische Bodenfunde des ersten bis dritten Jahrhunderts n. Chr. aus Mittel- und Westdeutschland. Germanische Denkmäler der Frühzeit 3 (Frankfurt 1938) 208 Taf. 43,3; Holzhausen am Hahn: Uenze (Anm. 24) 152 f. Abb. 10 rechts unten.

[27] K. Striewe, Germanische Siedlungsreste der Römischen Kaiserzeit in Wanfried-Aue, Werra-Meißner-Kreis. Ber. Komm. Arch. Landesforsch. Hessen 4, 1996/1997, 155 datiert die Funde zum Teil an den Übergang von der Latène- zur Kaiserzeit, gibt dem Siedlungsplatz dann aber einen sehr weiten Datierungsspielraum bis um 100 n. Chr. Eindeutige rhein-weser-germanische Merkmale scheinen mir jedoch zu fehlen, soweit die abgebildeten Formen diesen Schluss erlauben.

[28] Ebd. Abb. 7,1; 8,12; 10,6.

[29] Soares da Silva/Seidel (Anm. 25).

[30] Z. B. Haldern-Sonsfeld: C. Reichmann, Zur Besiedlungsgeschichte des Lippemündungsgebietes während der jüngeren vorrömischen Eisenzeit und der ältesten römischen Kaiserzeit (Wesel 1979) Taf. 33,1; 34, 2.

[31] Ebd. Taf. 33,15 u. a.; Soares da Silva/Seidel (Anm. 25).

[32] Striewe (Anm. 27) Abb. 10,1; 11,16.

[33] Z. B. Flörsheim-Weilbach Nr. 17, Fritzlar-Geismar A 277: Best/Heiner (Anm. 18) Taf. 182,6; Echzell „Am Mühlbach": B. Steidl, Frühkaiserzeitliche germanische Besiedlung in der Wetterau. In: Vera Rupp (Hrsg), Archäologie in der Wetterau (Friedberg 1991) Abb. 5,10.15. Die Form lässt sich im Mittelelb/Saalegebiet bzw. in der Oder/Warthe Gruppe (Przeworsk Kultur) bis in die Mittellatènezeit zurückverfolgen; zahlreiche Deckschalen in Gräbern aus Gräfenhainichen: G. Gustavs/S. Gustavs, Das Urnengräberfeld von Gräfenhainichen, Kr. Gräfenhainichen. Jahresschr. Mitteldt. Vorgesch. 59, 1976; in Hessen: Z. B. Muschenheim: Meyer (Anm. 23) Abb. 4,4.

geradwandigen Schalen[34] finden Parallelen in der Übergangszeit[35]. Interessant ist hier die Zusammensetzung der Gefäßformen: Ein starkes Überwiegen der ein- und zweiteiligen gegenüber den mehrteiligen Formen und der sehr hohe Anteil an rauhwandiger Grobkeramik ist sonst eher ein Merkmal der Siedlungskomplexe der späten Latènekultur, der Stufe D1, in Nordhessen[36].

Der mittel- bis spätaugusteische Komplex aus Flörsheim-Weilbach ist vom rhein-weser-germanischen Merkmalspektrum noch weit entfernt. Ein Vergleich mit Grube 302 aus Oppershofen macht dies deutlich: Hier überwiegen die mehrteiligen Gefäßformen die ein- und zweiteiligen Gefäße[37], ganz entsprechend der bereits rhein-weser-germanisch geprägten Keramikgruppe 2b in Fritzlar-Geismar[38]. Die mehrteiligen Formen in Oppershofen sind nicht mehr ausgeprägt bauchig, sondern in allen vorgestellten Exemplaren sind die Umbrüche kantiger, wenn auch nicht immer scharfkantig. M. Seidel datiert diesen Komplex in die 1. Hälfte des 1. Jh. n. Chr.[39]. Der geringe zeitliche und geographische Abstand zum Flörsheimer Fundkomplex und die deutlich andersartige Keramik machen eine unterschiedliche Herkunft der Träger dieser beiden Merkmalsgruppen wahrscheinlich.

In Fritzlar-Geismar zeigt sich etwa ab spätaugusteisch-frühtiberischer Zeit mit Keramikgruppe 2b ein Schub neuer Merkmale: Deutliches Überwiegen der mehrteiligen Formen, zahlreiche scharfkantige Umbrüche (deren Anteil im Laufe der Zeit weiter zunehmen wird), mehrteilige Gefäße mit Fingertupfenverzierung (zumeist außen) auf dem Rand, neue Magerungstechniken etc.[40]. Im Gegensatz zu Oppershofen Grube 302 finden sich in den etwa gleichzeitigen Komplexen aus Fritzlar-Geismar neben neuen Formen weiterhin Gefäße mit den Stilmerkmalen der Keramikgruppe 2a, und der Anteil der bauchigen mehrteiligen Gefäßformen nimmt erst allmählich zugunsten der kantigen Umbrüche ab, auch weitere Merkmalsgruppen zeigen eine kontinuierliche Entwicklung[41].

Das Auftreten dieser neuen („rhein-weser-germanischen") Keramikmerkmale lässt sich weit verbreitet im nordwestdeutschen Raum beobachten und gleichzeitig von dem vorausgehenden („elbgermanisch" beeinflussten) Merkmalensemble (Keramikgruppe 2a) absetzen[42]. Mit dem Weilbacher Fund liegt nun ein vergleichsweise gut datierbarer Keramikkomplex dieser Keramikgruppe vor.

Der vereinzelte und unvollständig ergrabene Befund lässt hinsichtlich seines Umfelds nur begrenzte Rückschlüsse zu. Das Keramikensemble kann problemlos als typische Siedlungskeramik angesprochen werden. Eine so ausgeprägt dichte Fundkonzentration wie in Schicht 27d wird allerdings in normalen Siedlungszusammenhängen nur ausnahmsweise angetroffen. Auch vier gut erhaltene Fibeln aus einer nur teilweise durchsuchten Verfüllungsschicht einer Siedlungsgrube sind ungewöhnlich. Die zahlreichen Brandreste, insbesondere der in einem Bereich kräftig verziegelte Boden in dieser Schicht (27d), belegen einen Brand in dieser Grube bzw. auch in seiner Umgebung, wobei die Funde aber in der Regel keine Feuereinwirkung zeigen. Ein Feuer und eine Fundschicht mit konzentriert vorgefundenen Resten zerbrochener Gefäße lassen an einen größeren Schadensfall denken. Die Anzahl der Gewandspangen, die in dieser Schicht kaum als einfach verloren und nicht wiedergefunden erklärt werden kann, deutet eher darauf hin, dass die hier ehedem Siedelnden nicht mehr die Möglichkeit hatten, das Verlorene zu suchen und wieder an sich zu nehmen.

---

[34] Striewe (Anm. 27) Abb. 10,2-3.5.

[35] Fritzlar-Geismar A 277: Best/Heiner (Anm. 18) Taf. 182, 7 und Fritzlar- Geismar A 256: Ebd. Taf. 167,1-2.4.

[36] Heiner (Anm. 18) 57 ff.

[37] U. Eisenhauer/M. Seidel, Eine Siedlungsgrube der Älteren Römischen Kaiserzeit aus Oppershofen, Wetteraukreis (Hessen). Ein Beitrag zur Besiedlungsgeschichte der Wetterau im 1. Jahrhundert nach Christi Geburt. Arch. Korrbl. 25, 1995, Abb. 2-3, soweit die abgebildeten Formen die wirklichen Relationen wiedergeben.

[38] Vgl. Heiner (Anm. 18) 57 ff. Tab.1,1a.1f.

[39] Ebd. 187.

[40] Vgl. ebd. 56 ff.; 69 ff.

[41] Ebd.

[42] Ebd. 69 ff.

Es handelt sich nur um Fibelformen mit Verbreitungsschwerpunkt im gallischen Raum oder im Bereich der frührömischen Militärlager im Rheingebiet, ein originär germanischer Fibeltyp fehlt. Für die ethnische Zuweisung des Komplexes ist jedoch die handgemachte Keramik ausschlaggebend, was für die hier ansässigen germanischen Siedler einen engen Kontakt zum römischen Gebiet belegt. Das spärliche Vorkommen römischer scheibengedrehter Ware unter den Funden spricht aber für eine Gemeinschaft mit noch traditionellem Keramikgebrauch. Die Nähe der Siedlung zum lediglich etwa 12 km entfernten römischen Militärlager von Mainz bzw. zum möglicherweise gleichzeitigen Militärlager in Höchst ist ohne engen Kontakt mit dem römischen Militär kaum denkbar.

Katalog der weiteren Fundstellen

Fundstelle 1:
Im Anschnitt etwa 1,5 m breite kastenförmige Grube mit horizontalem Boden, Unterkante etwa 0,4 m unter Baggerplanum (hinfort: u. B.), entspricht etwa 0,7 m unter Oberfläche. Einschlüsse: Kleine Mengen Holzkohle und Brandlehm, keine ansprechbaren Funde.

Fundstelle 2:
Unregelmäßige Eintiefung, im Anschnitt etwa 2 m breit, bis 0,4 m u. B. Einschlüsse: Holzkohle, Brandlehm, Wandscherbe (Ws.), grobkeramisch, vorgeschichtliche Machart.

Fundstelle 3:
Schachtartige Grube mit leicht angeschrägten Wänden und gerundetem Boden, Breite etwa 1,3 m im oberen Bereich, 1,8 m Tiefe u. B. Einschlüsse: Holzkohle, Brandlehm, Keramik, zumeist quarzgemagerte grobe Ware, eine kammstrichverzierte Ws., wahrscheinlich Eisenzeit.

Fundstelle 4:
Kein Bef.

Fundstelle 5:
Im Profil kastenförmige Eintiefung, max. 1,8 m breit, bis 0,9 m tief u. B. Einschlüsse: Holzkohle, Keramik (*Abb. 2*), Späthallstatt-Frühlatènezeit[43].

Fundstellen 6 und 7:
Keine Bef., Kolluvien mit zahlreichen Kulturanzeigern: Holzkohle, Brandlehm, Keramik.

Fundstellen 8 und 9:
Längliche Spitzgrube oder Spitzgraben, in ähnlichem Profil gegenüberliegend auf beiden Seiten des Grabens. Tiefe bis etwa 1 m u. B., Breite im oberen, noch erkennbaren Bereich (unterhalb des Bt-Horizonts) knapp 0,5 m. Einschlüsse: Zahlreiche Holzkohle- und Brandlehmbrocken, Keramik vorgeschichtlicher Machart.

Fundstelle 10:
Spitzgruben- oder spitzgrabenartige Vertiefung, bis 1,2 m u. B., oben etwa 0,3 m breit. Einschlüsse: Holzkohle und Brandlehmbröckchen, keine ansprechbaren Funde.

Fundstelle 11:
Im Anschnitt etwa rechteckiger Grubenrest, etwa 0,4 m breit und bis 0,9 m tief u. B. Einschlüsse: Holzkohle, keine ansprechbaren Funde.

---

[43] Vgl. die Gefäße aus Wiesbaden-Biebrich und Niederwalluf: H. Behaghel, Die Eisenzeit im Raum des Rechtsrheinischen Schiefergebirges (Marburg 1942) Taf. 26,P; 28,C16 oder von Kettig: H. E. Joachim, Die Hunsrück-Eifel-Kultur am Mittelrhein. Beih. Bonner Jahrb. 29, 1968, Taf. 44,C3; auch auf der Heuneburg ist dies eine geläufige Form: D. Fort-Linksfeiler, Die Schüsseln und Schalen der Heuneburg. Heuneburgstudien VII (Mainz 1989) Taf. 121,276 u. a.

Fundstelle 12:
Im Anschnitt gerundete Vertiefung, max. etwa 1,5 m breit und 0,8 m tief u. B. Einschlüsse: Holzkohle, Brandlehm, Muschelschale, Knochen, Steine, Keramik (*Abb. 2*), wahrscheinlich hallstattzeitlich.

Fundstelle 13:
Vertiefung mit gerundetem Profil mit 1,2 m Breite und 0,7 m Tiefe u. B. Einschlüsse: Holzkohle, Brandlehm, Knochen, Keramik (*Abb. 2*).

Fundstelle 14:
Im Anschnitt birnen- bis kegelstumpfförmige Vertiefung, max. 1,2 m breit und 1,1 m tief u. B. Einschlüsse: Wenig Brandlehm und Holzkohle, Keramik vorgeschichtlicher Machart.

Fundstelle 15:
Im Anschnitt etwa halbkugelige Vertiefung, oben etwa 0,9 m breit, bis 0,6 m tief u. B. Einschlüsse: Vereinzelt Holzkohle und Brandlehmbröckchen.

Fundstelle 16:
Im Anschnitt unregelmäßig gerundete Vertiefung, etwa 1,1 m breit und 0,8 m tief u. B., darunter schmale, schachtartige Vertiefung von etwa 0,2-0,3 m Breite bis an die Gasgrabensohle (Tiergang?). Einschlüsse: Holzkohle und Brandlehm in beiden Vertiefungen, Ws. vorgeschichtlicher Machart.

Fundstelle 17:
Undeutlich zu umreißende Verfärbung bzw. Vertiefung, ca. 3 m breit, 0,8-0,85 m tief u. B. Einschlüsse: Geringe Mengen Brandlehm und Holzkohle, Keramik vorgeschichtlicher Machart.

Fundstelle 18:
Sich scharf abzeichnende, im Anschnitt kastenförmig-rechteckige Vertiefung (evtl. modern?), 1,25 m breit und 0,33 m tief u. B. Einschlüsse: Holzkohle, Brandlehm, Keramik vorgeschichtlicher Machart.

Fundstelle 19:
Im Anschnitt schräge und schmale schlauchartige Vertiefung, im oberen Teil trichterförmig, im unteren Teil etwa 0,25 m breit, oben bis 1,2 m breit, 1,3 m tief u. B. Einschlüsse: Zahlreiche Brandlehm- und Holzkohlestücke, Keramik vorgeschichtlicher Machart.

Fundstelle 20:
Im Anschnitt trichterförmige Vertiefung, an der Oberkante bis 2,2 m breit, nahe der Sohle noch 0,25 m breit, bis ca. 2 m tief u. B. Einschlüsse: Holzkohle, Brandlehm, Keramik vorgeschichtlicher Machart.

Fundstelle 21:
Etwa 10 m breite Eintiefung mit verschiedenen Ablagerungshorizonten, im unteren Bereich Einschwemmungshorizonte aus Kiesen und Sanden, bis 1,4 m tief u. B. Die Einschwemmschichten sind zum Teil sehr fundreich, insbesondere Schicht h mit römischer Keramik: Terra Sigillata, rauhwandige Drehscheibenware sowie handgemachte Ware (*Abb. 2*), eine Münze (Antoninianus des Maximinianus Herculius, 290-291). Wohl ein altes Bachbett des Weilbachs.

Fundstelle 22:
Unklare Verfärbung, zum Bt-Horizont nicht deutlich abgrenzbar, unter Kolluvium und Parabraunerderesten nur noch als flache Vertiefung erkennbar. Einschlüsse: Holzkohle, Brandlehm, Keramik, Terra Sigillata und handgemachte Ware.

Fundstelle 23:
Etwa 1,5 m breite Vertiefung, bis 0,6 m tief u. B., mit Flusskieseln und Kalksteinen verfüllt, die zum Teil durchgeglüht waren. An der Sohle der Vertiefung eine dünne Holzkohleschicht, weitere Einschlüsse: Knochen, Brandlehm, Ws. vorgeschichtlicher Machart.

Fundstellen 24, 25 und 26:
Kolluvien mit starker Fundkonzentration an Keramik vorgeschichtlicher Machart.

Fundstelle 28:
Auf beiden Seiten des Grabens angeschnittene, etwa sackartige Vertiefung, oben trichterförmig erweitert, etwa. 2,8 m breit und 1,8 m tief u. B. Einschlüsse: Holzkohle, Brandlehm, Knochen, Keramik (*Abb. 2*[44]), Bronzezeit.

Fundstelle 29:
Flache keilförmige Vertiefung, 1,2 m breit und 0,35 m tief (unter Bt-Horizont), kiesig-steinige Verfüllung mit Holzkohle und Brandlehm, Keramik. Die Lage dieser Fundstelle, etwa 100 m östlich von Fundstelle 28, wurde nicht eingemessen.

Fundstelle 30:
Unterhalb eines 1,2 m mächtigen Kolluviumpakets (unterhalb des abgeschobenen Mutterbodens), etwa rechteckige Grube von 0,6 m Breite und 0,3 m Tiefe. In der humos-lehmigen Verfüllung fand sich ein Keramikpaket aus zahlreichen Grob- und wenigen Feinkeramikfragmenten (*Abb. 2*[45]), hallstattzeitlich, weitere Einschlüsse: Holzkohle.

---

[44] Vgl. entsprechende Formen beispielsweise aus Mainz-Hechtsheim, Frankfurt Schwanheim oder Nidderau-Heldenbergen: B. Pinsker, Die Siedlungskeramik der mittleren Bronzezeit am nördlichen Oberrhein. Mat. Vor- u. Frühgesch. Hessen 13 (Wiesbaden 1993) Taf. 17,22; 51,193; 67,157.

[45] Entsprechende kleine und flache Zylinderhalsgefäße z. B. von der Hühnerkirche bei Idstein, Skelettgrab der Kernbestattung in Hügel 2: Behaghel (Anm. 43) Taf. 6,9 oder Worms-Abenheim: H.-O. Koepke, Siedlungs- und Grabfunde der älteren Eisenzeit aus Rheinhessen und dem Gebiet der unteren Nahe. Unveröffentlichte Dissertation (Marburg 1990) Taf. 270,2; ein verwandtes großvolumiges Gefäß mit leicht geschweiftem Oberteil und mehreren parallel umlaufenden Fingertupfenreihen auf der Schulter aus Wolfheim, Kreis Alzey-Worms: Ebd. Taf. 262,3.

Erbenheim, Stadt Wiesbaden

Eine Siedlung der Hinkelstein-Gruppe und der Eisenzeit

Von Elke Mattheußer

Einleitung

Quer zur Hauptstrecke der neuen ICE-Trasse Köln-Rhein/Main wird auch eine Stichverbindung gebaut, die die Landeshauptstädte Wiesbaden und Mainz an den Steckenverlauf anbindet. Obwohl diese Teilstrecke durch ein bekannt fundreiches Gebiet führt, wurde es leider aufgrund einer Verkettung unglücklicher Umstände versäumt, Auflagen nach dem Denkmalschutzgesetz zu machen. Einer Initiative von J. Lüning ist es zu verdanken, dass dennoch eine Grabung im Bereich einer bekannten Fundstelle der mittelneolithischen Hinkelstein-Gruppe am Erbenheimer Autobahndreieck stattfinden konnte. Obwohl die Bahntrasse selbst das Geländes nicht berührt, war dieser Platz dennoch extrem gefährdet, da über diese Stelle eine Behelfsausfahrt der Autobahn führen sollte, die wegen der geplanten Untertunnelung der Autobahn durch die ICE-Trasse nötig wurde. Finanziert wurde das Projekt aus Haushaltsmitteln des Hessischen Landesamtes für Denkmalpflege, Abt. Archäologische und Paläontologische Denkmalpflege, und der „Wissenschaftlichen Baugrund-Archäologie e. V."[1].

---

[1] Den Zuständigen beider Institutionen, Dr. E. Pachali (Wiesbaden) und Dr. C. Dobiat (Marburg), ist für die unbürokratische Zurverfügungstellung der Mittel zu danken. Für die tatkräftige und materielle Unterstützung ist dem Seminar für Vor- und Frühgeschichte Frankfurt, namentlich Prof. Dr. J. Lüning, zu danken. Organisatorische Aufgaben im Vorfeld der Grabung übernahm Dr. R. Heiner. Wertvolle Hilfe bei der Ansprache und Beurteilung der schwierigen Bodenbedingungen erhielten wir von Prof. Dr. G. Semmel (Frankfurt). Für die Durchsicht und Bestimmung der mittelneolithischen Tonware danke ich Frau Dr. U. Eisenhauer (Frankfurt) sehr herzlich. Die Ansprache der problematischen Funde aus Befund 13 als wahrscheinliche Überreste der Wartbergkultur verdanke ich Frau Dr. B. Höhn (Leipzig) und Frau Dr. K. Kunter (Marburg). Die eisenzeitlichen Funde bestimmte Frau U. Söder M. A. (Marburg), die auch die Fundzeichnungen dieses Komplexes übernahm. Frau I. Görner M. A. fertigte die Fundzeichnungen der neolithischen Keramik an. Das Silexmaterial wurde von Frau B. Gehlen M. A. (Köln) bestimmt und ausgewertet. Ihr sei dafür herzlichst gedankt, wie auch Prof. Dr. A. Zimmermann, der diesen Kontakt herstellte und die Aufnahme betreute. Prof. Dr. M. Kunter (Gießen) nahm sich dankenswerterweise des in Grube 41 aufgefundenen Skeletts an. Frau Dr. A. Kreuz (Wiesbaden) wertete die botanischen Proben der Grabung aus. Hervorzuheben ist auch die gute Zusammenarbeit mit der Arbeitsgruppe der ausführenden Bauunternehmen der Bahntrasse (ARGE). Besonderer Dank gilt hier Herrn Fischer für die Möglichkeit, flexible Absprachen zu treffen und die Bereitschaft, auch kurzfristig schweres Gerät zur Verfügung zu stellen. Den Anwohnern und örtlichen Landwirten danke ich für die freundliche Aufnahme und viele nützliche Hinweise in bezug auf die rezente Nutzung des Geländes.

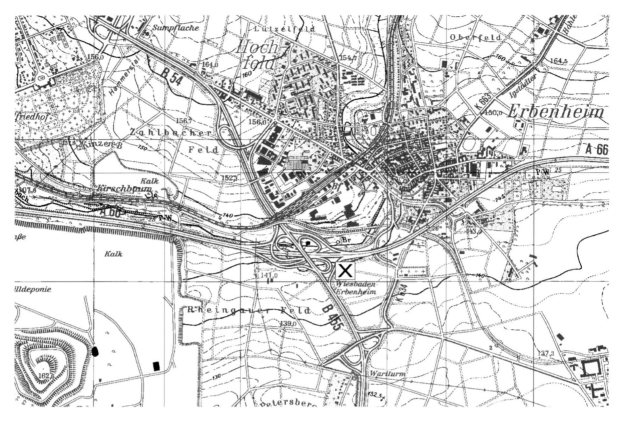

Abb. 1. Wiesbaden-Erbenheim. Lage des Fundplatzes. Das eingerahmte Kreuz markiert die Grabungsfläche. Kartengrundlage: TK 5915 Wiesbaden (M. 1:25000).

Der schon aus zahlreichen Lesefunden und Notbergungen bekannte prähistorische Siedlungsplatz konnte unter extremer Zeitnot in einer vierwöchigen Kampagne mit zwei bis vier Grabungshelfern, einem Techniker und einer Wissenschaftlerin auf etwa 2100 m² untersucht werden. Die örtliche Grabungsleitung lag in Händen der Verfasserin.

Der Fundplatz

Die Fundstelle liegt am südöstlichen Ortsrand von Erbenheim auf einem nach Norden exponierten Hang, der mit mäßigem bis starkem Gefälle bis zum ca. 200 m entfernten Bachlauf hin abfällt (*Abb. 1*). Der urspüngliche Bachlauf deckt sich weitgehend mit dem Verlauf der Autobahn 66 in diesem Bereich. Das heutige, kanalisierte Bachbett liegt direkt nördlich der Autobahn.

Geologisch gehört das Gebiet zum Mainzer Becken. Der Untergrund besteht daher aus marinen Ablagerungen aus dem Tertiär, die im Pleistozän durch Lößablagerungen bedeckt wurden. Seiner Nähe zum Oberrheingraben verdankt die Region ihre tektonische Instabilität. So können hier häufig Dolinen (Erdabfallkanten) beobachtet werden, die zu einem kleinräumigen, vertikalen Schichtverzug von mehreren Metern führten. Zwischen den marinen Ablagerungen im Untergrund und dem pleistozänen Löß wurden auch sog. Moosbacher Sande angetroffen.

Interessanterweise wurden in mehreren Profilen zwei unterschiedlich alte Lößpakete aus verschiedenen Eiszeiten beobachtet, die durch eine zwischeneiszeitliche Bodenbildung (B-Horizont) getrennt wurden. Das ältere Lößpaket enthält sehr massive Kalkkonkretionen, während der jüngere Horizont noch die feinkörnige Konsistenz rezenter Lößböden aufweist. Aufgrund des doch erheblichen Hanggefälles - 4 m Gefälle auf 100 m Strecke - ist der rezente B-Horizont weitgehend der Erosion zum Opfer gefallen. Er wurde nur in geringmächtigen Resten vor allem in Schnitt 2 angetroffen. Etwa 5 m nördlich und südlich des Feldwegs, der die beiden Grabungsschnitte trennte, wurden dagegen Lagen des hangabwärts erodierten Sediments als kolluviale Ablagerungen beobachtet, die aus mindestens zwei Schichten bestanden. Das obere Kolluvium könnte als sog. „Ackerberg" anzusprechen sein, dessen Bildung auf das regelmäßig wiederkehrende Wenden eines Pflugs über längere Zeiträume hin zurückzuführen ist. Das untere Schichtpaket enthielt jedoch die Reste eines wohl prähistorischen Grabes, das vermutlich hangabwärts geschwemmt wurde (Befund 45), und muss daher als Ergebnis natürlicher Erosion gewertet werden.

Zahlreiche moderne Störungen zeigten die Nutzung des Geländes im 20. Jh. So wurde im Bereich von Schnitt 1 bis vor wenigen Jahrzehnten eine Schweinemästerei betrieben. Als Überreste dieser - heute oberflächig nicht mehr sichtbaren - Nutzung kann Befund 3 angesehen werden, der wohl den Rest einer flachgrundigen Schweinesuhle darstellt. In Schnitt 2 wurden zahlreiche rechteckige Grabenstücke aufgedeckt, die sich durch ihre Füllung und stratigraphische Position als rezente Bodeneingriffe auswiesen. Sie können wahrscheinlich mit der hier sehr intensiv betriebenen Flurbereinigung in Zusammenhang gebracht werden, in deren Verlauf es nötig war, die Bodengüte der kleinen Flurparzellen zu bestimmen.

Am deutlichsten erkennbar und auch sicher einer modernen Aktivität zuweisbar ist eine 1,8 m tiefe Grube, die sich auf etwa 800 m² östlich von Schnitt 1 erstreckte. Diese Störung geht zurück auf die Tätigkeit des Kampfmittelräumdienstes, der aufgrund der im Luftbild sichtbaren zahlreichen Bombentrichter des letzten Weltkriegs in diesem Bereich gezwungen war, die komplette Flur auf diese Tiefe „auszukoffern", um die Bauarbeiten an der Bahntrasse nicht zu gefährden. Dieser Eingriff wurde von Facharchäologen beobachtet und gab, nachdem mehrere prähistorische Gruben im Anschnitt erkannt wurden, den letzten Ausschlag für die Durchführung der Rettungsgrabung.

Grabungsverlauf

Die Kampagne fand im Zeitraum vom 1. bis 31. Oktober 1997 statt. Zunächst wurde nördlich des Feldwegs eine Fläche von etwa 1000 m² westlich der Grube des Kampfmittelräumdienstes vom Humus befreit (Schnitt 1), wobei auch ein Graben entlang des Profils der Kampfmittelräumdienstgrube ausgehoben wurde, um die dort bereits beobachteten Befunde lokalisieren zu können. Das Messnetz lag parallel zum Feldweg. Die Fläche wurde mit Kratzern geputzt und im Maßstab 1:50 gezeichnet. Südlich des Feldweges wurde ebenfalls eine etwa 1000 m² große Fläche geöffnet, die sich im Zwickel zwischen der Böschung der Nord-Süd verlaufenden Autobahnausfahrt und dem bereits erwähnten Feldweg befand (Schnitt 2). Auch dieser Bereich wurde von Hand geputzt und gezeichnet.

Neben zahlreichen modernen Störungen waren dabei etliche runde Verfärbungen - besonders in Schnitt 2 - zu erkennen, die sich als eisenzeitliche Speichergruben herausstellten. Zudem fielen drei tiefschwarze, flächige Verfärbungen auf, die Funde der hier erwarteten Hinkelsteinsiedlung enthielten (*Abb. 2*). Dazu kamen noch mehrere Befunde in beiden Schnitten, die zunächst nicht zeitlich einzuordnen waren. Aufgrund des engen Zeitrahmens für die Ausgrabung und der großen Anzahl der zu untersuchenden Befunde wurde daher entschieden, die eisenzeitlichen Speichergruben mit Hilfe eines Minibaggers zu schneiden. Die mittelneolithischen Grubenkomplexe wurden hingegen von Hand flächig in Straten abgegraben, bis sie sich in einzelne Grubentöpfe auflösten, die dann neue Befundnummern erhielten. Auch die im Planum erkennbaren, unklaren Befunde wurden von Hand geschnitten und untersucht. Der eigentliche Plan, noch eine weitere Fläche im östlichen Anschluss an Schnitt 2 zu öffnen, wurde aufgegeben, da die Befundanzahl schon jetzt erheblich größer war, als sie üblicherweise in einer vierwöchigen Kampagne mit einer kleinen Grabungsmannschaft untersucht werden kann. Zudem dünnten die Befunde in dieser Richtung stark aus und die Bodenverhältnisse ließen auch auf eine zunehmend schlechtere Erhaltung in diesem Bereich schließen.

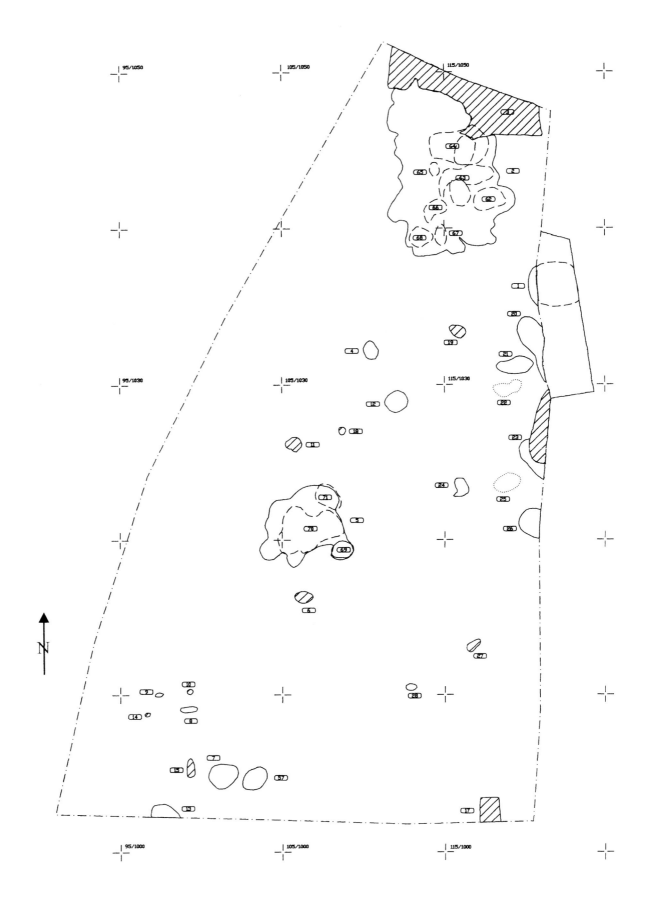

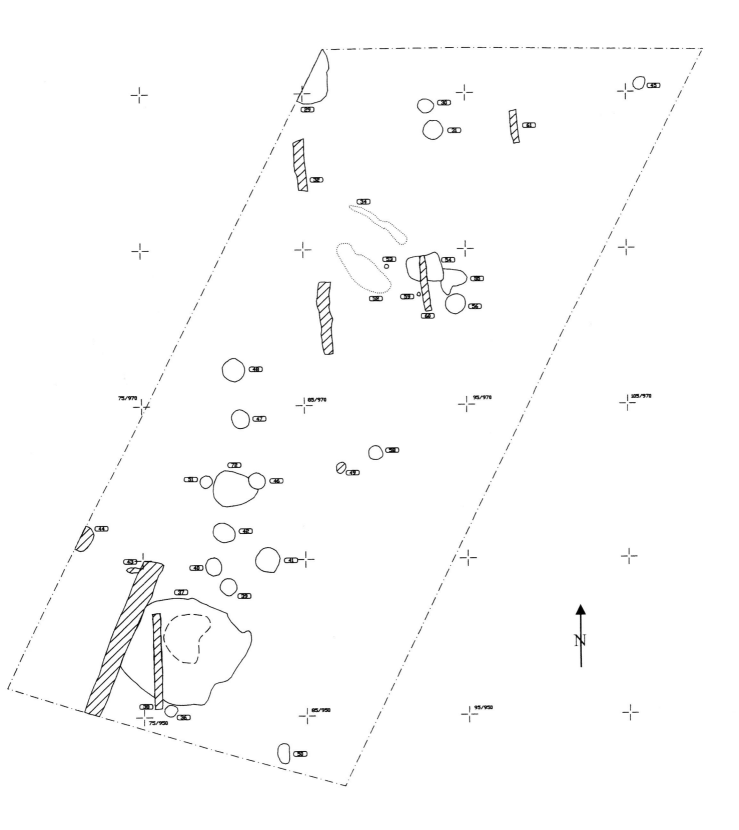

Abb. 2. Wiesbaden-Erbenheim. Gesamtplan der Ausgrabungsfläche. Links nördlicher Teil (Schnitt 1), rechts südlicher Teil (Schnitt 2). Moderne Störungen sind schraffiert, Befunde auf Planum 2 gestrichelt und Befundschatten gepunktet dargestellt.

Dank des Minibaggers war es daher möglich, trotz der Behinderung durch einsetzenden Bodenfrost, alle im Planum dokumentierten Befunde zu schneiden und bis auf wenige Ausnahmen auch vollständig auszugraben. Der Abraum aus den maschinell ausgenommenen Grubenhälften wurde sorgfältig untersucht und erbrachte ein erstaunlich großes Inventar eisenzeitlicher Funde. Leider brachte es dieses Vorgehen auch mit sich, dass eine in Grube 41 deponierte Skelettbestattung nicht rechtzeitig erkannt und daher stark beschädigt wurde. Glücklicherweise war die Knochenerhaltung in diesem Befund hervorragend, so dass sämtliche Teile des Skelettes dennoch geborgen werden konnten.

Befunde

In Planum 1 wurden in beiden Schnitten 61 Verfärbungen aufgedeckt. Elf weitere kamen auf Planum 2 - meist unter den flächig abgegrabenen Grubenkomplexen - zum Vorschein, so dass insgesamt 72 Befunde untersucht werden konnten (*Abb. 2*).

17 dieser Verfärbungen erwiesen sich als modernen Ursprungs. Neben den bereits erwähnten rechteckigen Grabenteilen (Stellen 32, 38, 59-61) und der vermutlichen Schweinesuhle (Stelle 3) handelte es sich dabei um Tiergänge, Wurzelkanäle, kleine Mulden, die mit Resten des Pflughorizonts verfüllt waren und einen vermutlichen Bombentricher (Stelle 23). Drei weitere Verfärbungen konnten nach einem Regenguss im Planum nicht mehr erkannt werden und entfielen somit (Stellen 16, 33, 35).

Der mittelneolithischen Hinkelstein-Gruppe wurden fünf Befunde zugewiesen (Stellen 2, 5, 7, 26, 37), eine Grube (Stelle 13) gehört höchstwahrscheinlich der Wartbergkultur an. Aus verschiedenen Phasen der Eisenzeit stammen insgesamt 20 Befunde, bei denen es sich zumeist um die typischen, glockenförmigen Silogruben der Hallstattkultur handelt. Nicht zeitlich einzuordnen waren 16 weitere Befunde.

Insgesamt waren somit 42 Befunde aus mindestens drei prähistorischen Epochen im Grabungsausschnitt vorhanden. Im folgenden sollen sie, ihrer zeitlichen Zuordnung nach geordnet, näher besprochen werden.

Die Siedlung der Hinkelstein-Gruppe

Allgemeines

Am Übergang vom Alt- zum Mittelneolithikum tritt im Rhein-Main-Gebiet sowie am Neckar und im Elsaß die Gruppe Hinkelstein in Erscheinung. Benannt nach einem Fundplatz bei Monsheim in Rheinhessen, sind die reich ausgestatteten Gräber dieser Kulturgruppe schon seit dem letzten Jh. wohl bekannt. Umfassend behandelt und chronologisch gegliedert wurden die Funde durch W. MEIER-ARENDT (1975). Während die Gräberfelder dieser - wohl nur sehr kurzfristig existierenden - Kultur weitreichende Schlüsse über die keramische Entwicklung und ökonomische Ausrichtung zulassen, sind Siedlungen der Hinkelstein-Gruppe bislang unbekannt. Dies liegt vor allem daran, dass die Siedlungsbereiche meist auch später von den zeitlich anschließenden - und stellenweise wohl auch gleichzeitigen - mittelneolithischen Kulturen Großgartach und Rössen weiterbenutzt wurden (EISENHAUER 1997). Die Tradition, große und tiefe Materialentnahmegruben über lange Zeiträume zu nutzen und das gesamte Abfallmaterial einer Siedlung dort zu entsorgen, erschwerte zudem das Auffinden reiner Hinkelstein-Inventare. Außer in Vermischung mit jüngeren Materialien sind auch Hinkelstein-Funde in jungbandkeramischen Kontexten angetroffen worden, so dass auch eine zeitliche Überlappung mit dieser altneolithischen Kultur stark anzunehmen ist (MEIER-ARENDT 1972, 131 f.).

Im Stadtgebiet von Wiesbaden sind schon im letzten Jh. Gefäße der Hinkelstein-Gruppe gefunden worden. So wurden an der Fundstelle „Mainzer Straße" bereits 1895 zwei Grubeninventare geborgen, in denen neben Scherben mit Hinkelsteiner Dekor auch Gefäßreste der Bandkeramik und der Rössener Kultur zum Vorschein kamen (WURM 1975, 28). Unweit des hier vorgestellten Fundplatzes kamen 1936 weitere Siedlungsfunde der Hinkelstein-Gruppe aus der Sandgrube Günsch zutage (MEIER-ARENDT 1972, 85 ff.). Auch dort war eine Vermischung mit Scherben der Rössener Kultur gegeben. Der hier beschriebene Fundplatz stellt also aufgrund seiner rein der Hinkelstein-Gruppe zuzurechnenden Grubeninventare einen Glücksfall dar, der bislang in der Forschung unbekannt war. Wenngleich auch keine Hausgrundrisse erhalten geblieben sind, so lassen die Befunde doch einige Rückschlüsse auf das Siedlungsverhalten dieser Kulturgruppe zu, die bislang nicht möglich waren.

Befunde

Die Befunde der Hinkelstein-Gruppe befanden sich zum größten Teil im nördlichen Abschnitt des Grabungsareals (Schnitt 1). Es handelt sich dabei um drei große amorphe Grubenkomplexe (2, 5 und 37) sowie eine zylindrische, im Planum runde Vorratsgrube (Stelle 7), die ein reiches Inventar erbrachte. Obwohl keine Keramik in ihm entdeckt wurde, ist es dennoch als gesichert anzusehen, dass Befund 26 an der östlichen Grenze von Schnitt 2 ebenfalls dieser Zeitstellung zuzurechnen ist, da die beiden aus seiner Füllung geborgenen Silices nach Form und Rohmaterial ins Spektrum der sicher mittelneolithischen Gruben passen. Alle Befunde enthielten eine schwarzbraune, stark humose Füllung, wie sie typisch ist für Befunde aus neolithischen Epochen, als der Oberboden noch aus postpleistozäner Schwarzerde bestand.

Mit rund 75 m² ist Stelle 2 der flächenmäßig größte dieser Befunde. Am nördlichen Rand des Grabungsausschnitts gelegen, wurde er an seiner nördlichen Grenze von einer modernen Störung (Stelle 3) geringfügig beeinträchtigt. Neben seiner Größe fiel der Grubenkomplex vor allem durch das sehr massive Rotlehmband auf, das die Verfärbung in NS-Richtung partiell durchzog. Es bestand aus insgesamt 15,5 kg Hüttenlehm, der zum Teil sehr gut erhaltene Astabdrücke einer Flechtwerkwand aufweist. Die Verfärbung wurde in 2 x 2 m große Sektoren geteilt und flächig um 0,2 m tiefergelegt. Das so entstandene Planum 2 zeigte sieben getrennte, wesentlich hellere Verfärbungen (Stelle 62-68). Aufgrund ihrer typischen orangebraunen Färbung und lehmigen Konsistenz gaben sich fast alle dieser Stellen als sog. Befundschatten zu erkennen. Dabei handelt es sich nicht mehr um Teile des Originalbefunds, sondern nur noch um Reste des die Grube umgebenden, sekundären B-Horizonts. Allein die Stellen 63 und 64 wurden daher als echte Teilgruben behandelt und gesondert geschnitten. Sie wurden noch bis in eine Tiefe von 0,5 m unter Planum 2 verfolgt.

In Stelle 63 befanden sich auch die Reste des oben erwähnten Rotlehmbandes, das sich offensichtlich in dieser Tiefe weiter westlich befand als in Planum 1. Es ist daher davon auszugehen, dass dieses Material vom östlichen Grubenrand aus eingefüllt wurde, wobei zumindest Teilgrube 63 schon wieder größtenteils verfüllt war. Auch der etwas weiter südlich gelegene Komplex Stelle 5 war nach 0,2 m Bodenabtrag bereits so weit aufgelöst, dass nur noch die Befundschatten 70 und 71 dokumentiert werden konnten. Zudem wurde es in dieser Planumshöhe auch möglich, die latènezeitliche Vorratsgrube 69 genauer abzugrenzen, die sich in Planum 1 nur sehr undeutlich vom sie umgebenden mittelneolithischen Grubenkompex abhob. Im Gegensatz zu Stelle 2 erwies sich Befund 5 als relativ fundarm. Anhand der wenigen verzierten Scherben, die aus seiner Füllung geborgen wurden, steht die zeitliche Einordnung des Befunds in die Gruppe Hinkelstein dennoch außer Frage. Der dritte der im Grabungsausschnitt aufgedeckten Grubenkomplexe befand sich weit südlich der anderen beiden in Schnitt 2 (Stelle 37). Auch dieser Befund wurde in einem Gitterraster um 0,2 m tiefergelegt und erwies sich als nicht wesentlich besser erhalten als die beiden anderen. Statt sich in einzelne Grubenköpfe aufzulösen, blieb der Befund aber in Planum 2 noch kompakt, wenngleich wesentlich verkleinert. Nach Abtrag weiterer 0,2 m war der Befund dann vollends verschwunden.

Neben diesen drei Grubenkomplexen zählen auch die Einzelgruben 7 und 26 zur mittelneolithischen Epoche. Während es sich bei Stelle 7 klar um eine zylindrische Vorratsgrube mit steilen Wänden handelt, ist die Form des Befunds 26 aufgrund seiner Lage in der östlichen Baggerkante von Schnitt 1 nicht zu beurteilen.

Keramik

Aus den der Hinkelstein-Gruppe zuzurechnenden Befunden wurden insgesamt 13,355 kg Keramik geborgen. Darunter befanden sich 89 verzierte Stücke (*Abb. 3-5*), die zusammen 1,063 kg wogen. Daraus ergibt sich ein genereller Verzierungsanteil von 8 %. Der gesamte Komplex gehört ausweislich der hier verwendeten Verzierungen und Techniken in die jüngere Gruppe II nach W. MEIER-ARENDT (1975). Typisch sind z. B. die mit spitzem Furchenstich ausgeführten, hängenden Dreiecke und mehrreihige Randverzierungen mit Metopen (Bandunterbrechungen). Trotz des insgesamt recht homogenen Verzierungsschatzes sind einige interessante Unterschiede zwischen den einzelnen Grubeninventaren auszumachen.

Chronologisch gesehen stellt die Gruppe Hinkelstein einen Übergangshorizont zwischen der altneolithischen Bandkeramik und der mittelneolithischen Großgartacher Kultur dar, wofür in der Forschung nur eine Zeitspanne von ca. 50 Jahren angesetzt wird. Diese Stellung zeigt sich auch an den verschiedenen, im Hinkelsteinkontext hergestellten Warenarten. Während ein Teil des Materials noch aus dem weicheren, „bandkeramischen" Ton gefertigt ist, zeigt ein anderer Teil schon die härtere, im Mittelneolithikum bevorzugte Machart (EISENHAUER 1997). Auch in Wiesbaden-Erbenheim wurden Beispiele für beide Warengruppen gefunden. Während jedoch in den Befunden 5 und 37 ausschließlich Gefäße mittelneolithischer Machart zutage kamen, bestehen viele Fragmente aus den Gruben 2 und 7 aus dem weicheren, „bandkeramischen" Ton. Auch anhand von Einzelstücken der verzierten Ware zeigt sich diese Tendenz. Obwohl auf dem gesamten Fundplatz keine eindeutig bandkeramischen Scherben gefunden wurden, zeigt ein Exemplar aus Grubenkomplex 2 (*Abb. 4, 11*) deutliche Anklänge an das bandkeramische Verzierungsschema. Am ehesten ist es mit dem sehr späten bandkeramischen Typ 24 (nach STEHLI 1988) vergleichbar. In der Hinkelstein-Gruppe ist ein solches flächendeckendes, aus Einzelstichen bestehendes Dekor fremd. Dennoch kann das Stück auch nicht in die späte Bandkeramik eingeordnet werden, da hier die Ausführung anders gestaltet wäre. Auch die gerade Form des Gefäßes ist eher untypisch für die Bandkeramik.

Ähnliches gilt für ein kleines Fragment aus Grubenkomplex 37 (*Abb. 5,6*). Auch dieses Stück zeigt eine für die Hinkelstein-Gruppe ungewöhnliche Verzierung. Hier wäre als nächste Parallele eine Vorstufe des in der Großgartacher Kultur geläufigen Doppelstichs zu nennen. Allerdings wäre auch dieses Stück bestenfalls als Imitat dieser Verzierungsart anzusprechen. Zwei stark abgerollte Scherben einer Großgartacher Zipfelschale wurden jedoch im oberen Stratum der Grube 37 gefunden (*Abb. 5,4*). Sie sind zwar als intrusiv zu werten, zeigen aber, dass am Fundplatz auch während dieser Zeit mit einer Besiedlung zu rechnen ist. Des weiteren ist als Sonderform noch das Fragment eines Tonrings (*Abb. 5,9*) aus Grube 2 zu erwähnen.

Auch im Vergleich der Anteile verzierter Keramik zwischen den einzelnen Inventaren (*Abb. 7*) zeigen sich erhebliche Unterschiede. Leider konnte der Verzierungsanteil der in Grube 37 aufgefundenen Keramik nur anhand der Gewichtsprozente bestimmt werden, da aus technischen Gründen die Anzahl unverzierter Scherben nicht vorliegt. Dennoch zeigt die Graphik deutlich zwei getrennte Gruppen.

Während in Grubenkomplex 2 und Einzelgrube 7 der Gewichtsanteil verzierter Ware bei 12,9 % bzw. 13,4 % liegt, weisen die Inventare aus den Befunden 5 und 37 lediglich einen Prozentsatz von 3,9 % bzw. 4,2 % verzierter Stücke auf. Die durchweg höheren Werte beim Vergleich der Prozente auf Basis der Scherbenanzahl ist durch die typischerweise feinere - und dadurch auch leichtere - Machart der verzieren Feinware erklärbar. Bei dieser Grundlage liegen die Zahlen für die Inventare 2 und 7 sogar bei 19 % und 25,4 %, also bei fast einem Viertel der gesamten Tonware. Grubenkomplex 5 enthielt dagegen nur 8,1 % verzierte Scherben. Selbst wenn man die sehr kleine Stichprobe - vier Inventare - in Betracht zieht, so fällt doch auf, dass

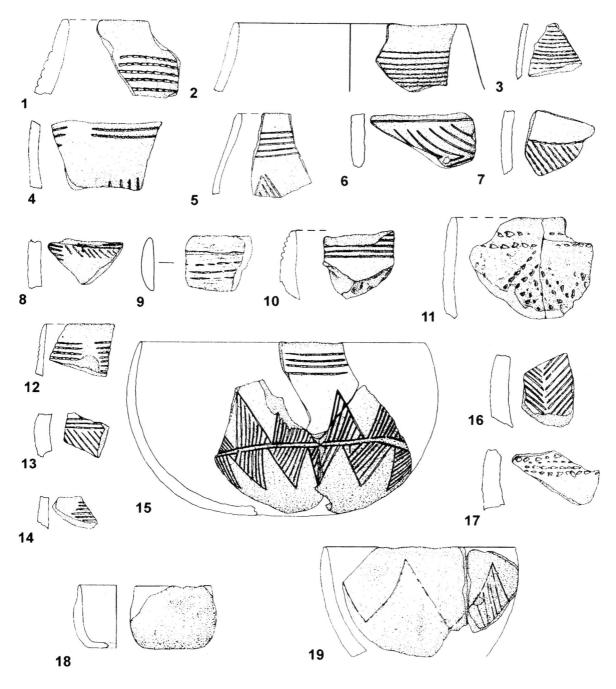

Abb. 4. Wiesbaden-Erbenheim. Keramik aus Befund 2 mit den Teilgruben 63 und 64 (M. 1:2).

ausgerechnet die Komplexe, die schon durch ihre Anteile bandkeramischer Tonbeschaffenheit und stilistischer Eigenheiten bei Einzelstücken eine Nähe zur Vorgängerkultur charakterisieren, auch die weitaus höheren Prozentsätze verzierter Keramik aufweisen. Ob sich daraus jedoch ein chronologischer Trend ableiten lässt, muss weiteren Untersuchungen an größeren Materialmengen vorbehalten bleiben.

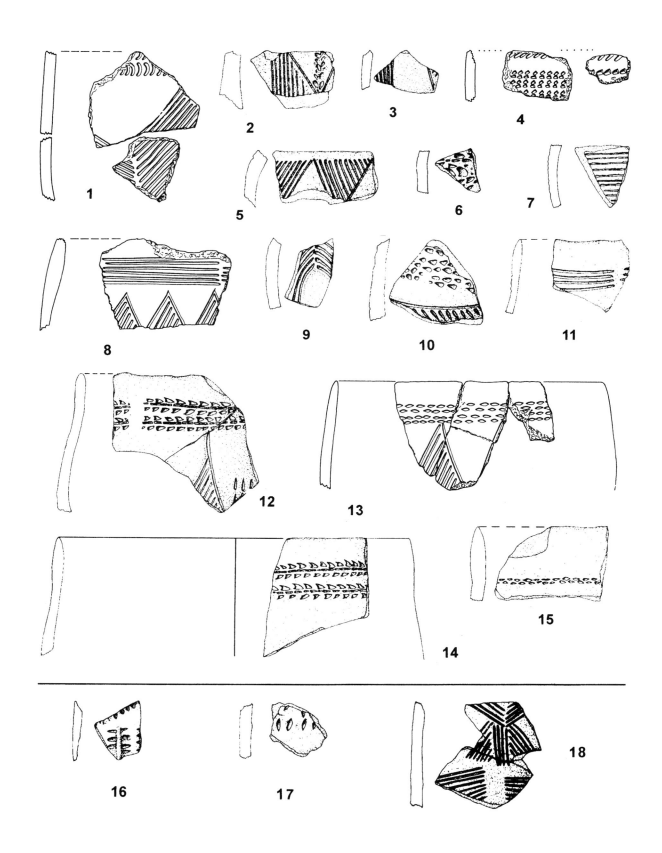

Abb. 5. Wiesbaden-Erbenheim. Keramik 1-15 Befund 37; 16-18 Befund 5 (M. 1:2).

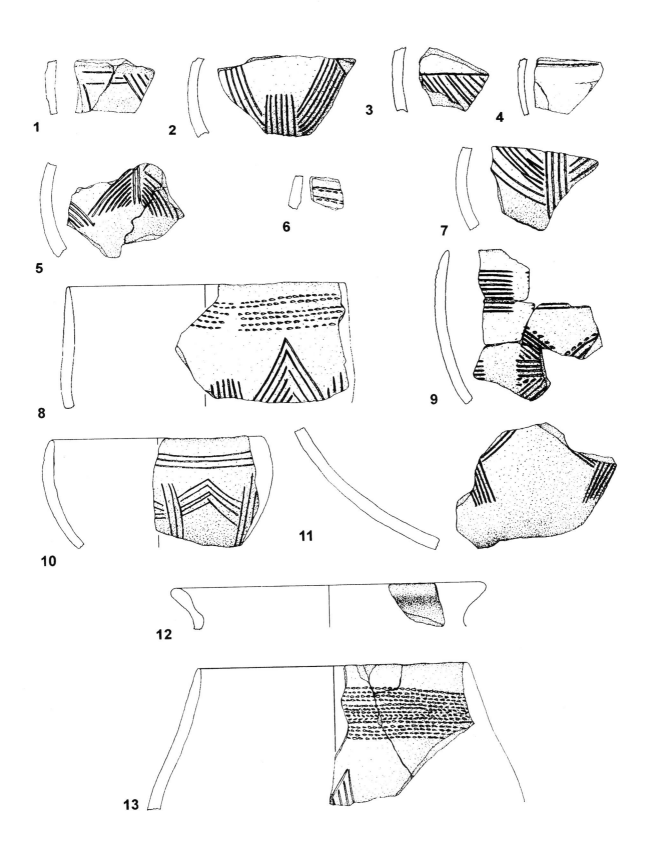

Abb. 6. Wiesbaden-Erbenheim. Keramik aus Befund 7 (M. 1:2).

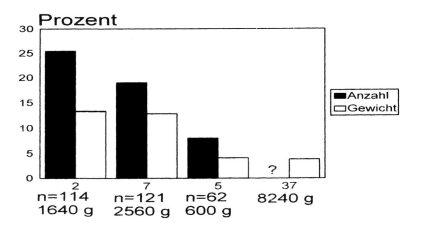

Abb. 7. Wiesbaden-Erbenheim. Vergleich der Anteile verzierter Keramik in den verschiedenen Komplexen.

Silexartefakte

Insgesamt kamen 13 Artefakte aus Silex zutage, die fast alle aus sicher zur Hinkelstein-Gruppe zählenden Befunden geborgen wurden. Lediglich zwei Exemplare aus Grube 26 und ein Lesefund konnten nicht durch Keramikbeifunde in diese Epoche datiert werden. Da sie sich jedoch sehr gut in das Rohmaterial- und Geräteschema der übrigen Stücke einfügen, kann wohl sicher auch bei ihnen von einer mittelneolithischen Zeitstellung ausgegangen werden.

Elf der 13 Artefakte sind aus Hornstein, dem typischen Rohmaterial des Mittelneolithikums. Bei fünf Stücken konnte die Varietät Lengfeld - ein Gewinnungsplatz in Oberbayern - sicher nachgewiesen werden. Die übrigen beiden Exemplare sind aus Kieselschiefer und unbestimmbarem Feuerstein gefertigt. Interesssant ist auch hier die Verteilung der Rohmaterialien auf die Befunde (*Abb. 8*). Fast die Hälfte aller geborgenen Stücke entstammt der sehr fundreichen Einzelgrube 7, die auch ein reiches Inventar an Knochen- und Geweihartefakten erbrachte. Wahrscheinlich ist auch der aufgeführte Lesefund diesem Befund zuzurechnen, da er in unmittelbarer Nähe zutage kam. Grubenkomplex 2 enthielt zwei Exemplare vom Typ Lengfeld. Die beiden übrigen Grubenkomplexe 5 und 37 nehmen hingegen eine andere Stellung ein. Während aus Befund 5 gar keine Silexartefakte geborgen wurden, entstammen die beiden nicht aus bayerischem Hornstein bestehenden Stücke dem schon oben als auffällig besprochenen Komplex 37. Diese Tatsache ist sehr überraschend, da dieser großflächige Komplex, im Gegensatz zu Befund 5, doch sehr fundreich war. Vor allem das völlige Fehlen von Hornstein ist durchaus bemerkenswert. Der Hornstein vom Typ Lengfeld scheint eine wichtige Rolle bei der Rohmaterialversorgung der Hinkelstein-Gruppe einzunehmen. Schon bei der Durchsicht des reichen Inventars aus dem Gräberfeld Trebur (ZIMMERMANN 1995, 16) fiel dieser Umstand auf. Weder die Bandkeramik, von Unikaten abgesehen (vgl. in der vorliegenden Veröffentlichung den Beitrag zu Weilbach), noch die zeitlich anschließende Großgartacher Kultur verwendeten dieses Rohmaterial. Erst in Rössen und im Jungneolithikum beginnt die Ausbeutung dieser Gewinnungsstelle in größerem Ausmaß. Die späte Bandkeramik zeichnet sich nach dem Zusammenbruch des Verteilernetzes von Feuerstein aus den Abbaugebieten im niederländisch-belgischen Grenzbereich durch eine extreme Rohmaterialknappheit aus. Oft wurde auf minderwertige lokale Ersatzmaterialien wie beispielsweise Kieselschiefer ausgewichen (ZIMMERMANN 1995, 15). Die Großgartacher Kultur hingegen verwendete typischerweise bayerischen Hornstein von der Gewinnungsstelle Abensberg-Arnhofen. Das Spektrum der aus Grube 37 geborgenen Artefakte kann jedoch nicht ohne weiteres mit den Verhältnissen in der späten Bandkeramik parallelisiert werden. Falls die spärlichen Funde überhaupt einen Schluss hinsichtlich der Versorgungslage zulassen, so kann höchstens vermutet werden, dass die Bewohner dieses Siedlungsteils wohl nicht an das Verteilernetz des Lengfeld-Hornsteins angeschlossen waren. Dies könnte jedoch ebenso Folge der kulturellen Nähe zur Großgartacher Kultur sein, bevor diese ihr eigenes Beschaffungsnetz aufgebaut hatte.

Befund	Hornstein allg.	Typ Lengfeld	Kieselschiefer	unbest. Feuerstein	Summe
2		2			2
5					0
7	4	2			6
26	2				2
37			1	1	2
Lesefund		1			1
Summe	6	5	1	1	13

Abb. 7. Wiesbaden-Erbenheimm. Rohmaterialspektren der Silexinventare.

Gerät	Hornstein allg.	Typ Lengfeld	unbest. Feuerstein	Summe
Sicheleinsatz		1	1	1
Stichel		1		1
Endretusche	1	1		2
Lateralretusche	3	2		5
Summe	4	5	1	10

Abb. 8. Wiesbaden-Erbenheim. Gerätespektrum der Silexrohmaterialien.

Das Gerätespektrum des Silexinventars bietet, abgesehen vom sehr hohen Anteil modifizierter Stücke (76,9 %), keine Überraschungen. Die für das Neolithikum typischen Werkzeuge wie Sicheleinsätze, Lateral- und Endretuschen sowie Stichel sind hier vertreten (*Abb. 9*). Kerne fehlen dagegen, was bei dem sehr kleinen Inventar jedoch nicht generell erstaunt.

Siedlungsbild

Im Grabungsausschnitt wurde eine nur lockere Streuung an Befunden der Hinkelstein-Gruppe angetroffen (*Abb. 10*). Pfostenstellungen, die auf die Lage ehemals sicher vorhandener Gebäude schließen lassen könnten, fehlten gänzlich. Dies ist mit Sicherheit auf die starke Bodenerosion in diesem recht steilen Hangbereich zurückzuführen. An der Tatsache, dass es auf dem Siedlungsgelände früher Häuser gab, ist jedoch nicht zu zweifeln. Allein die große Menge Hüttenlehm, die vor allem aus Grubenkomplex 2 geborgen wurde, spricht deutlich dafür. Wie bereits erwähnt, sind Siedlungen der Hinkelstein-Gruppe bislang unbekannt, so dass über die Organisation der Orte nichts gesagt werden kann. In der vorhergehenden Bandkeramik setzten sich die Dörfer aus vielen großen Langbauten zusammen, die wahrscheinlich nicht länger als eine Generation bestanden. Lehmentnahmegruben befanden sich zumeist in unmittelbarer Nähe der Gebäudewände (Längsgruben), in den späten Phasen aber auch als vermutlich gemeinsam genutzte Einrichtungen am Rand eines Siedlungsbereichs. Aus der Großgartacher und Rössener Kultur sind hingegen die meist enorm großen und tiefen „Großen Gruben" bekannt. Dabei handelt es sich um Grubenkomplexe, die, wie das aus ihnen geborgene Material zeigt, oft über lange Zeiträume hinweg genutzt wurden. Die Langhäuser weisen in diesen Kulturen regelmäßig Anzeichen für ausführliche Reparaturen auf, was auf eine relativ lange Nutzungsdauer der Gebäude schließen lässt. Während die Siedlungen der Bandkeramik große Flächen mit hoher Befunddichte aufweisen, bestehen die mittelneolithischen Dörfer hingegen, soweit bekannt, aus wesentlich weniger großen bebauten Arealen. Auch ist die Befunddichte meist bei weitem nicht so groß wie in der Bandkeramik. Die Siedlungen der Hinkelstein-Gruppe dürften sich ihrer Stellung in der Transitionsphase entsprechend also zwischen diesen beiden Schemata bewegen.

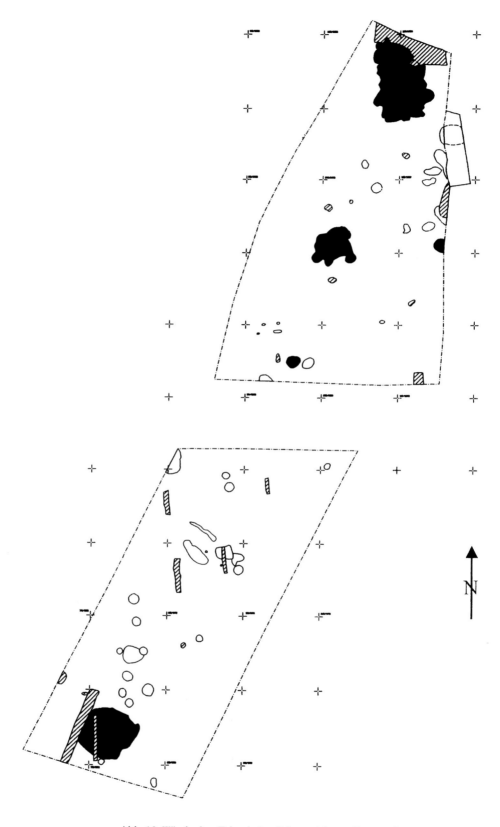

Abb. 10. Wiesbaden-Erbenheim. Schematisierter Gesamtplan.
Gruben der Hinkelstein-Gruppe sind schwarz, Störungen schraffiert dargestellt.

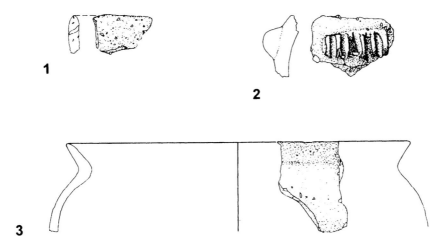

Abb.11. Wiesbaden-Erbenheim. Keramik aus Befund 13 (M. 1:2).

Der Fundplatz Wiesbaden-Erbenheim zeigt ein eher mittelneolithisches Siedlungsschema. Keiner der aufgedeckten Befunde ist auch nur annähernd der Form nach als Längsgrube anzusprechen. Typisch sind hingegen die amorphen Grubenkomplexe mit unregelmäßigem Boden, wie sie auch aus den nachfolgenden Kulturen bekannt sind. Allerdings sind diese Gruben recht flach. Dies kann nicht ausschließlich auf die strake Erosion zurückgeführt werden. Bei dem insgesamt sehr kurzen Zeitraum, den die Hinkelstein-Gruppe wohl einnimmt, war jedoch auch nicht mit Ausmaßen zu rechnen, wie sie die gleichartigen Befunde der wesentlich länger bestehenden Großgartacher Kultur aufweisen.

Da die Siedlung mit Sicherheit nicht vollständig im Grabungsausschnitt erfasst wurde, kann leider keine Aussage über die Größe und Bebauungsdichte gemacht werden. Auf dem aufgedeckten Areal ist mit zwei bis vier Höfen zu rechnen. Aufgrund der Ähnlichkeiten im Material kann ein Zusammenhang zwischen Grubenkomplex 2 und der Einzelgrube 7 als wahrscheinlich gelten. Die ebenfalls in der Nähe gelegenen Befunde 5 und 26 lassen hingegen wegen ihrer Fundarmut solche Schlüsse nicht zu. Der unterschiedliche Verzierungsanteil in den Komplexen 2 und 5 könnte jedoch auf unterschiedliche Hofzugehörigkeit der beiden Befunde hindeuten. Auch der weit südlich gelegene Grubenkomplex 37 zeigt deutliche Unterschiede zum Material aus dem Befundensemble 2/7. Hier ist eindeutig ein weiterer Hofplatz anzunehmen, der unterschiedliche Traditionen in der Herstellungsweise der Keramik bevorzugte und vielleicht auch über geringere Zugangsmöglichkeiten zu den Silexrohmaterialquellen verfügte. Ob sich daraus auch ein chronologischer Unterschied ableiten lässt, muss offen bleiben. Es wäre jedoch auch möglich, dass der gesamte Fundplatz nur einen einzigen Hof repräsentiert, der sich im Laufe der Zeit weiter hangaufwärts verlagerte.

Eine Grube der Wartberg-Kultur

Als Überraschung erwies sich das keramische Material aus dem an der südlichen Grabungsgrenze von Schnitt 1 gelegenen Befund 13. Zunächst als vermutlich eisenzeitlich angesprochen gab sich das wenige Material nach der Fundbearbeitung als jungneolithisch zu erkennen (*Abb. 11*).
Sowohl die Machart wie auch die Form und Ausarbeitung der Applikation und die markante Profilform des Gefäßes *Abb. 11,3* weisen auf eine Stellung des Materials innerhalb der Wartberg-Gruppe hin.
Diese jungneolithische Megalith-Kultur ist hauptsächlich in Nordhessen verbreitet, strahlt aber auch bis in das Rhein-Main-Gebiet aus. In Wiesbaden-Hebenkies wurde die bislang südlichste Fundstelle dieser Gruppe angetroffen (SCHWELLNUS 1979). Ob es sich bei dem hier vorzustellenden Befund um die Spur einer Einzelaktivität handelt oder ob im Umfeld mit einer regulären Siedlung zu rechnen ist, kann von dieser Stelle aus nicht beantwortet werden. Siedlungen der Wartberg-Kultur zeichnen sich oft durch sehr große

Umfassungsanlagen (Erdwerke) aus, wie beispielsweise in Kassel-Calden (RAETZEL-FABIAN 1993). Die Siedlungsbefunde selbst sind dagegen sehr unauffällig und bestehen vermutlich aus kleinen Grubenhäusern mit einigen begleitenden Gruben. Das fast völlig unverzierte keramische Material kann oft nicht sicher angesprochen werden und wird daher häufig mit metallzeitlicher Grobware verwechselt.

Neben Befund 13 könnten noch weitere, aufgrund der Keramik nicht datierbare Gruben aus dieser Epoche stammen. So waren die nur sehr flach erhaltenen Befunde 54, 55 und 56 mit schwarzerdehaltigem Material verfüllt, was auf ihre Zeitstellung innerhalb des Neolithikums schließen lassen könnte. Auch Befund 20 - eine langovale Grube in Schnitt 1 - wies diese Füllung auf. Aus ihm wurden einige Brocken stark quarzgemagerter, sehr grober, dickwandiger Keramik geborgen, die jedoch vielleicht auch als eisenzeitlich eingestuft werden könnten.

Die eisenzeitliche Siedlung

Allgemeines

Siedlungsspuren der Hallstatt- und Latènezeit sind im Rhein-Main-Gebiet keine Seltenheit. Immer wieder werden die typischen Vorratsgruben dieser eisenzeitlichen Kulturen auf den Fundstellen angetroffen. So erbrachten auch die Grabungen in Weilbach und Breckenheim (vgl. auch die Beiträge im vorliegenden Band) reiche Inventare dieser Zeitstellung. Eine Zusammenstellung der wichtigsten Funde der eisenzeitlichen Epoche im südhessischen Gebiet legte A. SCHUMACHER (1972/ 1974) vor, Vergleichsfunde aus dem angrenzenden Gebiet der Pfalz sind bei A. SEHNERT-SEIBEL (1993) publiziert. Aus WiesbadenErbenheim liegen zwei interessante Fundkomplexe vor, welche die dichte eisenzeitliche Besiedlung in diesem Raum dokumentieren. So wurden bei Rettungsgrabungen am nordwestlichen Ortsrand 1988 mehrere frühhallstattzeitliche Grubeninventare geborgen, die eine große Anzahl töner Kleinplastiken enthielten (AMANN-ILLE/ ILLE 1994). Ebenfalls in unmittelbarer Nähe zur hier vorgestellten Fundstelle befindet sich der Fundort eines späthallstattzeitlichen Grabes, das zwei Armringe osthallstättischen Typs barg (POLENZ 1973).

Befunde

Wie schon für die neolithische Besiedlung festgestellt werden musste, fehlen wegen der ungünstigen Erosionsbedingungen auf dem Grabungsareal auch alle ehemals vorhandenen Baubefunde des eisenzeitlichen Dorfes. Von einer permanenten Besiedlung kann jedoch aufgrund der zahlreichen Siedlungsgruben in beiden Grabungsschnitten sicher ausgegangen werden.

Insgesamt wurden 18 Befunde angetroffen, die aufgrund von Keramik in verschiedene Stufen der Eisenzeit datiert werden könnten. Meist handelt es sich um die typischen zylindrisch bis glockenförmig profilierten Silogruben (Befund 12, 30-31, 39-42, 46-48, 51, 57, 69). Nur vier Befunde (21, 24, 28, 72) wiesen unregelmäßig muldenförmige Profile auf. Ungewöhnlich ist auch der Befund einer 3 m im Durchmesser großen und 2,5 m tiefen, zylindrischen Grube (Stelle 1), die sich direkt an eine geologische Erdabfallkante (Doline) anschloss. Über ihre Funktion ist nichts bekannt. Die wenigen, aus der Füllung geborgenen Scherben weisen den Befund eindeutig als eisenzeitlich aus, wenngleich auch nichts über die genaue Zeitstellung gesagt werden kann.

Drei weitere Befunde (36, 50, 58) erbrachten zwar kein datierendes Material, sie sind aber anhand ihrer graubraunen Verfärbung und der im Aufriss rundlichen Form wohl der eisenzeitlichen Epoche zuzurechnen.

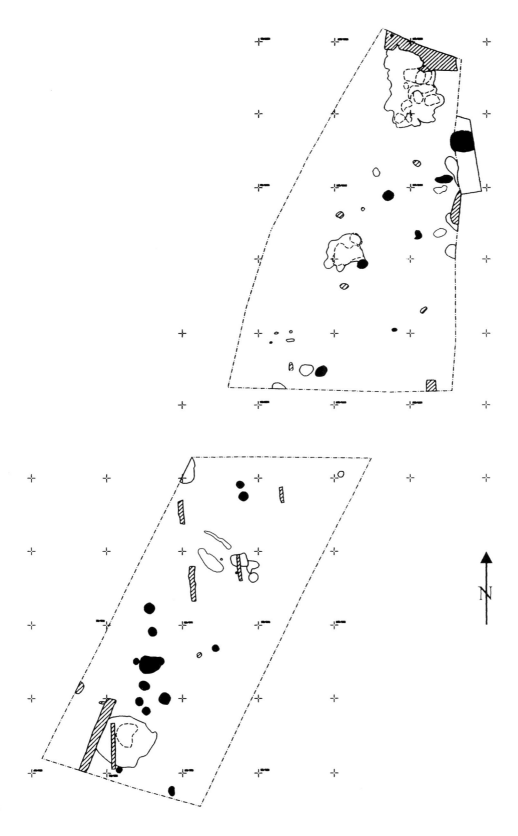

Abb. 12. Wiesbaden-Erbenheim. Schematisierter Gesamtplan.
Eisenzeitliche Gruben sind schwarz, Störungen schraffiert dargestellt.

Die Erhaltung der Befunde war sehr unterschiedlich. Während einige Gruben nur noch etwa 0,2-0,3 m tief erhalten waren (21, 24, 28, 39-40, 47), konnten andere noch bis in eine Tiefe von z. T. über 0,9 m verfolgt werden (12, 48, 51, 57, 69). Eine Abhängigkeit allein von den Erosionsbedingungen ist dabei unwahrscheinlich, da sich Befunde beider Gruppen in der Fläche nicht trennten (*Abb. 12*).

Auch in ihrer Größe im Aufriss unterscheiden sich die meist rundlichen Gruben erheblich, ohne dass eine Systematik darin zu erkennen wäre. Auffällig ist die Häufung von Durchmesserwerten, die in etwa 1 m betragen (Befunde 30, 39-40, 46-47, 51, 58). Deutlich davon getrennt ist eine zweite Gruppe erkennbar, deren Durchmesser ca. 1,5 m beträgt (12, 31, 41-42, 48, 57, 69). Ob es sich dabei jedoch um eine gewollte Normierung handelt oder aber um ein zufälliges Ergebnis, bei dem auch unterschiedliche Erosionsgrade eine Rolle spielen, lässt sich nicht entscheiden.

Keramik

Aus den eisenzeitlichen Befunden wurden insgesamt knapp 23 kg Keramik und 7,5 kg Rotlehm geborgen. Für die bekanntermaßen oft ausgesprochen fundarme Gattung der glockenförmigen Silogruben sind diese Werte sehr erstaunlich. Vor allem die größeren Komplexe (21, 41-42, 48, 51, 57, 69), die jeweils über 1,5 kg keramisches Material erbrachten, waren daher genauer datierbar.

Eine erste Durchsicht des Materials zeigte das typische Formen- und Verzierungsspektrum eisenzeitlicher Siedlungskomplexe (*Abb. 13-15*). Darunter befinden sich Schalen und Schüsseln mit einziehendem oder kaum betontem Rand (*Abb. 13,3.5; 14,4-5; 15,1.7.9*). Manche weisen auch einen leichten Schulteransatz auf (*Abb. 13,1.8; 14,10.12*). Gefäße mit Schrägrand (*Abb. 13,6-7.9.12; 14,11*) sind ebenso vertreten wie solche mit gerader, einziehender Wandung und betontem Rand (*Abb. 13,11; 14,2-3.9*). Verzierungen wurden nur selten beobachtet. Neben einigen Kammstrichmustern kommen häufig plastische Verzierungen vor wie Tupfenleisten (*Abb. 13,10*) oder große, in Reihen angeordnete Dellen (*Abb. 14,1-2.8*). Auch tordierte Ränder gehören ins Spektrum der Tonware (*Abb. 13,11; 14,2*). Anhand dieser Merkmale konnten sechs Inventare mit einiger Sicherheit in die Übergangsstufe HaD/LtA gestellt werden (Befunde 12, 21, 41, 46, 48, 51). Ein Befund (Grube 69) gehört jedoch vermutlich in eine späte Stufe der Latènezeit. Vor allem das Auftreten von nach innen abgestrichenen Rändern macht dies wahrscheinlich. Aus den Befunden 24, 28 und 72 stammt eine Warenart, die in den anderen Inventaren fehlt. Es handelt sich dabei um stark quarzgemagerte, grobe Siedlungsware, die sehr häufig plastische Verzierungen aufweist. Hier könnte es sich um das Spektrum einer älteren eisenzeitlichen Stufe handeln. Da jedoch signifikante Formen in den insgesamt recht fundarmen Gruben fehlen, kann diese Möglichkeit lediglich aufgrund der unterschiedlichen Machart der Keramik geäußert werden. Für Befund 72 ist jedoch auch der stratigraphische Beweis eindeutig erbracht: Diese Grube wird von den beiden sicher in den Hallstatt-Latène-Übergangsbereich gehörenden Befunden 46 und 51 geschnitten.

Somit kann nach erster, vorsichtiger Einschätzung eine langfristige Belegung des Platzes während der Eisenzeit als wahrscheinlich gelten. Vielleicht reichte die zeitliche Spannweite von der mittleren Hallstattkultur bis in die Spätlatènezeit. Genauere Aussagen können aber erst nach Abschluss einer sorgfältigen Bearbeitung des gesamten Materials getroffen werden.

Die Siedlungsbestattung

Einen unerwarteten Fund barg die ansonsten eher unauffällige Silogrube 41. Auf der Sohle des glockenförmigen Befunds wurde ein vollständig erhaltenes Skelett entdeckt, das vermutlich in Hockerstellung an die Grubenwand gelehnt deponiert wurde. Eine genaue Aussage zur Lage ist leider nicht möglich, da durch das Ausheben der Grubenfüllung mit einem Minibagger große Teile des Skelettes ausgeräumt wurden, bevor die Situation erkannt werden konnte. Da die Erhaltung der Knochen jedoch hervorragend

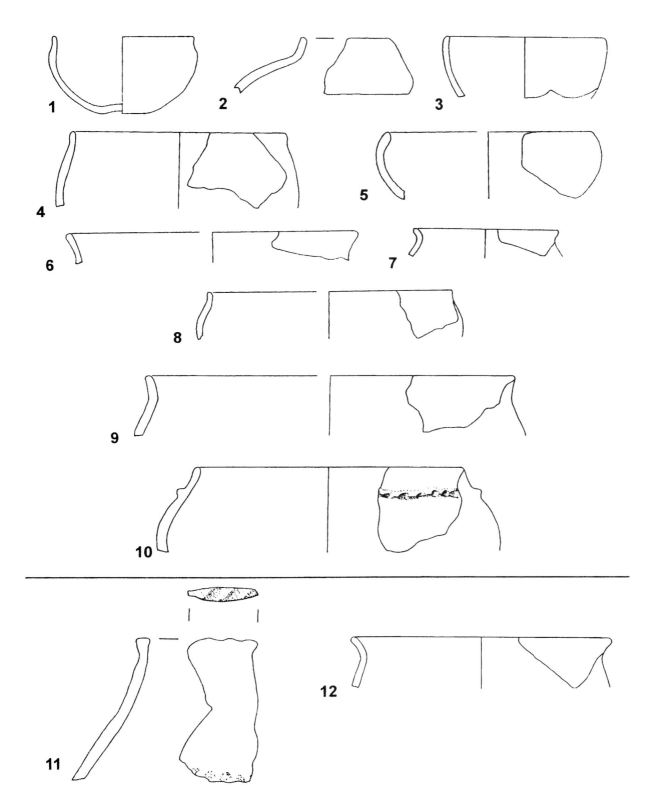

Abb. 12. Wiesbaden-Erbenheim. Eisenzeitliche Keramik. 1-10 Befund 21; 11-12 Befund 24 (M. 1:3).

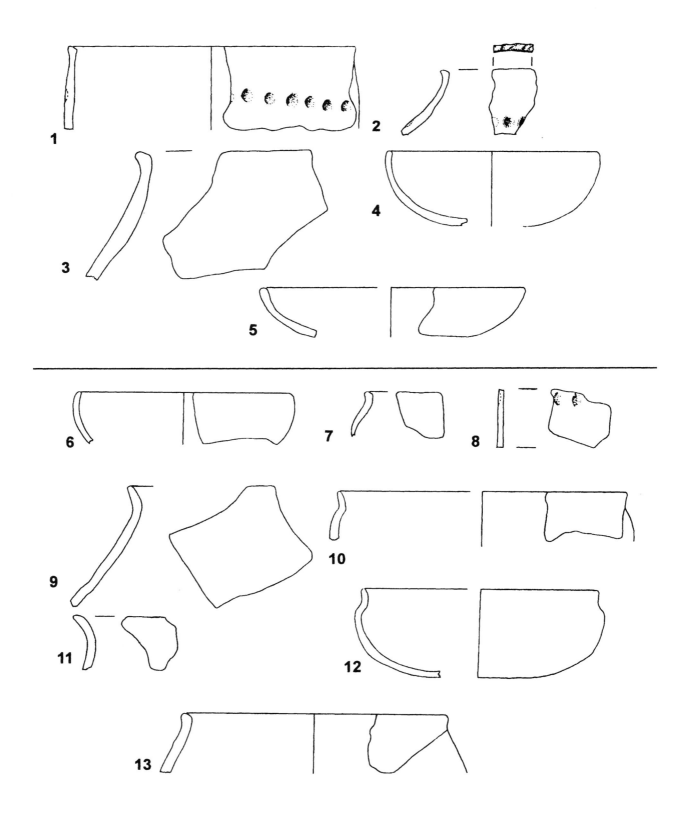

Abb. 14. Wiesbaden-Erbenheim. Eisenzeitliche Keramik. 1-5 Befund 41; 6-13 Befund 48 (M. 1:3).

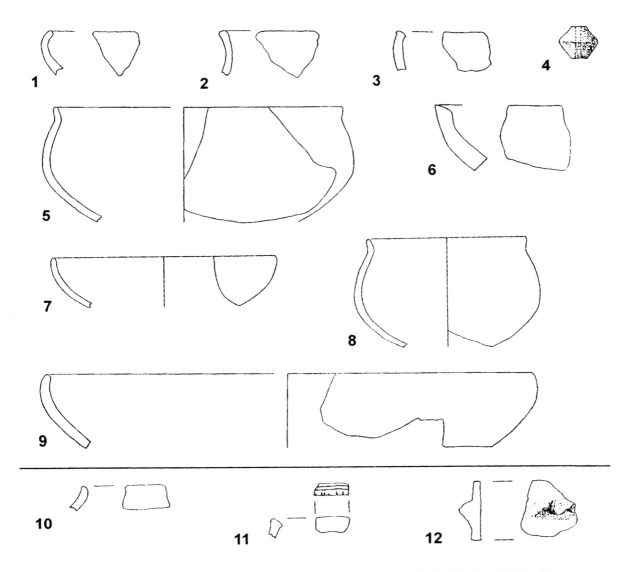

Abb. 15. Wiesbaden-Erbenheimm. Eisenzeitliche Keramik. 1-9 Befund 51; 10-12 Befund 57 (M. 1:3).

war, gelang es trotzdem, alle Teile aus dem Abraum zu bergen. Die noch in situ vorhandenen Füße sowie der Kopf- und Brustbereich wurden von Hand freigelegt und dokumentiert (*Abb. 16*). Beigaben fanden sich nicht. Lediglich zwei Ohrringe konnten der Bestattung zugeschrieben werden. Die Füllung der Grube barg ein reiches, späthallstatt- bis frühlatènezeitliches Inventar, das aus fast 4 kg Keramik, etwas Hüttenlehm und mehreren, nicht mehr im Verband liegenden Stücken einer Reibplatte aus Basalt bestand. Auch die aus dem Abraum geborgenen Keramikscherben weisen durchweg alte Brüche auf, so dass auch hier nicht davon auszugehen ist, dass vollständige Beigefäße bei der Bergung zerstört wurden. Die gesamte Fundlage deutet eher auf eine Verfüllung der Grube nach der Deponierung des Toten hin. Das Skelett selbst weist jedoch alle Anzeichen einer sorgfältigen Beisetzung auf. Die Hände unter dem Kopf gefaltet, der Körper an die Grubenwand gelehnt, bietet diese Bestattung ein anderes Bild als die oft nachlässig in die Siedlungsgruben geworfenen Toten, wie sie von anderen eisenzeitlichen Siedlungen belegt sind (vgl. in diesem Band die Beiträge von R. Heiner zu Breckenheim sowie von S. Butendeich und M. Kunter).

Abb. 16. Wiesbaden-Erbenheim. Befund 41. Lage des Skeletts nach der Freilegung.

Zusammenfassung

Der Fundplatz am Autobahnkreuz Erbenheim erbrachte auf einer Fläche von 2000 m² zahlreiche Befunde aus mindestens drei vorgeschichtlichen Epochen. Aufgrund der starken Hangerosion konnten keine Baubefunde beobachtet werden.

Die Siedlung der mittelneolithischen Hinkelstein-Gruppe stellt aufgrund der unvermischten, hier geborgenen Inventare einen bislang einzigartigen Glücksfall für die Erforschung dieser Übergangsperiode zwischen Alt- und Mittelneolithikum dar. Die unterschiedliche Zusammensetzung der keramischen Inventare könnte neue Anhaltspunkte für die interne zeitliche Ordung dieser Kulturgruppe erbringen. Auch das zahlenmäßig sehr kleine Silexinventar lässt durchaus Rückschlüsse über Fernanbindungen der hier ansässigen Siedler zu.

Die Grube der nordhessischen Wartbergkultur stellt einen weiteren, überraschend weit südlich gelegenen Fundpunkt im Verbreitungsgebiet dieser recht wenig bekannten Periode des späten Jungneolithikums dar. Leider konnte der Befund wegen seiner randlichen Lage im Grabungsschnitt nur teilweise ausgegraben werden und erbrachte daher nur wenige einzuordnende Funde.

Ganz anderes ist die Fundlage bei der eisenzeitlichen Epoche. Zumindest die Übergangsphase von der Späthallstatt- zur Frühlatènezeit ist sowohl durch ihre zahlreichen Silogruben wie auch durch reichhaltiges Material im Grabungsausschnitt gut vertreten. Anhaltspunkte für einen zeitlich längeren Bestand des eisenzeitlichen Dorfes ergeben sich aus der Zusammensetzung von Grubeninventaren, die vielleicht der mittleren Hallstatt- sowie der Spätlatènezeit angehören könnten.

Für alle hier vorgestellten Siedlungsbefunde gilt jedoch, dass eine gründliche Bearbeitung der Inventare im Zusammenhang mit anderen Fundplätzen in der Umgebung noch aussteht.

Abgekürzt zitierte Literatur

AMANN-ILLE/ILLE 1994
G. Amann-Ille/P. Ille, Tönerne Kleinplastiken aus Wiesbaden-Erbenheim. In: C. Dobiat (Hrsg.), Festschrift für O.-H. Frey zum 65. Geburtstag. Marburger Stud. Vor- und Frühgesch. 16 (Marburg 1994) 33 ff.

EISENHAUER 1997
U. Eisenhauer, Das Mittelneolithikum in der nördlichen Wetterau. Ungedruckte Dissertation, Frankfurt 1997.

MEIER-ARENDT 1972
W. Meier-Arendt, Zur Frage der jüngerlinienbandkeramischen Gruppenbildung: Omalien, „Plaidter", „Kölner", „Wetterauer" und „Wormser" Typ: Hinkelstein. In: H. Schwabedissen (Hrsg.), Die Anfänge des Neolithikums vom Orient bis Nordeuropa. Fundamenta A3 T. Va. (Köln, Wien 1972) 85 ff.

MEIER-ARENDT 1975
W. Meier-Arendt, Die Hinkelsteingruppe. Der Übergang vom Früh- zum Mittelneolithikum in Südwestdeutschland. Röm.-Germ. Forsch. 35 (Berlin 1975).

POLENZ 1973
H. Polenz, Zu den Grabfunden der Späthallstattzeit im Rhein-Main-Gebiet. Ber. RGK 54, 1973, 107 ff.

RAETZEL-FABIAN 1993
D. Raetzel-Fabian, Die archäologischen Ausgrabungen bei Calden 1988-1993. Jahrb. Landkr. Kassel, 1993, 7 ff.

SCHUMACHER 1972/1974
A. Schumacher, Die Hallstattzeit im südlichen Hessen. Bonner H. Vorgesch. 5/6, 1972/1974.

SCHWELLNUS 1979
W. Schwellnus, Die Wartberg-Gruppe und hessische Megalithik. Mat. Vor- u. Frühgesch. Hessen 4 (Wiesbaden 1979).

SEHNERT-SEIBEL 1993
A. Sehnert-Seibel, Hallstattzeit in der Pfalz. Universitätsforsch. Prähist. Arch. 10 (Bonn 1993).

STEHLI 1988
P. Stehli, Zeitliche Gliederung der verzierten Keramik. In: U. Boelicke/D. v. Brandt/J. Lüning/P. Stehli/A. Zimmermann (Hrsg.), Der bandkeramische Siedlungsplatz Langweiler 8, Gemeinde Aldenhoven, Kreis Düren. Rheinische Ausgr. 28 (Köln 1988) 441 ff.

WURM 1975
K. Wurm, Die vorgeschichtliche Besiedlung im Gebiet der Stadt Flörsheim am Main. Nassau. Ann. 86, 1975, 14 ff.

ZIMMERMANN 1995
A. Zimmermann, Austauschsysteme von Silexartefakten in der Bandkeramik Mitteleuropas. Universitätsforsch. Prähist. Arch. 26 (Bonn 1995).

Weilbach, Gemeinde Flörsheim, „Wickerer Feld"

Neolithikum, Eisenzeit und römische Zeit

Von Elke Mattheußer und Ulrike Söder

Einleitung

Im Bereich der Ortschaften Flörsheim-Weilbach und Hochheim-Massenheim folgt die geplante ICE-Strecke Köln-Rhein/Main in etwa der Autobahn A 3. Schon bei den verschiedenen Ausbauphasen dieser Fernstraße wurden in der Vergangenheit zahlreiche Anzeiger prähistorischer Besiedlung aufgedeckt (WURM 1975b). Auch Luftbilder und rezente Streufunde im Umfeld der geplanten Trasse ließen die Vermutung zu, dass hier ein mehrphasiger Siedlungsplatz stark von der Zerstörung durch die Bahnstrecke gefährdet sein würde. Daher wurde gleich zu Beginn der Planung ein größerer Streifen an der Gemarkungsgrenze der beiden Gemeinden mit Auflagen durch das Hessische Landesamt für Denkmalpflege, Abt. Archäologische und Paläontologische Denkmalpflege, bedacht. Intern wurde diese Grabungsstelle mit dem Buchstaben D benannt, um sie von drei anderen, in der Nähe gelegenen Plätzen zu unterscheiden[1]. Im Gegensatz zur ursprünglichen Planung wurde die Grabungsfläche jedoch nicht zum größten Teil in der Gemarkung Flörsheim-Weilbach angelegt, wie der Grabungsname nahelegt, sondern aus verschiedenen Gründen komplett auf das Gelände von Hochheim-Massenheim verlegt. Aus technischen Gründen musste der ursprünglich gewählte Name Flörsheim-Weilbach „Wickerer Feld" jedoch beibehalten werden.

Im Frühjahr 1997 wurde in Fläche D eine mehrmonatige Grabungskampagne durchgeführt, bei der, wie erwartet, ein mehrphasiger Siedlungplatz angeschnitten wurde. Die überwiegende Anzahl der aufgedeckten Befunde gehört zu einer Siedlung der Älteren Bandkeramik. Doch auch in der Eisenzeit bestand auf dem Platz offensichtlich ein Ansiedlung. Vereinzelt kamen auch kaiserzeitliche Befundreste zutage.

---

[1] Vgl. in der vorliegenden Veröffentlichung Abb. 2 im Beitrag von C. Dobiat

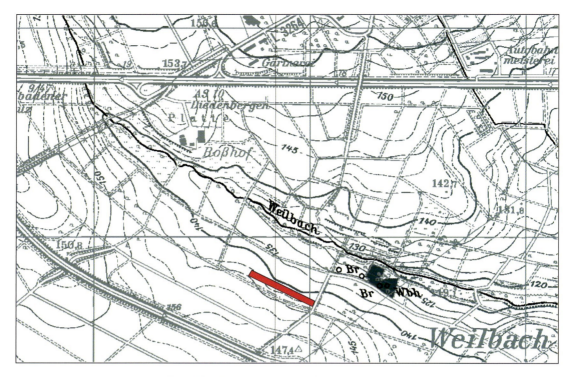

Abb. 1. Weilbach-Flörsheim, „Wickerer Feld". Lage der Ausgrabungsfläche.
Kartengrundlage: TK 5916 Hochheim (M. 1:25000).

Im folgenden sollen die Ergebnisse dieser Kampagne vorgestellt werden[2]. Eine abschließende Bearbeitung des Platzes kann dieser Vorbericht jedoch sicher nicht ersetzen. Sowohl die bandkeramischen wie auch die eisenzeitlichen Siedlungsfunde sind äußerst interessant und verdienten es, einer genaueren Auswertung unterzogen zu werden.

Der Fundplatz

Die topographische Lage des Fundplatzes (*Abb. 1*) bietet alle Voraussetzungen, die das Gelände für prähistorische Siedler interessant machte. Er ist am Rande eines kleinen Plateaus gelegen, von dem aus ein sanfter Hang nach Nordosten bis hin zum heute etwa 450 m entfernten Weilbach abfällt. Der Untergrund wird von

---

[2]Notbergungen im Vorfeld großer Baumaßnahmen sind naturgemäß mit organisatorischen Schwierigkeiten und meist auch enormem Zeitdruck verbunden. Daß diese Probleme hier minimiert werden konnten, verdanken wir vor allem den Verantwortlichen der DB Projekt GmbH und der Arbeitsgemeinschaft der ausführenden Firmen. Durch die unbürokratische Kommunikation und Flexibilität wurde manch dringend notwendige Änderung in der Grabungsplanung erst möglich. Auch dem Seminar für Vor- und Frühgeschichte Frankfurt, vor allem Prof. Dr. J. Lüning, sei herzlich für materielle Hilfe und fachkundigen Rat gedankt. Bei der Beurteilung der teilweise sehr komplizierten Bodenverhältnisse waren wir für die Hilfe von Prof. Dr. A. Semmel (Frankfurt) äußerst dankbar. Prof. Dr. M. Kunter (Gießen) nahm sich der menschlichen Skelettreste aus der Grabung an. Auch ihm sei herzlichst gedankt, ebenso wie Frau Dr. A. Kreuz (Wiesbaden), die die Aufarbeitung der botanischen Funde übernahm. Die abgebildeten Fund- und Profilzeichnungen fertigte Frau U. Söder M. A. (Marburg) an. Für die Aufnahme und Bestimmung des Silexmaterials bedanken wir uns herzlichst bei Frau B. Gehlen M. A. (Köln). Ohne die fachkundige, freundliche Hilfe bei der Interpretation der Silexdaten durch Prof. Dr. A. Zimmermann (Köln) wäre deren Ein-arbeitung in diesen

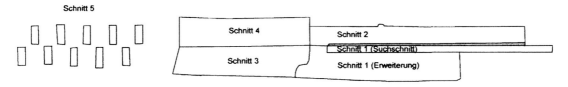

Abb. 2. Weilbach-Flörsheim, „Wickerer Feld". Lage und Bezeichnung der verschiedenen Ausgrabungsschnitte.
Der nicht aufgedeckte Steg ist gerastert dargestellt.

einer alten Rheinterrasse gebildet, deren Kies- und Sandschichten in der Eiszeit von Löß überdeckt wurden. Dadurch entstand ein fruchtbarer, zum Ackerbau hervorragend geeigneter Boden, der zudem noch gut entwässerte und frei von Staunässebildungen blieb. Durch das wellige Profil der Flussterrasse bedingt, schwankt auch die Mächtigkeit der Lößbedeckung erheblich. So wurden die Kiesschichten in Schnitt 5 und in den nordwestlichen Bereichen von Schnitt 3 z. T. bereits direkt unterhalb des Pflughorizonts angetroffen, während an anderen Stellen (z. B. in Schnitt 1 Erweiterung) der Löß noch in einer Mächtigkeit von über 1 m anstand. Diese Unterschiede folgen jedoch keiner Regel, so dass die Planumstiefe darauf leider keine Rücksicht nehmen konnte. Der obere Bereich dieser Formation ist zudem stark verbraunt, was sich vor allem für die Erkennbarkeit der Befunde als Nachteil erwies. Diese Braunfärbung ist auf einen in allen Lößgebieten bekannten, bodenbildenden Prozess zurückzuführen (B-Horizontbildung), der mit der nacheiszeitlichen Wiederbewaldung begann und bis heute andauert. Dabei wurden die organischen Substanzen aus dem A-Horizont und entsprechenden Grubenfüllungen herausgewaschen und entkalkten den darunterliegenden Löß. Zudem entfärbten sie die Grubenfüllungen und führten statt dessen zur Bildung eines entkalkten, orangebraunen Bandes, das die Unterkante des Humus (Bv) sowie der neolithischen Befunde (Bt) begleitet.

Dieser Boden ist äußerst fruchtbar und wurde daher schon früh von den neolithischen Feldbauern bevorzugt aufgesucht. Auch heute wird das Areal als Ackerfläche genutzt. Durch die Jahrtausende andauernde Bearbeitung des Bodens in Verbindung mit dem Hanggefälle kam es zu einem nicht unerheblichen Abtrag durch Erosion. Wie stark der Bodenverlust tatsächlich ist, kann nicht genau beziffert werden. Er wird auch auf verschiedenen Arealen unterschiedlich groß ausgefallen sein. Kolluvien wurden jedenfalls an keiner Stelle angetroffen. Insgesamt ist die Befunderhaltung auf dem Siedlungsplatz aufgrund der Tiefe der noch vorhandenen Pfostengruben als weitgehend gut zu bezeichnen, wenngleich stellenweise davon ausgegangen werden muss, dass einzelne Befunde, vor allem Pfostengruben, wegen der starken Verbraunung nicht oder zu spät erkannt wurden.

Grabungsverlauf

Zu Beginn der Grabungstätigkeit im März 1997 wurde zunächst ein 4 m breiter und 120 m langer Suchschnitt (Schnitt „1 Suchschnitt") in NS-Richtung geöffnet (*Abb. 2*). Der Humus wurde dabei maschinell entfernt. Aufgrund der zahlreichen sich darunter abzeichnenden Befunde wurde entschieden, in diesem Abschnitt die Grabungsfläche abschnittsweise auf Trassenbreite zu vergrößern (Schnitte 2 und „1 Erweiterung"). Allein der südöstliche Abschnitt wurde von dieser Maßnahme ausgespart, da die Befundkonzentration in diesem Bereich stark ausdünnte. Dafür wurde ein weiterer Suchschnitt im nordwestlichen Anschluss an Schnitt 1 angelegt und später ebenfalls auf Trassenbreite vergrößert (Schnitte 3 und 4). Da bereits nach dem Öffnen von Schnitt 1 der stark verbraunte Boden die Befunderkennung erschwerte, wurde bei der Erweiterung von Schnitt 3 probehalber etwas tiefer abgebaggert. Dieses Verfahren führte jedoch dazu, dass viele zu erwartende Befunde nur noch als Abdruck des B-Horizonts erhalten blieben, andere vermutlich völlig verloren gingen. Daher wurde beim Öffnen der übrigen Flächen wiederum von einer Planumstiefe direkt unter dem Humus ausgegangen, die dann jedoch vielfach von Hand tiefergelegt werden musste, da sich offensichtlich vorhandene Befunde in dem kontrastarmen Boden nicht abgrenzen ließen. Vor allem der

Bereich um Haus 1 war hiervon betroffen. Vereinzelt stellte sich auch erst beim Anlegen der Profile heraus, dass die Befunde im Planum zu groß, zu klein oder in falscher Form angerissen worden waren. Leider war es nicht immer möglich, solche Problemfälle durch Anlegen eines zweiten Planums zu klären. Der beiliegende Gesamtplan (Abb. 3) stellt eine überarbeitete Fassung der Planumsaufnahme dar, in der die Umrisse der Befunde anhand von Profilzeichnungen und Zwischenplana korrigiert wurden. Die Darstellung der verschiedenen Planumshöhen, die der Plan repräsentiert, wurde jedoch als zu verwirrend für den Betrachter empfunden und nur in Einzelfällen berücksichtigt. Für detaillierte Informationen hierzu sei auf die Originaldokumentation verwiesen.

Da auch am nordwestlichen Ende der Schnitte 3 und 4 noch zahlreiche Befunde auftraten, wurde schließlich noch ein weiterer, etwa 100 m langer Abschnitt der Trasse durch zehn Suchschnitte (Schnitt 5) untersucht. Es stellte sich jedoch heraus, dass in diesem Bereich nicht mit einer Fortsetzung der Siedlungsareale gerechnet werden kann. Meist kam schon direkt unter der Pflugschicht die alte Rheinterrasse zum Vorschein. Die in jedem Fall nur noch sehr geringmächtige Lößdecke war hier komplett verbraunt und barg nur wenige ansprechbare Befunde, die durchweg metallzeitlich datieren. Neolithische Funde wurden auch als Lesefunde nicht mehr gemacht.

Die bandkeramische Siedlung

Allgemeines

Der Großteil der aufgedeckten Befunde (*Abb. 3*) konnte der bandkeramischen Kultur zugewiesen werden. Neben den charakteristischen Keramikfunden zählte auch die typische Schwarzerdefüllung der Gruben zu den bestimmenden Faktoren; ebenso wie die bekannten Befundtypen, zu denen vor allem die hausbegleitenden Längsgruben gehören, die durch ihre Form und Ausrichtung leicht ansprechbar sind. Diese Befundgattung wurde zahlreich auf dem Siedlungsplatz angetroffen.

Wie bereits erwähnt, kann davon ausgegangen werden, dass die Grenzen der Siedlung in Trassenlängsrichtung sowohl im Nordosten wie auch im Südwesten erreicht wurden. Die Trassenbreite von 40 m ermöglichte es jedoch nicht, die Siedlungsausdehnung auch in diese Richtungen zu untersuchen. Die gleichbleibend hohe Befunddichte auf der gesamten Flächenbreite weist jedoch ebenso auf eine Fortsetzung der Fundstelle hin wie auch die Ergebnisse einer Notbergung des Landesamtes für Denkmalpflege unmittelbar südwestlich der Grabungsfläche (WURM 1975b, 18 ff.). Auch der Luftbildbefund einer Kreisgrabenanlage am Weilbach in Nachbarschaft des aufgedeckten Areals deutet auf eine weit größere Ausdehnung des bandkeramischen Dorfs hin. Wie Vergleichsbefunde aus dem Rheinischen Braunkohlegebiet (STEHLI 1989) zeigen, ist die kontinuierliche Verlagerung in Richtung Bachlauf eines der typischen Merkmale solcher Siedlungen. Erdwerke, die vor allem im jüngeren Abschnitt der Bandkeramik auftreten, gehören ebenfalls zu häufig anzutreffenden Befunden am Rande des besiedelten Geländes (LÜNING 1988a).

Die hier behandelte Grabung erfasst also wahrscheinlich nur einen Ausschnitt einer großflächigen frühneolithischen Siedlung und umfaßt, wie sich anhand der Keramikfunde zeigt, wohl ausschließlich das ältestbesiedelte Areal.

Gebäude

In Flörsheim-Weilbach wurden Reste von mindestens vier, z. T. nur sehr schlecht erhaltenen Gebäuden aufgedeckt. Wegen der schwierigen Bodenverhältnisse muss man wohl davon ausgehen, dass nicht alle noch erhaltenen Pfostengruben auch als solche erkannt worden sind. Bis auf Haus 1 konnte keines der Innengerüste auch nur annähernd rekonstruiert werden. Allein die charakteristischen Längsgruben weisen eindeutig auf das frühere Vorhandensein der bekannten Pfostenlangbauten hin. Im folgenden werden die erkannten Gebäudereste beschrieben und, soweit dies möglich ist, mit solchen anderer Plätze verglichen.

Haus 1

NW-Teillänge:	11 m.		NW-Teilbreite:	4,9 m.
NW-Korridor:	2,5 m.		Mittelteilbreite:	5,8 m.
Mittelteillänge:	12,8 m.		SO-Teilbreite:	-
SO-Korridor:	2 m.		Jochbreiten:	3-4,2 m.
SO-Teillänge:	7,5 m.			
Gesamtlänge:	35,8 m.		Orientierung:	35° von Nord.

Pfostentiefen unter Planum 1 (Bef. Nr. - m):

203 - 0,2;	204 - 0,21;	205 - 0,2;	215 - 0,22;	217 - 0,26;
218 - 0,24;	219 - 0,38;	220 - 0,2;	221 - 0,42;	226 - 0,27;
227 - 0,33;	234 - 0,22;	235 - 0,3;	241 - 0,48;	242 - 0,55;
243 - 0,81;	244 - 0,36;	245 - 0,4;	246 - 0,7;	249 - 0,47;
250 - 0,25;	289 - 0,19;	290 - 0,25;	291 - 0,22;	312 - 0,46;
313 - 0,74;	314 - 0,23;	315 - 0,61;	316 - 0,38;	317 - 0,51;
318 - 0,22;	319 - 0,2;	321 - 0,75;	322 - 0,48;	323 - 0,39;
325 - 0,19;	326 - 0,2;	327 - 0,27;	328 - 0,24;	330 - 0,3;
331 - 0,24;	332 - 0,67;	333 - 0,38;	334 - 0,46;	335 - 0,29;
336 - 0,33;	337 - 0,65.			

Wandgrabentiefen unter Pl. 1:
NW-Abschluss (Bef. Nr. 324)   0,73 m,
NO-Seite (Bef. Nr. 324, 225)   0,49-0,85 m,
SW-Seite (Bef. Nr. 324, 206)   0,5-0,61 m.

Längsgruben:
Bef. Nr. 247 (238, 309-311)   0,2-0,4 m,
Bef. Nr. 236 (228, 285, 287-288)   0,56-0,69 m.

Dieser außerordentlich gut erhaltene Grundriss wurde bei der Grabung erst auf den zweiten Blick als solcher erkannt. Aufgrund des stark verbraunten Bodens wurden in Planum 1 nur wenige Pfostengruben ausgemacht (Befundnummern unter 300). Auch der Wandgraben im Nordwesten machte sich zunächst nur als diffuse Befundverfärbung bemerkbar. Erst nachdem die erkannten Befunde geschnitten waren, verstärkte sich der Verdacht, dass es sich hier um einen durchaus gut erhaltenen Grundriss handeln könnte. Daher wurde die gesamte, ca. 400 m² große Grabungsfläche von Hand um 0,2 m auf Planum 2 tiefergelegt. Nun traten die noch vorhandenen tiefen Pfostengruben vor allem im Mittelteil deutlich zutage. Auch der Wandgraben konnte in voller Länge aufgedeckt und auf den Plänen nachgetragen werden. Dieses Vorgehen stellte sich im nachhinein als glücklich heraus, da die flachen Wandpfosten und Befunde im NW-Teil bei einem vorschnellen, maschinellen Abtrag auf Planum 2 mit Sicherheit verschwunden gewesen wären. Ohne den manuellen Abtrag der Fläche wäre die Innenstruktur des Grundrisses nicht zu klären gewesen.

Bei diesem Gebäude (*Abb. 4*) handelt es sich um einen klassischen Großbau vom Typ 1b nach P. J. R. MODDERMAN (1970, 100 ff.). Charakterisiert wird der Bau durch einen von einem Wandgraben umgebenen NW-Teil mit drei Innenjochen, einem weitgehend pfostenfreien Mittelteil und einem SO-Teil, in dem sich drei Doppelpfostenjoche befinden. Abgetrennt werden die Bauteile durch sog. „Korridore", die sich durch besonders enge Jochabstände definieren sowie durch ihre Übergangsstellung im Hausplan.

Der NW-Teil ist mit einer Länge von 11 m als eher groß einzustufen. Vor allem in der älteren Phase der Bandkeramik verfügen diese Gebäudeteile über Längen, die etwa ein Drittel der Gesamtlänge betragen (MATTHEUẞER im Druck). Auch die in den Wandgraben eingelassenen Pföstchen, die stellenweise erkannt

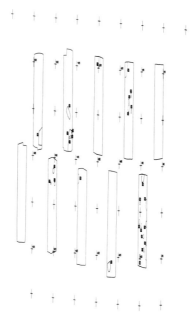

Abb. 4. Weilbach-Flörsheim, „Wickerer Feld". Haus 1. Grundriß. Längsgruben gerastert; Planum 1 helles Raster, Planum 2 dunkles Raster (M. ca. 1:200).

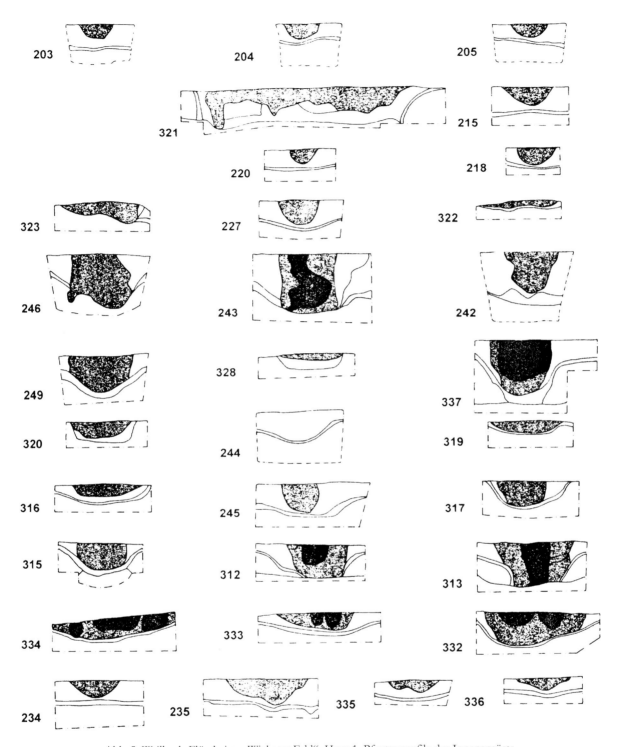

Abb. 5. Weilbach-Flörsheim, „Wickerer Feld". Haus 1. Pfostenprofile des Innengerüsts.
Helles Raster Pfostengrube, dunkles Raster Pfostenspur, ungerastert natürliche Bodenschichten (M. 1:50).

wurden, sind als typisch für diese Bauweise anzusehen. Das erste Joch des NW-Teils wird durch die Pfostengruben Befund 203-205 gebildet. Mit einer Tiefe von knapp 0,2 m sind sie sehr flach. Auch die übrigen Joche dieses Bauteils waren nicht tiefer erhalten. Das Zweite wird durch die Befunde 215 und 321 gebildet. Entweder aufgrund der Erhaltungsbedingungen oder wegen der schlechten Erkennbarkeit solcher Befunde im Planum 1 konnte der dritte zu diesem Riegel gehörende Pfosten nicht entdeckt werden. Der mittlere Pfosten verbirgt sich in der gräbchenartigen Verfärbung Befund 321. Im Profil (Abb. 5) konnte er zwar deutlich erkannt werden, doch war eine Aussage, ob die gesamte Struktur zum Bau gehört, oder das Gräbchen den Pfosten überlagerte, nicht zu treffen. Der letzte Dreierpfostenriegel des NW-Teils wird durch die Pfosten Befund 322, 227 und 323 gebildet. Die größere Tiefe dieser Befunde (0,33-0,48 m) ist charakteristisch für ihre Position am Gebäudeteilübergang (Korridor) zwischen NW- und Mittelteil. In Höhe dieses Jochs endet auch der Wandgraben und schließt den Bauteil so einheitlich ab.

Der Mittelteil bandkeramischer Häuser ist, vor allem in der frühen Phase, durch wenige, aber sehr tief eingegrabene Pfosten gekennzeichnet. Der leicht schrägstehende Pfostenriegel (Befund 242-243, 246) ist ein typisches Beispiel für die offenbar besonders wichtige, erste Querreihe des Mittelteils. Schon in Grundrissen der Ältesten Bandkeramik war dieses Joch oft schräg gestellt und durch seine große Befundtiefe oft auch als einzige Querreihe erhalten (STÄUBLE im Druck). Bei dem vorliegenden, besonders gut erhaltenen Gebäude wurden hier Pfostentiefen von bis zu 0,81 m beobachtet. Der Mittelteilkonstruktion wurde häufig chronologische Bedeutung beigemessen (MODDERMAN 1970, 100 ff.). Ist eine aus vier Pfosten bestehende „Y-Pfostenstellung" erkennbar, so datiert der Grundriss mit größter Wahrscheinlichkeit in die frühe Bandkeramik, in die Phase Flomborn. Im vorliegenden Fall ist nicht sicher zu klären, ob die vorhandenen drei Befunde 337, 328 und 249 um einen vierten, zur eben erwähnter Y-Konstruktion zu ergänzen sind oder nicht. Denn auch „abgeknickte Reihen", die aus drei Befunden bestehen, sind durchaus häufig anzutreffen (MATTHEUß ER im Druck). Abgeschlossen wird dieser zentrale Bauteil durch die Querreihe Befund 319, 244 und 320. Typischerweise besteht dieses Joch aus Einzelpfosten, denen in kurzem Abstand drei Pfostenjoche folgen, in denen mehrere Pfosten standen. Zumeist sind diese Befunde als Doppelpfostengruben ausgeprägt, doch kommen vereinzelt auch Mehrfachpfostengruben vor, wie es auch bei Befund 334 zu vermuten ist (Abb. 5). Da auch die aus Einfachpfosten bestehende Hausabschlussreihe Befund 234, 335 und 336 mit aufgedeckt wurde, besteht kein Zweifel daran, dass der Grundriss vollständig im Grabungsausschnitt erfasst wurde.

Als einmalige Besonderheit dieses Grundrisses ist die aufgefundene, zweilagige Steinpackung in der nordöstlichen Ecke des Wandgrabens (Abb. 6) anzusehen. Parallelbefunde zu dieser Situation sind bislang unbekannt. Vielleicht liegt hier ein Hinweis auf einen zusätzlichen Eingang an der Giebelseite des Gebäudes vor. Denn in diesem Fall wäre das Einbringen von großen Geröllen an einer Stelle, wo keine geschlossene Flechtwerkwand dem Pfostengerüst Stabilität verleiht, durchaus sinnvoll, um das seitliche Ausbrechen der den Eingang definierenden Pfosten zu verhindern. Doch auch andere Interpretationen sind denkbar.

Gebäude mit einer Gesamtlänge von über 35 m gehören zu den eher seltenen Erscheinungen auf bandkeramischen Siedlungsplätzen. Treten sie auf, dann datieren diese Grundrisse fast ausschließlich in die Ältere Bandkeramik. So etwa die Gebäude 20 und 21 in Langweiler 2 (FARRUGGIA u. a. 1973) oder Gebäude 149 in Köln-Lindenthal (BUTTLER/HABEREY 1936), die in ihrer Gesamtlänge in etwa im Bereich des hier vorgestellten Grundrisses liegen. Das längste bisher aufgedeckte bandkeramische Haus mit einer Gesamtlänge von nahezu 50 m und einer Breite von 8 m wurde erst kürzlich in Dresden entdeckt (BRESTRICH/ELBURG 1996). Auch dieses Gebäude datiert in eine frühe Phase der Bandkermik.

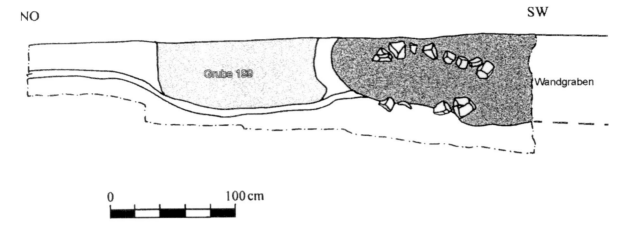

Abb. 6. Weilbach-Flörsheim, „Wickerer Feld". Haus 1. Teilprofil durch die nordöstliche Ecke des Wandgrabens mit angrenzender Grube Befund 199 und eingelagerten Geröllschichten.

Haus 2

Maße: nicht erhalten.
Orientierung: 22° von Nord.

Pfostentiefen (Bef. Nr. - m):
176 - 0,2;   177 - 0,2;   186 - 0,18;   (192 - 0,15);   193 - 0,6;
254 - 0,7;   255 - 0,7.

Längsgruben:
Bef. Nr. 184 (302, 303),
Bef. Nr. 180.

Die Überreste eines fast völlig erodierten Grundrisses (*Abb. 7*) wurden nordwestlich von Haus 1 aufgedeckt. Kennzeichnend für diesen Grundriss ist vor allem Längsgrube Befund 184, die sich in Planum 1 noch als unförmige, nicht abgrenzbare Verfärbung präsentierte. Erst nach manuellem Abtrag von 0,2 m Sediment wurde die charakteristische Form einer Längsgrube mit angrenzendem Außengraben erkennbar. Wahrscheinlich ist auch die sehr fundreiche Grube Befund 180 als Teil dieser Längsgrube anzusehen. Die gegenüberliegende Längsgrube ist wohl als Teil des Grubenkomplexes Befund 45-46 zu vermuten, dort aber nicht weiter abgrenzbar. Vom Pfostengerüst sind nur spärliche Reste erhalten. Sicher zum Gebäude gehören die sehr flach erhaltenen Wandpfosten Befund 176-177 und 186. Im Mittelteil des Gebäudes wurde lediglich ein sehr flacher Pfosten aufgefunden (Befund 192), dessen Zugehörigkeit zum Grundriss jedoch zu bezweifeln ist. Gerade im Mittelteil werden in bandkeramischen Gebäuden oft die größten Pfostentiefen erreicht. Evtl. sind die Pfosten Befund 193 und 254–255 als Reste der den NW-Teil-Korridor markierenden Pfostenjoche zu sehen. Sowohl der Jochabstand, die Lage direkt nordwestlich des Längsgrubenabschlusses als auch die mit 0,6-0,7 m recht große Tiefe dieser Befunde spricht für eine solche Interpretation. Das Fehlen der übrigen Pfosten dieser Jochreihen sollte nicht überbewertet werden. Aufgrund der schon angesprochenen schwierigen Bodenbedingungen kann es durchaus sein, dass auch tiefe Pfostengruben im Planum nicht erkennbar waren. Weder ein echter NW- noch ein SO-Teil konnten bei diesem Grundriss erkannt werden.

Gebäude 2 unterscheidet sich in seiner Konstruktionsweise erheblich von dem oben besprochenen Grundriss 1. Während letztgenannter Befund als typisches Beispiel für einen flombornzeitlichen Großbau gelten kann, weist Haus 2 viele charakteristische Merkmale von Gebäuden der Ältesten Bandkeramik auf. Dazu

187

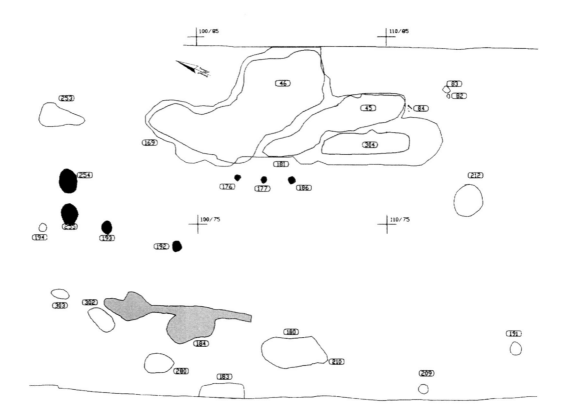

Abb. 7. Weilbach-Flörsheim, „Wickerer Feld". Haus 2. Grundriß. Längsgruben gerastert (M. ca. 1:200).

zählen die an die Längsgruben angeschlossenen Außengräben, über deren Funktion noch heftig in der Forschung diskutiert wird, der pfostenfreie Mittelteil und die außerordentlich tief eingegrabenen Befunde der ersten Mittelteilquerreihe (STÄUBLE im Druck). Besonders gute Beispiele dieser Bauweise wurden z. B. in Frankfurt-Niedereschbach (HAMPEL 1992) und Friedberg-Bruchenbrücken (LÜNING 1997) entdeckt.

Haus 3

Jochbreite: 2,8 m.
Orientierung: 16° von Nord.

Pfostentiefen (Bef. Nr. - m):
188 - 0,12;   bei 156, 157, 158, 159 nur Befundschatten.

Längsgrube:
Bef. Nr. 162, 167.

Im nordwestlichen Bereich von Schnitt 2 wurde ein klar im Planum erkennbares Doppelpfostenjoch aufgedeckt, das die Lage eines weiteren Gebäudes markiert (Abb. 8). Die Befunde wie auch die evtl. ebenfalls zu diesem Grundriss gehörenden Pfosten Befund 159 und 188 waren nur noch äußerst flach erhalten und im Profil meist nur anhand der deutlichen Absenkung des B-Horizonts erkennbar. Daher kann über die Konstruktionsweise des Gebäudes nur ausgesagt werden, dass es wohl über einen aus Doppelpfosten gebildeten SO-Teil verfügt haben muss. Als Längsgrube kommt Befund 162 und 167 in Frage, der keine innere Struktur (Außengraben) aufwies.

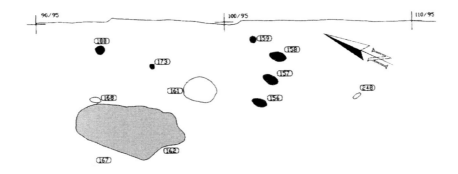

Abb. 8. Weilbach-Flörsheim, „Wickerer Feld". Haus 3. Grundriß. Längsgruben gerastert (M. ca. 1:200).

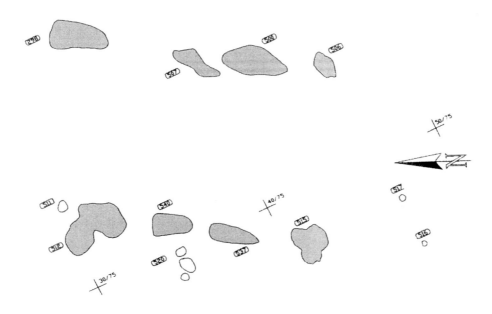

Abb. 9. Weilbach-Flörsheim, „Wickerer Feld". Haus 4. Grundriß. Längsgruben gerastert (M. ca. 1:200).

Haus 4

In Schnitt 3, dem nordwestlichen Bereich des Grabungsausschnitts, wurde, wie erwähnt, tiefer gebaggert, als in den übrigen Bereichen der Grabung. Daher verwundert es auch nicht, dass hier keine Pfosten entdeckt wurden. Allein aufgrund der sehr deutlich als Längsgrubenreste ansprechbaren Befunde 298, 500, 506-507, 511, 520, 512, 515, 537 und 540 kann die frühere Existenz eines nahezu genau nach Norden ausgerichteten Gebäudes wahrscheinlich gemacht werden (Abb. 9). Strukturen des Innengerüsts fehlen hier jedoch ebenso wie Außengräben oder sonstige, auf die Konstruktionsweise hindeutende Befunde. Da die Längsgruben jedoch auf einer Länge von etwa 15 m zu verfolgen waren, ist davon auszugehen, dass das hier errichtete Gebäude über eine beachtliche Länge verfügt haben muss, denn Längsgruben begleiten fast ausschließlich nur den Gebäudemittel- und SO-Teil. Präzisere Aussagen hierzu lassen sich aber wegen der beschriebenen Erhaltungssituation nicht machen.

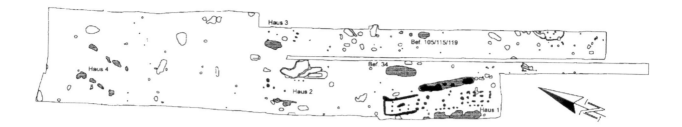

Abb. 10. Weilbach-Flörsheim, „Wickerer Feld". Vereinfachter Siedlungsplan. Hausbefunde und auf nicht rekonstruierbare Grundrisse hindeutende Befunde sind gerastert dargestellt.

Siedlungsbild

Neben den oben beschiebenen vier Gebäuderesten standen vermutlich noch mindestens zwei weitere Pfostenbauten auf dem Gelände des Grabungsausschnitts. Dies lässt sich anhand der sicher als Längsgruben anzusprechenden Befunde 34 (Schnitt 1) sowie 105, 115 und 119 (Schnitt 2) feststellen. Die erwähnten Befunde können jedoch aufgrund ihres Abstands zueinander und der abweichenden Orientierung wohl kaum zum selben Grundriss gehören. Da keine sonstigen Hinweise auf ihre Zugehörigkeit gefunden werden konnten, wurden sie nicht als Häuser numeriert, sollten aber gleichwohl in die Betrachtung des Siedlungsbildes aufgenommen werden (*Abb. 10*). Ebenfalls in Schnitt 2 wurden die Befunde 72, 77 und 152 am nordöstlichen Schnittrand aufgedeckt. Auch diese Befunde kommen als mögliche Längsgruben eines nicht im Grabungsbereich liegenden Gebäudes in Betracht. Allerdings war es aufgrund ihrer Lage nicht möglich, eine Orientierung zu rekonstruieren, weshalb sie im folgenden nicht berücksichtigt werden.

Am auffälligsten im Siedlungsbild der bandkeramischen Fundstelle sind wohl die beträchtlichen Unterschiede in der Orientierung der Grundrisse. Während Haus 4 fast exakt nach Norden ausgerichtet ist, weist Haus 1 eine Abweichung von 35° nach West auf. Solche Spannweiten sind jedoch nicht selten, besonders in den frühen Siedlungsphasen (MATTHEUßER 1991, 11). Nimmt man die Ausrichtungen der übrigen Befunde dazu, so wirkt das Gesamtbild zudem schon wesentlich homogener. So weist Haus 3 mit 16° Abweichung nach West die fast identische Orientierung auf, wie das durch die Längsgruben Befund 105, 115 und 119 repräsentierte Gebäude (15°). Auch Haus 2 und Längsgrube Befund 34 bilden ein solches, gleichorientiertes Paar (20° bzw. 22°). Insgesamt liegt die Ausrichtung von vier der rekonstruierbaren sechs Gebäude im Bereich von 15° bis 22°, was eine durchaus übliche Differenz darstellt. Nur die Grundrisse 1 und 4 weichen erheblich hiervon ab. Ob hierin ein chronologischer Unterschied zu sehen ist, kann nicht sicher beantwortet werden. Allerdings ist es ein bekanntes Phänomen, dass Grundrisse der Ältesten Bandkeramik erheblich weiter nach Norden orientiert sind, als die Gebäude der nachfolgenden Phasen bandkeramischer Besiedlung (MATTHEUßER 1991, 30). Auch auf dem hier vorgestellten Fundplatz ist Haus 1 mit der am weitesten nach Westen geneigten Hausachse auch anhand der Keramik (s. u.) als wahrscheinlich jüngstes Gebäude der Siedlung zu werten.

Uneinheitlich ist auch die schon angesprochene Konstruktionsweise der Häuser. Leider können in dieser Hinsicht nur die Grundrisse 1 und 2 zum Vergleich herangezogen werden, da die Erhaltung der restlichen Gebäude für eine Ansprache zu schlecht war. Doch allein beim Vergleich dieser beiden Grundrisse lassen sich zwei völlig unterschiedliche Bauprinzipien vermuten. Während Haus 2 mit dem Außengraben und den sehr tief eingegrabenen Pfosten der ersten Mittelteilquerreihe vielleicht eher an Gebäude der Ältesten Bandkeramik erinnert, ist durch Haus 1 ein klassischer Grundriss der Flombornperiode repräsentiert. Allerdings muss eine weitergehende Interpretation dieser Merkmale unterbleiben, da Haus 2 zu schlecht erhalten ist, um Aussagen über die Form des Innengerüsts zu treffen. Es muss auch angemerkt werden, dass Außengräben durchaus auch an flombornzeitlichen Häusern vorkommen (LÜNING 1988b).

Sonstige Befunde

Außer den besprochenen hauszugehörigen Befunden wurden noch zahlreiche andere Strukturen der bandkeramischen Periode aufgedeckt. Die überwiegende Anzahl kann in die Kategorie „normale Siedlungsgrube" eingeordnet werden. Doch wurden auch einige Sonderbefunde untersucht, von denen hier drei etwas genauer vorgestellt werden sollen.

Ofen (Befund 283)

Im Grenzbereich der Schnitte 3 und 4 wurde die große, längliche Einzelgrube Befund 509 aufgedeckt, deren südliches Ende eine auffällig rundliche Form aufwies. Wie sich bei der Anlage eines zweiten Planums in diesem Bereich herausstellte, barg dieser Grubenteil vermutlich die Reste eines in die Grube integrierten Ofens. Innerhalb eines Rings, der aus in situ verziegeltem Lehm bestand, befand sich eine Holzkohleschicht, die jedoch teilweise mit anderem Sediment vermischt war. Im Profil (s. Befundkatalog *Abb. 57*) reichte diese Struktur nicht mehr sehr tief und lag auf einer ebenfalls stark mit Rotlehm durchsetzten Schicht humoser Grubenfüllung auf. Aufgehende Teile einer Wandung wurden nicht beobachtet.

Grubenöfen werden gelegentlich auf bandkeramischen Siedlungsstellen dokumentiert. Oft sind diese Befunde jedoch horizontal in den Löß eingegraben (BOELICKE 1988). Die Grubensohle diente wohl als Standplatz, der für die Beschickung des Ofens benutzt wurde. Im hier vorliegenden Beispiel fehlen solche Anhaltspunkte. Daher ist auch nicht klar, inwieweit es sich bei Befund 283 tatsächlich um einen Ofen im engeren Sinn handelt. Die auffallend runde Form des Brandlehmkranzes lässt jedoch kaum andere Deutungen zu. Aus dem stratigraphischen Verhältnis zwischen Ofenrest und Grubenfüllung muss geschlossen werden, dass die Grube bereits teilweise verfüllt war, bevor die Ofenstelle in Betrieb genommen wurde. Große Brandlehmbrocken in der unteren Verfüllschicht geben allerdings Anlass zu der Vermutung, dass die aufgefundene Ofenstelle schon Vorgänger am gleichen Ort gehabt haben könnte.

Schlitzgrube (Befund 505)

Eine weitere, oft diskutierte Befundgruppe auf bandkeramischen Siedlungsplätzen sind die sog. Schlitzgruben. Ihre Funktion wird zumeist mit dem Gerben von Häuten in Zusammenhang gebracht (van de VELDE 1979). Im Planum oft gräbchenförmig, zeigen diese Gruben im Profil eine charakteristische, spitz zulaufende Form. Ihre Tiefe ist z. T. beträchtlich und kann über 2 m betragen. Auch in Flörsheim-Weilbach wurde ein solcher Befund aufgedeckt. Wie häufig zu beobachten, zeichnet sich auch hier die Füllung durch extreme Fundarmut und viele dünne Schichten aus (vgl. STÄUBLE 1997, 124). Während auf dem hier besprochenen Fundplatz nur eine solche Grube vorhanden war, ist bemerkenswert, dass diese gut klassifizierbaren Befunde gelegentlich gehäuft auf einzelnen Siedlungsstellen auftreten. So etwa in Langweiler 2 (FARRUGGIA u. a. 1973) oder Köln-Lindenthal (BUTTLER/HABEREY 1936). Chronologische Aspekte ergeben sich aus dem Auftreten dieser Grubenart nicht. Schon in ältestbandkeramischen Siedlungen sind Schlitzgruben bekannt (STÄUBLE 1997; HAMPEL 1992).

Bestattung (Befund 120)

Obwohl in der bandkeramischen Kultur zahlreiche Gräberfelder bekannt sind, kommen auch regelhaft Bestattungen in Siedlungsgruben vor (PESCHEL 1992; VEIT 1996). Die meist juvenilen Personen, die sowohl in Längs- wie auch in hausfernen Gruben festgestellt wurden, werden manchmal auch mit dem Begriff „Bauopfer" in Zusammenhang gebracht. Über ihre tatsächliche Bedeutung können allerdings nur Vermutungen angestellt werden. Als sicher gilt jedoch, dass der größte Teil dieser in Siedlungsgruben niedergelegten Toten mit Beigaben bestattet, also nicht einfach „entsorgt" wurde.

In Flörsheim-Weilbach konnte trotz der sehr schlechten Knochenerhaltung ebenfalls der Rest einer solchen Bestattung beobachtet werden (*Abb. 11*). Grube Befund 120, die aufgrund ihrer Ausrichtung nicht als Längsgrube in Betracht kommt, barg stark aufgelöste Knochen, die sich nach sorgfältiger Preparation als Überrest einer menschlichen Bestattung erwiesen. Vermutlich handelte es sich um einen Hocker, der mit dem

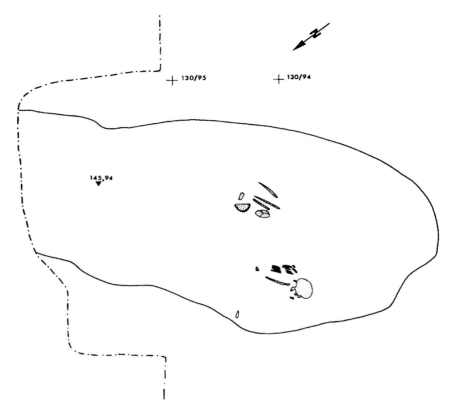

Abb. 11. Weilbach-Flörsheim, „Wickerer Feld". Befund 120. Lage der Bestattung und der Teile des möglichen Beigefäßes.

Gesicht nach Norden in WO-Richtung niedergelegt wurde. Aus dem Bereich seiner Beine wurden mehrere Teile eines verzierten Gefäßes geborgen (*Abb. 12,10*), das wohl als Beigabe anzusprechen ist. Ob auch andere Objekte der insgesamt recht fundreichen Grube als solche anzusprechen sind, ließ sich nicht klären.

Die Keramik

Das insgesamt sehr umfangreiche keramische Material des Fundplatzes Flörsheim-Weilbach gehört ausnahmslos einer frühen Phase der Bandkeramik an. Neben zahlreichen Bruchstücken unverzierter Grobware wurden auch Teile feinkeramischer Kümpfe unterschiedlicher Wandstärken, Flaschen und vermutlich auch Schalen angetroffen (*Abb. 12-17*). Eine Aufschlüsselung nach Gefäßformen kann jedoch erst nach einer umfassenden Vorarbeit erfolgen. Handhaben (Knubben) wurden zahlreich in einer Vielzahl von Formen und Größen gefunden.

Importfunde aus der westneolithischen „Groupe de La Hoguette", die in bandkeramischen Siedlungen dieser Zeitstellung und unter Berücksichtigung der geographischer Lage durchaus zu erwarten gewesen wären (LÜNING u. a. 1989), fielen bei der Durchsicht des Materials nicht auf. Lediglich eine verzierte Scherbe aus dem Grubenkomplex Befund 45-46 zeigte im Bruch zahlreiche weiße, poröse Partikel, die evtl. auf eine Knochenmagerung - ein typisches Kennzeichen dieser Gruppe - hindeuten könnten. Allerdings wies auch diese Scherbe weder in ihrer Machart noch nach Form oder Verzierung bandkeramikfremde Elemente auf. Um eine nähere chronologische Ansprache zu ermöglichen, wurden die Inventare bei einer ersten Durchsicht auf einige ausgewählte Merkmale hin untersucht. Schon während der Ausgrabung fiel der hohe Anteil organisch gemagerter Keramik und flachbodiger Gefäße auf, zwei Merkmale, die als typisch für die Keramik der Ältesten Bandkeramik angesehen werden (QUITTA 1960).

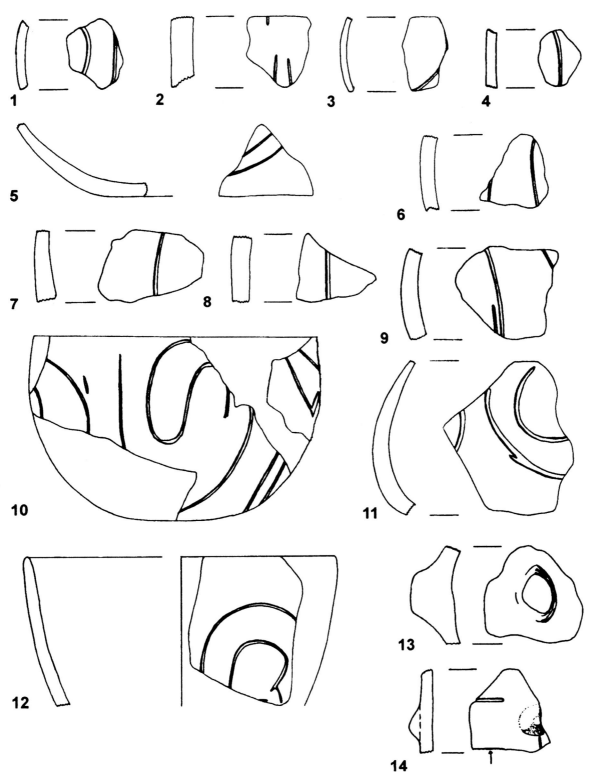

Abb. 12. Weilbach-Flörsheim, „Wickerer Feld". Verziertes Keramikmaterial aus Befund 120 (M. 1:2).

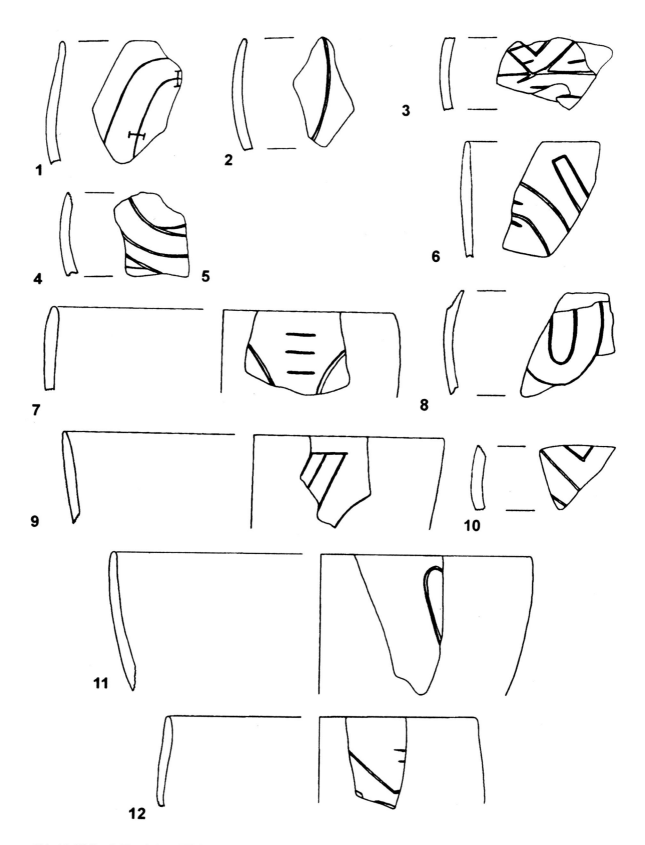

Abb. 13. Weilbach-Flörsheim, „Wickerer Feld". Verziertes Keramikmaterial aus Haus 1, Befund 236 und 287-288 (M. 1:2).

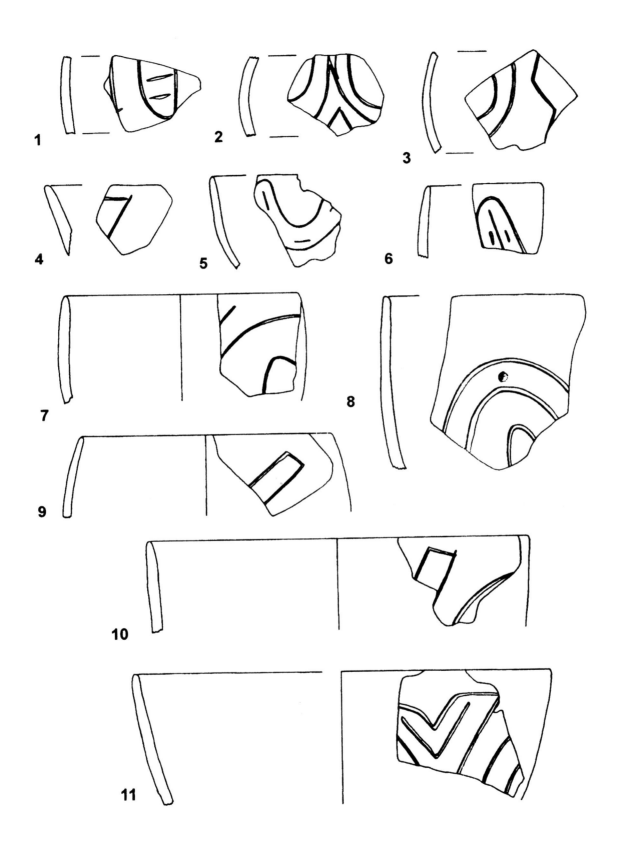

Abb. 14. Weilbach-Flörsheim, „Wickerer Feld". Verziertes Keramikmaterial aus Haus 1, Befund 236 und 287-288 (M. 1:2).

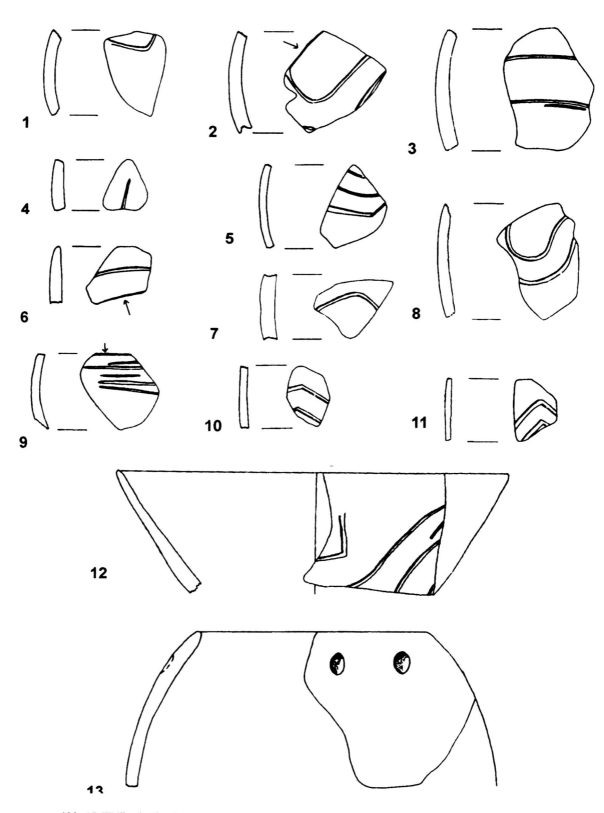

Abb. 15. Weilbach-Flörsheim, „Wickerer Feld". Verziertes Keramikmaterial aus Befund 45-46 (M. 1:2).

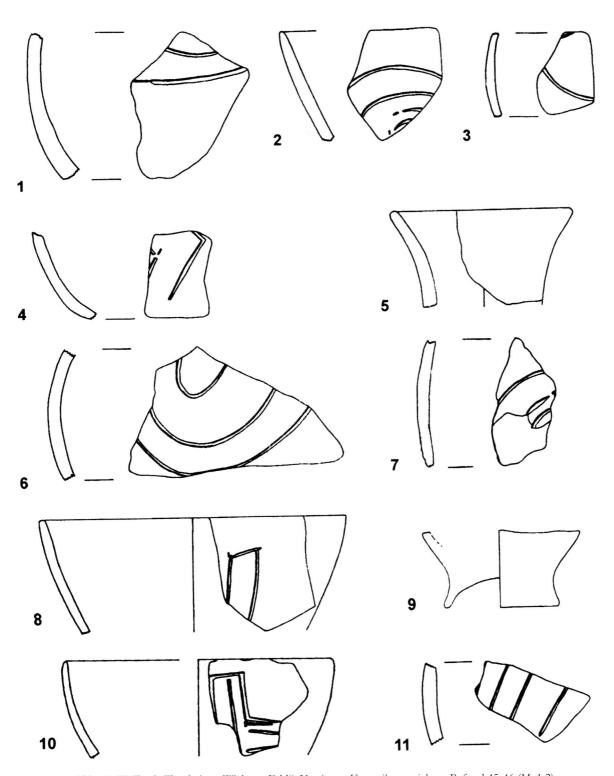

Abb. 16. Weilbach-Flörsheim, „Wickerer Feld". Verziertes Keramikmaterial aus Befund 45-46 (M. 1:2).

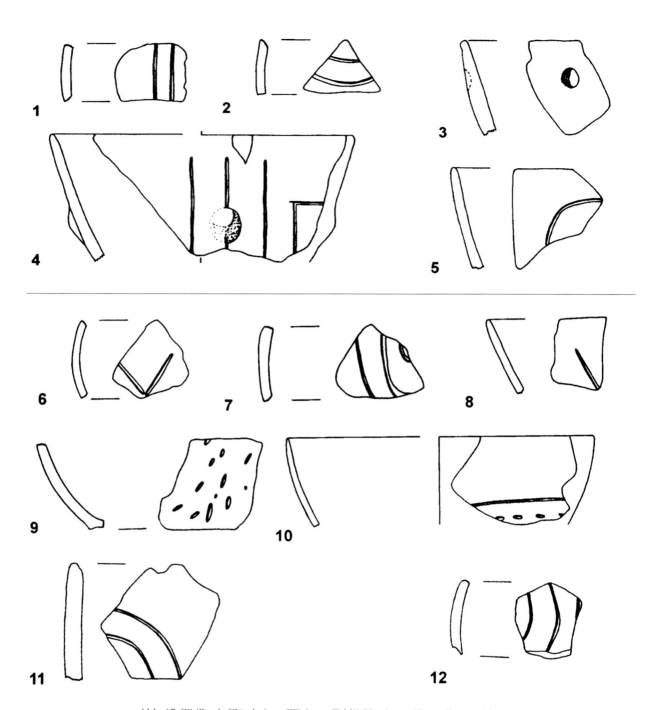

Abb. 17. Weilbach-Flörsheim, „Wickerer Feld". Verziertes Keramikmaterial.
1-5 Haus 4, Befund 500. 6-12 Befund 72 und 77 (M. 1:2).

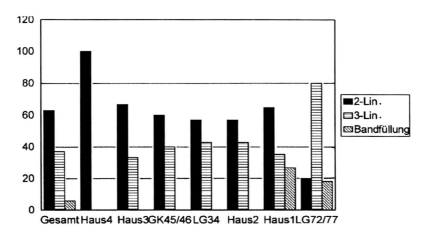

Abb. 18. Weilbach-Flörsheim, „Wickerer Feld". Vergleich der Verzierungsarten, aufgegliedert nach Fundkomplexen.

Die ebenfalls charakteristischen, breiten, im Profil U-förmigen Rillen der Ältesten Bandkeramik fehlen dagegen im Verzierungsspektrum. Generell datiert der Fundplatz daher mit Sicherheit in die Ältere Bandkeramik (Phase Flomborn), vermutlich jedoch in einen frühen Abschnitt dieser Periode, denn auch die für die nachfolgenden Zeitabschnitte typischen Bandfüllungen wurden nur sehr selten beobachtet. Offensichtlich steht das Material somit am Übergang zwischen der Ältesten Bandkeramik und der Phase Flomborn.

Um diese Zusammenhänge näher zu prüfen, wurden daher folgende Merkmale pro Fundnummer ausgezählt::
— Anzahl linienverzierter Scherben, aufgegliedert nach zwei- und dreilinigen Mustern, soweit bestimmbar,
— Anzahl der mit Bandfüllungen versehenen Verzierungsmuster,
— Anzahl der im Inventar enthaltenen Flachböden,
— Anzahl der stark organisch gemagerten Scherben.

Eine Sortierung nach Gefäßen war aus technischen Gründen zwar nicht möglich, doch wurden die offensichtlich zu einem Gefäß gehörigen Scherben nur einfach gezählt.
Insgesamt wurde so eine Zahl von 243 verzierten Scherben ermittelt. In Anbetracht der großen Menge keramischer Überreste erscheint diese Anzahl gering. Doch sollte berücksichtigt werden, dass der Anteil verzierter Keramik in den Inventaren der bandkeramischen Siedlungen stark schwankt (KLOOS 1997, 241 f.). Er kann von unter 10 % bis nahezu 50 % betragen. Hierbei können auch chronologische oder regionale Aspekte ausschlaggebend sein. Da die Vergleichszahl unverzierter Gefäße hier jedoch nicht zur Verfügung steht, kann auf diese Zusammenhänge nicht näher eingegangen werden. Bemerkenswert sind die 46 im Material vertretenen flachbodigen Gefäße. Obwohl diese Bodenform gelegentlich auch in jüngerbandkeramischen Inventaren - und hier vor allem bei unverzierten Gefäßen - angetroffen wird (KLOOS 1997, 239), scheint diese Anzahl, trotz des nicht durchführbaren Vergleichs mit den Rund- und Wackelböden, enorm hoch. Der schon während der Ausgrabung gewonnene Eindruck einer Überrepräsentanz altbandkeramischer Elemente im Inventar bestätigte sich auch aufgrund der 46 stark organisch gemagerten Gefäßteile, die bei der Auszählung erfaßt wurden. Die Linienverzierungen bestanden dagegen durchgängig aus den für die Phase Flomborn typischen schmalen Rillen. Randverzierungen, die ab dem jüngeren Flomborn auftreten können, wurden nicht beobachtet. Allgemein ist die frühe Bandkeramik kaum feiner zu gliedern. Zu einheitlich ist der Verzierungschatz dieser Periode, die im Rheinland etwa 200 Jahre andauerte. Der Versuch, eine interne Periodisierung anhand der Linienzahl der Muster aufzuzeigen, scheitert stets daran, dass die meisten Gefäßreste zu stark zerscherbt sind, um diesen Unterschied bestimmen zu können. Auch

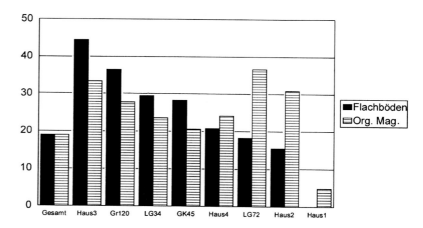

Abb. 19. Weilbach-Flörsheim, „Wickerer Feld". Vergleich der relativen Anteile von Flachböden und organisch gemagerten Gefäßen, aufgegliedert nach Fundkomplexen.

die Angabe, ob sich in den Bändern einzelne, weit voneinander entfernte Stiche befanden (Bandtyp 8 nach STEHLI 1988), ist leider nur selten zu treffen und kann daher nur bedingt als chronologisches Merkmal gelten. Auch im vorliegenden Material waren 68,7 % der 243 ausgezählten Linienverzierungen nicht weiter bestimmbar. Zweilinige Bänder wurden mit 16,1 % etwas häufiger angetroffen als dreilinige (9,5 %). Gefüllte Bänder meist mit Einzelstichen, gelegentlich auch mit lockerer Stichfüllung (Bandtyp 10) - sind in 14 Exemplaren (5,8 %) vorhanden.

Vergleich der Hausinventare

Um evtl. vorhandene chronologische Unterschiede zwischen einzelnen Hofplätzen der Siedlung aufdecken zu können, wurden die Merkmale auf die Ebene der jeweils hauszugehörigen Inventare zusammengefasst und verglichen. Neben den definierten Häusern 1-4 gingen in diese Betrachtung auch die vermutlichen Längsgruben Befund 72, 77, 152 und 34 sowie die Einzelgrube Befund 120 (Bestattung) und der nicht weiter trennbare Grubenkomplex Befund 45-46 ein.

Abb. 18 zeigt den Vergleich der nach Linienzahl bestimmbaren Verzierungen und gefüllten Bänder. Bandfüllungen, die als junges Element gelten können, wurden lediglich in Gruben, die dem Großbau Haus 1 zugewiesen wurden, sowie in den vermutlichen Längsgruben Befund 72 und 77 in Schnitt 2 nachgewiesen. Letztgenannter Komplex fällt auch durch die relative Häufigkeit an dreilinigen Bändern auf, wohingegen die Längsgruben zu Haus 4 ausschließlich zweilinige Verzierungen enthielten. Die übrigen Inventare zeigen ein homogenes Bild, wobei zweilinige Bänder mit etwa 60 % dominieren. Insgesamt kann man sagen, dass aus dem Vergleich der Linienzahl allein wohl kaum ein chronologischer Unterschied hergeleitet werden kann. Nimmt man die Extremwerte von Haus 4 und der Längsgrube Befund 72 und 77 ernst, so sollte sich eine Tendenz zu dreilinigen Bändern abzeichnen. Hier können jedoch auch Präferenzen einzelner Hoftraditionen zum Vorschein kommen, die nicht unbedingt chronologisch zu werten sind. Den Unterschied zwischen den beiden Verzierungen kann man in diese Richtung interpretieren. Es sollte auch darauf hingewiesen werden, dass die absolute Anzahl bestimmbarer Gefäße in diesem Vergleich sehr gering ist und statistischen Prüfverfahren sicher nicht standhält.

Gleiches gilt auch für den prozentualen Vergleich der Flachböden und stark organisch gemagerten Scherben (*Abb. 19*). Als zusätzliche Einschränkung muss hier zudem noch angeführt werden, dass eine gültige Bezugssumme für diesen Vergleich fehlt, da die Gesamtanzahl der in den Inventaren enthaltenen Gefäßreste nicht bestimmt wurde. So musste für diese Darstellung von der Annahme ausgegangen werden, dass die Zahl der verzierten Gefäße in gleichbleibendem Verhältnis zur Gesamtgefäßzahl steht. Sieht man von

Rohmaterial		Abschläge			Klingen			Kerne			artifizielle Trümmer			Summen
		mod.	unmod.	Summe	mod.	unmod.	Summe	mod.	unmod.	Summe	mod.	unmod.	Summe	
hellgrauer "belgischer" Feuerstein	n	2	1	3	-	-	0	-	-	0	-	-	0	3
	%	66,67	33,33	100,00	-	-	0,00	-	-	0,00	-	-	0,00	2,50
Rullen-Feuerstein	n	-	2	2	-	1	1	-	-	0	-	-	0	3
	%	-	66,67	66,67	-	33,33	33,33	-	-	0,00	-	-	0,00	2,50
Rijckholt-Feuerstein	n	13	4	17	7	2	9	-	-	0	-	-	-	26
	%	50,00	15,38	65,38	26,92	7,69	34,62	-	-	0,00	-	-	0,00	21,67
Schotter-Feuerstein	n	5	4	9	6	1	7	1	-	1	-	-	0	17
	%	29,41	23,53	52,94	35,29	5,88	41,17	5,88	-	5,88	-	-	0,00	14,17
Baltischer Feuerstein	n	11	10	21	8	-	8	-	-	0	-	-	0	29
	%	37,93	34,48	72,41	27,59	-	27,59	-	-	0,00	-	-	0,00	24,17
Romigny-Feuerstein	n	1	-	1	1	-	1	-	-	0	-	-	0	2
	%	50,00	-	50,00	50,00	-	50,00	-	-	0,00	-	-	0,00	1,67
unbestimmbarer Feuerstein	n	1	4	5	-	-	0	-	-	0	-	2	2	7
	%	14,29	57,14	71,43	-	-	0,00	-	-	0,00	-	28,57	28,57	5,83
Kieselschiefer	n	3	1	4	-	-	0	1	1	2	-	-	0	6
	%	50,00	16,67	66,67	-	-	0,00	16,67	16,67	33,33	-	-	0,00	5,00
Chalzedon	n	-	-	0	1	-	1	-	-	0	-	-	0	1
	%	-	-	0,00	100,00	-	100,00	-	-	0,00	-	-	0,00	0,83
Porzellanit	n	-	-	0	-	-	0	1	-	1	-	-	0	1
	%	-	-	0,00	-	-	0,00	100,00	-	100,00	-	-	0,00	0,83
Hornstein	n	6	9	15	5	4	9	1	-	1	-	-	0	25
	%	24,00	36,00	60,00	20,00	16,00	36,00	4,00	-	4,00	-	-	0,00	20,83
Summen	n	42	35	77	28	8	36	4	1	5	0	2	2	120
	%	54,55	45,45	100,00	77,78	22,22	100,00	80,00	20,00	100,00	-	100,00	100,00	100,00

Abb. 20. Weilbach-Flörsheim, „Wickerer Feld". Rohmaterialanteile der verschiedenen Silexartefaktgruppen.

diesen Einschränkungen ab, kann man hier dennoch einige interessante Tendenzen ablesen. So zeigt sich auch in diesem Vergleich die besondere Stellung der Haus 1 zugewiesenen Inventare. Mit 41 verzierten Gefäßen lieferten die Längsgruben dieses Grundrisses das absolut umfangreichste Inventar, das auch eine große Menge unverzierter Scherben enthielt. Trotzdem wurden hier im Gegensatz zu allen anderen Befunden keine Flachböden registriert. Auch der Anteil stark organisch gemagerter Gefäßreste ist nirgendwo niedriger als im Umfeld dieses Gebäudes. Anders beim zweiten, zuvor als jung angesprochenen Inventar. Zwar wurden auch in der Längsgrube Befund 72 und 77 nur wenige Flachböden entdeckt, doch liegt hier der Prozentwert organisch gemagerter Ware höher als bei den Vergleichsbefunden. Wie schon zuvor stellt sich daher auch hier die Frage, inwieweit solche Unterschiede als Hinweis auf die chronologische Stellung eines Inventars zu werten sind. Eine gründliche Aufarbeitung des keramischen Materials dieser Siedlung könnte vielleicht auch in dieser Hinsicht manche Antwort geben.

Silexmaterial

Der wichtigste Werkstoff im Neolithikum ist der Silex. Eine gewisse Verfügbarkeit des Materials war eine unabdingbare Notwendigkeit für alle neolithischen Siedler. Während der bandkeramischen Epoche wurden daher Verteilungsnetze aufgebaut, die u. a. zur Weitergabe von Silex in verschiedenen Bearbeitungsstadien über weite Strecken genutzt wurden. Die Rhein-Main-Region ist in dieser Hinsicht wegen ihrer geographischen Lage eher im Nachteil. Weit entfernt von den Hauptgewinnungsgebieten, befanden sich die Siedlungen dieser Landschaft am Rand der Interaktionsbereiche und wechselten gelegentlich ihre Anbindungs-

Rohmaterial		Bohrer	Sichel-einsatz	Stichel	End-retusche	Kratzer	Lateral-retusche	Ausgesplittertes Stück	Klopfer	Summen
hellgrauer "belgischer" Feuerstein	n	-	1	-	1	-	-	-	-	2
	%	-	10,00	-	12,50	-	-	-	-	3,77
Rijckholt-Feuerstein	n	1	2	1	1	2	4	2	-	13
	%	20,00	20,00	100,00	12,50	22,22	28,57	100,00	-	24,53
Maasschotter-Feuerstein	n	1	1	-	-	2	5	-	1	10
	%	20,00	10,00	-	-	22,22	35,71	-	25,00	18,88
Baltischer Feuerstein	n	-	4	-	5	2	2	-	-	13
	%	-	40,00	-	62,50	22,22	14,29	-	-	24,53
Romigny-Feuerstein	n	1	-	-	1	-	-	-	-	2
	%	20,00	-	-	12,50	-	-	-	-	3,77
unbestimmbarer Feuerstein	n	-	-	-	-	1	-	-	-	1
	%	-	-	-	-	11,11	-	-	-	1,89
Kieselschiefer	n	2	-	-	-	-	-	-	1	3
	%	40,00	-	-	-	-	-	-	25,00	5,66
Chalzedon	n	-	-	-	-	-	1	-	-	1
	%	-	-	-	-	-	7,14	-	-	1,89
Porzellanit	n	-	-	-	-	-	-	-	1	1
	%	-	-	-	-	-	-	-	25,00	1,89
Hornstein	n	-	2	-	-	2	2	-	1	7
	%	-	20,00	-	-	22,22	14,29	-	25,00	13,21
Summen	n	5	10	1	8	9	14	2	4	53
Zellen %	%	9,43	18,87	1,89	15,09	16,98	26,42	3,77	7,55	100,00

Abb. 21. Weilbach-Flörsheim, „Wickerer Feld". Rohmaterialanteile der verschiedenen Silexgerätgruppen.

richtung. Auch lokal verfügbare Materialien wie etwa Kieselschiefer waren zeitweilig (z. B. ganz am Ende der Bandkeramik) wichtige Werkstoffe. Auch die 120 in Flörsheim-Weilbach aufgefundenen Silexartefakte (*Abb. 20-21*) zeigen ein buntes Spektrum an Rohmaterialien. Beachtenswert sind die teilweise enormen Entfernungen, aus denen der Silex herantransportiert wurde (*Abb. 22*). Aus den niederländisch-belgischen Feuersteingebieten, die ca. 200 km vom Fundort entfernt liegen, stammt Silex aus mindestens drei verschiedenen Gewinnungsstellen. Neben dem in der Jüngeren Bandkeramik überregional dominierenden Rijckholt-Feuerstein wurden auch Exemplare aus Rullen und sog. hellgrauen „Belgischen" Feuerstein gefunden. Material aus Hornstein entstammt zumeist bayerischen Abbaustellen, ein Stück besteht aus dem im Mittelneolithikum bedeutenden Typ Lengfeld. Auch diese Silices wurden aus über 250 km Entfernung besorgt. Ein Problem stellt der sog. „Baltische" Feuerstein dar. Ob diese Stücke aus den Geschiebeschottern an der Vereisungsgrenze stammen oder ob das Material nicht auch dem Tétange-Silex zuzuweisen ist, der nur etwa 120 km von der Fundstelle entfernt im Pfälzer Wald ansteht, kann anhand der Stücke nicht geklärt werden. Letztere Möglichkeit ist nicht nur wegen der relativen Nähe als wahrscheinlichere Quelle für Artefakte aus sog. „Baltischen" Feuerstein in Flörsheim-Weilbach anzunehmen, sondern auch wegen der Verbindung nach Westen, die sich auch in den beiden Fundstücken aus Romigny-Silex zeigt, die im Inventar enthalten sind. Obwohl solche extremen Fernkontakte (über 350 km !) in der Bandkeramik gelegentlich beobachtet wurden (ZIMMERMANN 1995, 109 f.), stellen die beiden Exemplare aus französischem Silex in einer Flombornsiedlung der Rhein-Main-Region ein Kuriosum dar. Die Verteilungswege in der Bandkeramik beruhen allem Anschein nach auf persönlichen, verwandtschaftlichen oder freundschaftlichen Kontakten (ZIMMERMANN 1995, 125 ff.). Auf Gewinn ausgerichteter Handel kann wohl sicher ausgeschlossen werden. In der Flombornphase der Bandkeramik existierten jedoch keine Siedlungen dieser Kultur so weit westlich des Rheins. Extrakulturelle Kontakte sind in der Bandkeramik auf die Zeit der Ältesten und Älteren LBK und auf die allerjüngste Phase beschränkt (MATTHEUẞER im Druck). Auf die Problematik der La Hoguette-Keramik, die durchaus regelhaft in Inventaren der Ältesten Bandkeramik auftritt, wurde schon bei der Besprechung der Tonware eingegangen. Solche Importgefäße wurden in Flörsheim-Weilbach nicht beobachtet. Um so mehr erstaunt es, nun erstmals über die Silexrohmaterialien eine direkte oder indirekte Verbindung einer bandkeramischen Siedlung mit ihren westlichen Nachbarn nachweisen zu können. Die einzigen anderen, sicher aus bandkeramischem Zusammenhang geborgenen Artefakte dieses Rohmaterials entstammen Siedlungen im Moselgebiet (SCHMIDGEN-HAGER 1993; ZIMMERMANN 1995, 45), die der jüngsten

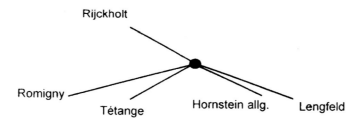

Abb. 22. Schematische Darstellung der Lage der Gewinnungsstellen der in Weilbach benutzten Silexrohmaterialien in Relation zum Fundort.

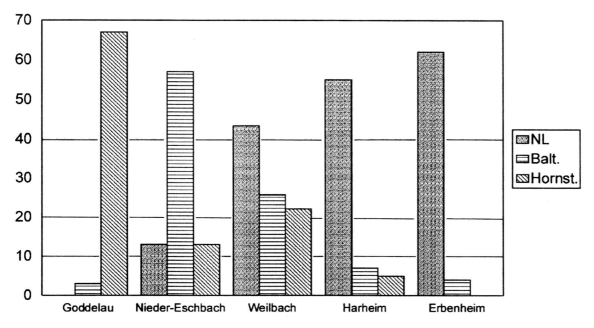

NL=Rijckholt, Schotter, Rullen u. hellgrauer "Belgischer"

Abb. 23. Weilbach-Flörsheim, „Wickerer Feld". Vergleich der Rohmaterialspektren verschiedener bandkeramischer Fundstellen in Hessen.

Phase der Bandkeramik zugerechnet werden und über etablierte Kontakte zur französischen „Schwesterkultur" Rubané Recent de Basin Parisien verfügen. Zwei weitere Stücke aus Fritzlar-Homberg (ZIMMERMANN 1995, 21) und dem Oberflächenfundplatz Habitzheim (ZIMMERMANN 1995, 45) könnten auch mittelneolithischen Ursprungs sein. Außer den beiden Stücken aus Romingy-Silex, bei denen man wegen ihrer geringen Häufigkeit noch über Verwechslungsmöglichkeiten nachdenken könnte, ist auch der sog. „Baltische" Feuerstein ein Material, das möglicherweise in Richtung Westen verweist.

Abgesehen von den westlichen Kontakten zeigt das Rohmaterialspektrum von Flörsheim-Weilbach auch in anderer Hinsicht Anklänge an die Verhältnisse in der Ältesten Bandkeramik. Die Fundstelle gehört in eine Phase, in der stabile Fernhandelsverbindungen noch im Aufbau begriffen sind. Während in der Ältesten LBK noch starke Kontakte in die süddeutschen Hornsteinabbaugebiete und den Bereich des „Baltischen" Feuersteins fassbar sind, wurden diese im Verlauf der Phase Flomborn sukzessive durch Verbindungen zu den feuersteinreichen Gebieten in Niederländisch-Limburg ersetzt (ZIMMERMANN 1995, 12 ff.). Vor allem der Silex aus den Gewinnungsstellen um Rijckholt erlangte im weiteren Verlauf der Bandkeramik eine übergeordnete Stellung. Dieser Wandel zeigt sich auch deutlich im Vergleich der Rohmaterialspektren aus bandkeramischen Siedlungen im Rhein-Main-Gebiet (*Abb. 23*). Während auf dem Ältestbandkeramischen

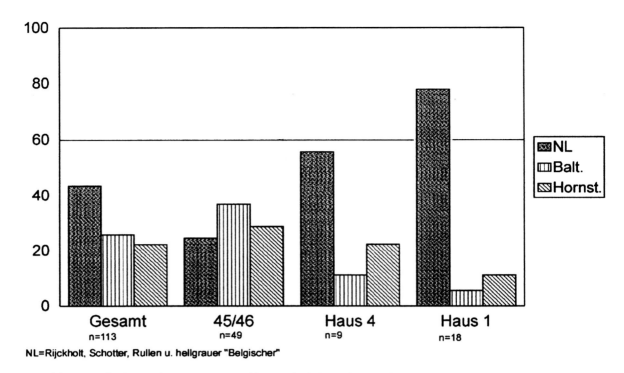

Abb. 24. Weilbach-Flörsheim, „Wickerer Feld". Vergleich der Rohmaterialspektren verschiedener Fundkomplexe

Platz Goddelau im Hessischen Ried das Spektrum von Hornsteinvarietäten beherrscht wird, zeigt die als insgesamt jünger innerhalb der Ältesten Bandkeramik anzusehende Siedlung Frankfurt-Niedereschbach bereits drei Artefakte von den Gewinnungsstellen bei Maastricht und Aachen. Dennoch ist hier noch deutlich der „Baltische" Feuerstein dominierend. Die flombornzeitliche Fundstelle Frankfurt-Harheim zeigt dagegen ein Spektrum, in dem die vorherrschende Stellung des Rijckholt-Feuersteins schon sichtbar ausgeprägt ist. Sein Anteil beträgt auch in der mittelbandkeramischen Siedlung von Wiesbaden-Erbenheim über 60 %. Somit steht der Anteil niederländischer Varietäten in reziprokem Verhältnis zu dem des „Baltischen" Feuersteins, der nach der Phase der Ältesten Bandkeramik schnell an Bedeutung verliert. Auch der Hornstein ist im Prinzip auf den ältesten Abschnitt der Bandkeramik beschränkt, zeigt jedoch keinen so ausgeprägten Zusammenhang mit den Feuersteinrohmaterialien aus Niederländisch-Limburg. Das Inventar von Flörsheim-Weilbach fügt sich hier sehr schön in diese Abfolge ein, wobei seine Stellung zwischen den beiden Kulturphasen Älteste LBK und Flomborn noch besser im Vergleich einzelner Inventare auf dem Fundplatz zutage tritt (*Abb. 24*).

Am ehesten den Rohmatrialspektren der Ältesten Bandkeramik gleicht das Material aus dem Grubenkomplex Befund 45-46, in dem sich auch die Längsgrube zu Haus 2 verbirgt. In fast gleichen Anteilen zeigen sich hier die drei bedeutenden Rohmaterialblöcke mit einem leichten Schwerpunkt auf dem „Baltischen" Feuerstein. Die Längsgruben zu Haus 4 ergaben ein nur sehr kleines Inventar, in dem der Rijckholt-Feuerstein schon klar überwiegt. Mit über 70 % (14 von 18 Stücken) Feuerstein aus den westlichen Abbaugebieten ist die Dominanz dieses Rohmaterials in den zu Haus 1 gehörenden Befunden erstaunlich hoch, wobei natürlich der geringe Umfang dieser Stichprobe zu berücksichtigen ist. Auch die Tatsache, dass die beiden französischen Silices aus den Komplexen Befund 45-46 und Haus 4 stammen, passt gut zu den übrigen Befunden, die eine eher junge Stellung des Gebäudes 1 innerhalb des erfassten Siedlungsabschnitts wahrscheinlich machen. Interessant wäre hier vor allem die weitere Entwicklung auf dem sicher noch in den entwickelten Abschnitten der Bandkeramik besiedelten Platz. Leider liegen hierzu bislang noch keine Daten vor.

Ein guter Indikator für die Versorgungslage mit einem Rohmaterial ist der Anteil der Geräte im Vergleich zu den unmodifizierten Artefakten. Auch hier zeigen sich in Flörsheim-Weilbach überraschende Ergebnisse.

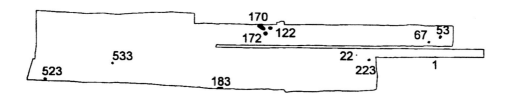

Abb. 25. Weilbach-Flörsheim, „Wickerer Feld". Verteilung der eisenzeitlichen Gruben auf dem Siedlungsgelände, ohne Suchschnitte.

Der Gerätanteil bei Silex aus dem westlichen Abbaugebieten erreicht mit 51 % einen vergleichsweise hohen Wert, wie er selbst aus der jungbandkeramischen Siedlung Wiesbaden-Erbenheim nicht vorliegt (46 %). Hier spiegelt sich wahrscheinlich die instabile Versorgungslage wider wie auch die vermutliche Form der Weitergabe in einem späten Bearbeitungsstadium. Anders dagegen der bayerische Hornstein, von dem nur 28 % als Geräte modifiziert wurden. Entweder war hier also die Form der Weitergabe eine andere oder das Rohmaterial kam so regelmäßig vor und war so leicht beschaffbar, dass die komplette Ausnutzung und ständige Umarbeitung eines Stückes nicht notwendig war. Der Gerätanteil der Artefakte aus „Baltischem" Feuerstein ähnelt dagegen mit 44,8 % eher dem Schema des niederländischen Materials. Allerdings sollte darauf hingewiesen werden, dass außer rein funktionalen Gründen auch Prestigedenken oder unterschiedliche Wertschätzung von Rohmaterialien für die Differenzen in den Werten verantworlich sein können. Anzeichen für solche Präferenzen wurden auch schon im Zusammenhang mit der Nutzung des Quarzits in der jungen Bandkeramik geäußert (Zimmermann 1995, 130 ff.). Aufgrund der doch recht kleinen Stichprobe, die das aus Flörsheim-Weilbach geborgene Inventar darstellt, sollten solche Überlegungen jedoch eher als Anregung für weitere Untersuchungen aufgefasst werden. Auch die Anteile verschiedener Geräte, wie sie in Abb. 21 gezeigt sind, können an dieser Stelle nicht ausführlicher behandelt werden. So bleibt es einer gründlichen Aufarbeitung des Platzes mit all seinen Materialien vorbehalten, die durchaus interessanten Aspekte im Silexspektrum dieser Siedlung näher zu beleuchten.

Zusammenfassung

Die fruchtbaren Lößböden im Umfeld der Ortschaften Flörsheim-Weilbach und Hochheim-Massenheim sind schon lange als bevorzugte Siedlungsgebiete frühneolithischer Bauern bekannt (Wurm 1975b, 18 ff.). Die erstaunliche Tatsache, dass alle bislang erfassten Fundstellen der Bandkeramik in dieser Region der Ältesten Bandkeramik und der Phase Flomborn zuzuweisen sind (Kneipp im Druck), liegt vermutlich in forschungsgeschichtlichen Lücken begründet. Dennoch ist es bemerkenswert, dass auch die hier vorgestellte Siedlung diese Zeitstellung einnimmt.

Auf über 5000 m² Fläche wurde großflächig der altbesiedelte Bereich einer Siedlung aufgedeckt, die sich vermutlich bis zum ca. 450 m entfernten Bachlauf hinzog. Von den mindestens sechs erfassten Gebäuden konnte nur eines komplett rekonstruiert werden. Doch auch die schlechter erhaltenen Befunde bieten gute Möglichkeiten, das Siedlungsgeschehen hier begreifbar zu machen. Dazu sollte eine sorgfältige Analyse der Funde und deren Verteilung auf der Fläche durchgeführt werden. Sowohl die Keramik als auch die Silexartefakte zeigen an, dass der Fundplatz eine Übergangsstellung zwischen zwei Kulturepochen einnimmt, über deren zeitliche Überschneidung noch diskutiert wird (Zimmermann 1995, 12 ff.; Stäuble im Druck). Auch die Auswertung der botanischen und zoologischen Reste wäre interessant, vor allem im Hinblick auf ihre Vergleichbarkeit mit ältestbandkeramischen Fundplätzen in der Umgebung.

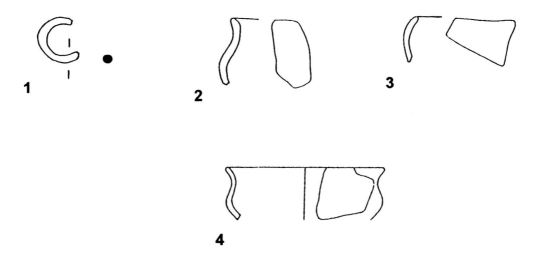

Abb. 26. Weilbach-Flörsheim, „Wickerer Feld". Fundmaterial aus Befund 1. 1 Glasring (M. 1:1). 2-4 Keramik (M. 1:3).

Die eisenzeitlichen Befunde

Aus Weilbach und Umgebung sind zahlreiche eisenzeitliche Funde und Fundstellen (LAUCK 1928; NAHRGANG 1934; SCHUMACHER 1972/74; WURM 1975a; WURM 1975b) bekannt. Es handelt sich sowohl um Grabfunde (STURM 1987; POLENZ 1973) als auch um Siedlungsfunde (POLENZ 1984) und Depots (RITTERLING 1907; AMANN-ILLE/ILLE 1994). In Flörsheim besteht wahrscheinlich quellenbedingt durch die hohe Aktivität von Heimatforschern eine größere Funddichte als im Umkreis. Die wichtigsten Fundstellen und Funde sollen hier nur kurz erwähnt werden:

Von herausragender Bedeutung ist der frühlatènezeitliche Bronzespiegel aus Hochheim, der vermutlich aus einem Adelsgrab stammt (HERRMANN/WURM 1983b). In Wiesbaden-Erbenheim befindet sich eine Fundstelle mit einem hallstattzeitlichen Depot (AMANN-ILLE/ILLE 1994). Dort wurden in einer Grube acht anthropomorphe Statuetten freigelegt. Ein anderes Depot aus Langenhain wird in die Frühlatènezeit datiert und lieferte 28 bronzene Scheiben und einen Gusskuchen (RITTERLING 1907, 245 ff.). Die Ringwallanlage Kapellenberg bei Hofheim 5-6 km nördlich der Fundstelle Weilbach gehört mit dem Heidetränk-Oppidum zu den größten Wallanlagen im Taunus (HERRMANN 1983a; BAATZ 1963/64). Sie wurde seit der Michelsberger Kultur immer wieder besiedelt und könnte möglicherweise in der Eisenzeit ein zentraler Ort gewesen sein, zu dem die unbefestigten eisenzeitlichen Flachlandsiedlungen der Umgebung Bezug nahmen. In der direkten Nachbarschaft zu der Fundstelle Flörsheim-Weilbach (STURM 1987, 38; 164 Nr. 206; SCHUMACHER 1972/74, 186) wurden mit zwei gerippten Bronzearmringen und anderen Funden, die inzwischen verloren sind, 1890 beim Bau einer Wasserleitung Reste eines Grabes (?) entdeckt. Darunter fanden sich angeblich Pferde- und Menschenknochen sowie ein Bronzekessel.

Auf der Grabungsfläche gibt es insgesamt 16 metallzeitliche Befunde (1, 22 (?), 53, 67, 122, 170, 172, 183, 223, 523, 533), davon wurden fünf innerhalb der Suchschnitte (Schnitt 5) angeschnitten, konnten aber nicht vollständig erfasst werden. Aufgrund der starken Erosion im Bereich der Suchschnitte waren die Befunde nur sehr flach erhalten. Als Oberflächenfunde wurden dort mittelalterliche und wenige kaiserzeitliche Scherben aufgelesen.

Bei der Befundverteilung ist keine Struktur zu erkennen, die Verfärbungen sind über die gesamte Grabungsfläche verteilt. Die Menge der eisenzeitlichen Funde nimmt in NO-Richtung zu (*Abb. 25*).

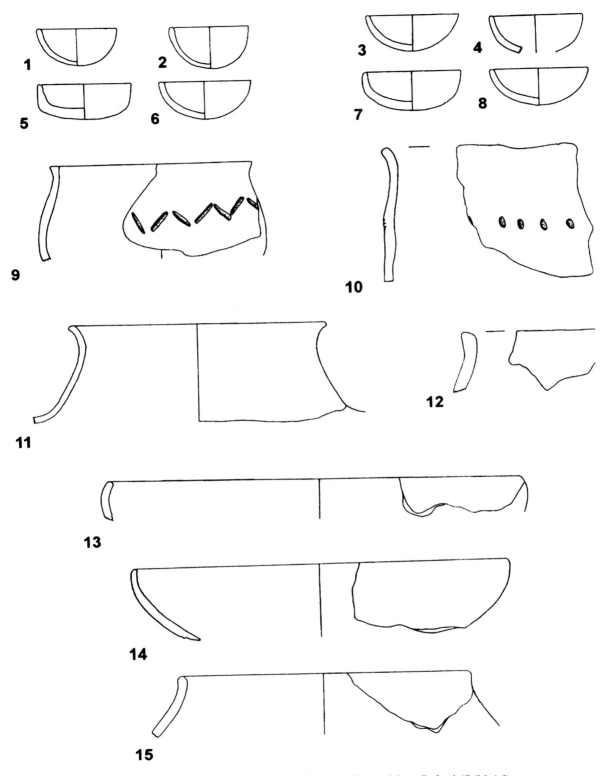

Abb. 27. Weilbach-Flörsheim, „Wickerer Feld". Keramikmaterial aus Befund 67 (M. 1:3).

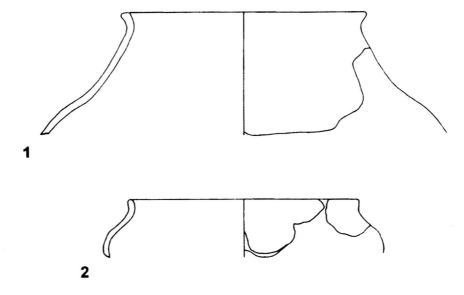

Abb. 28. Weilbach-Flörsheim, „Wickerer Feld". Keramikmaterial aus Befund 67 (M. 1:3).

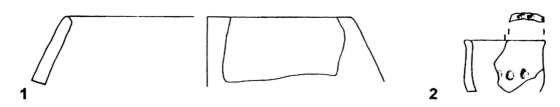

Abb. 29. Weilbach-Flörsheim, „Wickerer Feld". Keramikmaterial aus Befund 122 (M. 1:3).

Die meisten eisenzeitlichen Befunde zeigen einen ähnlichen Aufbau mit einer Brandschicht, in die zahlreiche Keramik eingelagert ist; sie liegen mit ihrer Unterkante auf dem Kies auf. Meist sind nur Reste der stark eingetieften Gruben erhalten. Alle anderen Siedlungsspuren sind in der Regel aberodiert. Über die Ausdehnung der eisenzeitlichen Siedlung lässt sich keine Aussagen machen. Neben der Keramik sind wenige unbestimmbare kleine Eisenfragmente geborgen worden. Hinzu kommt ein Fragment eines blauen rundstabigen Fingerrings aus Befund 1 (*Abb. 26,1*).

Die Keramik fügt sich gut in das späthallstatt- bis frühlatènezeitliche Spektrum des Umlands ein (KOEPKE 1990; SCHUMACHER 1972/74; SEHNERT-SEIBEL 1993). Das keramische Material besteht hauptsächlich aus einfachen Schalen und Schüsseln, wenigen Kegelhalsgefäßen, Töpfen, Schalen und Schüsseln mit S-förmigem Profil sowie Schulterschüsseln.

Die Bandbreite der Verzierungsweisen ist nicht besonders groß. Es treten ovale Tupfen auf der Wandung in unterschiedlicher Ausführung auf (*Abb. 27,10; 31,2.4*), die teilweise mit Eindrücken auf dem Rand oder mit einem tordierten Rand kombiniert sind (*Abb. 29,2; 31,4*). Hinzu kommen als typisch hallstattzeitliches Verzierungsmerkmal plastische Leisten mit Eindruckverzierung (*Abb. 32,2; 33,1*), die im Siedlungsmaterial der gesamten Hallstattzeit zu finden sind (SEHNERT-SEIBEL 1993, 97), sowie Riefenverzierung und Kammstrichmuster (*Abb. 30,6; 33,2-3*), eines der beliebtesten eisenzeitlichen Verzierungsmuster.
Im Material gibt es keine graphitverzierte Keramik, die überwiegend in der frühen Hallstattstufe auftritt, und nur ein Gefäßrest aus Befund 172 ist rot bemalt (*Abb. 30,1*).

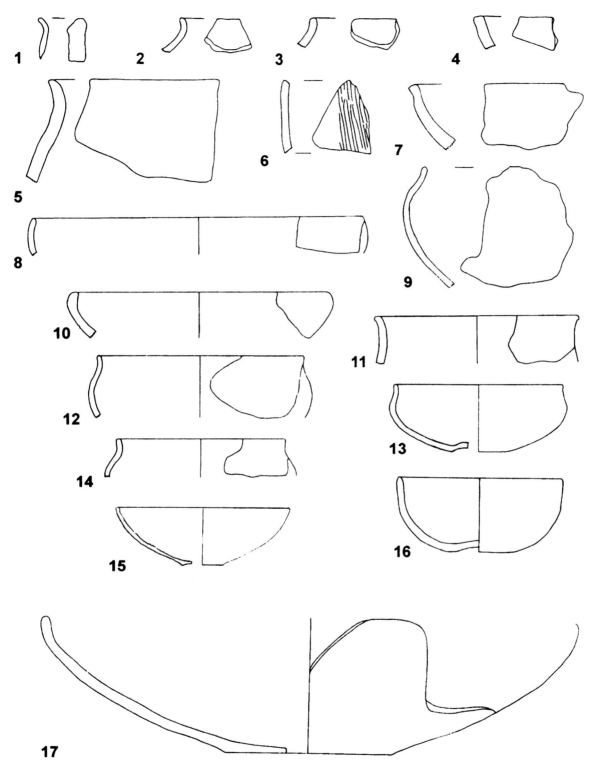

Abb. 30. Weilbach-Flörsheim, „Wickerer Feld". Keramikmaterial aus Befund 172 (M. 1:3).

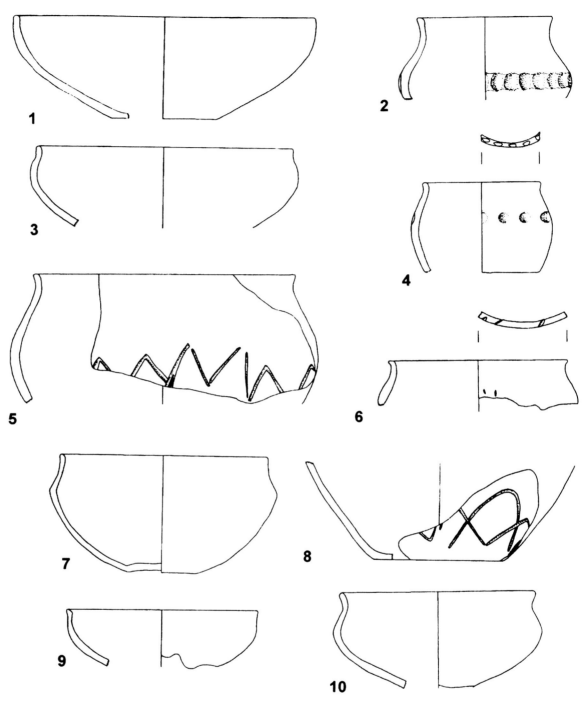

Abb. 31. Weilbach-Flörsheim, „Wickerer Feld". Keramikmaterial aus Befund 172 (M. 1:3).

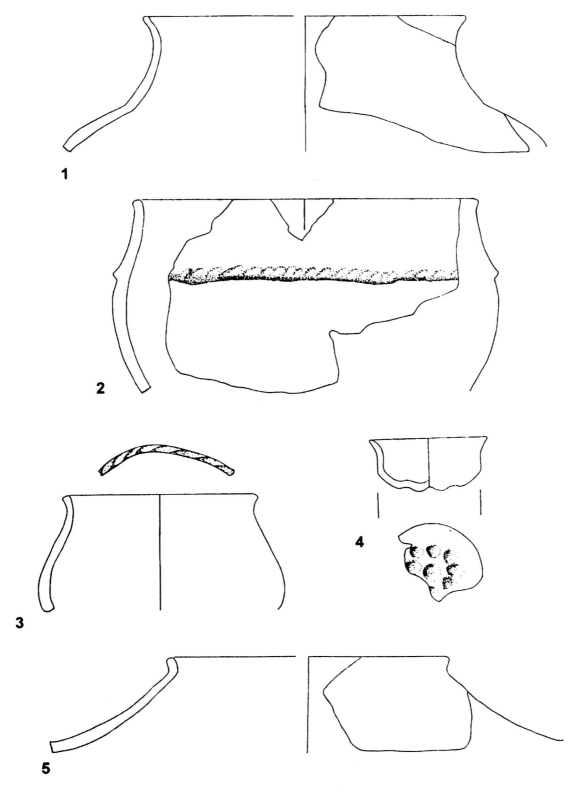

Abb. 32. Weilbach-Flörsheim, „Wickerer Feld". Keramikmaterial aus Befund 523 (M. 1:3).

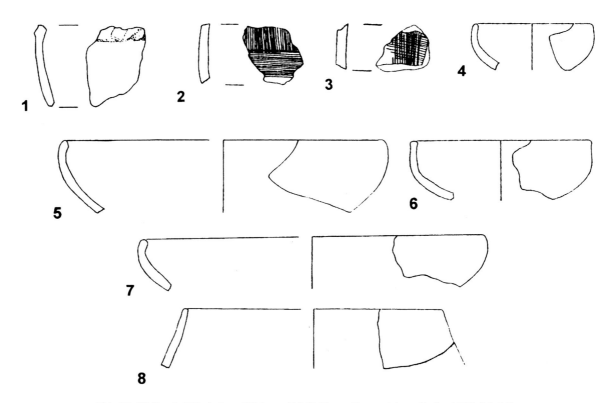

Abb. 33. Weilbach-Flörsheim, „Wickerer Feld". Keramikmaterial aus Befund 523 (M. 1:3).

Die von A. Schumacher herausgearbeiteten kennzeichnenden Formen der älteren Stufe der Hallstattzeit (SCHUMACHER 1972/74, 17) sind Schrägrandtöpfe mit kantig abgesetztem Rand sowie generell scharf profilierte Gefäße. Zu den typischen Verzierungsmustern gehören u. a. Einstichreihen oder Leisten in der Halskehle. Diese älterhallstattzeitlichen Formen fehlen in Weilbach.

Für die jüngere Stufe stellte A. Schumacher (SCHUMACHER 1972/74, 18) eine Tendenz zur „Rundung und Verflauung der Gefäßprofile" heraus. Der Rand ist nicht mehr deutlich vom Gefäßkörper abgesetzt, die Umbrüche werden nur noch durch aufgelegte Leisten angezeigt. Die vormals als Verzierungselement benutzten eckigen Eindrücke werden durch runde Fingertupfen ersetzt. Sie treten nun auch häufig auf den Rändern und um die Bodenplatte herum auf.

Von den eisenzeitlichen Befunden sollen hier nur einige exemplarisch kurz vorgestellt werden (vgl. auch den Befundkatalog unten):

Bef. 1 (*Abb. 34*):
Bef. 1 erbrachte neben wenigen Scherben (*Abb. 26,2-4*) und ein Fragment eines blauen rundstabigen Fingerrings aus Glas, das an einem Ende grünlich verfärbt ist (Abb. 26,1). Der Bef. war teilweise stark mit Holzkohle durchsetzt und im N-Teil fundleer. Erst beim Abbau des Bef. im Bereich hinter der Baggerkante traten Funde auf.
Ähnliche Ringe wurden von Th. E. Haevernick im die Stufe HaD3 datiert (HAEVERNICK 1975, 63 ff.), können aber nach S. Sievers auf der Heuneburg schon für die Stufe D1 nachgewiesen werden (SIEVERS 1984, 18 Taf. 32,408). Zum Keramikspektrum gehören neben einer Wandscherbe mit ovalen Eindrücken ein einziehendes Randfragment und Fragmente zweier Schüsseln mit S-förmigem Profil. Diese Form tritt in der Späthallstatt- und Frühlatènezeit auf, eine genauere Zuweisung ist kaum möglich. Schulterschüsseln entwickeln sich aus Schalen und Schüsseln mit S-förmigem Profil, die Formen können aber noch nebeneinander auftreten.

Bef. 67 (*Abb. 36*):
In Grube 67 fanden sich acht Miniaturgefäße (*Abb. 27,1-8*), von denen fünf vollständig erhalten sind. Hinzu kommen sieben weitere, sehr qualitätvolle zerscherbte Gefäße: Drei Kegelhalsgefäße, eine Schulterschüssel und zwei einfache Schalen bzw. Schüsseln (*Abb. 27,9-15; 28,1-2*). Die Miniaturgefäße sind schalenförmig mit einem einfachen Rand und einem Dm. von etwa 7 cm. Sie haben teils flache, teils runde Böden und gehören zu den grobkeramischen Gefäßen mit unregelmäßiger Rand- und Wandungsbildung, sie wurden aus einem Tonballen geformt.

Als Funktion kommen bei dieser zeitlosen Zweckform in allen Lebensbereichen, also Handwerk, Hauswirtschaft und kultischer Bereich, verschiedenste Möglichkeiten in Frage (van den BOOM 1989, 34 ff.). Dies reicht von der Interpretation als Schmelztiegel (die für Weilbach unwahrscheinlich ist, da sich keine Schlackereste innerhalb der Gefäße befanden und keine Brandspuren vorhanden waren) über Kinderspielzeug bis hin zu sakralem Gerät. Auffällig ist bei dem Weilbacher Bef. die Anzahl der Gefäße. Diese Besonderheit wurde allerdings schon verschiedentlich beobachtet (SEHNERT-SEIBEL 1993, 77). Sonst werden Miniaturgefäße einzeln in Siedlungen und Gräbern (SCHUMACHER 1972/74, Taf. 11,E7) gefunden. Aus diesem Grunde, aber auch wegen der Unversehrtheit, muss man in Weilbach von einer Deponierung ausgehen.

Es konnte keine besondere Lage der Gefäße festgestellt werden, die Keramik war bis auf die Miniaturgefäße zerscherbt. Bei anderen rituellen Niederlegungen sind die Gefäße zwar ebenfalls unzerscherbt, aber in einer regelhaften Weise niedergelegt, beispielsweise wie in Hartmannshof mit der Mündung nach unten (KOSCHIK 1986, 76 ff.). Auch gibt es meist keine ausgesprochene Grobkeramik.

Die Miniaturgefäße passen der Größe nach jeweils in zwei Dreier- und einer Zweiergruppe ineinander. Innerhalb des Bef. waren sie einzeln über die gesamte Breite der Verfärbung teils schräg, teils mit der Öffnung nach unten oder oben in der Grube verstreut. Sie befanden sich in einem Bereich vom Grubenboden bis ca. 0,3 m oberhalb der Sohle. Die übrige Keramik lag ebenfalls ungeordnet zerscherbt unter und über den Miniaturgefäßen innerhalb des gesamten Bef. Ob es einen inhaltlichen Zusammenhang zu dem eingangs erwähnten Depotfund von Wiesbaden-Erbenheim, Flur „Kühunter", gibt, bei dem in einer Grube neben acht hallstattzeitliche Statuetten auch Miniaturgefäße aufgefunden worden sind, muss einer eingehenden Untersuchung vorbehalten bleiben.

Bef. 172 (*Abb. 44*):
Bef. 172 ist mit einem Dm. von etwa 1,7 m und einer Tiefe von noch maximal 0,8 m eine der größten eisenzeitlichen Gruben der Fundstelle und besitzt einen umfangreichen Keramikkomplex, der aus etwa 30 Gefäßeinheiten besteht. Darunter befinden sich Schulterschüsseln, Schalen und Schüsseln mit S-förmigem Profil, Töpfen mit S-förmigem Profil und einfache Schüsseln und Schalen (Abb. 30,1-17; 31,1-10).
Die Schulterschüsseln haben eine mehr oder weniger stark ausgeprägte Schulter. Schulterschüsseln entwickeln sich aus den hallstättischen Schüsseln mit S-Profil, wobei das Profil nicht mehr geschweift ist, sondern die Schulter hervorgehoben wird. Sie gehören zu den ältesten Latèneformen.
Die Grube gehört in einen hallstatt-latènezeitlichen Übergangshorizont. Auffällig ist bei den Verzierungen das Fehlen der plastisch verzierten Leisten. Zu dem Material gehört das schon erwähnte, rot bemalte Gefäß(fragment) (*Abb. 30,1*). Zum selben Gefäß gehören acht weitere, jedoch nicht anpassende Scherben.

Bef. 523 (*Abb. 69*):
Aus Bef. 523 stammt ein sehr umfangreicher Materialkomplex (*Abb. 32,1-5; 33,1-8*). Er weist als hallstattzeitliche Elemente plastische Leistenverzierung mit Eindrücken (*Abb. 32,2; 33,1*) und zwei Kegelhalsgefäße auf. Das verwendete Kammstrichmuster (*Abb. 33,2-3*) gehört zu den beliebtesten Verzierungen in der Eisenzeit. Die hier vorgelegten Scherben zeigen eine Kombination aus waagerechtem und senkrechtem Kammstrich. Relativ selten ist Gefäß Abb. 30,4 mit zu einer Rosette angeordneten kreisförmigen Eindrücken auf der Außenseite des Bodens. Die Eindrücke sind etwas unregelmäßig und nicht gestempelt. Im von A. Schumacher vorgelegten Material gibt es keine Vergleichsstücke, sie sind jedoch in Bad Soden am Taunus

belegt (FUNDBER. HESSEN 5/6, 1965/66, 144 f.; HERRMANN 1989, 186 Abb. 54,8). In der Pfalz und im rechtsrheinischen Schiefergebirge sind diese Verzierungen von Grabgefäßen bekannt z. B. Dannstadt (SEHNERT-SEIBEL 1993, 75 Taf. 88,B1.E3), Insheim (ENGELS 1967, Taf. 5,A8), Gückingen und Heringen (BEHAGHEL 1942, Taf. 2,A12-13; 3,C/D2; 10,B12), sie treten aber auch auf Siedlungskeramik auf , z. B. Ober-Olm, Kr. Mainz-Bingen (KOEPKE 1990, Taf. 45).

Zusammenfassung

Auf der über 5000 m² großen Fläche konnten lediglich 16 Befunde aus der Späthallstatt- und Frühlatènezeit freigelegt werden. Hinzu kommen wenige kaiserzeitliche und mittelalterliche Oberflächenfunde. Die Befunde ähneln sich im Aufbau, eine zusammenhängende Struktur der Verfärbungen ist aber nicht zu erkennen. Ein Großteil der ehemals vorhandenen Siedlungsreste muss aberodiert sein; vorhanden sind nur noch einige Siedlungs- bzw. Abfallgruben, von denen eine mit einem Keramikdepot bestückt ist. Die keramischen Funde fügen sich gut in das Fundspektrum der Umgebung ein.

Befundkatalog

In den Befundkatalog wurden nur die im Text erwähnten Befunde aufgenommen, wobei die Pfostengruben nicht mit einbezogen wurden.

Abkürzungen:

Ant.	Anteil	Ok.	Oberkante
Bef.	Befund	Pl.	Planum
Br.	Breite	Rl.	Rotlehm
Dm.	Durchmesser	rundl.	rundl.
erf.	erfasst(e)	schl.-l.	schluffig-lehmig
Erw.	Erweiterung (von Schnitt 1)	St.	Stein(e)
Hk.	Holzkohle	Uk.	Unterkante
Ker.	Scherben	unregelm.	unregelmäßig
Kn.	Knochen	Ver.	Verfärbung
L.	Länge		
längl.	länglich		Bei den Abbildungen gelten folgende Sigel:
LL.	Lößlehm	A	C-Löß
Mat.	Material	B	Bt-Horizont
max.	maximal	E	Humus
min.	mindestens	F	stark kalkhaltiger C-Löß
NN	Normalnull	X	Störung

Bef. 1, Grube (Abb. 34):
Schnitt 1. Im Pl. nicht komplett erf. Ver., verläuft in die westliche Baggerkante hinein. Halbrund, braun, schl.-l., 2,4 m entlang der Baggerkante, ca. 0,6 m Richtung Osten.
Im Profil noch max. 0,5 m erhalten, Uk. bei 145,89 NN.

Bef. 34, Längsgrube (*Abb. 4*):
Schnitt 1 / 1 (Erw.). In Pl. 1 unregelm. längl. Ver., schwarz, schl.-l., leicht humos, ca. 5 x 1,2-2,5 m, wurde auf Pl. 2 (146,05-146,1 NN) tiefergelegt. Dort langgestreckte, vergrößerte Ver., schwarz, schl.-l., leicht humos, mit eingelagerten Hk.- und Rl.-Flittern, L. 10,17 m, Br. 1,9-4,9 m, die Ver. wird nach Süden hin schmaler.
Im Längsprofil L. entlang der Ok. 10,17 m, noch max. 0,44 m erhalten, Uk. bei 145,65 NN.

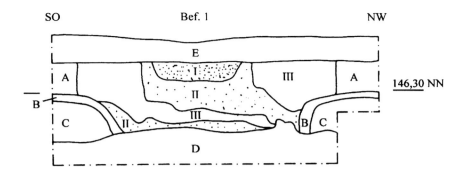

I - schwarz, schl.-l., stark mit Hk. durchsetzt
II - dunkelbraun, schl.-l., mit Hk. durchsetzt
III - braun, schl.-l.

Abb. 34. Weilbach-Flörsheim, „Wickerer Feld". Profilschnitt durch Befund 1.

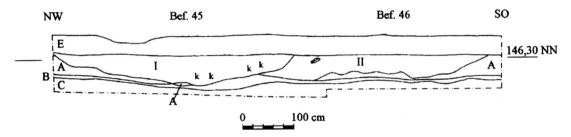

I - schwarz, schl.-l., schwach humos, mit wenig eingelagerter Ker.
II - dunkelbraun, schl.-l., stark humos

Abb. 35. Weilbach-Flörsheim, „Wickerer Feld". Profilschnitt durch Befund 45 und 46.

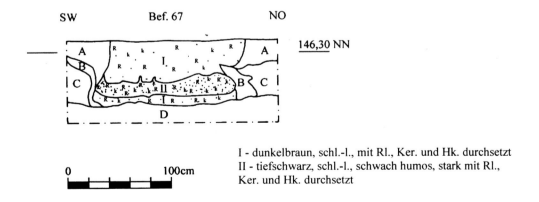

I - dunkelbraun, schl.-l., mit Rl., Ker. und Hk. durchsetzt
II - tiefschwarz, schl.-l., schwach humos, stark mit Rl., Ker. und Hk. durchsetzt

Abb. 36. Weilbach-Flörsheim, „Wickerer Feld". Profilschnitt durch Befund 67.

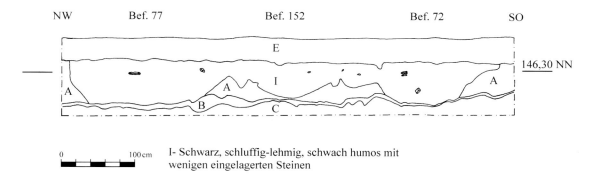

Abb. 37. Weilbach-Flörsheim, „Wickerer Feld". Profilschnitt durch Befund 72, 77 und 152.

Befundkomplex 45-46, 169, 181, 304 (*Abb. 35*):
Bef. 45-46, 169, 181, 304, vermutlich Längsgrube.
Bef. 45 und 46 aus Schnitt 1 und Bef. 181 und 169 aus Schnitt 1 (Erw.) bilden einen zusammenhängenden unregelm. längl. Bef. aus schwarzem, schl.-l. LL. mit schwach humosem Ant. und Hk.- und Rl.-Flittern auf Pl. 1, max. L. ca. 15,6 m, max. Br. ca. 5,6 m. Bef. 45 grenzt im Norden an Bef. 46.
Bef. 304 war erst im tiefergelegten mittleren und südlichen Sektor von Bef. 181 im 2. Pl. zu erkennen (146,10 NN), unvollständig erf., längl.-ovale Ver., schwarz, schl.-l., ca. 4,5 x 0,8 m.
Im Längsprofil durch Bef. 45 und 46 entlang der Baggerkante schneidet Bef. 45 den Bef. 46. Noch max. 0,5-0,6 m erhalten, Uk. bei 145,79 NN.

Bef. 67, Grube (*Abb. 36*):
Schnitt 2. Im Pl. rundl. Ver., grau, schl.-l., Dm. 1,3 m. Beim Abgraben des Bef. wurden acht Miniaturgefäße freigelegt, fünf davon waren vollständig erhalten. Sie waren über die gesamte Br. des Bef. verstreut und lagen im Bereich zwischen der Sohle bis ca. 0,3 m darüber. Die Miniaturgefäße lagen teils schräg, teils mit der Öffnung nach unten und nach oben in der Grube.
Im Profil noch max. 0,64 m erhalten, Uk. bei 145,78 NN.

Befundkomplex 72, 77, 152 (*Abb. 37*):
Bef. 72, vermutlich Teil einer aufgelösten Längsgrube;
Bef. 72, 77, 152, Teilgruben.
Schnitt 2. Im Pl. 1 (146,37 NN) nicht komplett erf. Ver., Bef. 72 und 77 verlaufen in die östliche Baggerkante hinein. Schwarz, schl.-l., leicht humos, können nicht voneinander abgegrenzt werden und wurden auf Pl. 2 tiefergelegt. Bef. 72 und 77 entlang der Baggerkante 5 m, Br. min. 1,6 m.
Im 2. Pl. (146,06 NN) beide Ver. stark verkleinert und deutlich voneinander zu trennen, verlaufen in die östliche Baggerkante hinein, Bodenbeschaffenheit wie in Pl. 1. Bef. 72 halbrund, L. entlang der Baggerkante 1,2 m, Br. min. 1 m. Bef. 77 unregelm. halbrund, L. entlang der Baggerkante 1,8 m, Br. min. 1,6 m. Zwischen Bef. 72 und 77 liegt Bef. 152: Halbrund, schwarz, schl.-l., entlang der Baggerkante 1,5 m, Br. min. 0,6 m.
Im Profil keine Stratigraphie der Bef. untereinander zu erkennen. Noch max. 0,6 m unter dem Humus erhalten, Uk. bei 145,80 NN.

Bef. 77, vgl. Befundkomplex 72, 77, 152.

Befundkomplex 105, 115, 119:
Bef. 105, vermutlich aufgelöste Längsgrube (*Abb. 38*):
Gehört zu den Teilbef. 105, 115, 119.
Schnitt 2. In Pl. 1 längl.kastenförmige Ver., schwarz, schl.-l., 3,6 x 2,2 m.
Im Profil Komplex aus zwei Gruben mit einer Längsausdehnung von 2,5 m und 1,25 m zu erkennen. Die südöstliche Ver. ist noch ca. 0,4 m erhalten, Uk. bei 145,92 NN. Die nordwestliche Ver. noch ca. 0,22 m erhalten, Uk. bei 145,85 NN.

Bef. 115, vermutlich aufgelöste Längsgrube (*Abb. 39*):
Gehört zu den Teilbef. 105, 115, 119.
Schnitt 2. In Pl. 1 unregelm. rundl. Ver., schwarz, schl.-l., Dm. ca. 2 m.

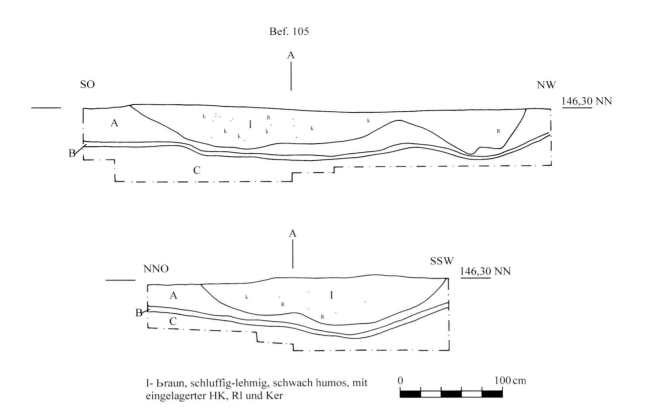

Abb. 38. Weilbach-Flörsheim, „Wickerer Feld".38. Profilschnitte durch Befund 105.

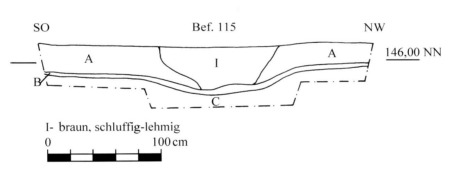

Abb. 39. Weilbach-Flörsheim, „Wickerer Feld". Profilschnitt durch Befund 115.

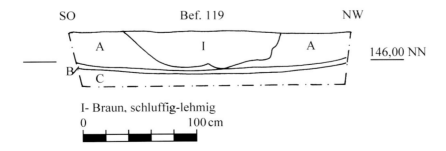

Abb. 40. Weilbach-Flörsheim, „Wickerer Feld".Profilschnitt durch Befund 119.

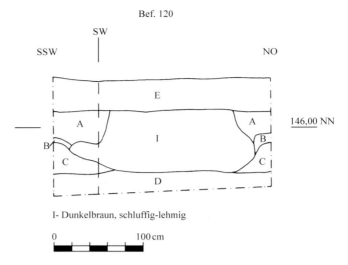

Abb. 41. Weilbach-Flörsheim, „Wickerer Feld". Profilschnitte durch Befund 120.

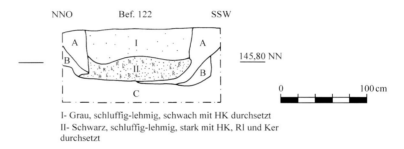

I- Grau, schluffig-lehmig, schwach mit HK durchsetzt
II- Schwarz, schluffig-lehmig, stark mit HK, Rl und Ker durchsetzt

Abb. 42. Weilbach-Flörsheim, „Wickerer Feld". Profilschnitt durch Befund 122.

Im Profil noch ca. 0,4 m erhalten, Uk. bei 145,75 NN.
Bevor das Profil angelegt wurde, wurde vom ursprünglichen Niveau des ersten Planums ca. 0,1 m Mat. abgenommen, so dass das Profil an seiner Ok. eine kleinere Ausdehnung hat als im Pl. aufgenommen.

Bef. 119, vermutlich aufgelöste Längsgrube (*Abb. 40*):
Gehört zu den Teilbef. 105, 115, 119.
Schnitt 2. In Pl. 1 ovale Ver., braun, schl.-l., Dm. ca. 1,9 x 1,3 m. Im Profil noch ca. 0,35 m erhalten, Uk. bei 145,96 NN.

Bef. 120, Grube mit Skelett (*Abb. 11; 41*):
Schnitt 2. Im Pl. nicht komplett erf. Ver., läuft in die nordöstliche Baggerwand hinein. Längl.-oval, braun, schl.-l., 2,2 m entlang der Baggerkante, 2,7 m in die Fläche. Das unvollständige und sehr schlecht erhaltene Skelett lag im WO-Richtung im Verband im westlichen Teil der Grube auf Pl. 2 (145,94 NN). Es lag auf der rechten Körperseite mit dem Kopf im Westen und Blick nach Norden mit stark angewinkeltem linken Arm, Reste der linken Hand lagen neben dem Kopf vor dem Gesicht. Erhalten waren Kopf, Nackenwirbel, Oberkörper bis zur fünften Rippe, Ansatz des rechten Oberarms, linker Arm, Teile der linken Hand. In der S-Hälfte der Grube befanden sich auf gleicher Höhe mit dem Skelett lediglich drei längl. Kn. und ein in zwei Teile zerbrochenes Gefäß. Ein Teil stand aufrecht, das andere lag auf der Seite.
Im Querprofil in der Baggerwand an der Ok. 1,36 m breit, im unteren Bereich an der breitesten Stelle 2,02 m, die Sohle lag dem Kies auf. Erf. Höhe in der Baggerwand noch 0,8 m, Uk. bei 145,51 NN.

Bef. 122, Grube (*Abb. 42*):
Schnitt 2. Im Pl. rundl. Ver., grau, schl.-l. mit rundl., wenig dunklerer Binnenstruktur, die sich im Profil nicht nachweisen ließ, Dm. ca. 1,25 m.
Im Profil noch 0,5-0,7 m erhalten, Uk. bei 145,58 NN.

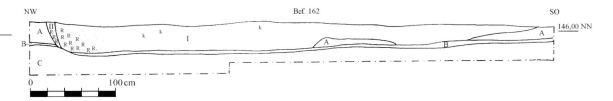

I- Schwarz, schluffig-lehmig, stark humos, mit Ker, R und HK durchsetzt

II- Schwarz, lehmig-schluffig, humos, stark mit Rl

Abb. 43. Weilbach-Flörsheim, „Wickerer Feld". Profilschnitt durch Befund 162.

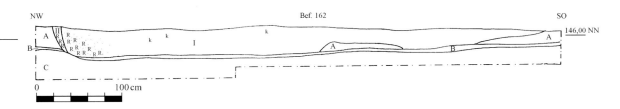

I- Schwarz, schluffig-lehmig, stark humos, mit Ker, R und HK durchsetzt

II- Schwarz, lehmig-schluffig, humos, stark mit Rl

Abb. 44. Weilbach-Flörsheim, „Wickerer Feld". Profilschnitt durch Befund 172.

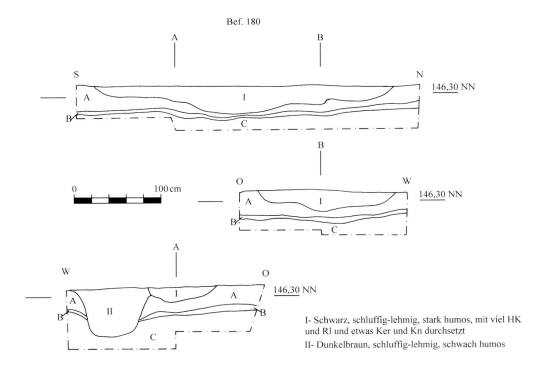

I- Schwarz, schluffig-lehmig, stark humos, mit viel HK und Rl und etwas Ker und Kn durchsetzt

II- Dunkelbraun, schluffig-lehmig, schwach humos

Abb. 45. Weilbach-Flörsheim, „Wickerer Feld".Profilschnitte durch Befund 180.

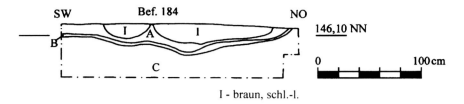

Abb. 46. Weilbach-Flörsheim, „Wickerer Feld". Profilschnitt durch Befund 184.

Bef. 140, Grube:
Schnitt 2. In Pl. 1 nicht komplett erf. Ver., läuft in die nordwestliche Baggerwand hinein. Unregelm. längl. Ver., braun, schl.-l., erf. Maße 6 x 1,6 m, wurde auf Pl. 2 tiefergelegt, löste sich dort in die Bef. 170-172 auf.

Bef. 152, vgl. Befundkomplex 72, 77, 152.

Bef. 162, 167, Längsgrube (Haus 3) (*Abb. 43*):
In Pl. 1 unregelm. längl. Ver., 5,8 x 1,2-2,2 m, schwarz, schl.-l.
Im Profil noch max. 0,35 m erhalten, Uk. bei 145,80 NN.

Bef. 169, vgl. Befundkomplex 45-46, 169, 181, 304.

Bef. 172, Grube (*Abb. 44*):
Schnitt 2. In Pl. 2 (145,92 NN) unter Bef. 140 sichtbar. Rundl. Ver., schwarz, schl.-l., Dm. ca. 1,7 m. Im Profil insgesamt noch max. 0,8 m erhalten, Uk. bei 145,13 NN.

Befundkomplex 180, 184, 302-303:
Bef. 180, Teil einer Längsgrube (*Abb. 45*):
Gehört zum aufgelösten Grubenkomplex Bef. 180, 184, 302-303.
Schnitt 1 (Erw.). In Pl. 1 nierenförmige Ver., schwarz, schl.-l., Dm. ca. 4 x 1,5 m.
Im Längsprofil noch ca. 0,32 m erhalten, Uk. bei 146,08 NN. Im nördlichen Querprofil noch ca. 0,26 m erhalten, Uk. bei 146,16 NN. Im südlichen Querprofil noch ca. 0,18 m erhalten, Uk. bei 146,24 NN. Diese Ver. schneidet im Osten eine weitere Ver. (ohne eigene Befundnummer, im Pl. nicht als eigener Bef. erkennbar), noch ca. 0,56 m erhalten, Uk. bei 145,84 NN.

Bef. 184, Längsgrube (*Abb. 46*):
Gehört zum aufgelösten Grubenkomplex Bef. 180, 184, 302-303.
Schnitt 1 (Erw.). In Pl. 1 (146,43 NN) großer Grubenkomplex aus dunkelbraunem schl.-l. Mat. ohne klare Strukturen, musste auf Pl. 2 tiefergelegt werden. Dort (146,20 NN) unregelm.-längl. Ver. mit einer unregelm. ovalen Ausbauchung an der westlichen Seite und einer am nördlichen Ende. Die Ver. läuft im Südosten aus dem tiefergelegten Bereich heraus und wurde nicht weiter verfolgt. Schwarz, schl.-l. LL., gegenüber Pl. 1 deutlich verkleinert. Fassbare L. 7,8 m, Br. 0,5-2,8 m.
Im Profil am NW-Ende Ver. aus zwei zusammenhängende Eintiefungen: Entlang Pl. 2 ca. 0,45 m breit, 0,14 m tief, Uk. bei 146,06 NN. Die östlich daran anschließende Eintiefung ist entlang Pl. 2 ca. 1,14 m breit, max. 0,19 m tief, Uk. bei 146,00 NN.

Bef. 302, Teil einer Längsgrube (*Abb. 47*):
Gehört zum aufgelösten Grubenkomplex Bef. 180, 184, 302-303.
Schnitt 1 (Erw.). Erst im tiefergelegten Bereich für Bef. 184 im 2. Pl. zu erkennen (146,23 NN). Längl.-ovale Ver., braun, schl.-l., Dm. ca. 1,55 x 1,3 m. Im Profil noch max. 0,14 m erhalten, Uk. bei 146,05 NN.

Bef. 303, Teil einer Längsgrube (*Abb. 48*):
Gehört zum aufgelösten Grubenkomplex Bef. 180, 184, 302-303.
Schnitt 1 (Erw.). Erst im tiefergelegten Bereich für Bef. 184 im 2. Pl. zu erkennen (146,16 NN). Längl.-ovale Ver., braun, schl.-l., stark humos, Dm. ca. 1 x 0,5 m. Im Profil noch max. 0,12 m erhalten, Uk. bei 146,05 NN.

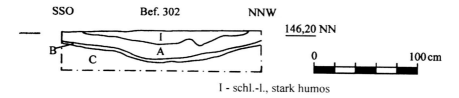

Abb. 47. Weilbach-Flörsheim, „Wickerer Feld". Profilschnitt durch Befund 302.

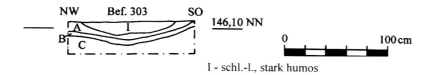

Abb. 48. Weilbach-Flörsheim, „Wickerer Feld". Profilschnitt durch Befund 303.

Bef. 181, vgl. Befundkomplex 45-46, 169, 181, 304.

Bef. 184, vgl. Befundkomplex 180, 184, 302-303 (Haus 2).

Befundkomplex 199, 324:
Bef. 199:
Schnitt 1 (Erw.). Im Pl. längl.-amorphe Ver. mit sehr unregelm. Rändern und mehreren grabenartigen Ausbauchungen. Die Grenze nach Osten war nicht erkennbar, SW-Ausdehnung ebenfalls unsicher. Braun, schl.-l., auf dem Pl. wenige Rl.-Flitter. Maße min. 3 x 8 m. Die Ver. wurde auf Pl. 2 tiefergelegt und wurde dort als Bef. 324 bezeichnet.

Bef. 324, Wandgraben (*Abb. 4*):
Schnitt 1 (Erw.). Form erst in Pl. 2 erkennbar (146,13 NN), liegt unter Bef. 199. U-förmige schwarze, große Ver., schl.-l., auf Pl. 2 Hk.- und Rl.-Flitter, SO-Seite: Außeneckpunkte ca. 6,7 m, Inneneckpunkte ca. 4,2 m. L. südliche Seite ca. 10,6 m, L. östliche Seite: ca. 10,7 m, Br. ca. 0,7-1,4 m. Der Endpunkt der westlichen Seite war in Pl. 1 als Bef. 225 erkennbar: Im Profil noch max. 0,5 m erhalten, Uk. bei 145,94 NN.
Querprofil durch die Mitte L. entlang Ok. 2 m, noch 0,75 m erhalten, Br. der Sohle 0,3-5 m, Uk. 145,65 NN. Mittiges Profil im Westen durch einen Profilschnitt gestört: Zwei Eintiefungen, noch 0,56 m bzw. 0,7 m erhalten, Uk. 145,89 und Uk. 145,77 NN. In Bef. 324 eingelagert Pfostengruben Bef. 206, 213, 217, 219, 221, 324 A/B-F.

Bef. 223, Grube (*Abb. 49*):
Schnitt 1 (Erw.). Im Pl. rundl.-ovale Ver., hellgrau, schl.-l., Dm. ca. 1,2 x 1 m.
Im Profil noch max. 0,5 m erhalten, Uk. bei 146,01 NN.

Befundkomplex 228, 236, 285, 287-288 (Haus 1):
Bef. 228, Teil einer Längsgrube (*Abb. 50*):
Gehört zum aufgelösten Befundkomplex 228, 236, 285, 287-288 (Haus 1).
Schnitt 1 (Erw.). Im Pl. längl. Ver., schwarz, leicht humos mit eingelagerter Ker. und Rl., nicht komplett erf., verläuft in die SW-Baggerkante hinein. Braun, schl.-l., ca. 2,3 m entlang der Baggerkante, 0,5 m in die Fläche.
Im Profil noch max. 0,27 m erhalten, Uk. bei 146,21 NN.

Bef. 236, Längsgrube:
Gehört zum aufgelösten Befundkomplex 228, 236, 285, 287-288 (Haus 1).
Schnitt 1 (Erw.). Im Pl. lange schmale Ver. mit gerader nordöstlicher Seitenwand, verläuft über die gesamte südliche Seite in die Baggerkante hinein. Fleckig braun, schl.-l., mit wenigen Hk.- und Rl.-Flittern durchsetzt. L. entlang Baggerkante 20 m, erf. Br. max. 2,75 m. Die Ver. wurde auf Pl. 2 (146,43 NN, ca. 0,3 m unter Pl. 1) tiefergelegt und löste sich in die Bef. 285 und 287-288 auf.

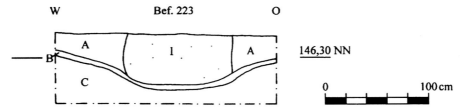

Abb. 49. Weilbach-Flörsheim, „Wickerer Feld". Profilschnitt durch Befund 223.

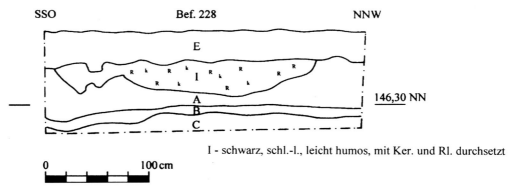

Abb. 50.Weilbach-Flörsheim, „Wickerer Feld". Profilschnitt durch Befund 228.

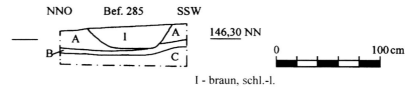

Abb. 51. Weilbach-Flörsheim, „Wickerer Feld". Profilschnitt durch Befund 285.

Bef. 285, Teil einer Längsgrube (*Abb. 51*):
Gehört zum aufgelösten Befundkomplex 228, 236, 285, 287-288 (Haus 1).
Schnitt 1 (Erw.). In Pl. 2 (146,43 NN) erkennbar, liegt unter Bef. 236. Im Pl. rundl.-ovale Ver., dunkelbraun, schl.-l. mit wenigen eingelagerten Hk.- und Rl.-Flittern, ca. 0,8 x 0,6 m. Im Profil noch max. 0,22 m erhalten, Uk. bei 146,20 NN.

Bef. 287, Teil einer Längsgrube (*Abb. 52-53*):
Gehört zum aufgelösten Befundkomplex 228, 236, 285, 287-288 (Haus 1).
Schnitt 1 (Erw.). In Pl. 2 (146,41 NN) erkennbar, nicht komplett erf., verläuft über die gesamte südliche Seite in die Baggerkante hinein, liegt unter Bef. 236. Im Pl. unregelm.-längl. Ver. aus dunkelbraunem schl.-l. LL. mit schwach humosem Ant. und stark durchsetzt mit Hk.- und Rl.-Flittern, L. ca. 10 m entlang der Baggerkante, ragte ca. 2,75 m in die Fläche hinein.
Im zusammenhängenden Längsprofil von Bef. 287-288 entlang der Baggerkante unter dem Pflughorizont max. 0,6-0,66 m, Uk. bei 146,06-145,98 NN.
Im südlichen Querprofil von Bef. 287 (Profil A) entlang Ok. ca. 2,1 m, ca. 0,4 m tief, Uk. bei 145,94 NN.
Im nördlichen, durch die Baggerkante gestörten Querprofil (Profil B) von Bef. 287 zwei miteinander verbundene Eintiefungen, entlang Ok. 2,6 m, ca. 0,28 m und 0,56 m tief, Uk. bei 146,16 bzw. 145,90 NN.

Bef. 288, Teil einer Längsgrube (*Abb. 52-53*):
Gehört zum aufgelösten Befundkomplex 228, 236, 285, 287-288 (Haus 1).
Schnitt 1 (Erw.). In Pl. 2 (146,40 NN) erkennbar, liegt unter Bef. 236, nicht komplett erf., verläuft über die gesamte südliche Seite in die Baggerkante hinein. Im Pl. unregelm. halbrunde Ver. aus tiefschwarzem, schl.-l., schwach humosem LL., ca. 5,4 m entlang der Baggerkante, ragt ca. 2,1 m in die Fläche hinein.

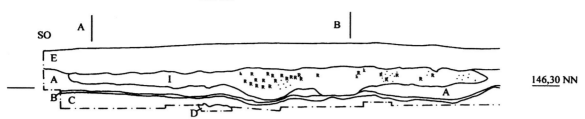

I - schwarz, schl.-l., stark humos, z. T. stark mit Rl., Hk. und Ker. durchsetzt
II - braun, schl.-l., schwach humos, z. T. mit Ker. durchsetzt
III - hellbraun, A/II

Abb. 52. Weilbach-Flörsheim, „Wickerer Feld". Profilschnitte durch Befund 287 und 288.

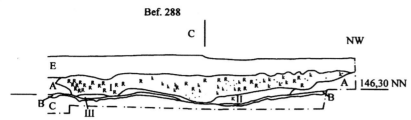

I - schwarz, schl.-l., stark humos
II - dunkelbraun, schl.-l., stark humos
III - braun, schl.-l., schwach humos
IV - dunkelbraun, schl.-l.

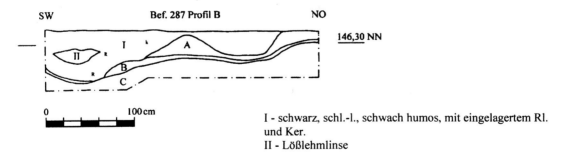

I - schwarz, schl.-l., schwach humos, mit eingelagertem Rl. und Ker.
II - Lößlehmlinse

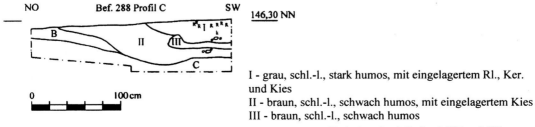

I - grau, schl.-l., stark humos, mit eingelagertem Rl., Ker. und Kies
II - braun, schl.-l., schwach humos, mit eingelagertem Kies
III - braun, schl.-l., schwach humos

Abb. 53. Weilbach-Flörsheim, „Wickerer Feld". Profilschnitte durch Befund 287 und 288.

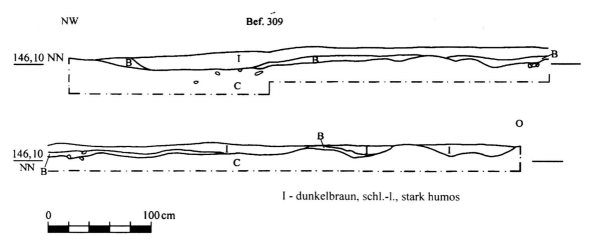

Abb. 54. Weilbach-Flörsheim, „Wickerer Feld". Profilschnitt durch Befund 309.

Im durch die Baggerwand gestörten Querprofil von Bef. 288 (Profil C), entlang Ok. ca. 1,9 m, ca. 0,46 m tief, Uk. bei 145,81 NN.
Bef. 236, vgl. Befundkomplex 228, 236, 285, 287-288.

Befundkomplex 238, 247, 309-311 (Haus 1):
Bef. 238, Teil einer Längsgrube:
Gehört zum aufgelösten Grubenkomplex Bef. 238, 309-311 (Haus 1).
Schnitt 1 (Erw.) Im Pl. 1 unregelm.-längl. Ver., das NW-Ende ist nicht fassbar. Min. 3 m L., 1-2 m breit. Die Ver. wurde auf Pl. 2 tiefergelegt, zeigte sich dort eindeutig, und wurde in Pl. 2 als Bef. 311 bezeichnet.

Bef. 247, Längsgrube:
Gehört zum aufgelösten Grubenkomplex Bef. 238, 309-311 (Haus 1).
Schnitt 1 (Erw.). Im Pl. lange schmale, im Südosten nicht abgrenzbare Ver., fleckig grau, schl.-l., L. min. 3 m, Br. ca. 1,7 x 2 m. Der Bef. wurde auf auf Pl. 2 (146,27-146,31 NN, ca. 0,3 m unter Pl. 1) tiefergelegt und löste sich in die Bef. 309 und 310 auf.

Bef. 309, Teil einer Längsgrube (*Abb. 4; 54*):
Gehört zum aufgelösten Grubenkomplex Bef. 238, 309-311 (Haus 1).
Schnitt 1 (Erw.). Liegt unter Bef. 247. In Pl. 2 (146,27 NN) längl., im S-Teil abgeknickte Ver. aus braunem, schl.-l. Mat., L. 10 m, Br. 2-2,5 m. Im 2. Pl. (ca. 0,3 m unter Pl. 1) nur noch die Sohle des Bef. sichtbar.
Das Längsprofil ist sehr flach, da zwischen der Planumsaufnahme und dem Anlegen des Profils etwa 0,05-0,1 m Mat. von der Ok. abgenommen werden musste. Daher ist kein durchgehendes Längsprofil mehr erhalten.
Im nördlichen Querprofil L. entlang Ok. 1,6 m, noch max. 0,12 m erhalten, Uk. bei 146,12 NN.
Im südlichen Querprofil sind zwei Eintiefungen zu erkennen, L. entlang Ok. 2,2 m, noch max. 0,1 m erhalten, Uk. bei 146,15 NN.

Bef. 310, Teil einer Längsgrube (*Abb. 55*):
Gehört zum aufgelösten Grubenkomplex Bef. 238, 309-311 (Haus 1).
Schnitt 1 (Erw.). Liegt unter Bef. 247. In Pl. 2 (146,31 NN) rundl.-ovale Ver. aus dunkelbraunem, schl.-l. mit Hk.- und Rl.-Flittern durchsetztem Mat., ca. 1,6 x 1,5 m. Ver. aus schwarzem, schl.-l., stark humosem, mit Hk.- und Rl.-Flittern sowie Keramikfragmenten durchsetztem LL. Noch max. 0,14 m erhalten, Uk. bei 146,18 NN.

Bef. 311, Teil einer Längsgrube (*Abb. 56*):
Gehört zum aufgelösten Grubenkomplex Bef. 238, 309-311 (Haus 1).
Schnitt 1 (Erw.). Liegt unter Bef. 238. In Pl. 2 (146,31 NN) längl.-ovale Ver. aus schwarzem, schl.-l. LL. mit schwach humosem Ant. und mit wenigen Hk.- und Rl.-Flittern, ca. 3,1 x 2 m.
Im Profil noch max. 0,36 m erhalten, Uk. bei 145,97 NN.

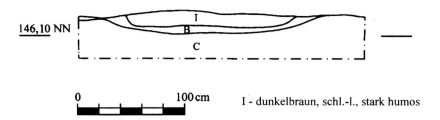

Abb. 55. Weilbach-Flörsheim, „Wickerer Feld". Profilschnitt durch Befund 310.

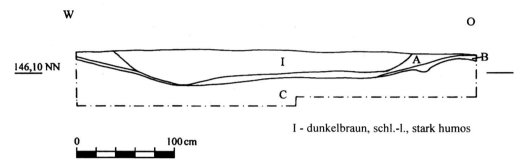

Abb. 56. Weilbach-Flörsheim, „Wickerer Feld". Profilschnitt durch Befund 311.

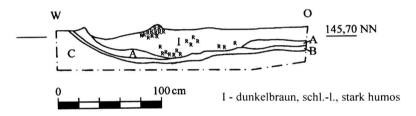

Abb. 57. Weilbach-Flörsheim, „Wickerer Feld". Profilschnitt durch Befund 283 und 509.

Bef. 247, vgl. Befundkomplex 238, 247, 309-311.

Bef. 283 und 509, Ofen (*Abb. 57*):
Schnitt 4. Unter Bef. 509 in Pl. 2 erkennbar. Rundl. ca. 0,9 x 1 m, tiefschwarze Hk.-Schicht, durchmischt mit dunkelbraun-schwarzem schl.-l. Mat., umgeben von einem 0,08-0,12 m breiten, unregelm. Kranz aus verziegeltem Lehm.

Bef. 285, vgl. Befundkomplex 228, 236, 285, 287-288
Bef. 286, vgl. Befundkomplex 228, 236, 285, 287-288.

Bef. 287, vgl. Befundkomplex 228, 236, 285, 287-288.

Befundkomplex 298, 500, 506-507 (Haus 4):
Bef. 298, Grube (*Abb. 58*):
Gehört zum aufgelösten Grubenkomplex Bef. 298, 500, 506-507 (Haus 4).
Schnitt 4. Im Pl. längl.-ovale Ver., braun, schl.-l., Dm. ca. 3 x 2,1-2,5 m.
Im Längsprofil noch max. 0,4 m erhalten, Uk. bei 145,20 NN. Im Querprofil noch max. 0,26 m erhalten, Uk. bei 145,34 NN.

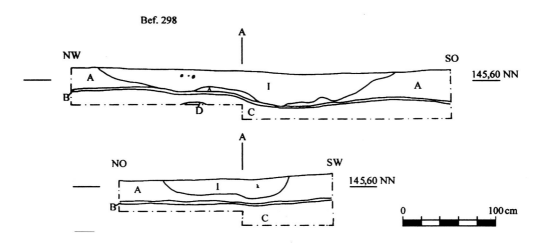

I - braun, schl.-l., mit wenigen Kieselsteinen und Ker. durchsetzt

Abb. 58. Weilbach-Flörsheim, „Wickerer Feld". Profilschnitte durch Befund 298.

Bef. 500, Teil einer Längsgrube (*Abb. 59*):
Gehört zum aufgelösten Grubenkomplex Bef. 298, 500, 506-507 (Haus 4).
Schnitt 3. Im Pl. längl.-ovale Ver., schwarz, schl.-l. mit eingelagerter Ker. Dm. ca. 1,3 x 3,5 m.
Längs- und Querprofil noch max. 0,5 m erhalten, Uk. bei 145,32 NN.

Bef. 506, Teil einer Längsgrube (*Abb. 60*):
Gehört zum aufgelösten Grubenkomplex Bef. 298, 500, 506-507 (Haus 4).
Schnitt 3. Im Pl. längl.-ovale Ver., schwarz, schl.-l., Dm. ca. 1 x 1,5 m. im Längsprofil, im Querprofil noch max. 0,2 m erhalten, Uk. bei 145,65 NN.

Bef. 507, Teil einer Längsgrube (*Abb. 61*):
Gehört zum aufgelösten Grubenkomplex Bef. 298, 500, 506-507 (Haus 4).
Schnitt 3. Im Pl. längl.-ovale Ver., schwarz, schl.-l., Dm. ca. 2,6 x 2 m.
Im Profil noch max. 0,3 m erhalten, Uk. bei 145,44 NN.

Bef. 302, vgl. Befundkomplex 180, 184, 302-303.

Bef. 303, vgl. Befundkomplex 180, 184, 302-303.

Bef. 304, vgl. Befundkomplex 45-46, 169, 181, 304.

Bef. 309, vgl. Befundkomplex 238, 247, 309-311.

Bef. 310, vgl. Befundkomplex 238, 247, 309-311.
Bef. 311, vgl. Befundkomplex 238, 247, 309-311.

Bef. 500, vgl. Befundkomplex 298, 500, 506-507.

Bef. 505, Schlitzgrube (*Abb. 62*):
Schnitt 3. In Pl. 2 längl.-rechteckige Ver., 3,1 x1 m, schl.-l. grau-schwarz.
Im Profil noch max. 1,4 m erhalten, Uk. bei 144,73 NN.

Bef. 506, vgl. Befundkomplex 298, 500, 506-507.

Bef. 507, vgl. Befundkomplex 298, 500, 506-507.

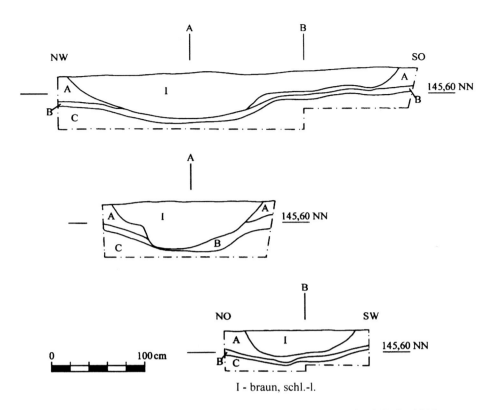

Abb. 59. Weilbach-Flörsheim, „Wickerer Feld". Profilschnitte durch Befund 500.

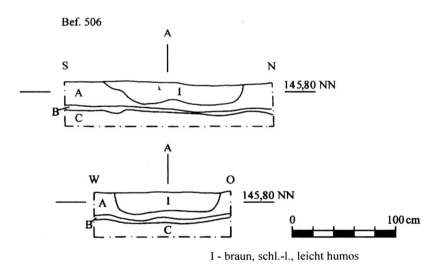

Abb. 60. Weilbach-Flörsheim, „Wickerer Feld". Profilschnitte durch Befund 506.

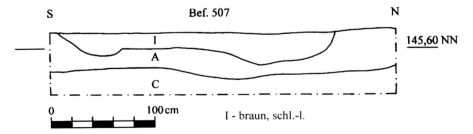

Abb. 61. Weilbach-Flörsheim, „Wickerer Feld". Profilschnitt durch Befund 507.

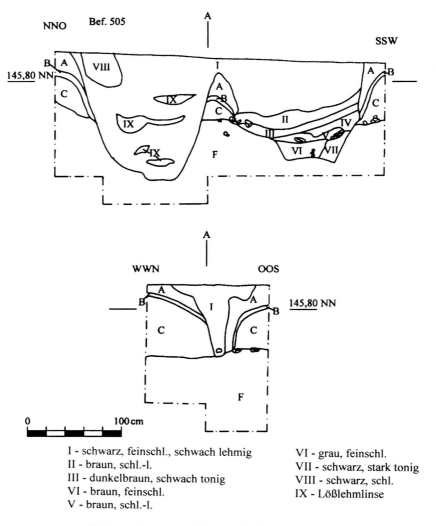

Abb. 62. Weilbach-Flörsheim, „Wickerer Feld". Profilschnitte durch Befund 505.

Bef. 509, vgl. Befundkomplex 283, 509.

Bef. 511, Teil einer Längsgrube (*Abb. 63*):
Gehört zu dem aufgelösten Grubenkomplex 511-512, 515, 520, 537, 540 (Haus 4)
Schnitt 3. Im Pl. unregelm. runde Ver., grau, schl.-l., leicht tonig. Dm. ca. 0,55 x 0,65 m.
Im Profil noch max. 0,12 m erhalten, Uk bei 145,63 NN.

Befundkomplex 511-512, 515, 520, 537, 540 (Haus 4):
Bef. 512, Teil einer Längsgrube (*Abb. 64*):
Gehört zu dem aufgelösten Grubenkomplex Bef. 511-512, 515, 520, 537, 540 (Haus 4).
Schnitt 3. Im Pl. unregelm.-rechteckige Ver. mit längl.-ovaler Ausbauchung (Struktur nicht deutlich) aus schwarzem tonig-lehmigem Mat., wurde um ein Pl. abgetieft. Dort unregelm.-nierenförmig, L. ca. 3,5 m, Br. 1,5-2 m.
Im südlichen Querprofil noch max. 0,26 m erhalten, Uk. bei 145,29 NN.
Im nördlichen Querprofil noch max. 0,13 m erhalten, Uk. bei 145,42 NN.
Bef. 515, Teil einer Längsgrube (*Abb. 65*):
Gehört zu dem aufgelösten Grubenkomplex Bef. 511-512, 515, 520, 537, 540 (Haus 4).
Schnitt 3. Im Pl. unregelm., etwa kleeblattförmige Ver., schwarz, schl.-l., Dm. ca. 2,1 x 2 m.
Im NS-Profil noch max. 0,2 m erhalten, Uk. bei 145,76 NN.

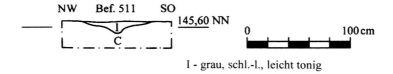

Abb. 63. Weilbach-Flörsheim, „Wickerer Feld". Profilschnitt durch Befund 511.

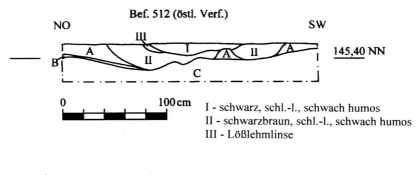

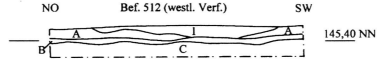

Abb. 64. Weilbach-Flörsheim, „Wickerer Feld". Profilschnitte durch Befund 512.

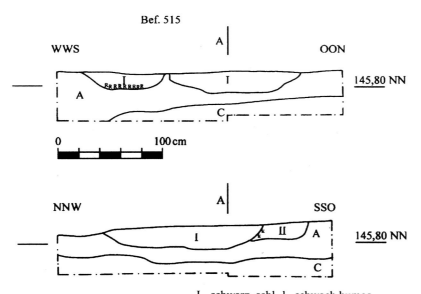

I - schwarz, schl.-l., schwach humos
II - graubraun, schl.-l., vermischt mit A, mit eingelagerter Ker.

Abb. 65. Weilbach-Flörsheim, „Wickerer Feld". Profilschnitte durch Befund 515.

Im OW-Profil zwei verschiedene, nicht zusammenhängende Ver. zu erkennen. Zwischen Anlage des Pl. und Anlage des Profils sind etwa 0,05 m abgenommen worden, so dass die beiden Ver. ursprünglich zusammenhingen. Die westliche Ver. ist noch max. 0,16 m erhalten, Uk. bei 145,80 NN.

Bef. 520, Teil einer Längsgrube (*Abb. 66*):
Gehört zu dem aufgelösten Grubenkomplex Bef. 511-512, 515, 520, 537, 540 (Haus 4).

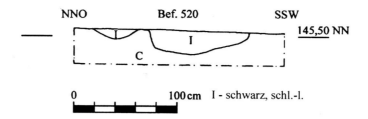

Abb. 66. Weilbach-Flörsheim, „Wickerer Feld". Profilschnitt durch Befund 520.

Schnitt 3. Im Pl. unregelm. sichelförmige Ver., Ausdehnung ca. 0,8-1,3 x 4 m, (Struktur nicht klar zu erkennen) schwarz, tonig-lehmig. Wurde um ein Pl. abgetieft und hat sich dort in eine längl.-ovale Ver. (= Bef. 540) und drei rundl. Ver., Dm. 0,5 x 0,6 m, 0,4 x 0,4 m, 0,7 x 0,8 m, aufgelöst.

Bef. 537, Teil einer Längsgrube (*Abb. 67*):
Gehört zu dem aufgelösten Grubenkomplex Bef. 511-512, 515, 520, 537, 540 (Haus 4).
Schnitt 3. Im Pl. unregelm. längl.-ovale Ver., ca. 2,5 x 0,7-1 m, grau, tonig-lehmig.
Im Längsprofil noch max. 0,42 m erhalten, Uk. bei 145,44 NN. Im südlichen Querprofil noch max. 0,47 m erhalten, Uk. bei 145,48 NN. Im nördlichen Querprofil noch max. 0,18 m erhalten, Uk. bei 145,66 NN.

Bef. 540, Teil einer Längsgrube (*Abb. 68*):
Gehört zu dem aufgelösten Grubenkomplex Bef. 511-512, 515, 520, 537, 540 (Haus 4).
Schnitt 3. Im Pl. unter Bef. 520, längl.-ovale Ver., braun, schl.-l., ca. 2,6 x 1,15 m.
Im Profil noch max. 0,12-0,2 m erhalten, Uk. bei 145,33 bzw. 145,43 NN.

Bef. 512, vgl. Befundkomplex 511-512, 515, 520, 537, 540.

Bef. 515, vgl. Befundkomplex 511-512, 515, 520, 537, 540.

Bef. 520, vgl. Befundkomplex 511-512, 515, 520, 537, 540.

Bef. 537, vgl. Befundkomplex 511-512, 515, 520, 537, 540.

Bef. 540, vgl. Befundkomplex 511-512, 515, 520, 537, 540.

Bef. 523, Grube (*Abb. 69*):
Schnitt 3. Im Pl. unregelm. oval-rechteckige Ver., dunkelbraun, schl.-l., Dm. ca. 0,8 x 1,1 m.
Im Profil noch max. 0,46 m erhalten, Uk. bei 145,42 NN.

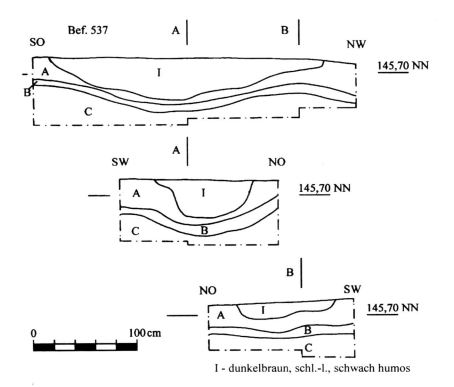

Abb. 67. Weilbach-Flörsheim, „Wickerer Feld". Profilschnitte durch Befund 537.

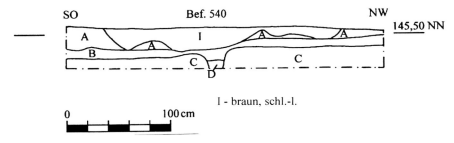

I - braun, schl.-l.

Abb. 68. Weilbach-Flörsheim, „Wickerer Feld". Profilschnitt durch Befund 540.

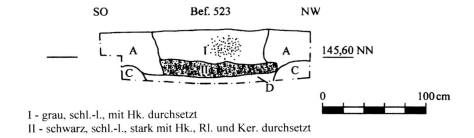

I - grau, schl.-l., mit Hk. durchsetzt
II - schwarz, schl.-l., stark mit Hk., Rl. und Ker. durchsetzt

Abb. 69. Weilbach-Flörsheim, „Wickerer Feld". Profilschnitt durch Befund 523.

Abgekürzt zitierte Literatur

AMANN-ILLE/ILLE 1994
G. Amann-Ille/P. Ille, Tönerne Kleinplastiken aus Wiesbaden-Erbenheim. In: C. Dobiat (Hrsg.), Festschrift für O.-H. Frey zum 65. Geburtstag. Marburger Stud. Vor- und Frühgesch. 16 (Marburg 1994) 33-52.

BAATZ 1963/64
D. Baatz, Die vorgeschichtliche Befestigung auf dem Kapellenberg bei Hofheim am Taunus. Saalburg-Jahrb. 21, 1963/64, 7-15.

BEHAGHEL 1942
H. Behaghel, Die Eisenzeit im Raume des rechtsrheinischen Schiefergebirges (Marburg 1942).

BOELICKE 1988
U. Boelicke, Sonstige Befunde. In: U. Boelicke/D. v. Brandt/J. Lüning/P. Stehli/A. Zimmermann (Hrsg.), Der bandkeramische Siedlungsplatz Langweiler 8, Gemeinde Aldenhoven, Kreis Düren. Rheinische Ausgr. 28 (Köln 1988) 428-438.

van den BOOM 1989
H. van den Boom, Keramische Sondergruppen der Heuneburg. Heuneburgstudien VII = Röm.-Germ. Forsch. 47 (Mainz 1989) 1-134.

BRESTRICH/ELBURG 1996
W. Brestrich/W. Elburg, Zwischen den Bächen. Arch. Aktuell Sachsen 4, 1996, 9-13.

BUTTLER/HABEREY 1936
W. Buttler/W. Haberey, Die bandkeramische Ansiedlung bei Köln-Lindenthal. Röm.-Germ. Forsch. 11 (Berlin, Leipzig 1936).

ENGELS 1967
H.-J. Engels, Die Hallstatt- und Latènekultur in der Pfalz (Speyer 1967).

FARRUGGIA u. a. 1973
J.-P. Farruggia/R. Kuper/J. Lüning/P. Stehli (Hrsg.), Der bandkeramische Siedlungsplatz Langweiler 2, Gemeinde Aldenhoven, Kreis Düren. Rheinische Ausgr. 13 (Bonn 1973).

HAEVERNICK 1975
Th. E. Haevernick, Hallstatt-Glasringe und Haguenauer Perlen. Trierer Zeitschr. 38, 1975, 63-73.

HAMPEL 1992
A. Hampel, Frankfurt am Main Niedereschbach: Ein ältestbandkeramischer Siedlungsplatz. 1. Teil: Die Befunde (Bonn 1992).

HERRMANN 1983a
F.-R. Herrmann, Der Kapellenberg bei Hofheim am Taunus, Main-Taunus-Kreis. Archäologische Denkm. Hessen 30 (Wiesbaden 1983).

HERRMANN 1989
F.-R. Herrmann, Grabhügel im „Eichwald" beim Kreiskrankenhaus. In: Führer arch. Denkm. Deutschland 19 (Stuttgart 1989) 183-188.

HERRMANN/WURM 1983b
F.-R. Herrmann/K. Wurm, Der frühkeltische Bronzespiegel von Hochheim am Main, Main-Taunus-Kreis. Arch. Denkm. Hessen 38 (Wiesbaden 1983).

KLOOS 1997
U. Kloos, Die Tonware. In: J. Lüning (Hrsg.), Ein Siedlungsplatz der Ältesten Bandkeramik in Bruchenbrücken, Stadt Friedberg/Hessen. Universitätsforsch. Prähist. Arch. 39 (Bonn 1997) 151-255.

KNEIPP im Druck
J. Kneipp, Bandkeramik zwischen Rhein, Weser und Main. Universitätsforsch. Prähist. Arch. (im Druck).

KOEPKE 1990
O.-H. Koepke, Siedlungs- und Grabfunde der älteren Eisenzeit aus Rheinhessen und dem Gebiet der unteren Nahe (Dissertation Marburg 1990, Veröffentlichung auf Mikrofilm).

KOSCHIK 1986
H. Koschik, Ein Keramikdepot der Hallstattzeit von Hartmannshof, Gde. Pommelsbrunn, Lkr. Nürnberger Land, Mittelfranken. In: Aus Frankens Frühzeit. Festgabe für P. Endrich. Mainfränkische Stud. 37 (Würzburg 1986) 71-85.

LAUCK 1928
J. Lauck, Besiedlung der Gemarkung Flörsheim a. M. in Vor- und Frühgeschichtlicher Zeit. Ber. Arbeitsgem. Förd. Heimatforsch. 8, 1928, 164-169.

LÜNING 1988a
J. Lüning, Zur Verbreitung und Datierung bandkeramischer Erdwerke. Arch. Korrbl. 18, 1988, 155-158.

LÜNING 1988b
J. Lüning, Außengräben als Traufabstützung bandkeramischer Häuser. In: U. Boelicke/D. v. Brandt/J. Lüning/ P. Stehli/A. Zimmermann (Hrsg.), Der bandkeramische Siedlungsplatz Langweiler 8, Gemeinde Aldenhoven, Kreis Düren. Rheinische Ausgr. 28 (Köln 1988) 290-295.

LÜNING u. a. 1989
J. Lüning/U. Kloos/S. Albert, Westliche Nachbarn der bandkeramischen Kultur: La Hoguette und Limburg. Germania 67, 1989, 355-420.

LÜNING 1997
J. Lüning (Hrsg.), Ein Siedlungsplatz der Ältesten Bandkeramik in Bruchenbrücken, Stadt Friedberg/Hessen. Universitätsforsch. Prähist. Arch. 39 (Bonn 1997).

MATTHEUSSER 1991
E. Mattheußer, Die geographische Ausrichtung bandkeramischer Häuser. In: Studien zur Siedlungsarchäologie I. Universitätsforsch. Prähist. Arch. 6 (Bonn 1991) 3-49.

MATTHEUSSER im Druck
E. Mattheußer, Eine Entwicklungsgeschichte der Bandkeramik zwischen Rhein und Maas. Universitätsforsch. Prähist. Arch. (im Druck).

Modderman 1970
P. J. R. Modderman, Bandkeramik in Elsloo und Stein. Analecta Praehist. Leidensia 3, 1970.

Nahrgang 1934
K. Nahrgang, Archäologische Fundkarte des Mainmündungsgebietes. Mainzer Zeitschr. 29, 1934, 28-43.

Peschel 1992
C. Peschel, Regel und Ausnahme. Linienbandkeramische Bestattungssitten in Deutschland und angrenzenden Gebieten unter besonderer Berücksichtigung der Sonderbestattungen. Internat. Arch. 9 (Buch a. Erlbach 1992).

Polenz 1973
H. Polenz, Zu den Grabfunden der Späthallstattzeit im Rhein-Main-Gebiet. Ber. RGK 54, 1973, 107-202.

Polenz 1984
H. Polenz, Späthallstatt- und latènezeitliche Befestigungen im Rhein-Main-Gebiet - Anmerkungen zum Forschungsstand. In: O.-H. Frey/H. Roth (Hrsg.), Studien zu Siedlungsfragen der Latènezeit. Festschrift für W. Dehn zum 75. Geburtstag. Veröff. Vorgesch. Sem. Marburg. Sonderband 3 (Marburg 1984) 39-64.

Quitta 1960
H. Quitta, Zur Frage der ältesten Bandkeramik in Mitteleuropa. Prähist. Zeitschr. 38, 1960, 1-38.

Ritterling 1907
E. Ritterling, Ein Bronzedepotfund aus dem Taunus. Nassau. Ann. 1907, 245-257.

Schmidgen-Hager 1993
E. Schmidgen-Hager, Bandkeramik im Moseltal. Universitätsforsch. Prähist. Arch. 18 (Bonn 1993).

Schumacher 1972/74
A. Schumacher, Die Hallstattzeit im südlichen Hessen. Bonner H. Vorgesch. 5/6, 1972/74.

Sehnert-Seibel 1993
A. Sehnert-Seibel, Hallstattzeit in der Pfalz. Universitätsforsch. Prähist. Arch. 10 (Bonn 1993).

Sievers 1984
S. Sievers, Die Kleinfunde der Heuneburg. Heuneburgstudien V = Röm.-Germ. Forsch. 42 (Mainz 1984).

Stäuble 1997
H. Stäuble, Häuser, Gruben und Fundverteilung. In: J. Lüning (Hrsg.), Ein Siedlungsplatz der Ältesten Bandkeramik in Bruchenbrücken, Stadt Friedberg/Hessen. Universitätsforsch. Prähist. Arch. 39 (Bonn 1997).

Stäuble im Druck
H. Stäuble, Häuser und absolute Datierung der Ältesten Bandkeramik. Universitätsforsch. Prähist. Arch. (im Druck).

Stehli 1988
P. Stehli, Zeitliche Gliederung der verzierten Keramik. In: U. Boelicke/D. v. Brandt/J. Lüning/P. Stehli/A. Zimmermann (Hrsg.), Der bandkeramische Siedlungsplatz Langweiler 8, Gemeinde Aldenhoven, Kreis Düren. Rheinische Ausgr. 28 (Köln 1988) 441-482.

STEHLI 1989
P. Stehli, Merzbachtal - Umwelt und Geschichte einer bandkeramischen Siedlungskammer. Germania 67, 1989, 51-76.

STURM 1987
M. Sturm, Grabhügel im Main-Taunus-Kreis und zugehörige Funde (Hofheim 1987).

VEIT 1996
U. Veit, Studien zum Problem der Siedlungsbestattungen im europäischen Neolithikum. Tübinger Studien Ur- und Frühgesch. Arch. (Münster 1996).

van de VELDE 1979
P. van de Velde, On bandkeramik social structure. Analecta Praehist. Leidensia 12, 1979.

WURM 1975a
K. Wurm, Die vorgeschichtlichen Funde und Geländedenkmäler des Main-Taunus-Kreises und der westlichen Frankfurter Vororte (o. O. 1975; im Selbstverlag hrsg. von H. Wurm, Bretzdorf 1989).

WURM 1975b
K. Wurm, Die vorgeschichtliche Besiedlung im Gebiet der Stadt Flörsheim am Main. Nassau. Ann. 86, 1975, 14-39.

ZIMMERMANN 1995
A. Zimmermann, Austauschsysteme von Silexartefakten in der Bandkeramik Mitteleuropas. Universitätsforsch. Präehist. Arch. 26 (Bonn 1995).

Wallau, Stadt Hofheim, „Ohlen Born"

Bronzezeit

Von Klaus Michael Schmitt und Robert Heiner

Beim Bau der Autobahn im Jahre 1937 (heute Bundesautobahn A 3) waren in der Flur „Ohlen Born" Hinweise auf eine bronzezeitliche Siedlung gefunden worden[1]. Da die ICE-Trasse der Neubaustrecke Köln-Rhein/Main in ca. 100 m Entfernung von der damaligen Fundstelle verlaufen wird, wurde eine archäologische Voruntersuchung an dieser Stelle notwendig (*Abb. 1*).

Die Flur „Ohlen Born" liegt unmittelbar nördlich des BAB-Kreuzes Wiesbaden (A 3 / A 66) auf einer nahezu ebenen Hochfläche (bei NN 163 m) zwischen dem Weilbachtal im Osten und dem Wickerbachtal im Westen. Der geologische Untergrund besteht aus Lößlehm; in einem kleinen geologischen Profilschnitt kamen unterhalb des Lößes in 1,8 m Tiefe pleistozäne Schotter einer alten Mainterrasse zutage. Über diesem steht der C-Löß (mit Kalkkonkretionen) in etwa 1 m Mächtigkeit an, darüber Parabraunerde mit Polyederstruktur (Bt), stellenweise sind Reste des Al erhalten. Der Pflughorizont (Ap) reicht bis in etwa 0,35 m Tiefe. Hinweise auf Druck-, Hang-, Stau- oder Grundwassereinflüsse wurden (bis in knapp 2 m Tiefe) an keiner Stelle beobachtet. Der gesamte Bereich wird als Ackerfläche für den Getreideanbau genutzt.

Der vorgegebene Untersuchungsschnitt von insgesamt 100 m Länge und 4 m Breite wurde entlang der ICE-Trassenmittelachse in zwei Abschnitte von ca. 20 (Schnitt 1) und 80 m (Schnitt 2) Länge aufgeteilt, da eine Starkstromleitung die zu untersuchende Fläche durchschnitt. Ein zusätzlicher Suchschnitt von ebenfalls 100 m Länge (Schnitt 3) wurde in gleicher Ausrichtung an der NO-Kante der nördlich anschließenden und parallel verlaufenden Leitungstrassen der Ruhrgas- und der Hoechst AG angelegt, da die unmittelbar bevorstehenden Bauarbeiten mit der Verlegung der Gasleitungen in diesem Trassenbereich beginnen sollten. Dieses Vorgehen geschah nach Absprache mit dem Landesamt für Denkmalpflege und dem Bauträger, um bei möglicherweise dort anzutreffenden Befunden sogleich mit den archäologischen Arbeiten beginnen und somit Verzögerungen vermeiden zu können.

---

[1] Bei y=3456000, x=5547200 (Ortsakten des Landesamtes für Denkmalpflege Hessen, Abt. Archäologische und Paläontologische Denkmalpflege, Wiesbaden).

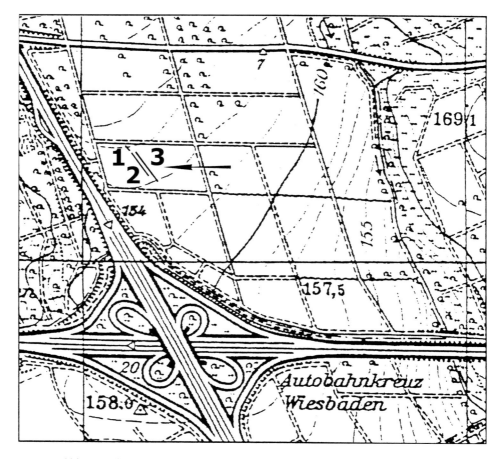

Abb. 1. Wallau, Stadt Hofheim, „Ohlen Born". Lage der drei Grabungsschnitte. Kartengrundlage: TK 5916 Hochheim, Ausgabe 1972, hier vergrößert und ergänzt (M. 1:10000).

Die Untersuchung begann mit dem Baggerabtrag des Pflughorizonts bis in eine Tiefe von 0,35-0,4 m, also bis in den B-Horizont hinein, so dass der Hauptdurchwurzelungsbereich und auch Pflugfurchen entfernt wurden. An drei Stellen wurden zusätzliche, tiefgreifende Profile bis in den C-Löß bzw. bis auf den pleistozänen Schotter angelegt.

In den Schnitten wurden acht Verfärbungen mit gruben- oder pfostenlochartiger Struktur freigelegt und geschnitten. Sie ergaben keine archäologisch relevanten Funde oder Befunde. Trotz der Nähe wichtiger römischer Straßen („Wandersmann", „Elisabethenstraße"[2]) kamen auch keine römischen Funde zutage. Da bereits bei den Baggerarbeiten keinerlei vor- und frühgeschichtliche oder mittelalterliche Funde auftraten, wurde die Untersuchung eingestellt.

---

[2] Vgl. in der vorliegenden Veröffentlichung den Beitrag von I. Görner.

Weilbach, Gemeinde Flörsheim, „Feldweingarten"

Frühmittelalter

Von Dirk Vorlauf

Im Rahmen des Gesamtvorhabens in diesem Teilabschnitt der ICE-Strecke wurde die südwestlich von Weilbach gelegene Flur „Feldweingarten" als Untersuchungsbereich C bezeichnet[1]. Der Platz schien für eine archäologische Nachforschung besonders vielversprechend zu sein, da man hier zu Beginn der fünfziger Jahre bei Erdarbeiten - Ausbau der A 3 und dadurch erforderliche Unterführung für die B 40 von Weilbach Richtung Wicker - ein frühmittelalterliches Gräberfeld angeschnitten hatte (Abb. 1).

Damals konnte H. Schoppa die laufenden Bauarbeiten kurzfristig stoppen und, wenn auch nur in Suchschnitten von 1,5 m Abstand, eine Fläche von 700 m Länge und 12 m Breite in zwei Wochen archäologisch untersuchen. Neben etwa 15, so Schoppas Schätzung, durch die Arbeiten schon völlig zerstörten Gräbern barg er 28 Bestattungen, ohne dabei jedoch das Friedhofsareal komplett erfasst zu haben[2]. Zeitlich reichen die Grablegen vom ausgehenden 6. bis in die Mitte des 8. Jh. Trotz antiker Beraubung kamen in den beigabenführenden Gräbern u. a. noch Trachtbestandteile und Waffen zutage. Das auffälligste Fundstück, leider nicht mehr im Zusammenhang angetroffen, ist zweifellos eine koptische Bronzeschale[3].

Da sich die von H. Schoppa untersuchte Fläche im nachhinein nicht mehr ganz eindeutig lokalisieren ließ, wurde bei der jetzigen Ausgrabung anfangs ein ca. 140 m langer und 4 m breiter Prospektionsschnitt im Verlauf der geplanten ICE-Trasse angelegt. Dieser erstreckte sich entlang der Südseite des „Feldweingarten" in einem Sicherheitsabstand von ca. 5 m zur Ruhrgasleitung, die dort ihrerseits nur mit wenigen Metern Abstand parallel zur A 3 verläuft. In einer zweiten Phase wurde der Grabungsschnitt am Westende um etwa 24 x 27 m nach Norden hin erweitert (Abb. 1). Die Untersuchung fand vom 10. bis 18. März 1997 unter Beteiligung von 2-5 studentischen Grabungshelfern statt.

---

[1] Für die Gesamtkartierung der archäologischen Untersuchungsbereiche siehe Abb. 2 im einführenden Beitrag von C. Dobiat.
[2] H. Schoppa, Die fränkischen Friedhöfe von Weilbach - Maintaunuskreis (Wiesbaden 1959) bes. 39-49 Abb. 1 Plan II (Gräberfeldplan), das Gräberfeld wird hier mit „Weilbach, fränkischer Friedhof II" bezeichnet.
[3] Ebd. 48 f. Abb. 3 Taf. 15,2.

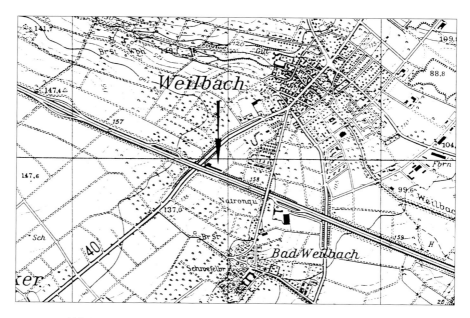

Abb.1. Der Pfeil markiert die Lage des Prospektionsschnitts von 1997.
Kartengrundlage: TK 5916 Hochheim, Ausgabe 1979 (M. 1:25000).

Nachdem die nahezu 1200 m² große Gesamtfläche in mehreren Schritten ergebnislos bis zum anstehenden Löß (0,3-0,5 m Tiefe) abgebaggert worden war, schien es sicherheitshalber ratsam, an der Westseite des Schnitts auf ca. 15 x 25 m ein zweites Planum anzulegen (bis 0,8 m Tiefe) und den Schichtenaufbau zusätzlich durch ein tiefgreifendes Profil zu klären.

Auch diese Maßnahme verlief ergebnislos. Selbst das etwa in der Mitte der westlichen Schnittseite angelegte Profil (ca. 0,3 m Pflughorizont; 0,2-0,25 m Braun- bzw. Parabraunerde; 0,6 m Löß; ein ca. 0,05 m starkes dunkles Band mit humosen Einsprengseln, im archäologischen Sinne völlig steril; darunter wieder Löß) ergab keinen Hinweis auf ein Kolluvium, einen alten Laufhorizont o. ä.

Leider lassen sich durch die vorgelegte Untersuchung keine weiteren Aussagen zum Gräberfeld machen. Dass H. Schoppa bereits den gesamten Bestattungsplatz erfasst haben könnte, ist allein aufgrund des von ihm veröffentlichten Gesamtplans aber eher unwahrscheinlich.

Auffälligerweise kamen für die Größe und Tiefe der jetzt bearbeiteten Fläche nur sehr geringe Mengen neuzeitlicher Keramikscherben sowie Dachziegelbruchstücke u. ä. zutage. An prähistorischem Fundmaterial wurden lediglich drei kleine Abschläge und eine fragmentierte Klinge aus Kieselschiefer, wohl bandkeramisch oder rössenzeitlich, geborgen.

Hofheim-Diedenbergen, Grab 10 (Befund 49)

Freilegung einer en bloc geborgenen Urne unter Werkstattbedingungen (Urnenfelderzeit)

Von Claus Dobiat, Andreas Hüser, Kai Mückenberger, Franka Schwellnus
und Daniela Steder - unter Mitarbeit von Manfred Kunter

Fundgeschichte und Vorgaben

In Hofheim-Diedenbergen, Fundstelle „Elisabethenstraße" wurde 1997 im Zuge der archäologischen Untersuchungen auf der ICE-Trasse ein Gräberfeld der Urnenfelderkultur entdeckt[1]. Von dem vermutlich größeren Friedhof ließen sich in diesem Rahmen 13 Gräber untersuchen. Es handelt sich dabei hauptsächlich um Urnengräber, die alle „en bloc" geborgen wurden. Die Nutzung des Bereichs während römischer Zeit, Erosion und rezenter Ackerbau hatten die unterschiedlich tief eingegrabenen Urnen teilweise schon bis zur halben Gefäßhöhe zerstört. Bei Befund 49 (Grab 10) handelt es sich allerdings um ein weitgehend erhaltenes Grab. Die Urne fand sich am Ende eines natürlichen Kiesgrabens und stand in einer offensichtlich der Urnenform angepassten Grube auf einer dünnen Brandschicht (*Abb.1*).

Die Form der Urne erschien im Profil fassartig, ohne sichtbaren Umbruch; die Qualität des Tons konnte bereits bei der Bergung als sehr grob beschrieben werden. Wegen der zunächst ungewöhnlich erscheinenden Gefäßform und wegen des vergleichsweise guten Erhaltungszustands kam diese Urne für eine Seminarübung in Betracht, d. h. sie sollte von Studierenden unter Werkstattbedingungen freigelegt werden.
Das Urnenoberteil (ca. zwei Drittel der Gefäßhöhe) war während der Ausgrabung mit Gipsbinden verpackt worden, während das Unterteil aus Mangel an Gipsbinden unverpackt blieb.

Zwischen Gipspackung und Gefäßwandung befand sich im oberen Teil eine ca. 5 cm starke Erdschicht. Die Urnenmündung war vor dem Eingipsen mit Zeitungspapier ausgelegt worden und somit verschlossen.
Im unteren, nicht verpackten Drittel der Urne zeigte die Urnenwandung in einem größeren Bereich einen großflächigen Ausbruch und ließ dort die Urnenfüllung in Form eines Negativabdrucks erkennen. Rötliche Oberflächenreste der ausgebrochenen Urnenscherbe zeichneten sich auf der mit Keramikscherben und Leichenbrandpartikeln durchsetzten Innenfüllung ab.

---

[1] Siehe hierzu in der vorliegenden Veröffentlichung den Beitrag von I. Görner.

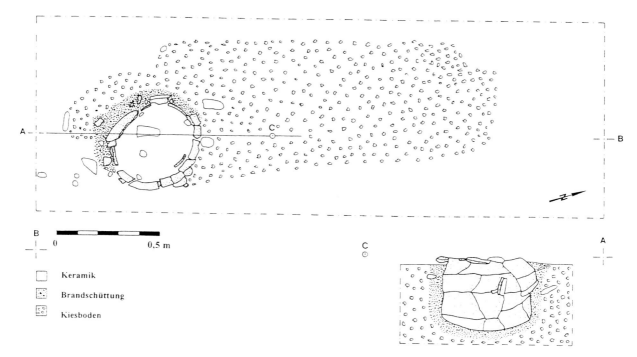

Abb. 1. Hofheim-Diedenbergen, „Elisabethenstraße", Grab 10. Planum und Profil der Grabgrube.

In diesem Zustand hatten die Ausgräber die Urne nach erfolgter Bergung waagerecht auf eine Lage Stroh in die abgeschraubte Wanne einer Schubkarre gelegt und so in die Werkstatt transportiert (*Abb. 7a*).

Vorgehensweise bei der Freilegung

Der Einlieferungszustand der Urne entschied über das weitere Vorgehen für die eigentliche Freilegung. Im Anbetracht der nicht vorhandenen Verpackung bzw. Sicherung der Urne im unteren Bereich schien eine Verlagerung des Bestattungsgefäßes oder eine Veränderung ihrer Position wegen des enormen Gewichts von ca. 50 kg ausgeschlossen. Es wurde entschieden, einen passgenauen, 30 cm hohen Holzrahmen um die Schubkarrenwanne zu bauen. Außen an den Ecken wurden senkrechte, abnehmbare Holzleisten angebracht, zwischen die sich ein Gitterrahmen in unterschiedlicher Höhe als Hilfe für die zeichnerische Dokumentation einlegen ließ (*Abb. 7b-c*). Die Schnurliniengitter waren auf 10 x 10 cm ausgelegt.

Die freiliegenden Teile der Urnenwandung wurden dann mit Folie abgedeckt und der Hohlraum des Holzrahmens bis zu seiner Oberkante mit Montageschaum aufgefüllt. Die Gipsbinden konnten anschließend vom freiliegenden Teil der Urne bis zur Höhe des Montageschaums, d. h. etwa bis zur Hälfte des horizontal liegenden Gefäßes entfernt werden, ohne ein Auseinanderbrechen befürchten zu müssen (*Abb. 7d*).
Die Freilegung erfolgte in horizontalen Schichten von etwa 5 cm Stärke, von jedem erreichten Niveau wurde jeweils eine Planumsansicht gezeichnet und dieses auch fotografisch dokumentiert. Die zeichnerische Dokumentation umfasste schließlich insgesamt acht Plana. Darüber hinaus wurden in einem Freilegungs-Tagebuch alle Beobachtungen - so nebensächlich sie zunächst auch erscheinen mochten - festgehalten.
Jede Scherbe bzw. jeder geborgene Keramikkomplex erhielt auf der entsprechenden Planumszeichnung und bei der Bergung eine Numerierung, so dass später die Verteilung zusammengehöriger Scherben rekonstruiert werden konnte.

Holzkohle, Leichenbrand und auch die Füllerde aus der Urne wurden für weiterführende Untersuchungen separat geborgen.

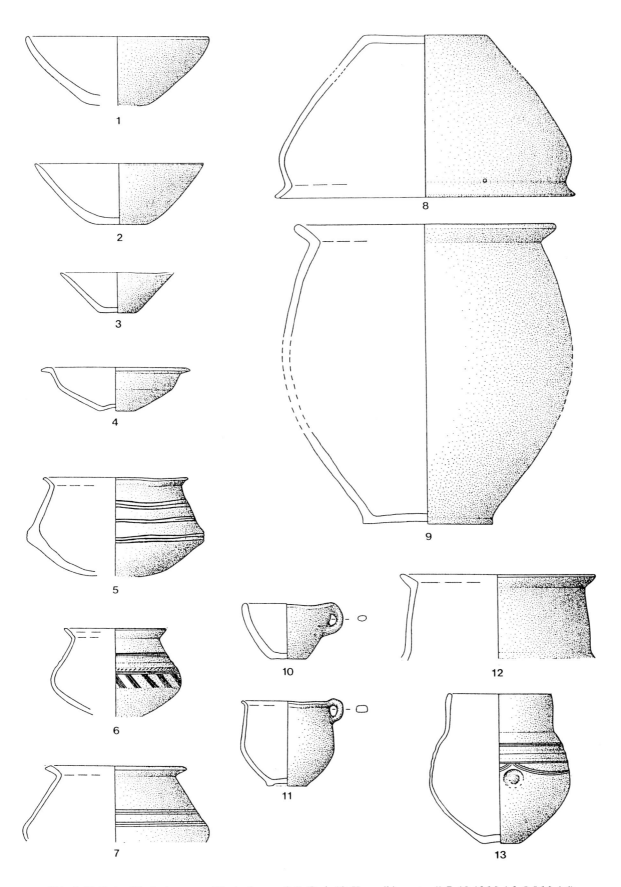

Abb. 2. Hofheim-Diedenbergen, „Elisabethenstraße", Grab 10. Keramikinventar (1-7, 10-13 M. 1:3; 8-9 M. 1:6).

Der Fundkomplex „unter der Urne"

Während der Urnenbergung im Gelände platzte vom nicht vergipsten Unterteil der Urne eine anhaftende Erdschicht mitsamt der bereits erwähnten größeren Scherbe des Urnenunterteils ab; ein Erdkonvolut, das während der weiteren Bearbeitung die Bezeichnung „Komplex unter der Urne" erhielt. Dieses Material wurde von den Ausgräbern in einem Karton verpackt und mit der Urne in die Werkstatt eingeliefert.

Zu Beginn der Werkstattuntersuchungen erfolgte das Auslesen und anschließende Ausschlämmen des Kisteninhalts, in dem nicht nur Erde und Steine, sondern auch Keramikscherben, Leichenbrand und Bronzen vermischt lagen. Hieraus stammen die Scherben der Schale *Abb. 2,4* und die des Bechers *Abb. 2,7*; auf der Außenseite einer der Wandungsscherben fanden sich Bronzespuren. Die Bronzen *Abb. 3,1-4 und 7* gehören ebenfalls zu diesem Fundkomplex. Auf der Außenseite einer zur Urnenwandung gehörigen Scherbe fand sich verklebt die Hälfte des Bronzearmrings *Abb. 3,1*, die zweite Hälfte lag lose in der geborgenen Erde. Weitere Scherben gehören - wie sich später ergab - zum nicht vollständig erhaltenen Boden der Abdeckschale.

Der Befund in der Urne

Während der gesamten Freilegung zeigte sich in allen Plana eine klare Zweiteilung in der Füllschichtung (*Abb. 5*). Bis etwas unterhalb des Urnenumbruchs hatte die Einfüllung eine Dunkelfärbung, durchsetzt mit zahlreichen Gefäßfragmenten und Holzkohlepartikeln. In dieser Schicht ließ sich mehr oder weniger deutlich auf dem Urnenboden eine noch dunklere und stark verdichtete Leichenbrandkonzentration feststellen. Die Leichenbrandteile lagen aber nicht flächig auf dem Urnenboden, sondern lassen eher die Vermutung zu, dass der Leichenbrand in einem organischen Behältnis gesammelt und dann in der Urne niedergelegt worden ist. Über dieser Leichenbrandkonzentration kam der Rest eines unverbrannten Bechers (*Abb. 2,6*) zutage, wobei nicht zu entscheiden ist, ob das Gefäßfragment intentionell über dem Leichenbrand niedergelegt wurde oder die Position durch Zufall zustande kam; letzteres ist jedoch anzunehmen. Über der dunklen Schicht fand sich im Oberteil der Urne eine heller gefärbte, stark mit Steinen durchsetzte Lehmeinfüllung.

Kein Gefäß war im Innern der Urne als Beigabe oder Beigabenbehältnis abgestellt, vermutlich ist das gesamte Keramikinventar, das sich innerhalb der Urne fand, im Zuge der ersten dunklen Verfüllung der Urne eingebracht worden.

Die Funde

Bronzegegenstände:
Aus dem Fundkomplex „unter der Urne" wurden folgende Bronzen geborgen: Ein in zwei Teile zerbrochener Armring (*Abb. 3,1*); der eine Teil haftete außen an einer Urnenscherbe an. Ferner die Hälfte eines kleinen Rings (*Abb. 3,3*), Reste eines Messers (*Abb. 3,2*) und zwei bronzene Doppelknöpfe (*Abb. 3,7*). Beim Ausschlämmen kamen Fragmente eines weiteren kleinen Rings (*Abb. 3,4*) zutage. Der verbrannte Nadelkopf mit Schaftansatz (*Abb. 3,6*) fand sich im obersten Bereich der dunklen Einfüllschicht auf Planum 5, vermischt in einer Holzkohleansammlung (*Abb. 5*). Die Reste der verbrannten und sehr brüchigen Spirale (*Abb. 3,5*) fanden sich im Planum 8 zwischen den Resten der Gefäße *Abb. 2,1* und *Abb. 2,10* (*Abb. 6,12-13*). Ein kleiner rundstabiger Bronzerest lag außerhalb der Urne zwischen einem Deckschalenfragment und der Urnenwandung (*Abb. 5*).

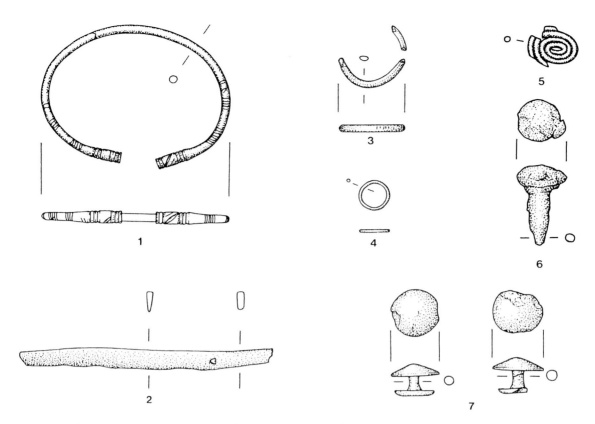

Abb. 3. Hofheim-Diedenbergen, „Elisabethenstraße", Grab 10. Bronzefunde aus dem Grab (M. 1:2).

Urne:
Die innen und außen rötlich gefärbte Urne ist von recht grober Machart, dickwandig und nicht mit den oftmals sehr qualitätvollen Urnen der mittleren Urnenfelderzeit vergleichbar. Randscherben fanden sich z. T. in die Urnenmündung hineingedrückt. Beim Zusammensetzen der Urne ergab sich, dass die Scherben durch die Lagerung im Boden in ihrer Form verändert wurden und die ursprüngliche Form nur zeichnerisch rekonstruierbart werden konnte (*Abb. 2,9*).

Form und Machart der Urne lassen eher einen Vergleich mit Vorratsgefäßen zu wie z. B. mit solchen aus Mainflingen[2], allerdings gibt es vergleichbare Gefäße auch in Grabzusammenhängen[3].

Deckschale:
Bei der Deckschale (*Abb. 2,8*) handelt es sich um eine Knickwandschale, die der Urnenmündung übergestülpt war. Einige große Scherben der zerbrochenen Schale, darunter nahezu der komplette Rand, lagen auf dem Oberteil der Urnenwandung (*Abb. 4*). Die großen Schalenfragmente sind nach dem Zerbrechen der Schale auf dem Urnenumbruch - vermutlich an der Grabgrubenwand - hängengeblieben. Kleinere Teile fanden sich aber auch im Fundkomplex „unter der Urne", wozu vor allem auch der im Gegensatz zum Rest der Deckschale stark fragmentierte Boden gehört. Nur eine größere Wandscherbe vom Mittelteil der Schale befand sich im Innern der Urne, sonst kamen bei der Freilegung keine weiteren Schalenfragmente in der Urnenfüllung vor. Diese Scherbe fand sich wenig über dem Urnenboden, steil an die Urneninnenwandung angelehnt (*Abb. 6*), und muss vor bzw. mit der Verfüllung der Urne eingebrochen sein.

---

[2] F.-R.Herrmann, Die Funde der Urnenfelderkultur in Mittel- und Südhessen. Röm.-Germ. Forsch. 27 (Berlin 1966) Taf. 66 G.
[3] Siehe ebd. etwa Taf. 132 A; 144 B 3; 145 B; 159 B 11; 162 C 1.

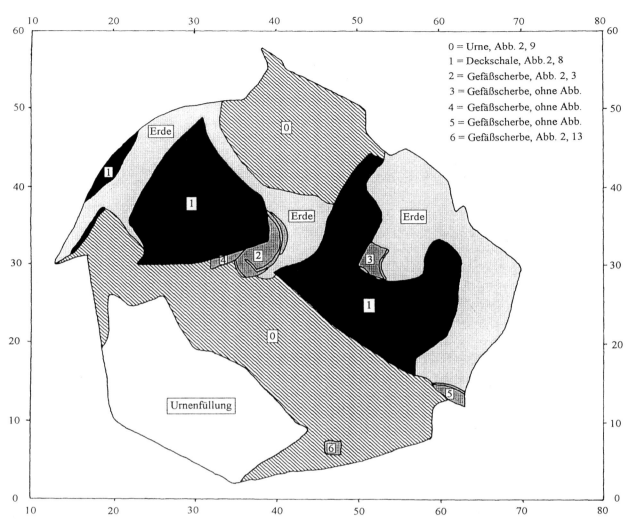

Abb. 4. Hofheim-Diedenbergen, „Elisabethenstraße", Grab 10. Schematisiertes Planum 1 während der Werkstattfreilegung.

Im Planum 1 (*Abb. 4,2*) fand sich unter einer großen Deckschalenscherbe ein zerscherbtes Schälchen (*Abb. 2,3*), das sich nach seiner Lage zu urteilen auf der Urnenschulter befunden hat und beim Zerbrechen der Deckschale überdeckt wurde. Dieses Schälchen ist nicht vollständig erhalten und zudem verbrannt.

Die Frage bleibt offen, wie der stark zerscherbte Boden der Deckschale in den sog. Komplex „unter der Urne" gelangte. Beim Zerbrechen der Deckschale hätte er in die Urnenmündung hineinfallen müssen. Eine intentionelle Deponierung im Zuge des Bestattungsvorgangs kann daher nicht ausgeschlossen werden.

Beigefäße:
Aus dem Fundkomplex „unter der Urne" konnten Reste einer Schale mit Omphalosboden (*Abb. 2,4*) und eines Bechers mit waagerechter Linienverzierung (*Abb. 2,7*) geborgen werden. Bis auf die kleine Tasse *Abb. 2,10* sind alle anderen Gefäße, die zum Grabverband gehören, nur unvollständig erhalten. Teilweise sind sie mit auf dem Scheiterhaufen verbrannt worden (*Abb. 2,2-3.5.11.13*), von weiteren Gefäßen sind auch lediglich einzelne Scherben mit in den Brandschutt bzw. ins Grab gelangt. Es ließ sich nur ein Gefäß als eigentliches Beigefäß bestimmen; eine kleine Tasse (*Abb. 2,10*), die vollständig erhalten und unverbrannt geblieben ist. Sie lag vermischt mit Scherben anderer Gefäße innerhalb der Brandreste in der unteren Urnenfüllung (*Abb. 6,12*). Möglicherweise waren auch die nicht mit im Feuer gelegenen Gefäße (*Abb. 2,1.4.6-7.12*) intentionell der Bestattung beigegeben und könnten ursprünglich auf oder zumindest im Bereich der Deck-

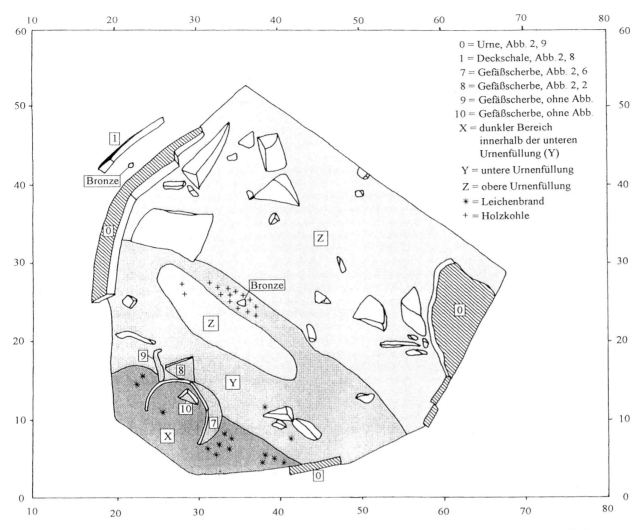

Abb. 5. Hofheim-Diedenbergen, „Elisabethenstraße", Grab 10. Schematisiertes Planum 5 während der Werkstattfreilegung.

schale gestanden haben. Jedoch sind sie alle unvollständig erhalten, und es ist zweifelhaft, ob dieser Zustand allein auf die Überlieferungsumstände zurückzuführen ist. Die anderen Kleingefäßteile mit Brandspuren kamen zusammen mit der Scheiterhaufenasche in die Grabgrube und auch in die Urne. Die Scherben aller Kleingefäße fanden sich innerhalb der Urne in der unteren dunkel gefärbten Schicht in ungeordneter Lage.

Leichenbrand:
Ein Teil des Leichenbrands lag, wie oben bereits erwähnt, konzentriert zuunterst in der Urne, so dass davon ausgegangen werden muss, dass er ursprünglich in einem organischen Behältnis gesammelt und in der Urne deponiert worden ist. Kleinere Leichenbrandpartikel tauchten allerdings auch immer wieder in der unteren dunklen Füllschicht der Urne auf. Eine zweite Leichenbrandfraktion wurde aus dem Fundkomplex „unter der Urne" ausgewaschen, d. h., es ist davon auszugehen, dass dieser Teil zusammen mit dem Brandschutt in die Grabgrube gelangte. Die anthropologische Untersuchung durch M. Kunter ergab, dass es sich um den Leichenbrand vermutlich nur eines Individuums handelt:

Leichenbrand aus der Urne:
- 1131 g (mit kleinen Steinchen durchmischt), 20 % = 0-1 cm, 80 % = 1-5 cm, weiß, vollkommene Verbrennung. Fragmente des Schädel-, Rumpf- und Extremitätenskeletts, repräsentativ.
- Alter: 30-40 Jahre (Schädelnähte offen, scharfkantig, Epiphysenfugen geschlossen, Osteonenstruktur).

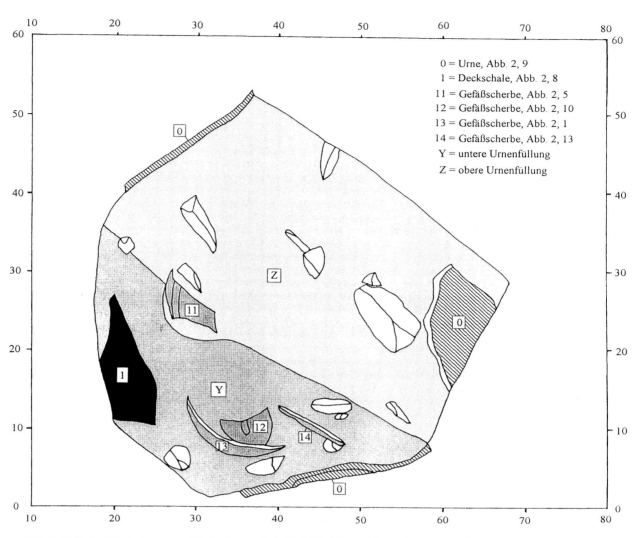

Abb. 6. Hofheim-Diedenbergen, „Elisabethenstraße", Grab 10. Schematisiertes Planum 8 während der Werkstattfreilegung.

- Geschlecht: Sehr schwache Tendenz Frau. Die Geschlechtsbestimmung ist sehr unsicher. Die Merkmale des Schädels - Diskriminanzrechenwert der Pars petrosa = 1017 - und der Durchmesser des Caput femoris deuten auf weibliches Geschlecht, die kräftigen Langknochen auf männliches Geschlecht.
- Robustizität: Kräftige Langknochen, sehr starke Muskelansatzmarken.
- Messungen: Kalottendicke 4,8 mm, Femurschaftdicke 5,9 mm, Humerusschaftdicke 3,4 mm, Radiusschaftdicke 2,3 mm, Tibiavorderkante 8,6 mm, Durchmesser Caput femoris 38 mm.

Außerhalb der Urne liegender Leichenbrand:
- 303 g, 0-5 cm, weiß, vollkommene Verbrennung.
- Fragmente des Schädel-, Rumpf- und Extremitätenskeletts.
- Alter: Erwachsen (Epiphysenfugen geschlossen).
- Geschlecht: Nicht bestimmbar.
- Messungen: Femurschaftdicke 5,4 mm, Tibiavorderkante 8,4 mm.
- Diese Leichenbrandreste gehören nach Art und Zusammensetzung zum Inhalt der Urne (dasselbe Individuum).

Zeitstellung

Datierend für den vorliegenden Fundkomplex ist in erster Linie der Armring (*Abb. 3,1*), ein charakteristischer Vertreter des Typs Hanau[4]. Dieser Ringtyp findet seine Verbreitung geographisch recht eng begrenzt in Mittel-, Süd- und Rheinhessen und kann aufgrund von anderen geschlossenen Fundkomplexen in den jüngeren Abschnitt der älteren Urnenfelderzeit, d. h. in den Horizont HaA2, datiert werden. Auch die übrigen Bronzefunde des hier zu behandelnden Grabverbands finden in dieser Kombination immer wieder Parallelen im weiteren Rhein-Main-Gebiet. So ist das Schwertgrab von Wiesbaden-Erbenheim, Ziegelei Merten, Grab 1, mit zwei Doppelknöpfen, einem Messer mit umgeschlagenem Griffdorn, einer schlichten Kugelkopfnadel sowie drei Bronzeringen ein guter Vergleich[5]. Dazu kommt, wie gesagt, das eponyme Griffzungenschwert vom Typ Erbenheim, ein Rasiermesser und ein Schleifstein; es handelt sich dabei eindeutig um ein Männergrab der Stufe A2. Entsprechende Doppelknöpfe stammen auch aus dem bekannten Steinkistengrab von Bad Nauheim, das eine sehr scharf profilierte Keramik enthielt, die häufiger mit dem Begriff „Metallstil" belegt wird; auch hierbei handelt es sich um ein Schwertgrab, das neben einer Lanzenspitze auch ein Messer mit umgeschlagenem Griffdorn, mehrere Doppelknöpfe, Bronzeringe und Spiralreste, die als Reste eines Knöchelbands gedeutet werden[6], enthielt. Armringe vom Typ Hanau sind in mit Waffen ausgestatteten Männergräbern ebenfalls mehrfach belegt, so etwa in Darmstadt-Oberwald[7] oder im Schwertgrab von Eschborn[8]. Die Datierung kann für alle genannten Grabverbände eindeutig mit HaA2 angegeben werden.

Zusammenfassende Interpretation

Nach den während der Werkstattfreilegung gewonnenen Erkenntnissen ist die Grablegung und der Grabaufbau folgendermaßen zu rekonstruieren:

In den sehr schotterhaltigen Boden wurde eine Grube eingetieft, deren Durchmesser nur wenig größer als der größte Durchmesser der Urne war. Offensichtlich wurde der Grubenboden - nach der angefertigten Grabungsdokumentation zu urteilen - mit einer maximal 0,1 m starken Brandschicht bedeckt. Aufgrund der Höhe von Urne und Deckschale dürfte die Grube 0,7-0,8 m tief gewesen sein.

Die eingesetzte Urne enthielt zunächst nur den größeren Teil des in einem organischen Behältnis befindlichen Leichenbrands. Ob die Abdeckung der Urne mit der Deckschale vor der Einfüllung des Bandschutts in die Grabgrube und Urne erfolgte oder danach, ist von der hier nicht zu entscheidenden Frage abhängig, ob der Boden der Deckschale intentionell ausgeschlagen wurde oder nicht. Wahrscheinlich wurde keines der Beigefäße als direkte Grabausstattung im Sinne einer Beigabe deponiert.

Aufgrund der Bronzebeigaben zu urteilen, dürfte es sich vermutlich eher um ein Männergrab handeln.

---

[4] I. Richter, Der Arm- und Beinschmuck der Bronze- und Urnenfelderzeit in Hessen und Rheinhessen. PBF X 1 (München 1970) 136 ff. Taf. 45 f.; 71 B.
[5] Herrmann (Anm. 2) Taf. 99 C.
[6] Ebd. Taf. 103.
[7] Ebd. Taf. 146 A.
[8] Ebd. Taf. 83 C; 84.

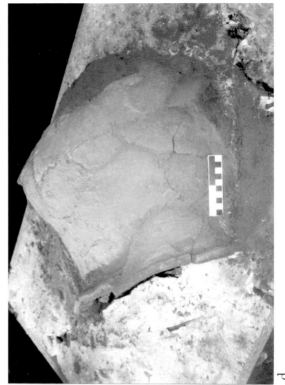

Abb. 7. Hofheim-Diedenbergen, „Elisabethenstraße", Grab 10. Vorbereitung für die Urnenfreilegung in der Werkstatt.

Katalog

1. Fragmente eines Großgefäßes (Urne, *Abb. 2,9*) mit bauchigem Profil und innen abgesetztem Trichterrand; orange grau-braun, im Kern hellgrau; abgesetzter Boden, eingezogen, innen aufgewölbt; sehr grob gemagert.
Rdm. 40 cm; Bdm. 20 cm; erg. H. 48,4 cm.

2. Fragmente einer Knickwandschale (Deckschale, *Abb. 2,8*) mit hohem Schulterumbruch; fein gemagert; eine Durchlochung unterhalb des Randumbruchs erhalten; Wandstärke 0,6 cm.
Rdm. 46,8 cm; Bdm. 18,8 cm; erg. H. 26 cm.

3. Fragmente eines Kegelhalsbechers (*Abb. 2,6*) mit abgesetztem, innen doppelt gekehltem Trichterrand; dunkelbraun, im Kern dunkelbraun; fein gemagert; auf dem Hals drei horizontale Rillen, darunter zwei seichte, horizontale Kehlungen; auf der Schulter horizontal verlaufende, schräge Stichverzierung mit drei darunterliegenden Rillen; auf dem Bauch anschließend umlaufende, schräge Fünferstrichgruppen.
Rdm. 8 cm; erh. H. 7,2 cm.

4. Tasse (*Abb. 2,11*); rot-braun, im Kern hellgrau; verbrannt; abgesetzter Boden, eingezogen, innen aufgewölbt; leicht fassförmig, innen abgesetzter, ausbiegender Rand; leicht oberrandständiger Bandhenkel; gröber gemagert.
Rdm. 6,4 cm; Bdm. 3 cm; H. 6,8 cm.

5. Tasse (*Abb. 2,10*); dunkelbraun; gerader Boden; leicht trichterförmig; randständiger, stabförmiger Henkel; mittelfein gemagert.
Rdm. 6,8 cm; Bdm. 2,4 cm; H. 4,4 cm.

6. Schale (*Abb. 2,2*); orange; verbrannt; gerader Boden; leicht kalottenförmig; fein gemagert.
Rdm. 13 cm; Bdm. 4 cm; H. 5 cm.

7. Schale (*Abb. 2,4*); dunkelbraun; omphalosförmiger Boden; abgeknicktes Profil mit abgesetzt ausbiegendem Rand; fein gemagert.
Rdm. 11,6 cm; Bdm. 2,2 cm; H. 3,5 cm.

8. Schale (*Abb. 2,1*); rotbraun; gerader Boden; leicht kalottenförmig; mittelfein gemagert.
Rdm. 14,2 cm; Bdm. 4 cm.

9. Fragmente eines Kegelhalsbechers mit Trichterrand (*Abb. 2,7*); dunkelbraun; zwei Dreierrillengruppen auf der Schulter; mittelfein gemagert.
Rdm. 11 cm; erh. H. 6,2 cm.

10. Fragmente eines Zylinderhalsgefäßes mit Trichterrand (*Abb. 2,12*); dunkelbraun; mittelfein gemagert.
Rdm. 15 cm; Halsdm. 13,4 cm; erh. H. 6,3 cm.

11. Fragmente eines Zylinderhalsgefäßes mit leicht einziehender Mündung und bauchigem Profil (*Abb. 2,13*); hellorange; verbrannt; omphalosartiger Boden; auf der Schulter drei horizontal verlaufende Rillen, darunter anschließend zwei Kehlungen; auf dem Bauch umlaufende, girlandenartige Dreierrillengruppe mit Buckelverzierung; fein gemagert.
Rdm. 8 cm; Bdm. 2,6 cm; H. 12 cm.

12. Schale, trichterförmig, mit leicht verjüngtem Rand (*Abb. 2,3*); hellorange; verbrannt; fein gemagert.
Rdm. 9 cm; Bdm. 3 cm; H. 3,2 cm.

13. Fragmente eines Kegelhalsbechers mit Trichterrand, Rundboden und einer rippenartigen Verdickung auf dem Bauch (*Abb. 2,5*); orange grau; verbrannt; auf dem Hals zwei horizontal verlaufende Dreierrillengruppen; Bauchrippe ebenfalls mit drei Rillen verziert.
Rdm. 11,4 cm; erh. H. 8,3 cm.

14. Spiralenfragment (*Abb. 3,5*); Bronze; verbrannt.
Dm. 2 cm; Dicke 0,3 cm.

15. Nadelkopf mit Schaftansatz (*Abb. 3,6*); Bronze; durch Feuer stark verschmolzen und korrodiert.
L. 3,2 cm; Dm. Nadelkopf 2 cm.

16. Doppelknopf (*Abb. 3,7*); Bronze.
H. 1,2 cm; Dm. Knopf 1,9 cm.

17. Doppelknopf (*Abb. 3,7*); Bronze.
H. 1,3 cm; Dm. Knopf 2 cm.
18. Messerfragment (*Abb. 3,2*); Bonze; langrechteckig mit Nietrest auf der Griffangel.
L. 9,8 cm; B. 0,8 cm.

19. Ringfragmente (*Abb. 3,3*); Bronze.
Dm. 2,5 cm; Dicke 0,3 cm.

20. Ringfragmente (*Abb. 3,4*); Bronze.
Dm. 1,2 cm; Dicke 0,15 cm.

21. Zwei Fragmente eines Armrings vom Typ Hanau (*Abb. 3,1*); Bronze; Enden kolbenartig verdickt mit parallel umlaufenden Rillenverzierungen; beidseitige, parallel umlaufende Ritzlinien bis knapp über den größten Durchmesser.
Dm. 6,7 cm; Dicke 0,4 cm.

Anthropologische Bearbeitung von vier menschlichen Skeletten aus

Wiesbaden-Breckenheim „Wallauer Hohl"
Hallstattzeit

Von Stephanie Butendeich und Manfred Kunter

Individualbeschreibungen

Bei den Skeletten handelt es sich um vier Individuen: zwei Erwachsene, einen Mann (Befund 429, Adult, 25-35 Jahre) und eine Frau (Befund 182, Matur, 40-60 Jahre), einen Säugling (Befund 428, 10. Lunarmonat, evtl. Neonatus) sowie ein Kleinkind (Befund 493, Infans I, 3-6 Monate)[1].

Fundort: Wiesbaden-Breckenheim „Wallauer Hohl", Befund 182.

E. Nr. / Inv. Nr.: 97 / 10 a; Bestattung (?), ohne Beigaben, modern (?), gestört, nicht komplett.

1. Erhaltungszustand der Knochen (*Abb. 1*):
Mittel, schwach erodiert und mittel bis stark fragmentiert.

2. Alter[2]:
(40) 50-60 Jahre.
Facies symphysialis: Geglättet mit Resten von Querriefen (Stadium IV).

3. Geschlecht:
Frau.
Becken: Incisura ischiadica major weit; Sulcus praeauricularis ausgeprägt; Angulus subpubicus weit.
Schädel: Glabella nicht prominent; Processus mastoideus weiblich; Arcus superciliaris eher weiblich; Mentum eher weiblich.

---

[1] Für eine nähere Beschreibung der archäologischen Zusammenhänge von Befund 428-429 und 493 siehe in der vorliegenden Veröffentlichung den Beitrag: R. Heiner, Breckenheim, Stadt Wiesbaden, „Wallauer Hohl", dort bes. 97, Abb. 17 (Befund 429).

[2] J. Nemeskéri/L. Harsány/G. Acsádi, Methoden zur Diagnose des Lebensalters von Skelettfunden. Anthr. Anz. 24, 1960, 70-95.

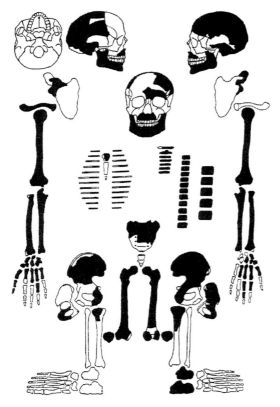

Abb. 1. Wiesbaden-Breckenheim, „Wallauer Hohl". Erhaltungszustand des Skeletts aus Befund 182.

4. Pathologische u. a. Veränderungen:
Cranial:
Zähne und Kieferknochen:
Intravitaler Zahnverlust: Zahn 36 und 46.
Abrasion: Der überwiegende Teil der vorhandenen Zähne ist mittel stark abradiert.
Zahnstein: Leicht bis mittel.
Karies: Zahn 13-15, 23, 37, 38, 47 und 48.
Parodontopathien: Insgesamt leichte bis mittelstarke Parodontose; marginale Parodontitis bei den Zähnen 12, 15, 16, 22-26, 31, 32, 36, 41-44; apikale Parodontitis bei den Zähnen 31, 37, 38 und 46.
Trema bei Zahn 11 und 21.

Postcranial:
Wirbelsäule: Morbus Scheuermann, Schmorlsche Knorpelknötchen am 6. und 7. sowie 9. Brustwirbel und am 2. Lendenwirbel.
Caput femoris: Leichte degenerative Veränderungen.

5. Schädelform:
Nicht bestimmbar, stark fragmentiert.

6. Messungen (in mm):

Langknochen

	gr. Länge	Kl. Umfang
Clavicula	142	47
Humerus	326	61
Ulna	269	38
Radius	244	40
Femur	436	87
Tibia	-	-
Fibula	-	-

7. Robustizität:
Kräftige Langknochen mit starken Muskelansatzmarken.

8. Körperhöhe[3]:
168 cm (Hochwuchs).

---

[3] M. Trotter, Estimation of stature from intact long limb bones. In: T. D. Stewart (Hrsg.), Personal identification in mass desasters (Washington 1970) 71-83.

9. Bemerkungen:
Diverse Tierknochen (Röhrenknochen) und Tonscherben wurden ausgelesen.

Fundort: Wiesbaden-Breckenheim „Wallauer Hohl", Befund 429[4].

E. Nr. / Inv. Nr.: 97 / 10 a; Skelett in Vorratsgrube, hallstattzeitlich.

1. Erhaltungszustand der Knochen (*Abb. 2*):
Gut, wenig erodiert und wenig fragmentiert.

2. Alter:
25-35 Jahre.
Schädelnähte: Nur geringfügig obliteriert.
Sternale Epiphyse der Clavicula: Stadium III.
Facies symphysialis: Stadium II.
Capiti humeri und Capiti femori: Keine degenerativen Veränderungen.
Wirbelsäule: Keine degenerativen Veränderungen.
Sacralwirbel: 1. und 2. sowie 4. und 5. nur z. T. fusioniert.
Sternum: Manubrium sterni und Corpus sterni noch nicht verwachsen.

3. Geschlecht:
Mann.
Becken: Beckeneingang herzförmig; Incisura ischiadica major eng; Arc composé einfacher Bogen; Crista iliaca männlich.
Schädel: Mentum männlich; Protuberantia occipitalis externa männlich.

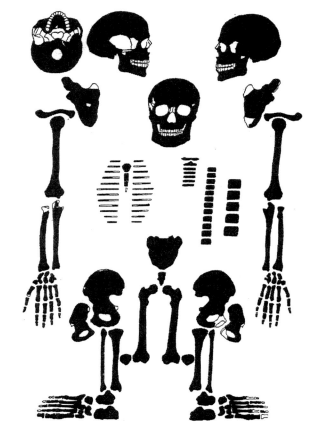

Abb. 2. Wiesbaden-Breckenheim, „Wallauer Hohl". Erhaltungszustand des Skeletts aus Befund 429.

4. Pathologische u. a. Veränderungen:
Cranial: Keine.
Zähne und Kieferknochen:
Intravitaler Zahnverlust: Keiner.
Abrasion: Frontzähne lingual bzw. palatinal stark, Rest relativ geringfügig abradiert.
Kariesbefall: Zahn 27 und 28.
Zahnstein: Leicht bis mittelstark an den Frontzähnen des Unterkiefers.
Parodontopathien: Marginale Parodontitis an den Zähnen 11-15. Leichte bis mittelstarke Parodontose an fast allen vorhandenen Zähnen.
Postcranial: Keine.

5. Schädelform:
Norma verticalis: Mittellang.
Norma lateralis: Hoch.

---

[4] Vgl. C. Dobiat, Im Wettlauf mit den Baggern. Archäologie auf der ICE-Trasse. Denkmalpflege und Kulturgeschichte 1, 1998, 34-39 bes. Abb. 8.

Norma occipitalis: Mittelhoch.

6. Messungen (in mm):

a) Schädel

1	gr. Schädellänge	182
8	gr. Schädelbreite	142
17	kl. Stirnbreite	111
45	Basion-Bregma Höhe	-
47	Gesichtshöhe	-
48	Obergesichtshöhe	-
51	Orbitalbreite	-
52	Orbitalbreite	-
54	Nasenbreite	-
55	Nasenhöhe	-
66	Unterkieferwinkelbreite	-

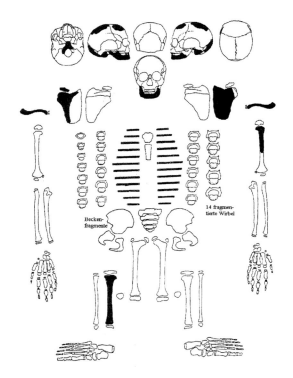

Abb. 3. Wiesbaden-Breckenheim, „Wallauer Hohl". Erhaltungszustand des Skeletts aus Befund 493.

b) Langknochen

	gr. Länge	Kl. Umfang
Clavicula	147	43
Humerus	329	70
Ulna	280	41
Radius	255	47
Femur	465	86
Tibia	379	85
Fibula	360	35

7. Robustizität:
Kräftige Langknochen mit starken Muskelansatzmarken, insgesamt aber graziler Eindruck.

8. Körperhöhe[5]:
173 cm (Mittelwuchs).

9. Bemerkungen:
Keine.

---

[5] Nach Trotter (Anm. 3).

Fundort: Wiesbaden-Breckenheim „Wallauer Hohl", Befund 493.

E. Nr. / Inv. Nr.: 97 / 10 a; Kinderskelettreste in Vorratsgrube, hallstattzeitlich.

1. Erhaltungszustand der Knochen (*Abb. 3*):
Eher schlecht, mittel erodiert und stark fragmentiert.

2. Alter:
3-6 Monate (Infant I). Zahnstatus: 6 Monate ± 3 Monate. Langknochenlänge[6]: Femur 85 mm, ca. 5 Monate (NB ³ 6 Mo-nate).

3. Geschlecht:
Nicht bestimmbar.

4. Pathologische u. a. Veränderungen:
Keine.

5. Schädelform:
Nicht bestimmt.

6. Messungen (in mm):
Langknochen

	gr. Länge	kl. Umfang
Clavicula	56	-
Humerus	85	-

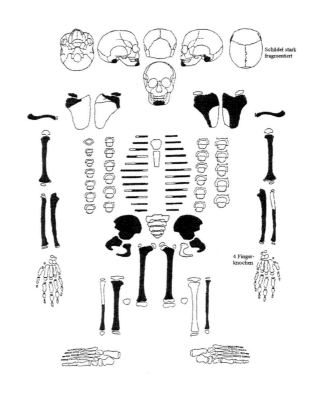

Abb. 4. Wiesbaden-Breckenheim, „Wallauer Hohl". Erhaltungszustand des Skeletts aus Befund 428.

7. Robustizität:
Nicht bestimmt.

8. Körperhöhe:
Nicht bestimmt.

9. Bemerkungen:
Keine.

Fundort: Wiesbaden-Breckenheim „Wallauer Hohl", Befund 428.

E. Nr. / Inv. Nr.: 97 / 10 a; Kinderskelettreste in Vorratsgrube, hallstattzeitlich.

1. Erhaltungszustand der Knochen (*Abb. 4*):
Mittel, mittel erodiert und teilweise stark fragmentiert.

2. Alter:
Neonatus (10. Lunarmonat). Langknochenlänge[7]: 10. Lunarmonat.

---

[6] M. Stloukal/H. Hanáková, Die Länge der Längsknochen altslawischer Bevölkerungen unter besonderer Berücksichtigung von Wachstumsfragen. Homo 29, 1978, 53-69.
[7] I. G. Fazekas/F. Kósa, Forensic fetal osteology (Budapest 1978).

3. Geschlecht:
Nicht bestimmbar.

4. Pathologische u. a. Veränderungen:
Keine.

5. Schädelform:
Nicht bestimmbar.

6. Messungen (in mm):

	gr. Länge	kl. Umfang
Clavicula	45	-
Humerus	45	
Ulna	64	-
Radius	58	-
Femur	48	-
Tibia	73	-
Fibula	60	-

7. Robustizität:
Nicht bestimmbar.

8. Körperhöhe[8]:
Nicht bestimmbar.

9. Bemerkungen:
Keine.

---

[8] Nach Trotter (Anm. 3.

Anthropologische Bearbeitung eines menschlichen Skeletts aus Wiesbaden-Erbenheim

Eisenzeit

Von Stephanie Butendeich und Manfred Kunter

Befund 41[1]:

E. Nr. / Inv. Nr.: 41-1; E. Nr. / Inv. Nr.: 41-2.

1. Erhaltungszustand der Knochen (*Abb. 1*):
Gut, wenig erodiert und wenig fragmentiert.

2. Alter:
30-40 Jahre.
Schädelnähte: Endocranial noch ganz offen. Kombinierte Methode der Altersdiagnose[2]:
Symphyse: Fehlt.
Femur: 2.
Humerus: 2.
Obliterationsgrad der Schädelnähte (endocranial): 1.

3. Geschlecht:
Tendenz Frau.
Becken: Sulcus praeauricularis gut ausgeprägt.
Schädel: Glabella ausgeprägt, aber nicht prominent; Tubera frontalia prominent; Processus mastoideus stark ausgeprägt, aber eher weiblich; Orbitaform rundlich.

---

[1] Siehe in der vorliegenden Veröffentlichung den Beitrag: E. Mattheußer, Erbenheim, Stadt Wiesbaden. Eine Siedlung der Hinkelstein-Gruppe und der Eisenzeit, dort bes. 167 f. (Beschreibung zu Befund 41, Silogrube mit Bestattung) Abb. 15.

[2] Nach: J. Nemeskéri/L. Harsány/G. Acsádi, Methoden zur Diagnose des Lebensalters von Skelettfunden. Anthr. Anz. 24, 1960, 70-95.

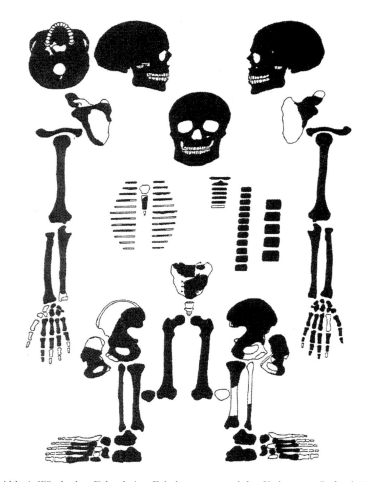

Abb. 1. Wiesbaden-Erbenheim. Erhaltungszustand des Skeletts aus Befund 41.

4. Pathologische u. a. Veränderungen:
Cranial:
Verheilte Criba orbitalia (Verdacht auf Anämie). Mehrere Nahtknochen (Wormsche Knochen) in der linken Sutura lambdoidea und der Sutura squamosa.
Zähne und Kieferknochen:
Intravitaler Zahnverlust: Zahn 16, 26 (durch relativ starke Zahnabkauung) und Zahn 48.
Postmortaler Zahnverlust: Zahn 11 und 28.
Karies: Zahn 17 und 25.
Zahnstein: Leicht bis mittel (Frontzähne im Unter-kiefer mittel, Rest leicht).
Parodontopathien: Apikale Parodontitis: Zahn 16, 17 und 26; marginale Parodontitis Zahn 13, 12, 23, 25, 44, 34 und 35.
Aplasie: Zahn 18 (Alveole geschlossen).
Postcranial:
Geringe degenerative Veränderungen an den Capiti humeri und Capiti femoris.

5. Schädelform (*Abb. 1*):
Norma verticalis: Lang.
Norma frontalis: Hohes Obergesicht und Gesamtgesicht, mittelhohe Orbitae und mittelbreite Nasenöffnung.
Norma lateralis und Norma occipitalis: Mittelhoch.

6. Messungen (in mm):

a) Schädelmaße

1 gr. Schädellänge	184	
8 gr. Schädelbreite	137	
9 kl. Stirnbreite	112	
17 Basion-Bregma-Höhe	132	
45 Jochbogenbreite	115	
47 Gesichtshöhe	108	
48 Obergesichtshöhe	67	
51 Orbitalbreite	37	
52 Orbitalhöhe	31	
54 Nasenbreite	25	
55 Nasenhöhe	52	
66 Unterkieferwinkelbreite	84	

b) Langknochen

	gr. Länge	kl. Umfang
Clavicula	130	39
Humerus	288	60
Ulna	245	36
Radius	218	41
Femur	427	84
Tibia	334	70
Fibula	320	34

7. Robustizität:
Langknochen kräftig und robust mit starken Muskelansatzmarken.

8. Körperhöhe[3]:
158 cm (Mittelwuchs).

9. Bemerkungen:
Diverse Tierknochen wurden ausgelesen.

Zusammenfassung

Das Skelett stammt von einer 30-40 Jahre alten Frau. Leichte grün-bläuliche Veränderungen waren am Schädel (Schmuck) und an einigen Fingern festzustellen.

Die Frau war ca. 158 cm groß (Mittelwuchs) mit kräftigen Langknochen, aber insgesamt grazil mit starken Muskelansatzmarken. An pathologischen Veränderungen sind minimale degenerative Veränderungen an den Humerus- und Femurköpfen festzustellen sowie verheilte Criba orbitalia verursacht durch Anämie.

Die Zahnabkauung ist relativ stark und das Gebiß weist nur an zwei Zähnen des Oberkiefers einen Kariesbefall auf. Es gibt intravitale Zahnverluste der Zähne 16 und 26 infolge von starker Zahnabrasion, Wurzelabszesse an den Zähnen 16, 17 und 26 und kariöse Defekte bei den Zähnen 17 und 25. Der Zahn 18 wurde wahrscheinlich nicht angelegt. Zahnstein ist leicht bis mittelmäßig stark vorhanden; mittel an den Frontzähnen des Unterkiefers, sonst an fast allen Zähnen leichter Zahnstein, nur an Zahn 17 kein Zahnstein erkennbar. Es wurde eine apikale Parodontitis an den Zähnen 16, 17 und 26 festgestellt sowie eine marginale Parodontitis an den Zähnen 12, 13, 23, 25, 44, 34 und 35. Postmortaler Zahnverlust der Zähne 11 und 28. Es wurde ein Molar (2. oder 3. aus dem Oberkiefer) gesondert gefunden, der nicht zum Individuum gehört.

---

[3] M. Trotter, Estimation of stature from intact long limb bones. In: T. D. Stewart (Hrsg.), Personal identification in mass desasters (Washington 1970) 71-83.

Archäobotanische Ergebnisse der kaiserzeitlichen Fundstelle Flörsheim-Weilbach	Fundberichte aus Hessen Beiheft 3 (2005)	Seite 263-270

Archäobotanische Ergebnisse der kaiserzeitlichen Fundstelle Flörsheim-Weilbach

Von Angela Kreuz

Im Rahmen der Ausgrabungstätigkeit auf der ICE-Trasse Köln-Rhein/Main wurden 1997 auch zwei Befunde im Bereich der Ruhrgasleitung (Köln/Wesseling-Frankfurt/Raunheim) bei Flörsheim-Weilbach ausgegraben (*Abb. 1*), die germanische Funde aus dem frühen 1. und späten 3. Jh. lieferten[1]. Eine archäobotanische Untersuchung von Bodenproben aus diesen Befunden versprach eine interessante Ergänzung zu den von der Verfasserin im Rahmen von zwei Forschungsschwerpunkten[2] erarbeiteten Ergebnissen zur frühen germanischen Landwirtschaft in Hessen und Mainfranken[3].

Die Fundstelle liegt auf ca. 100 m NN im Grenzbereich vom Main-Taunusvorland und der Untermainebene in einem Bereich mit überwiegend Lößböden über Main-Terrassenschottern. Die guten Böden[4], die wenig ausgeprägte Reliefierung sowie die Klimagunst der Landschaft[5] führten zu intensiver landwirtschaftlicher Nutzung, so dass das Gebiet fast vollständig waldfrei ist.

Abb. 2. Übersicht der Pflanzenfunde (ohne Holzkohlen) von Flörsheim-Weilbach (Projekt Nr. AK133), oben und rechte Seite. Wenn nicht anders bezeichnet, handelt es sich um den Pflanzenrest-Typ „Samen/Früchte" (Frag. = Fragment, HSB = Hüllspelzenbasis, min. = mineralisiert).

Nördlich der Fundstelle fließt der Weilbach heute in ca. 200 m Entfernung, der Main verläuft ca. 2 km südöstlich. In den Auen sind Grundwasserböden verbreitet[6].

[1] C. Dobiat, Im Wettlauf mit den Baggern. Archäologie auf der ICE-Trasse. Denkmalpflege und Kulturgeschichte 1/1998, 34-39. Siehe auch in der vorliegenden Veröffentlichung den Beitrag: R. Heiner, Weilbach, Gemeinde Flörsheim, „Ruhrgastrasse", dort bes. Abb. 1 (Lage der angeschnittenen Fundstellen im beobachteten Verlauf der Ruhrgastrasse).

[2] Schwerpunktprogramm der Deutschen Forschungsgemeinschaft (DFG) zum Kulturwandel unter dem Einfluß Roms („Romanisierungsprojekt") und Forschungsschwerpunkt der Kommission für Archäologische Landesforschung in Hessen e. V. zur „Germanisierung" des hessischen Mittelgebirgsraums.

[3] A. Kreuz, „tristem cultu aspectuque„? Archäobotanische Ergebnisse zur frühen germanischen Landwirtschaft in Hessen und Mainfranken. Berichtsband des DFG-Kolloquiums zum Romanisierungsschwerpunkt in Trier 1998; in Vorbereitung, vorgesehen als Beitrag in Germania.

[4] Vor allem Parabraunerden aus Löß.

[5] 9 bis > 9° C Jahresmitteltemperatur, 550-650 mm Jahresniederschläge.

[6] E. Kümmerle/A. Semmel 1969, Erläuterungen zur Geologischen Karte von Hessen 1:25000, Bl. 5916 Hochheim a. M. (Wiesbaden 1969).

Abb. 1. Flörsheim-Weilbach. Der Graben zur Neuverlegung der Ruhrgastrasse brachte u. a. archäologische Befunde mit germanischer Keramik des frühen 1. und späten 3. Jh. zutage. Fotoaufnahme 04. Juni 1997.

Neun Proben wurden aus einem frühkaiserzeitlichen Grubenkomplex (Befund 27d), drei aus einem Grabenprofil mit um 300 AD datierenden Funden geborgen[7]. Die insgesamt 104 Liter Erde wurden mit Siebsätzen von 1 und 0,5 mm Maschenweite geschlämmt und aus den mineralischen und organischen Schlämmfraktionen bei 6- bis 12-facher Vergrößerung unter einem Mikroskop die botanischen, archäologischen und zoologischen Funde ausgelesen.

Die Bestimmung der Pflanzenreste erfolgte mit Hilfe von Vergleichssammlungen sowie der üblichen Bestimmungsliteratur. Es fanden sich 1004 Samen, Früchte und Spelzenreste von 39 Pflanzentaxa. Die Bestimmmung von 1116 Holzkohlen erbrachte weitere 15 Taxa (*Abb. 2-4*)[8]. Da es sich um Trockenbodenbefunde außerhalb des Grundwassereinflussbereichs handelt, sind die Pflanzenreste fast ausschließlich verkohlt erhalten[9]. Die geringe Dichte von 9,7 Pflanzenresten pro Liter (ohne Holzkohlen; min. 0,4, max. 59,2) zeigt die für Pflanzenresterhaltung ungünstigen Trockenbodenbedingungen und liegt im für vor- und frühgeschichtliche Siedlungen üblichen Bereich.

Der Anbau der hier nachgewiesenen Getreidearten Gerste (*Hordeum* spec.), Echte Hirse (*Panicum miliaceum*) und Emmer (*Triticum dicoccum*) ist typisch für germanische Fundstellen der Jh. um Christi Geburt. Kolbenhirse (*Setaria italica*) und Roggen (*Secale cereale*) traten nur in Proben aus dem (jüngeren) Graben auf. Die Fundlage erlaubt keine Schlüsse, ob es sich um bewusst angebaute Kulturpflanzen oder lediglich um Ungäser in Getreidefeldern handelt.

---

[7] Zu den Befunden und Funden vgl. Heiner (Anm. 1).

[8] Die Bestimmung der Holzkohlen führte N. Boenke M. A., Wiesbaden, mit Mitteln der DFG im Rahmen eines von der Verfasserin geleiteten Teilprojektes im „Romanisierungsschwerpunkt" durch.

[9] In Proben aus Befund 21h (Graben) traten insgesamt fünf mineralisierte Pflanzenreste auf, die angesichts der geringen Menge nicht interpretierbar sind. Zur Bedeutung mineralisierter Pflanzenreste vgl. A. Kreuz, Spätlatènezeitliche verkohlte und mineralisierte Pflanzenfunde von Hanau-Mittelbuchen. Germania 76, 1998, 865-873 (dort mit weiteren Literaturangaben).

Die Rolle von Einkorn (*Triticum monococcum*) unter den Kulturgetreiden ist für die Jh. um Christi Geburt ebenfalls unklar. Ein Anbau dieses relativ anspruchslosen und unempfindlichen Getreides wäre denkbar. An Ölpflanzen ist nur der Leinddotter (*Camelina sativa*) nachgewiesen. Lein und Schlafmohn fehlen. Das pflanzliche Nahrungsspektrum wird ergänzt von zwei Hülsenfruchtarten: Linse (*Lens culinaris*) und Erbse (*Pisum sativum*) sowie zwei möglichen Sammelpflanzen: Haselnuss (*Corylus avellana*) und Schlehe (*Prunus spinosa*).

Quellenkritisch ist zu bemerken, dass die Pflanzenfunde aus den beiden Einzelbefunden, also kleinsten Siedlungsausschnitten, nicht ohne weiteres als repräsentativ für die landwirtschaftliche Situation der jeweiligen Besiedelungsphasen gelten können. Um so mehr fällt die große Anzahl von neun potentiellen Kulturarten auf. Diese entspricht den Ergebnissen von archäobotanischen Untersuchungen weiterer zehn germanischer Fundstellen in Hessen und Mainfranken[10]. Auch dort fanden sich meist auch in einzelnen Befunden mehrere Kulturpflanzenarten, allerdings fast nie in großen Mengen. Sog. Vorratsfunde mit hunderten von Belegen einer Art, wie sie in römischen Fundstellen häufig sind, fehlen. Dies kann man so interpretieren, dass die Aufbereitung des Ernteguts (Getreide, Ölpflanzen, Hülsenfrüchte) auf Haushaltsbasis erfolgte. Es gab keine Spezialisierung einzelner Haushalte und daher können die wichtigsten Kulturpflanzenarten auch in allen Siedlungsbereichen gefunden werden. Das heißt, dass die Kulturpflanzenspektren auch in kleineren Siedlungsausschnitten oft recht gut repräsentiert sind.

Die weiteren, vor allem im Graben (Befund 21h) aufgetretenen Pflanzentaxa lassen sich nach dem aktualistischen Prinzip zu ökologischen Gruppen zusammenfassen (*Abb. 2*). Neben zehn Ackerunkräutern (3) fanden sich Arten, die heute in ausdauernden Stickstoff-Krautfluren (3.5) und in grünlandartiger Vegetation (Gruppen 3.7, 3.8, 5) vorkommen. Es wäre z. B. denkbar, dass die Arten infolge Brachwirtschaft oder infolge ungenügender Bodenbearbeitung mit dem Hakenpflug auf den Feldern wuchsen und so zusammen mit der Ernte in die Siedlung gelangten. Da hier jedoch keine Vorratsfunde, sondern Mischproben aus offenen Fundkomplexen vorliegen, ist es problematisch festzulegen, welche Pflanzen auf den Äckern tatsächlich zusammen mit den Kulturpflanzen gewachsen sind. Ohne systematische, repräsentative archäobotanische Untersuchungen sind hierzu keine abschließenden Aussagen möglich.

Die Ergebnisse der Holzkohlenanalysen (*Abb. 3-4*) geben einen Einblick in die Brennholznutzung im 1. und 3. Jh. Da es sich um zwei einzelne Befunde handelt, sind scheinbare quantitative Veränderungen der Gehölzspektren jedoch nicht interpretierbar.

Zur besseren Übersichtlichkeit wurde die prozentuale Häufigkeit des Vorkommens der Gehölzarten in den Befunden berechnet (Stetigkeit auf Probenbasis) und die Taxa nach ihren wahrscheinlichen Herkünften gruppiert. Vier Arten[11] stammen wahrscheinlich aus den Auenwäldern der nahegelegenen Bach-/Flusstäler vom Weilbach oder Main. Die besten Brennholzarten Eiche und Buche[12] sind in beiden Befunden vertreten, allerdings im Graben nur in einer von neun Proben. Ob der Bestand an Buchenholz im 3. Jh. bereits dezimiert war, so dass überwiegend Eichenholz genutzt werden musste, könnten nur systematische Holzbestimmungen in Kombination mit Pollenanalysen zeigen. In beiden Befunden liegen mehrere Gehölzarten vor, die aufgrund ihrer Ausschlagfähigkeit in bewirtschafteten Wäldern und Hecken konkurrenzfähig sind[13]. Möglicherweise hat es so etwas in Siedlungsnähe zur Sicherung des alltäglichen Brennholzbedarfes gegeben. Nadelholz und Birke wuchsen wohl als Pioniere auf Brach- und Schlagflächen.

---

[10] Vgl. Anm. 3.

[11] Alnus cf. glutinosa, Schwarz-Erle, Frangula alnus, Faulbaum, Fraxinus excelsior, Esche, Ulmus spec., Ulme.

[12] Fagus sylvatica, Rotbuche, Quercus spec., Eiche.

[13] Acer platanoides/pseudoplatanus, Spitz-/Berg-Ahorn, Carpinus betulus, Hainbuche, Corylus avellana, Hasel, Ligustrum vulgare, Rainweide, Pomoideae, Kernobstgewächse, Prunus spec., Schlehe, Kirsche, Pflaume usw., Rhamnus catharticus, Echter Kreuzdorn, Sambucus spec., Holunder. Auch die übrigen Holzarten sind ausschlagfähig und können aus Wirtschaftswäldern unterschiedlicher Standorte stammen.

Probennummer	1	2	3	4	5	6	7	8	9	10	11	12
Befund-Nr.		Graben 21 h						Grubenkomplex 27d				
Probenvolumen (Liter)	9	9	9	9	9	8	9	9	7	9	8	9
Getreide:												
Hordeum spec. (Gerste) Körner	4	19+5cf.	2+1cf.	1	1+1cf.							
Hordeum spec. Spindelglied		1cf.							3			
Panicum miliaceum (Echte Hirse)	4	11+1cf.	2+1cf.			4					2	
Setaria italica (Kolbenhirse)		2										
Secale cereale (Roggen) Körner		2										
Triticum dicoccum (Emmer) HSB		2	1	1	2	1		1		59	1	
Triticum spec. (ein Weizen) Körner (mo/di)		2										
Triticum monoc./dicocc. (Einkorn/Emmer) HSB	2				2					230	11	
Triticum monococcum (Einkorn,1körnig)	2cf.	2cf.								2cf.		
Triticum monococcum (Einkorn,2körnig)	1cf.											
Triticum monococcum HSB										187		
Rachisfragmente indet.	2	3								21		
Cerealia indet. Summe rekonstruiert	23	45	16	5	2	2	2	7		5	3	1
Ölpflanzen:												
Camelina sativa (Leindotter)	1											
Hülsenfrüchte:												
Lens culinaris (Linse)		3				7 + 3 cf.	1 cf.		2			1 cf.
Pisum sativum (Erbse)		3				1	1					
Vicia ervilia (Linsenwicke)	1											
Lens/Vicia hirsuta usw. Frag.	9		3									
Pisum/Vicia Frag.	1		1									
mögl. Sammelpflanzen:												
Corylus avellana (Hasel) Frag.	1	1+1cf.										
Prunus spinosa (Schlehe) Frag.			2									
3 Krautige Vegetation oft gestörter Plätze												
Myosoton aquaticum (Wassermiere)		1										
Chenopodium album (Weißer Gänsefuß) verk.	2	3	2	1						4		
Chenopodium hybridum (Unechter Gänsefuß) verk.		1			2							
Solanum nigrum (Schwarz. Nachtschatten)	1											
Anagallis arvensis (Acker-Gauchheil)	1cf											
Avena spec. (Hafer) Körner		2+1cf.										
Avena fatua (Flug-Hafer) Spelzen		1										
Galium spurium (Saat-Labkraut)	1	5				11						
Polygonum convolvulus (Wind.-Knöterich)		1										
Vicia hirsuta/tetrasperma (Rauhh./Viersa. Wicke)	1	3	1									
Matricalia perforata (Geruchlose Kamille)		1										

Abb. 2a. Übersicht der Pflanzenfunde (ohne Holzkohlen) von Flörsheim-Weilbach (Projekt Nr. AK133), oben und rechte Seite. Wenn nicht anders bezeichnet, handelt es sich um den Pflanzenrest-Typ „Samen/Früchte" (Frag. = Fragment, HSB = Hüllspelzenbasis, min. = mineralisiert).

Probennummer	1	2	3	4	5	6	7	8	9	10	11	12
Befund-Nr.		Graben 21 h					Grubenkomplex 27d					
3.5 Ausdauernde Stickstoff-Krautfluren												
Galium aparine (Kletten-Labkraut)	1		3				2					
Lapsana communis (Rainkohl)						1	1 cf.					
Malva cf. *sylvestris* (Wilde Malve)									1			
3.7 Trittpflanzengesellschaften												
Plantago major (Großer Wegerich)									1			
Polygonum aviculare (Vogel-Knöterich)			1						1			
3.8 Flutrasen u. Feuchtweiden												
Rumex crispus/obtusifolius (Krauser/Stumpfbl. Ampfer)			1		1	21						
5 Anthropo-zoogene Rasen und Grünlandgesellschaften												
Daucus carota (Wilde Gelbe Rübe)				1								
Rumex acetosella (Kleiner Sauerampfer)	1	1										
Galium verum (Echtes Labkraut)	3											
Leucanthemum vulgare (Margerite)	1											
Festuca prat. (lo.)/Lolium per. (lm.) (Schwingel/Lolch)	1				1							
Phleum pratense (Wiesen-Lieschgras)	1	3	2cf									
Plantago lanceolata (Spitz-Wegerich)	1					1						
Trifolium camp. /dub. larv. (Feld-/Kleiner/Hasen-Klee)		3										1
8.2 Erlenbruchwald												
Alnus cf. *glutinosa* (Schwarz-Erle) Fruchtzapfen									3			
Varia:												
Avena/Bromus (Hafer/Trespe) Fragm.	2											
Chenopodiaceae spec. (Gänsefußgewächs)	1min.		2+3min.									
Chenopod./Caryophyllaceae (Gänsefuß./Nelkengew.) Embryo		2	3									
Cruciferae (Kreuzblütler)						1						
Galium spec. (*aparine /spurium*)	5	3	4			1						
Gramineae indet (klein) (Süßgras)		1			1							
Gramineae (*Bromus /Festuca* Typ)		4										
Panicoideae (Hirse)									2			
Poa spec. (Rispengras)						1 cf.						
Polygonum convolvulus/aviculare Frag.	2				1							
Rumex spec. (Ampfer) Inneres						3						
Umbelliferae indet. (Doldenblütler)	1											
Samen/Früchte indet.	5 + 1 min.	1	2		1	2		1	1	1	3	
Stengel-/Halmfragmente	4	1	1		2	30		9		10	6	
Halmknoten												
Gehölzknospe/-stachel		1										
Brei/Gebäck/Fruchtfleisch	3	1			1							
Caryophyllaceae Kelchzähne o. ä.									6			

Abb. 2b. Übersicht der Pflanzenfunde (ohne Holzkohlen) von Flörsheim-Weilbach (Projekt Nr. AK133) - Fortsetzung. Wenn nicht anders bezeichnet, handelt es sich um den Pflanzenrest-Typ „Samen/Früchte" (Frag. = Fragment, HSB = Hüllspelzenbasis, min. = mineralisiert).

Befundnummer	Probennummer	insgesamt bestimmte Stückzahl	Arten der Auenwälder					Eiche und Buche			ausschlagfähige Gehölze (Hecken, Waldränder usw.)									Laubholz indet.		Nadelholz und Birke		Gewicht (g) des Probenrestes	Summe bestimmter Anteil der Probe (g)	Gewicht (g) der Gesamtprobe
			Alnus cf. *glutinosa*	*Frangula alnus*	*Fraxinus excelsior*	*Ulmus* spec.	*Fagus sylvatica*	*Quercus petraea/robur*	*Quercus petraea/robur* (Zweig-/Astholz)	*Acer platanoides/pseudoplatanus*	*Carpinus betulus*	*Corylus avellana*	*Ligustrum vulgare*	*Ligustrum vulgare* (Zweig-/Astholz)	Pomoideae	*Prunus* spec.	*Prunus* spec. (Zweig-/Astholz)	*Rhamnus catharticus*	*Sambucus* spec.	Laubholz indet.	Laubholz indet. (Zweig-/Astholz)	Nadelholz indet.	*Betula pendula/pubescens*			
21h	1	93					4 / 0,035	57 / 0,705	1 / 0,015						5 / 0,077					26 / 0,355				2,951	0,000	2,951
21h	2	93			2 / 0,019	1 / 0,005	2 / 0,044	56 / 1,017	1 / 0,26			5 / 0,258			3 / 0,212					22 / 0,495		1 / 0,008		9,307	0,000	9,307
21h	3	93	1 / 0,007				4 / 0,020	58 / 0,533		1 / 0,016					2 / 0,01			1 / 0,004		26 / 0,279				2,823	0,000	2,823
27d	4	93					1 / 0,019	86 / 1,024		4 / 0,04										2 / 0,016				2,056	0,000	2,056
27d	5	93						77 / 1,216		6 / 0,171									1 / 0,029	9 / 0,223				2,409	0,000	2,409
27d	6	93						71 / 2,607				3 / 0,143		2 / 0,078		3 / 0,16	1 / 0,03			12 / 0,514	1 / 0,016			12,505	0,000	12,505
27d	7	93	2 / 0,05					79 / 3,188			1 / 0,023		1 / 0,059							10 / 0,277				13,610	0,000	13,610
27d	8	93	1 / 0,071					77 / 2,246				1 / 0,014								10 / 0,226			4 / 0,151	12,473	0,000	12,473
27d	9	93						60 / 0,647							5 / 0,09					28 / 0,242				2,022	0,000	2,022
27d	10	93						89 / 4,65												4 / 3,856				13,814	0,000	13,814
27	11	93						78 / 0,513												15 / 0,106				1,233	0,000	1,233
27	12	93						78 / 0,621							2 / 0,107					11 / 0,251			2 / 0,016	2,437	0,000	2,437

Abb. 3. Ergebnisse der Holzkohlebestimmungen von Flörsheim-Weilbach (Projekt Nr. AK133). Es handelt sich um Stückzahlen (1. Zeile) und Gewichte in Gramm (2. Zeile). Bestimmungen N. Boenke (vgl. auch Abb. 4).

Zusammenfassend lässt sich feststellen, dass die 2120 Pflanzenreste der Fundstelle Flörsheim-Weilbach Hinweise zur Holznutzung und zum Anbau von maximal neun Kulturpflanzenarten erbrachten. Das Nahrungsspektrum wurde durch Sammelpflanzen ergänzt. Die archäobotanischen Ergebnisse passen gut in das Bild einer einfachen, an lokalen Möglichkeiten orientierten Landwirtschaft. Es ist bedauerlich, dass es nicht möglich war, hierzu großflächigere Untersuchungen durchzuführen.

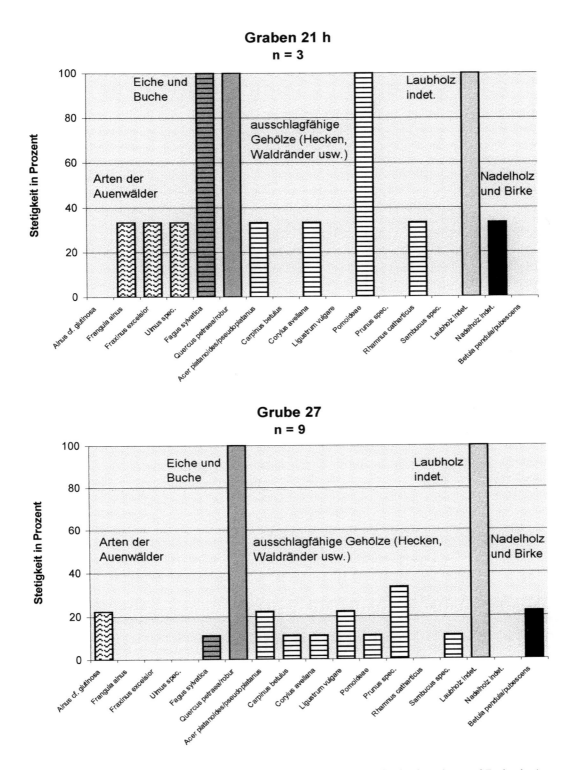

Abb. 4. Prozentuales Vorkommen (Stetigkeit) der Gehölzarten in den Befunden berechnet auf Probenbasis. Bestimmungen N. Boenke (vgl. auch Abb. 3). Zu den deutschen Pflanzennamen vgl. den Text (indet. = unbestimmbar).

Geowissenschaftliche Beschreibung des Grabungsgeländes Wiesbaden-Breckenheim „Wallauer Hohl" und bodenkundliche Befunde in der Gemarkung von Massenheim sowie südwestlich von Wiesbaden-Erbenheim

Von Arno Semmel

Geowissenschaftliche Beschreibung des Grabungsgeländes Wiesbaden-Breckenheim „Wallauer Hohl" [1]

Das Grabungsgelände liegt südlich von Wiesbaden-Breckenheim auf dem ostexponierten Hang des Klingenbachtals, der größtenteils mit Löß bedeckt ist. Nur im bachnahen Teil fehlt der Löß, hier liegt geringmächtiges Ackerkolluvium direkt auf tertiärem Mergel bzw. auf Geröllstreu der jungpleistozänen Niederterrasse des Klingenbachs. Im gleichen Bereich wurden stellenweise auch mächtigere Bachschotter der Niederterrasse freigelegt, in die sich während des Holozän der Bach zunächst eingetieft, später die so entstandene Altlaufrinne wieder mit Kies aufgefüllt hat. Dieser holozäne Kies unterscheidet sich von dem jungpleistozänen (periglazialen) durch deutliche Humusbeimengungen (Dunkelfärbung).

Aus den heute noch vorkommenden Bodenresten und aus Befunden im benachbarten Gelände[2] ist mit Sicherheit zu schließen, dass auf dem Löß hangoberhalb des die Grabung querenden Feldwegs eine Parabraunerde mit ca. 1 m Entkalkungstiefe entwickelt war. Reste dieses Bodens sind zwischen ca. 400 und 450 m (*Abb. 1*, kleiner Gesamtplan) sehr deutlich vorhanden (Bt und Bv) und gleichfalls in den Füllungen der vorgeschichtlichen Gruben oft zu finden.

Bei ca. 420 m wird der erhaltene Bodenrest allmählich mächtiger und lässt sich klar in einen Ap-Horizont (0,3 m), einen polyedrischen Bt-Horizont (0,25 m), einen prismatischen Btv-Horizont (0,25 m) und einen Bv-Horizont (0,1 m) gliedern. Der darunter folgende stark kalkhaltige Löß weist einen schwach entwickelten Cc-Horizont, also eine Kalkanreicherung auf, die typisch für die Löß-Parabraunerden der Umgebung ist. Der beschriebene Bodenrest zeigt an, dass die durch Beackerung hervorgerufene Bodenerosion hier im tieferen Hangbereich nicht mehr so stark war wie weiter hangaufwärts, wo nur noch wenige B-Horizontreste unter dem Ap-Horizont zu finden sind.

---

[1] Siehe dazu in der vorliegenden Veröffentlichung den Beitrag: R. Heiner, Breckenheim, Stadt Wiesbaden, „Wallauer Hohl".
[2] Vgl. Bodenkarte von Hessen, Blatt 5916 Hochheim a. M. (M. 1:25000).

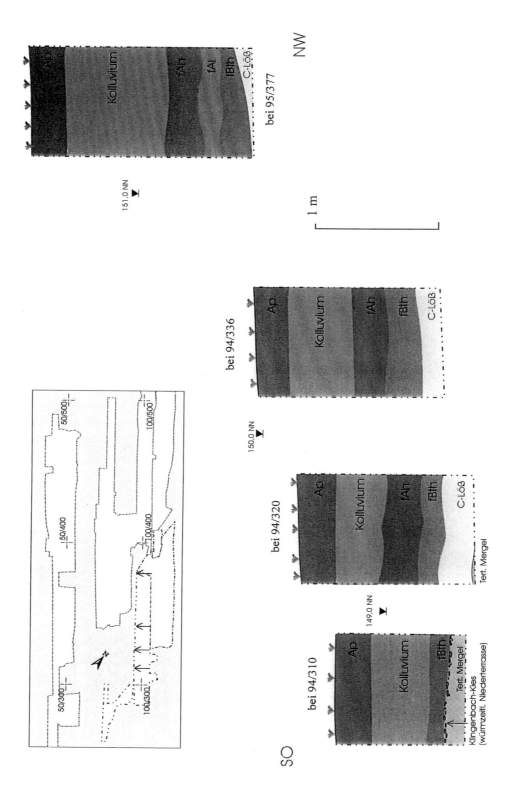

Abb. 1. Wiesbaden-Breckenheim, „Wallauer Hohl". Charakteristische geologische Profile in Schnitt III, nach Heiner (Anm. 1). Die Pfeile auf dem kleinen Gesamtplan markieren die Lage der Profile.

Hangabwärts des beschriebenen Bodenprofils setzt bei ca. 390 m eine kolluviale Überdeckung (0,5 m) des Bt-Horizontes ein. Im dortigen Grabungsbereich geht der braune Bt in einen dunklen humosen Bth (0,5 m) über. Zugleich wurde hier ein graues Bändchen des Eltviller Tuffs (ca. 18 ka.) im Löß gefunden. Bedeutsamer aber ist, dass mit dem Bth nicht Reste einer Parabraunerde, sondern einer degradierten Schwarzerde vorliegen. Diese wurde zunächst erodiert, später von Kolluvium überdeckt.

Etwas hangabwärts, bei ca. 385 m, liegt unter dem 0,5 m mächtigen, schwach kalkhaltigen Kolluvium noch eine fast komplette Tschernosem-Parabraunerde (= Schwarzerde-Parabraunerde) mit fossilem Ap-Horizont (0,25 m), schwach humosem fAl-Horizont (0,15 m) und dunklem (humosem) fBth-Horizont (0,25 m). Der fBth-Horizont hat ein prismatisches Gefüge mit dicken humosen Tonbelägen auf den Aggregatflächen. Darunter folgt der kalkhaltige Löß mit einem Cc-Horizont. Die angeführten Merkmale zeigen klar die Eigenschaften eines degradierten Schwarzerdebodens, der sich von der Parabraunerde nicht nur durch den Humusgehalt, sondern auch durch seine geringere Entwicklungstiefe unterscheidet.

Der bis ca. 380 m verlaufende Feldweg folgt einer Geländekante. Diese ist, soweit Verfasser feststellen konnte, durch den Anschnitt der jungpleistozänen Niederterrasse des Klingenbachs entstanden. Direkt unterhalb des Feldwegs beginnt in ca. 3 m Tiefe der aus Taunusgesteinen bestehende Kies der Terrasse, deren randlicher Teil noch von Löß bedeckt ist. Erst bei ca. 315 m klingt die Lößdecke aus.

Der Löß über dem Kies der Niederterrasse ist zwar ebenfalls stark kalkhaltig, abweichend vom hangaufwärts liegenden Löß jedoch - wohl infolge jahreszeitlichen Grundwassereinflusses - rost-fleckig. Diese Vernässung hat für die Bodenentwicklung Folgen: Wegen der zeitweise gehemmten Deszendenz der Sickerwässer erreicht die Entkalkung hier nur ca. 0,5 m Tiefe, und an der Solumbasis sind weiße horizontale $CaCO_3$-Lagen statt eines „normalen" Cc-Horizonts ausgebildet. Bodengenetisch dominiert hier die Tendenz zur „Feuchtschwarzerde".

Insgesamt gliedert sich das Profil der Deckschichten über dem Niederterrassen-Kies unmittelbar südlich des Feldwegs in 1,2 m humoses, schwach kalkhaltiges Kolluvium, 0,3 m fAh, 0,1 m fAl, 0,15 m fBth und 1,4 m rostfleckigen Löß (*Abb. 1*). Anzumerken ist noch, dass der Löß von zahlreichen Klüften durchsetzt ist, die mit $CaCO_3$ gefüllt sind. Die Klüftung kann eine Folge junger Tektonik am Taunusrand sein, häufig sind aber auch Karsterscheinungen im unter dem Kies liegenden tertiären Mergel die Ursache für Verstellungen und Zerklüftungen in den Deckschichten.

Der südlich anschließende Rest der Grabungstrasse zeichnet sich dadurch aus, dass die Degradation der Löß-Schwarzerde mit zunehmender Bachnähe (und Grundwassereinfluss) geringer wird, so dass statt des fAh-fAl-fBth-Profils nur noch ein fAh-fBth-Boden vorliegt (*Abb. 1*). Er ist überwiegend von Kolluvium bedeckt, das im Bereich eines Ackerbergs über 0,8 m stark wird. Ab ca. 300 m liegt der fBth-Horizont unmittelbar auf einer Bachgeröllschicht, unter der der tertiäre Mergel folgt. Stellenweise findet man hier hellbraunen kalkfreien Hochflutlehm direkt auf dem Mergel. Am Bach selbst ist kalkhaltiger Löß aufgeschüttet (vermutlich anthropogen).

Die geschilderte Bodenabfolge in der gesamten Grabungstrasse lässt sich problemlos mit bodengeographischen Erfahrungen verbinden, die in den trockensten Teilen der hessischen Lößlandschaft gewonnen wurden: Auf den trockenen Oberhängen dominieren Parabraunerden, auf den feuchteren Unterhängen degradierte Schwarzerden. Diese Differenzierung kann so erklärt und auf die Grabung entsprechend übertragen werden, dass im älteren Holozän in beiden Relieflagen Schwarzerden entwickelt waren, die im ausklingenden Atlantikum auf den trockenen Standorten zu Parabraunerden degradierten und im beginnenden Subatlantikum weitgehend ein gewisses „Klimaxstadium" ähnlich den heutigen Profilen erreicht hatten. In den feuchteren Arealen ist hingegen die Degradierung wegen der geringeren Basenauswaschung gehemmt gewesen. Dabei kann zusätzlich eine frühzeitige und langandauernde Überdeckung mit kalkhaltigem Kolluvium von Bedeutung gewesen sein.

Die Entwicklung vieler der heutigen Parabraunerden aus Schwarzerden wird seit langem akzeptiert. Ein weiterer Beleg für diese These kam bei der Ausgrabung südwestlich von Wiesbaden-Erbenheim zutage (s. u.)[3]. Dort liegen auf einem trockenen Lößstandort unmittelbar nebeneinander eine Grube der Hinkelstein-Gruppe und eine aus der Latènezeit. Während die Füllung der ersteren nur Schwarzerdematerial enthält, liegt in der letzteren nur brauner Lehm (Bt-Material).

Aus dem Vorstehenden könnte geschlossen werden, dass auch die Parabraunerden in der „Wallauer Hohl" „Schwarzerde-Vorgänger" hatten und aus diesen zwischen Atlantikum und Subatlantikum entstanden, und so die Gruben, in deren Füllungen Reste von Parabraunerden liegen, nicht wesentlich älter als ca. 2500 Jahre sein dürften. Dieser Folgerung würde sicher von vielen Paläopedologen zugestimmt. Doch bleibt die Frage, ob tatsächlich die heutigen Parabraunerden immer Schwarzerden als Vorläufer hatten und ob diese sämtlich in der angegebenen Zeitspanne degradierten. Diese Frage kann von Verfasser nicht sicher beantwortet werden. Hier besteht derzeit noch ein paläopedologisches Erkenntnisdefizit. Deshalb lässt sich hinsichtlich der Grabung in der „Wallauer Hohl" nur - oder immerhin - sagen, dass aus bodenkundlicher Sicht ein Alter der Gruben von höchstens 2500 Jahren sehr wahrscheinlich, jedoch nicht absolut sicher ist[4].

Bodenkundliche Befunde in der Gemarkung von Massenheim

Die Grabung liegt südöstlich des Wiesbadener Autobahnkreuzes (A3 / A66) auf der mittelpleistozänen t2-Terrasse des Mains. In dem nur ganz schwach nach Nordosten geneigten Gelände sind Parabraunerden aus Löß, mehr oder weniger stark erodiert, verbreitet. Unter dem Löß folgt der Kies der t2-Terrasse, darunter oligozäner Mergel. Eine eingehendere Profilaufnahme war nur im Falle einer bandkeramischen Fundstelle möglich[5].

Das Profil beiderseits der Grabung gliedert sich in einen Ap-Horizont (0,3 m) und einen grobpolyedrischen, nach unten prismatisch strukturierten braunen Bt-Horizont (0,2 m) über Löß. In letzterem ist ein schwacher Cc-Horizont ausgebildet. Auch hier muss von einem ursprünglich ca. 1 m mächtigen Solum ausgegangen werden, das durch die anthropogene Bodenerosion auf die heutigen Maße reduziert wurde. Als Hinweise auf ein früheres Schwarzerde-Stadium können schwach humose, dunkelbraune Tonbeläge auf den Aggregatflächen des Bt-Horizontes angesehen werden.

Das Profil in der Grabung ist zwar gleichfalls erodiert, lässt aber unter dem Ap-Horizont einen dunkelbraunen, humosen Ah-Bt-Horizont (0,2 m) mit grobpolyedrischem Gefüge erkennen, dem sich ein dunkelbrauner, schwach humoser Bth-Horizont (0,15 m) über Löß (ohne Cc-Horizont) anschließt. Es kommen diffuse Braunfleckungen vor (Humusabbau). Innen sind die - häufig plattigen - Grobpolyeder dunkel.
Die auf diese Weise charakterisierte Schwarzerde-Parabraunerde-Bildung hat den gesamten anthropogenen Inhalt der Grube überprägt, der erkennbar aus Schwarzerde-Substrat besteht. Die spätere Parabraunerde-Entwicklung reicht in dem humosen, schon vorher entkalkten oder stark kalkverarmten Schwarzerde-Substrat weiter nach unten als in den benachbarten ungestörten Profilen. An anderen Stellen greift sie sogar noch in den liegenden Löß hinein.

---

[3] Siehe im vorliegenden Band den Beitrag: E. Mattheußer, Erbenheim, Stadt Wiesbaden. Eine Siedlung der Hinkelstein-Gruppe und der Eisenzeit.

[4] Vgl. die Ergebnisse der 14C-Altersbestimmungen bei Heiner (Anm. 1) bes. Anm. 35.

[5] Anm. 2 und im vorliegenden Band: E. Mattheußer/U. Söder, Weilbach, Gemeinde Flörsheim, „Wickerer Feld".

Der Befund deckt sich mit der Annahme, dass die Löß-Parabraunerden als Vorläufer Schwarzerden hatten, die erst postbandkeramisch degradiert wurden. Diese Degradierung erreichte in den Gruben trotz größeren Tiefgangs nicht die Intensität wie in den benachbarten „natürlichen" Bodenprofilen, was seine Ursache in dem feuchteren Wasserhaushalt der Gruben haben mag, der die Basenabfuhr erschwerte.

Bodenkundliche Befunde südwestlich von Wiesbaden-Erbenheim

Die Grabung liegt unmittelbar südöstlich der Kreuzung A66 / B455. Während eines Besuchs konnte hier beobachtet werden, dass eine Grube der Hinkelstein-Gruppe und eine Grube der Latènezeit direkt nebeneinander lagen[6]. Die Füllung der ersteren bestand aus Schwarzerde-Substrat, die der letzteren aus braunem Lehm (Bt-Material). Demnach ist in der Zeit zwischen den beiden Füllungsvorgängen in den Gruben die Schwarzerde zur Parabraunerde degradiert.
Beide Gruben lagen im Bereich totaler Bodenerosion. Von der ursprünglich an der heutigen Oberfläche ausgebildeten Parabraunerde ist außerhalb der Latènegrube nichts erhalten geblieben. Es sind nur noch Kulto-Pararendzinen (Ap-C-Profile) anzutreffen.
Beide Gruben schneiden unter 0,5 m Rohlöß einen 0,1 m starken, leuchtend braunen Bt-Rest, unter dem ein massiver Cc-Horizont mit großen Lößkindeln ausgebildet ist. Dieser Bodenrest gehört sehr wahrscheinlich in die letzte Warmzeit (Eem).
Direkt auf der ICE-Trasse liegt ein Erdfall mit etwa 3 m Durchmesser. In ihm sind die unter dem Löß liegenden Kiese der t2-Terrasse des Mains mitsamt der Lößdecke eingesunken. Leider war der obere Teil der Erdfall-Füllung abgeschoben, so dass Aussagen darüber, ob auch der Oberflächenboden eingesunken ist und somit sehr junge Bewegungen vorliegen, nicht möglich sind. Die (häufigen) Erdfälle in diesem Gebiet gehen auf Karstlösung im liegenden tertiären Kalk zurück.

---

[6] Mattheußer (Anm. 3).

Bachbettsedimente aus der Völkerwanderungszeit bei Wiesbaden-Breckenheim „Wallauer-Hohl"
Erste pollenanalytische Untersuchungen

Von Astrid Stobbe

Im Vorgriff auf den Bau der Schnellbahntrasse (ICE) Köln-Rhein/Main musste bei Wiesbaden (*Abb. 1*) eine Notgrabung durchgeführt werden. An dieser Fundstelle - zwischen Breckenheim und Wallau - waren bereits 1937 beim Bau der damaligen Reichsautobahn (heute A 3) zahlreiche Funde gemacht worden. Damals wurde von einem „Alamannengrab" berichtet. Die 1997 und 1998 durchgeführten Ausgrabungen in Breckenheim „Wallauer Hohl" (*Abb. 2*) erbrachten jedoch Befunde ganz unterschiedlicher Zeitstellungen, beginnend mit der Linearbandkeramik bis in die spätantike Zeit[1].

Ein großflächiger Befund stammt aus der 2. Hälfte des 4. Jh. n. Chr. Die Mehrzahl der Funde wurde in einem ehemaligen Bachbett des Klingenbachs, etwa 15 bis 20 m von seinem heutigen Verlauf entfernt, gemacht. Hier war eine große Menge „Abfall" mit zahlreichen Brandresten abgelagert worden. Bei der Bachbettverfüllung handelt es sich um Feuchtsedimente, in denen auch organische Funde erhalten geblieben sind. Zur besseren Erfassung der Befundsituation wurde quer durch das Bachbett ein Baggerschnitt gelegt[2]. Aus diesem Schnitt liegen zwei Pollenproben vor, die einen ersten Einblick in die guten Erhaltungsbedingungen erlauben. Um zusätzliches Material für pollenanalytische Untersuchungen zu gewinnen, wurde unter Berücksichtigung der durch den Baggerschnitt erarbeiteten Erkenntnisse zu einem späteren Zeitpunkt eine Bohrung in unmittelbarer Nähe niedergebracht[3]. Bei einem zweiten Baggerschnitt zeigte sich, dass die ausgewertete Bohrung aus dem Randbereich des Bachbetts stammt, und die torfige Schicht hier geringmächtiger als in anderen Bereichen ist[4].

---

[1] Zur Übersicht siehe C. Dobiat, Im Wettlauf mit den Baggern. Archäologie auf der ICE-Trasse. Denkmalpflege und Kulturgeschichte 1, 1998, 34-39. Vgl. außerdem in der vorliegenden Veröffentlichung den Beitrag: R. Heiner, Breckenheim, Stadt Wiesbaden, „Wallauer Hohl" (Neolithikum, Bronze-, Hallstatt-, Latène-, römische und Völkerwanderungszeit).

[2] Eine ausführliche Darstellung des Baggerschnitts liegt in dem Beitrag von R. Heiner (Anm. 1) vor.

[3] Die Bohrung wurde vom Labor für Archäobotanik des Seminars für Vor- und Frühgeschichte der Johann Wolfgang Goethe-Universität unter der Leitung von Dr. A. J. Kalis durchgeführt. Hier erfolgte auch die weitere Bearbeitung des Profils. Dr. A. J. Kalis und Frau Dr. J. Meurers-Balke danke ich für zahlreiche Diskussionen.

[4] Eine pollenanalytische Auswertung der Sedimente aus dem zweiten Schnitt wird zu einem späteren Zeitpunkt erfolgen; dann werden auch Analysen an den mächtigeren torfigen Schichten durchgeführt.

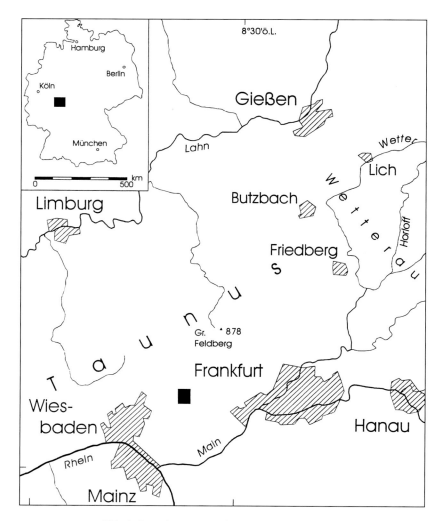

Abb. 1. Lage des Untersuchungsgebietes; vgl. *Abb. 2.*

An dieser Stelle sollen vor allem die Ergebnisse der palynologischen Bearbeitung des Bohrkerns vorgestellt werden. Pollenanalytische Untersuchungen geben einen Einblick in die damalige Flora, wobei man sich die Konservierung von Pollen und Sporen in älteren Erdschichten zunutze macht. Die Erhaltung der Pollen und Sporen ist jedoch nur unter bestimmten Voraussetzungen möglich. Vor allem Moore, aber auch andere Feuchtsedimente bieten hervorragende Bedingungen. Durch die Auszählung vertikaler Reihen von zuvor chemisch aufbereiteten Proben aus pollenführenden Ablagerungen lässt sich auf das Vegetationsbild der Umgebung zur jeweiligen Zeit schließen.

Während einer Vegetationsperiode lagert sich in der gesamten Landschaft ein Pollenniederschlag ab, der sich aus Pollen unterschiedlicher Vegetationseinheiten aus verschiedenen Entfernungen zusammensetzt. Fossile Pollenspektren bestehen ebenfalls aus Pollenkörnern verschiedener Herkunft. Eine Trennung der Herkunftsorte ist daher eine zwingende Voraussetzung, um die vergangene Vegetation zu rekonstruieren. Durch die palynologische Untersuchung der organischen Schichten aus dem Bachbett in Breckenheim bietet sich die Möglichkeit, die Vegetation im direkten Umfeld einer Siedlung zu rekonstruieren. Aussagen über die Vegetation eines größeren Gebiets sind in diesem Fall nur bedingt möglich, da die regionale Pollenkomponente von dem lokalen, aus der Siedlung stammenden Pollenniederschlag überprägt ist. Gerade diese lokale Komponente enthält aber neben den Pollen windblütiger Pflanzen auch Pollenkörner von tier-, vor allem insektenbestäubten Arten, die in der Regel nur sehr wenig Pollen produzieren. Die Mehrzahl der heimischen Pflanzenarten ist insektenblütig - auch diejenigen, die in Siedlungen und landwirtschaftlich genutzten Flächen vorkommen. Liegen pollenanalytisch auswertbare Sedimente im direkten Siedlungsbereich,

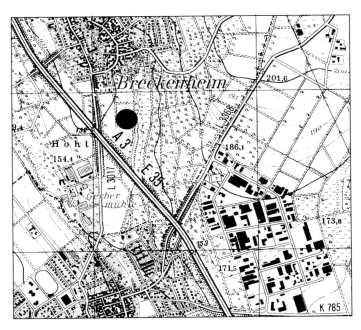

Abb. 2. Fundstelle Wiesbaden-Breckenheim „Wallauer Hohl".
Kartengrundlage: TK 5916 Hochheim (M. 1:25000).

wie im vorliegenden Fall, so lässt sich zumeist auch eine Vielzahl von Pollen solcher Arten belegen. Ablagerungen aus einem Siedlungskontext sind in Gebieten mit vorwiegend mineralischen Böden zumeist nur in Brunnen oder Latrinen anzutreffen und stellen daher eine seltene Ausnahme dar.

Die organischen Schichten im ehemaligen Bachlauf des Klingenbachs wurden durch verspültes und durch abgeschwemmtes Bodenmaterial überlagert. In diesem waren neben archäologischen Artefakten überraschenderweise auch zahlreiche organische Reste enthalten. Es ist anzunehmen, dass das abgeschwemmte Material direkt von benachbarten Hängen stammt. Eine sehr schnelle Überdeckung mit weiteren Schichten im feuchten Milieu ermöglichte die Erhaltung des abgeschwemmten Materials. Die Herkunft des verspülten Materials hingegen kann nicht lokalisiert werden; es ist möglicherweise über größere Strecken im Wasser transportiert worden. In allen Sedimenten war eine pollenanalytische Auswertung möglich.

Stratigraphie

Im Bohrkern zeigte sich folgender Sedimentaufbau:

0-2,14 m	Ackerboden, Lehm, Sand
2,14-2,37 m	graues, toniges Kolluvium, viel Holzkohle und Rotlehm
2,37-2,51 m	humoser Schluff, Holzkohle
2,51-2,70 m	dunkelbraunes, torfiges Material
2,70-2,75 m	humoser, gelber Ton
2,75-2,82 m	gelber Ton

Der Bereich von 2,18-2,68 m wurde für pollenanalytische Untersuchungen beprobt. Zusätzlich wurde der Gehalt an organischer Substanz und an Phosphat bestimmt[5]. Es liegen drei ^{14}C-Datierungen vor[6].

---

[5] Der Gehalt an organischer Substanz wurde mittels der nassen Veraschung (Lichterfeldmethode) bestimmt. Der Phosphatgehalt in den Proben wurde in Anlehnung an R.-D. Bleck gemessen; R.-D. Bleck, Zur Durchführung der Phosphatmethode. Ausgr. u. Funde 10, 1965, 213-218.

[6] Die Messungen wurden im 14C-Labor der Universität Utrecht von K. van Der Borg durchgeführt.

Zur Berechnungsgrundlage und dem Aufbau der Pollendiagramme

Die Pollenproduktion der moorbildenden Vegetation sowie die der Moorrandbereiche ist normalerweise außerordentlich hoch, was zu einer Überrepräsentation des lokalen Pollenniederschlags führt. Hohe Erlen- oder Gräserwerte können z. B. andere, regionale Entwicklungen derart stark beeinträchtigen, dass sie im Pollendiagramm nicht zu erkennen sind. Im vorliegenden Fall zeigt die Poaceen-Kurve in mehreren Spektren Werte, die die der Restpollen um mehr als das Tausendfache übersteigen. Bei der Berechnung wurde dieser Pollentyp daher, wie auch die von Arten, die auf feuchten oder nassen Böden oder im Wasser wachsen, aus der Pollensumme herausgenommen und bei der Darstellung auf die Summe der Restpollen bezogen. Diese setzen sich aus Arten der mineralischen Böden zusammen.

Die Mehrzahl der nachgewiesenen Pollen stammt nicht von einer Moorvegetation, sondern von außerhalb. Vielfach sind Arten belegt, die nie oder doch nur in Ausnahmefällen zu finden sind z. B. *Polygala vulgaris* (Gewöhnliche Kreuzblume), *Agrimonia eupatoria* (Gewöhnlicher Odermennig) und *Hyoscyamus niger* (Schwarzes Bilsenkraut). Insgesamt war die Pollenerhaltung über weite Strecken gut, und es zeichnet sich ein sehr artenreiches Spektrum ab. Es wurden über 130 Pollentypen bestimmt; an dieser Stelle können nur ausgewählte Pollentypen dargestellt werden.

Das Pollendiagramm (*Abb. 3*) beginnt mit einem Hauptdiagramm. Es folgen ausgewählte regionale Pollentypen, die nach ihren Vorkommen in der Vegetation geordnet sind; sie bilden die Berechnungsgrundlage (Pollensumme). Anschließend sind ausgewählte Typen der lokalen Pollenkomponente dargestellt[7].

Die torfige Schicht

In der dunkelbraunen torfigen Schicht waren makroskopisch keine Pflanzenreste zu erkennen.

Zone Ia - 2,68-2,60 m, torfig

Die Gehölzpollenwerte erreichen zwischen 10 und 50 %, was vor allem durch die stark schwankende Kurve der Hasel (*Corylus avellana*) verursacht wird. Eine geschlossene Kurve weisen Linde (*Tilia*) und Birke (*Betula*) auf, Kiefer (*Pinus sylvestris*), Esche (*Fraxinus excelsior*), Ulme (*Ulmus*), Buche (*Fagus sylvatica*) und Eiche (*Quercus*) sind nachgewiesen, je einmal die Hainbuche (*Carpinus betulus*) und der Faulbaum (*Frangula alnus*). Die Erlenwerte schwanken stark und zeigen einen Gipfel in der oberen Probe mit über 150 %.

Unter den Pollen krautiger Pflanzen fällt die Vielzahl der Trocken- und Magerrasenarten auf, allen voran das Heidekraut (*Calluna vulgaris*) und die Skabiosen-Flockenblume (*Centaurea scabiosa*). Auch Ruderalpflanzen wie Beifuß (*Artemisia*), Gänsefußgewächse (Chenopodiaceae), Breitwegerich (*Plantago major/intermedia*) und der Vogelknöterich (*Polygonum aviculare*-Typ) sind häufig belegt. Außerdem ist eine Vielzahl auf Ackerbau verweisender Arten vorhanden: Neben hohen Getreidewerten, bei denen der *Triticum*- (Weizen-) Typ und *Secale cereale* (Roggen) stetig bestimmt werden konnten, zeigt sich auch eine Vielzahl von Ackerunkräutern. Der Windenknöterich (*Polygonum convolvulus/dumetorum*), das Adonisröschen (*Adonis aestivalis/flammea*), der Schwarze Nachtschatten (*Solanum nigrum*), der Ackerklettenkerbel (*Torilis arvensis*) und die Ackerwinde (*Convolvulus arvensis*) sind hierbei zu nennen. Auch das Spektrum der Grünlandarten ist reich vertreten. Es sind sowohl Arten der frischen Standorte, z. B. Spitzwegerich (*Plantago lanceolata*), Wiesenklee (*Trifolium pratense*-Typ) und Wilde Möhre (*Daucus carota*), als auch eine Vielzahl von Arten der Feuchtwiesen, z. B. Teufelsabbiss (*Succisa pratensis*), Herzblatt (*Parnassia palustris*) und Gemeine Natternzunge (*Ophioglossum vulgatum*), nachgewiesen.

---

[7] A. Schweizer danke ich für die Hilfe bei der Erstellung des Diagramms.

Als der Bach seinen Lauf änderte und das alte Bachbett zu verlanden begann, waren an seinen Rändern Erlen (*Alnus*) weit verbreitet. Auch Birken (*Betula*) und Weiden (*Salix*) waren in diesen Beständen eingestreut. Die Nachweise von Ulme (*Ulmus*), Esche (*Fraxinus excelsior*) und Linde (*Tilia*) zeigen, dass auf den etwas trockeneren Standorten ein kleiner Gehölzgürtel vorhanden war, in dem auch die Hasel (*Corylus avellana*) häufig vorkam. Direkt daran schloss sich ein Grünlandstreifen an. Auf den feuchten Standorten kleiner Dellen und Mulden wuchs eine Vielzahl von Arten der Feuchtwiesen wie das Sumpfherzblatt (*Parnassia palustris*), der Teufelsabbiss (*Succisa pratensis*), der Lungenenzian (*Gentiana pneumonanthe*-Typ) oder der mit einem Samen nachgewiesene Wiesen-Lein (*Linum catharticum*). Diese Arten konnten sich auf Grundwasserböden als Folge von Grünlandnutzung ausbreiten. Auf trockenen Böden stockten Arten des frischen Grünlandes. Auch dieses ist, wie das Feuchtgrünland, aus ehemaligem Waldland hervorgegangen. Die wenigen Pollenbelege von Wasserfenchel (*Oenanthe fistulosa*-Typ), Igelkolben (*Sparganium*) u. a. weisen auf einen - vermutlich aber nur sehr kleinen - Röhrichtbestand hin. Jeder Nachweis von Wasserpflanzen fehlt und zeigt, dass in unmittelbarer Nachbarschaft kein stehendes Gewässer existierte.

Wie die sehr niedrigen Werte von Buche (*Fagus sylvatica*) und Eiche (*Quercus*) - unter 5 % - belegen, waren die umliegenden mineralischen Böden nahezu waldfrei. Hier lagen die landwirtschaftlichen Nutzflächen. Heute sind im Gebiet Parabraunerden aus Löß, aber auch Ranker, Rendzinen und Pseudogleye verbreitet[8]. Die sehr fruchtbaren Parabraunerden sind als Ackerstandorte besonders geeignet, und hier wurde vermutlich als wichtigste Feldfrucht Getreide angebaut. Die geschlossene Pollenkurve von Roggen (*Secale cereale*) könnte ein Indiz dafür sein, dass auch vereinzelt Roggenanbau stattgefunden hat. Roggen setzt jedoch als Windblütler gegenüber den übrigen Getreidearten sehr viel Pollen frei, so dass sich bereits eine relativ geringe Anzahl blühender Roggenpflanzen im Pollenspektrum bemerkbar macht. Der nachgewiesene Roggenpollen könnte von Roggen stammen, der schon seit dem Neolithikum als Unkraut in den Getreidefeldern wuchs[9]. Wie die pollenanalytischen Untersuchungen aus der Wetterau, dem Lahntal und dem Amöneburger Becken gezeigt haben[10], ist zwar mit einer Zunahme des Getreideanbaus in der römischen Kaiserzeit auch ein Anstieg der Roggenkurve zu beobachten, doch geht dieser wahrscheinlich auf eine stärkere „Verunkrautung" der Felder mit Roggen zurück. Erst der markante Anstieg der Roggenkurve in der späten Merowingerzeit ist ein eindeutiger Beleg dafür, dass der Roggen nun in den rechtsrheinischen Gebieten in größerem Umfang angebaut wurde.

Darüber hinaus ist eine Vielzahl von Ackerunkräutern belegt, z. B. der Windenknöterich (*Polygonum convolvulus/ dumetorum*), das Adonisröschen *(Adonis aestivalis/flammea)*, die Hundspetersilie *(Aethusa cynapium)* und der Ackerklettenkerbel *(Torilis arvensis)*. *Pimpinella anisum* konnte pollenanalytisch einmal erfasst werden. Anis ist eine Gewürz- und Arzneipflanze, über die von Plinius in seiner „Naturalis Historiae" (Buch XX, LXXII-LXXIII) ausführlich berichtet wird[11]. Der Pollennachweis deutet auf den Anbau von Anis in Gärten hin.

---

[8] A. Semmel/H. Zakosek, Erläuterungen zur Bodenkarte von Hessen, Blatt Nr. 5916 Hochheim a. Main. Hess. Landesamt f. Bodenforsch. (Wiesbaden 1970) 112.

[9] K.-E. Behre, The history of rye cultivation in Europe. Veget. History and Archaeobot. 1, 1992, 141-156.

[10] Im Rahmen des von der Deutschen Forschungsgemeinschaft (DFG) eingerichteten Schwerpunktprogramms „Kelten, Germanen, Römer im Mittelgebirgsraum zwischen Luxemburg und Thüringen. Archäologische und naturwissenschaftliche Forschungen zum Kulturwandel unter der Einwirkung Roms in den Jahrhunderten um Christi Geburt" wurden in der Wetterau, dem Lahntal und dem Amöneburger Becken pollenanalytische Untersuchungen durchgeführt. Vgl. A. Stobbe, Die Vegetationsentwicklung in der Wetterau und im Lahntal (Hessen) in den Jahrhunderten um Christi Geburt - ein Vergleich der palynologischen Ergebnisse. Koll. zur Vor- und Frühgesch. 2 (im Druck); dies., Die holozäne Vegetationsgeschichte der Wetterau - paläoökologische Untersuchungen unter besonderer Berücksichtigung anthropogener Einflüsse. Diss. Botanicae 260 (Berlin, Stuttgart 1996).

[11] Bislang ist mir nur ein Nachweis von Anis aus den germanischen Provinzen bekannt. Er stammt aus einem römischen Brunnensediment aus der rheinischen Lößbörde; W. Gaitzsch/K.-H. Knörzer/F. Köhler/M. Kokabi/J. Meurers-Balke/M. Neyses/H. Rademacher, Archäologische und naturwissenschaftliche Beiträge zu einem römischen Brunnensediment aus der rheinischen Lößbörde. Bonner Jahrb. 189, 1989, 276-277.

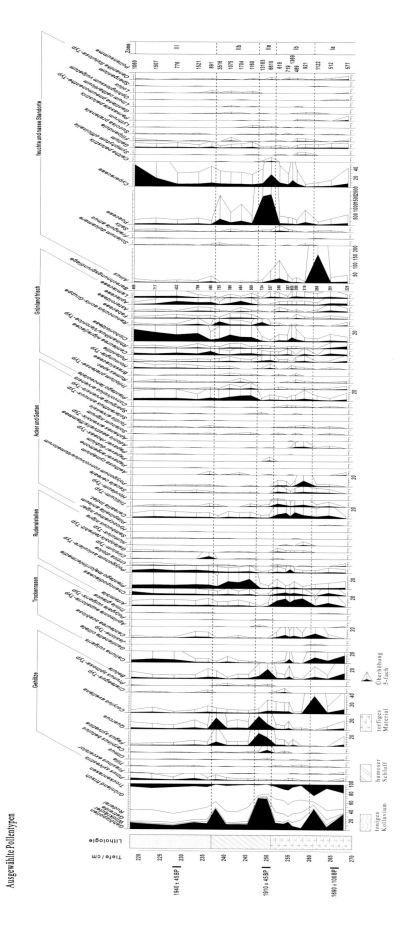

Abb. 3. Pollendiagramm Wiesbaden-Breckenheim.

Auf den Hängen in unmittelbarer Nachbarschaft der Ablagerung waren Trockenrasen und Magerweiden verbreitet. Diese hatten sich vermutlich erst entwickeln können, als durch Rodungen die Bildung der zur Erosion und Austrocknung neigenden Rendzinen gefördert wurde. Die Nachweise vom Gefransten Enzian (*Gentianella ciliata*), dem Sandrapunzel (*Jasione*-Typ) und dem Faserschirm (*Trinia glauca*) sprechen für extensiv beweidete Halbtrockenrasen auf flachgründigen Kalkböden. Diese Standorte eignen sich vor allem für eine Beweidung mit Schafen und Ziegen[12]. Gebietsweise waren die Böden durch Übernutzung bereits so stark verhagert, dass hier Heidekraut (*Calluna vulgaris*) weit verbreitet war.

Zone Ib - 2,60-2,51 m, torfig

Die Gehölzpollenwerte sinken deutlich ab und erreichen nur noch 5 bis 15 %. Die Kurve der Hasel (*Corylus avellana*) ist deutlich zurückgegangen. Geschlossene Kurven weisen Birke (*Betula*), Kiefer (*Pinus sylvestris*), Linde (*Tilia*), Buche (*Fagus sylvatica*) und Eiche (*Quercus*) auf. Die Erlenwerte (*Alnus*) sind dagegen deutlich gefallen. Die Werte vom Heidekraut (*Calluna vulgaris*) sind abgesunken und andere Arten der Trockenrasen und Magerweiden vollständig verschwunden. Angestiegen ist hingegen die Kurve der Skabiosen-Flockenblume (*Centaurea scabiosa*); Pollen von Weißdorn (*Crataegus*-Typ) ist mehrfach nachgewiesen. Die Pollenwerte der Ruderalpflanzen haben deutlich zugenommen: Beifußpollen (*Artemisia*) erreichen knapp 20 %, und auch der Gewöhnliche Hohlzahn (*Galeopsis tetrahit*) ist mit einer geschlossenen Kurve belegt.

Die Ackerbauindikatoren weisen ebenfalls deutlich gestiegene Werte auf. Neben dem *Triticum*- (Weizen)-Typ und *Secale cereale* (Roggen) zeigen vor allem der Windenknöterich (*Polygonum convolvulus/dumetorum*) und das Adonisröschen (*Adonis aestivalis/flammea*) erhöhte Werte.

Bei den Grünlandarten sind mehrere Taxa wie der Bärenklau (*Heracleum sphondylium*), der Gemeine Beinwell (*Symphytum officinalis*) oder der Weiderich (*Lythrum*), erstmals belegt; die Kurve der Sauergräser ist leicht angestiegen.

Die Erlen- und Haselbestände waren zurückgegangen; der bachbegleitende Gehölzbestand hatte sich jedoch insgesamt nur unwesentlich verändert. Der sich an die Ablagerung anschließende Grünlandgürtel scheint dagegen an Fläche zugenommen zu haben. Hier dehnten sich das frische Grünland und die Feuchtwiesen auf Kosten der Erlenbestände aus. Vor allem die Zunahme von Arten der Moorwiesen wie vom Arznei-Beinwell (*Symphytum officinale*), Weiderich (*Lythrum*) oder Lungenenzian (*Gentiana pneumonanthe*-Typ) zeigen die Entwicklung von Grünland auf modrigen und torfigen Böden an.

Die Ruderalpflanzen sind mit sehr hohen Werten vertreten und belegen, dass der gesamte Bereich einer starken Nutzung unterlag und vielfach begangen wurde. Ruderalpflanzen bevorzugen instabile Verhältnisse und eutrophierte Plätze, wie sie in der Nähe von Siedlungen anzutreffen sind. Der Beifuß (*Artemisia*), dessen Werte besonders hoch sind, kommt z. B. häufig und massenhaft in Siedlungsarealen an wenig betretenen Stellen vor.

Pollen von Hopfen (*Humulus*-Typ) sind vielfach belegt. Seine Hauptverbreitung liegt in Auenwäldern und Auenwaldrändern, aber auch in feuchten und ruderalen Gebüschen gedeiht er optimal; hier wäre an Holundergebüsche (*Sambucus nigra*) zu denken.

Die Bestimmung des Phosphatgehalts der Sedimente aus Zone Ib (*Abb. 4*) ergab Werte, die sich gegenüber Zone Ia mehr als verdoppelt haben. Sie zeigen Konzentrationen, wie sie in Niedermooren ohne direkte anthropogene Beeinflussung nicht nachzuweisen sind. In Ablagerungen jedoch, die sehr stark durch Fäkalien belastet sind, können die Phosphatkonzentrationen derart ansteigen. Dies könnte auf eine Nutzung des Geländes als Rinder- oder Schweinepferch hinweisen. Aber auch an einen Eintrag von außen wie eine Verfüllung mit Mist oder Siedlungsabfall wäre zu denken.

---

[12] Die Existenz von Schafen und Ziegen wird auch durch den Nachweis entsprechender Koproliten belegt, vgl. in der vorliegenden Veröffentlichung den Beitrag von A. Kreuz.

Die Werte der Getreidekurve erreichen mitunter knapp 20 %. Bei den hier angebauten Getreiden (außer dem „Unkrautroggen") handelt es sich um kleistogame Arten, bei denen Selbstbestäubung in der Blüte stattfindet, und daher nur sehr wenige Pollenkörner in die Luft gelangen. Die Mehrzahl der Pollenkörner wird erst durch das Dreschen und das anschließende Worfeln freigesetzt. Die hohen Werte der Getreidepollen sprechen daher für eine Verarbeitung von Getreide in der Siedlung.

Unter den Ackerunkräutern ist mehrfach das Adonisröschen (*Adonis aestivalis/flammea*) belegt. Diese Art ist wärmebedürftig und gilt als Kalkzeiger[13]. Auch der nachgewiesene Acker-Klettenkerbel (*Torilis arvensis*) liebt trockene sowie kalkhaltige Lehm- und Tonböden und ist wie das Adonisröschen wärmeliebend. Trockene und warme, nährstoffreiche Lehmböden bevorzugt auch die pollenanalytisch nachgewiesene Ackerwinde (*Convolvulus arvensis*). Die Ackerflächen auf den umliegenden Parabraunerden boten diesen Arten gute Wuchsmöglichkeiten. Der Nachweis vom Acker-Frauenmantel dagegen belegt, dass auch kalkfreie Lehmböden ackerbaulich genutzt wurden. *Aphanes arvensis* ist ein Kältekeimer und wächst bevorzugt im Wintergetreide. Die Kurven von Arten der Magerweiden und Trockenrasen sind deutlich zurückgegangen - vor allem die Kurve des Heidekrauts (*Calluna vulgaris*) - doch sind Vertreter dieser Standorte weiterhin belegt. Diese Arten sind nahezu alle insektenbestäubt und besitzen zudem eine schlechte Pollenverbreitung, so dass selbst die deutlich gesunkenen Werte die Existenz von Magerweiden und Trockenrasen in unmittelbarer Nachbarschaft der Ablagerung belegen.

Das Pollenbild dieser Zone weist auf eine Zunahme der Nutzflächen hin. Das breite Spektrum der Siedlungszeiger sowie die wenigen Nachweise von Baumpollen belegen, dass das Gebiet nahezu waldfrei war und landwirtschaftlich genutzt wurde. Die Mehrzahl der nachgewiesenen Pollentypen stammt von Pflanzen, die in der naturnahen Vegetation des Gebietes - hier wären in erster Linie Buchen- und Eichen-Hainbuchenwälder verbreitet - keine Rolle spielen. Nur bedingt durch die Siedlungs- und Anbautätigkeiten des Menschen konnten sie sich derartig ausbreiten und an die Stelle von ehemaligem Waldland treten.

Datierung der torfigen Schicht

Im Zuge der archäologischen Untersuchungen konnten bis zur darunterliegenden Kiesschicht Funde geborgen werden. Auch zahlreiche Münzen waren in diesen Schichten vorhanden, die die Belegung des Platzes kurz vor die Mitte bis gegen das Ende des 4. Jh. stellen[14]. Eine ^{14}C-Datierung der torfigen Schicht ergab ein Alter von 1690 100 BP; cal.: 240-450 AD. Die deutlichen Siedlungsbelege in dem Pollendiagramm stehen somit vermutlich in direktem Zusammenhang mit der archäologisch belegten Siedlung aus dem 4. Jh., und die Entstehung der torfigen Schicht ist zeitgleich mit der germanischen Besiedlung des Platzes.

Die kolluvialen Schichten

Auf der torfigen Schicht wurden schluffige Sedimente abgelagert, in denen neben archäologischen Artefakten, Holzkohlen und anderen organischen Resten auch Pollenkörner erhalten waren, die eine palynologische Auswertung ermöglichten. Die Konservierung organischen Materials kann nur durch eine rasche Überdeckung mit weiteren Sedimenten erkärt werden. Anderenfalls wäre es zu einer schnellen Zersetzung gekommen.

Bei der Untersuchung verlagerter Sedimente stellt sich stets die Frage nach ihrem Herkunftsort. In der vorliegenden Ablagerung lassen sich die überwiegend klastischen Sedimente in humose Schluffe und ein toniges Kolluvium untergliedern (siehe Stratigraphie). Die humosen Schluffe wurden vermutlich in Überflutungsperioden als Hochwasserabsatz abgelagert; das Herkunftsgebiet des Materials ist nicht eindeu-

---

[13] E. Oberdorfer, Pflanzensoziologische Exkursionsflora (Stuttgart 1990).
[14] Vgl. den Beitrag von R. Heiner (Anm. 1).

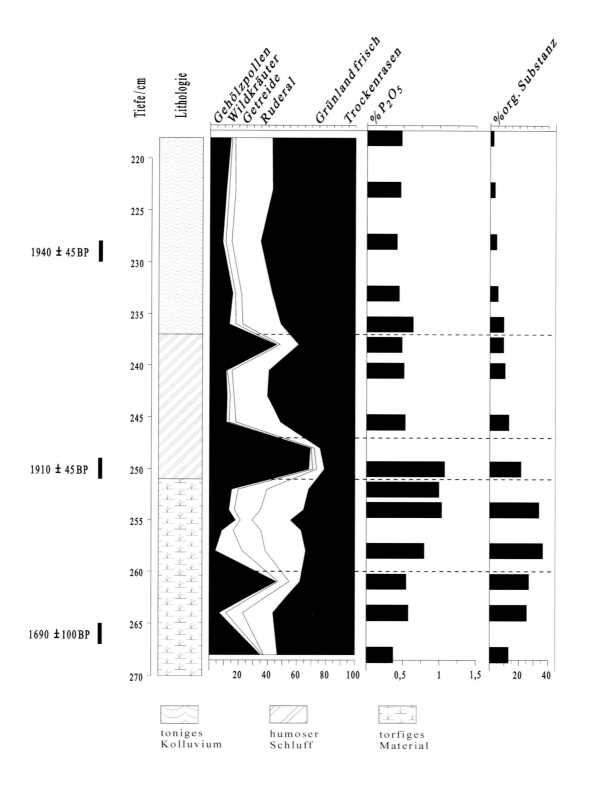

Abb. 4. Gehalt an organischen Substanzen und an Phosphat in den untersuchten Proben.

tig zu ermitteln, da es aus dem gesamten Einzugsgebiet des Bachs stammen kann. Das darüber folgende tonige Kolluvium dagegen wurde zweifelsfrei von den umliegenden Hängen eingetragen; stammt also aus der unmittelbaren Umgebung[15].

Zone IIa - 2,51-2,47 m, humoser Schluff
Im Pollenspektrum zeichnen sich gegenüber den Proben aus den torfigen Schichten deutliche Veränderungen ab. Die Werte von Eiche (*Quercus*), Buche (*Fagus sylvatica*), Hainbuche (*Carpinus betulus*) und Birke (*Betula*) sind deutlich angestiegen, während vor allem die der Erle (*Alnus*) und der krautigen Pflanzen stark gesunken sind. Die Summe der Siedlungszeiger ist auf ein Minimum zurückgegangen; auch die Arten der Magerweiden und Trockenrasen sind durch Pollennachweise nur noch selten erfasst.
Das Grünlandspektrum zeigt einen Schwerpunkt von Arten feuchter Standorte. Neben der Kurve der Sauergräser (Cyperaceae) zeigt vor allem die der Süßgräser (Poaceae) eine gewaltige Zunahme (1800 %!).

Aus dem Pollenbild lässt sich eine bewaldete Landschaft ableiten, denn anders als in den torfigen Schichten sind Pollen von Buche (*Fagus sylvatica*), Eiche (*Quercus*) und Hainbuche (*Carpinus betulus*) sehr stark vertreten. Es handelt sich hierbei um Baumarten, die in der naturnahen Vegetation des Gebiets dominieren. Die Buchen wachsen vor allem auf den fruchtbaren Parabraunerden, während die Eichen-Hainbuchenwälder in erster Linie auf stau- und grundwasserfeuchten Lehmböden anzusiedeln sind.
In den Spektren aus den torfigen Schichten konnten Magerweiden und Trockenrasen rekonstruiert werden. Arten dieser Standorte sind in Zone IIa nicht nachgewiesen, jedoch vielfach Pollen von Birken (*Betula*) und Schlehen (*Prunus spinosa*-Typ). Birken und Schlehen stellen sich als Pioniergehölze bei nachlassender Nutzung auf Trockenrasen und Magerweiden ein. Die Mehrzahl der Magerweiden und Trockenrasen ist erst durch die Bewirtschaftung nährstoffarmer und trockener Böden entstanden. Vor allem Beweidung und/ oder eine kontinuierliche Mahd sind für ihre Entstehung und Erhaltung verantwortlich. Unterbleibt eine Nutzung, so entwickelt sich über eine Vergrasung schnell ein Pionierstadium mit Gebüschen, worin sich schließlich der Wald regenerieren kann; ein solches Pionierstadium lässt sich aus der Pollenvergesellschaftung ableiten.

Auch die anderen Pollentypen geben Hinweise darauf, dass es sich bei dem Pollenniederschlag um den aus einer naturnahen, landwirtschaftlich wenig genutzten Landschaft handeln muss. Die Arten der Ruderal- und Ackerstandorte sind nur noch spärlich vertreten, Roggen ist nicht nachweisbar, und die Werte vom *Triticum*-Typ sind ebenfalls deutlich zurückgegangen. Es fehlen nahezu alle Ackerunkräuter. Einzig der Saat-Mohn (*Papaver dubium*) zeigt einen Gipfel, doch siedelt sich diese Art auch bevorzugt auf Schutt an[16].
Die Kurve der Erle (*Alnus*) ist sehr niedrig, während die der Süßgräser (Poaceae) eine markante Zunahme zeigt. Leider ist innerhalb der Familie der Süßgräser keine nähere Eingrenzung der Art möglich, doch könnte es sich bei der Mehrzahl der Pollen um die von Schilf handeln.
Neben den Sauergräsern zeigen auch die Sumpfdotterblume (*Caltha palustris*), der Weiderich (*Lythrum*) und die Hahnenfußgruppe *Ranunculus acris* einen deutlichen Anstieg. Das Pollenspektrum deutet darauf hin, dass sich auf dem stark eutrophen Bereich der Ablagerung ein Röhricht entwickelt hatte. Da Röhrichte gegen Tritt sehr empfindlich sind, ist mit einer verminderten Nutzung in diesem Areal zu rechnen.
Im Vergleich zur vorangegangenen Zone zeichnet sich im Pollendiagramm das Bild einer nur wenig genutzten Landschaft ab. Potentielle Ackerflächen waren bewaldet, Trockenrasen und Magerweidenstandorte vergrast und mit Pioniergehölzen bewachsen. Auf dem ehemaligen Bachbett hatte sich ein Röhricht entwickelt.

---

[15] Prof. Dr. A. Semmel danke ich für die Hinweise zur Genese der Ablagerung.
[16] Oberdorfer (Anm. 9) 426.

Zone IIb - 2,47-2,37 m, humoser Schluff

Die Kurve der Gehölzpollen ist wieder stark gefallen. Vor allem die Buchenwerte (*Fagus sylvatica*) gehen zunächst auf unter 5 % zurück, aber auch die Werte von Birke (*Betula*) und Eiche (*Quercus*) sind deutlich niedriger als in Zone IIa. Esche (*Fraxinus excelsior*), Linde (*Tilia*) und Ulme (*Ulmus*) sind vertreten, Kiefer (*Pinus sylvestris*), Hainbuche (*Carpinus betulus*) und Hasel (*Corylus avellana*) zeigen eine geschlossene Kurve. Auch das Heidekraut (*Calluna vulgaris*) hat wieder zugenommen, die Schlehe (*Prunus spinosa*-Typ) ist stetig nachgewiesen.

Die Kurve der Ruderalpflanzen ist erneut angestiegen, doch wird dies in erster Linie durch die Zunahme vom Breitwegerich (*Plantago major/intermedia*) verursacht. Seine Werte steigen bis auf 20 % an. Die Getreidewerte zeigen eine leichte Zunahme. Als Ackerunkräuter treten der Windenknöterich (*Polygonum convolvulus/dumetorum*), die Hundspetersilie (*Aethusa cynapium*), das Adonisröschen (*Adonis aestivalis/flammea*), der Schwarze Nachtschatten (*Solanum nigrum*) und der Ackerklettenkerbel (*Torilis arvensis*) hervor. Die Arten der frischen Wiesen zeigen nun eine deutliche Zunahme, vor allem der Spitzwegerich (*Plantago lanceolata*), der Wiesenklee (*Trifolium pratense*-Typ), die Wiesen-Flockenblume (*Centaurea jacea/nigra*) und die Cichorioideae. Sowohl die Sauergräser (Cyperaceae) als auch die Süßgräser (Poaceae) sind deutlich zurückgegangen.

Bei den Arten der Feuchtwiesen zeichnet sich eine Zunahme der Artenvielfalt ab. Die Gemeine Natternzunge (*Ophioglossum vulgatum*), der Wiesen-Lein (*Linum catharticum*), der Hornklee (*Lotus*), der Teufelsabbiss (*Succisa pratensis*) und der Gemeine Beinwell (*Symphytum officinalis*) sind u. a. nachgewiesen.

Der markante Rückgang der Kurve der Süßgräser (Poaceae) lässt vermuten, dass der auf der Ablagerung wachsende Röhrichtbestand wieder verschwunden war. Dies kann z. B. durch eine intensive Nutzung in diesem Bereich bewirkt worden sein, da Röhrichte auf Tritt und jegliche Art von Beweidung sehr empfindlich reagieren. Auch die anderen Ruderalarten zeigen hohe Werte und belegen eine Nutzung auf und im Umfeld der Ablagerung. Die besonders zahlreichen Nachweise vom Großen Wegerich (*Plantago major/intermedia*) verweisen auf stark betretene Plätze.

Bachbegleitend waren Erlen (*Alnus*), Weiden (*Salix*), Ulmen (*Ulmus*) und Eschen (*Fraxinus excelsior*) vorhanden. Der sich anschließende Grünlandgürtel wurde stark genutzt. Neben einer Vielzahl von Arten der Feuchtwiesen, die weniger einen hohen Futterwert besitzen als vielmehr für die Stalleinstreu von Bedeutung sind, zeichnet sich auch bei den Arten der frischen Wiesen eine deutliche Veränderung ab. Vor allem der Spitzwegerich (*Plantago lanceolata*) fällt durch sehr hohe Werte auf. Gemeinhin gilt diese Art als typischer Siedlungszeiger in Pollendiagrammen. Kann in älteren Epochen keine Entscheidung darüber getroffen werden, in welcher Vegetationsformation er wuchs, und ist er weder eindeutig als Zeiger für Ackerbau, Brache oder Grünland zu spezifizieren[17], so kann sein Vorkommen seit der Eisenzeit doch vor allem der Grünlandnutzung zugerechnet werden. Es handelt sich hierbei um eine Art, die vor allem in Fettwiesen und Fettweiden verbreitet ist. Auch der Wiesenklee (*Trifolium pratense*-Typ), der Ampfer (*Rumex*), die Hahnenfußgruppe *Ranunculus acris* und das Johanniskraut (*Hypericum perforatum*-Gruppe) sind typische Vertreter dieser Grünlandgesellschaften.

Zone III - 2,37-2,18 m, Kolluvium

Nach einem kurzen Gipfel am Ende von Zone IIb sind die Gehölzpollenwerte wieder gefallen. Unter den Getreidepollen sind der Weizen-Typ (*Triticum-*)Typ und Roggen (*Secale cereale*) stetig belegt sowie eine Vielzahl von Ackerunkräutern wie *Aethusa cynapium* (Hundspetersilie), *Papaver argemone* (Sandmohn), *Papaver rhoeas*-Typ (Mohn), *Adonis aestivalis/flammea* (Adonisröschen), *Solanum nigrum* (Schwarzer Nachtschatten),

---

[17] Vgl. K.-E. Behre, The interpretation of anthropogenic indicators in pollen diagrams. Pollen et Spores 23, 1981, 225-245; J. Iversen, The Influence of Prehistoric Man on Vegetation. Danm. Geol. Unders. IV, 3 (6), 1949, 1-26.

Torilis arvensis (Ackerklettenkerbel), *Scleranthus annuus* (Einjähriges Knäuelkraut) und *Convolvulus arvensis* (Ackerwinde). Pollen von Pflanzen der Ruderalstandorte weisen hohe Werte auf. Auch das Heidekraut (*Calluna vulgaris*) und die Skabiosen-Flockenblume (*Centaurea scabiosa*) zeigen eine erneute Zunahme.

Die Kurven von Arten des frischen Grünlandes sind unverändert hoch - es fallen die Werte der Cichorioideae auf -, die Kurve der Süßgräser (Poaceae) hingegen ist gefallen. Auch Pollen von Arten der Feuchtwiesen sind stetig belegt, während Pollen von Pflanzen der Röhrichtstandorte nur selten nachgewiesen werden konnten.

Sehr niedrige Baumpollenwerte belegen eine stark entwaldete Landschaft. Betrachtet man die hohe Zahl von Arten der trockenen Mineralböden im Pollendiagramm (Getreide, Wildkräuter, Trockenrasen), so müssen diese Böden weitgehend waldfrei gewesen sein.

Die Pollen von Arten der Trockenrasen sind hoch und mit den Nachweisen vom Heidekraut (*Calluna vulgaris*), der Skabiosen-Flockenblume (*Centaurea scabiosa*) und dem Faserschirm (*Trinia glauca*) sind nahezu die selben Arten nachgewiesen wie in Zone I. Das Pollenspektrum der Ackerarten zeigt ebenfalls im Vergleich zum torfigen Abschnitt keine wesentlichen Veränderungen. Die Getreidewerte sind etwas niedriger, aber immer noch verhältnismäßig hoch, die Zahl der Ackerunkräuter ist leicht erhöht. Neben Mohn (*Papaver rhoeas*-Typ) und Sandmohn (*Papaver argemone*) sind z. B. auch der Windenknöterich (*Polygonum convolvulis/dumetorum*), der Ackerklettenkerbel (*Torilis arvensis*) und das Adonisröschen (*Adonis aestivalis/flammea*) mehrfach belegt. Neu tritt nun das Einjährige Knäuelkraut (*Scleranthus annuus*) hinzu, dessen Verbreitung charakteristisch für stark saure, trockene Äcker ist, und das als Bodenversauerungszeiger gilt. Auf die Existenz von Äckern auf nährstoffarmen und sauren Böden konnte bereits in der Zone I durch den Nachweis vom Acker-Frauenmantel (*Aphanes arvensis*-Typ) geschlossen werden.

Das Kolluvium ist mit zahlreichen Artefakten durchsetzt, die insgesamt sehr gut erhalten sind. Sie waren keinesfalls längere Zeit der Verwitterung an der Erdoberfläche ausgesetzt, sondern sind vermutlich unmittelbar nach ihrem Gebrauch von Erde bedeckt worden[18]. Zu denken ist dabei an einen Erdrutsch, bei dem wahrscheinlich auch die Mehrzahl der Pollen von Pflanzen der trockenen Mineralböden abgelagert wurde. Sie stammen damit direkt aus der Siedlung und ihrem Umfeld. Hier ist mit einer Vielzahl von trittresistenten Pflanzen zu rechnen, wie z. B dem Breitwegerich (*Plantago major/intermedia*) und dem Vogelknöterich (*Polygonum aviculare*-Typ), von denen auch im vorliegenden Pollendiagramm sehr viele Pollenkörner nachgewiesen sind.

Das Pollendiagramm der kolluvialen Schichten spiegelt das Bild eines nahezu waldfreien Gebietes wider, in dem Ackerflächen, Mager- und Trockenrasen weit verbreitet waren. Die hohen Werte der Ruderalarten sprechen für eutrophe begangene Flächen. Weder breite Waldgürtel entlang des Bachlaufs noch ausgedehnte Röhrichtbestände lassen sich für das Gebiet rekonstruieren.

Datierung der kolluvialen Schichten
Aufgrund der zahlreichen archäologischen Artefakte kann das untersuchte Kolluvium in den Zeitraum von der Mitte bis in die 2. Hälfte des 4. Jh. n. Chr. gestellt werden. Wegen der Verlagerung von Erdreich ist jedoch nicht auszuschließen, dass auch organisches Material älterer Zeiten darin erhalten ist. Auf eine Kontaminierung mit älterem Kohlenstoff deutet eine aus dem tonigen Kolluvium stammende ^{14}C-Datierung hin, die ein Alter von 1940 45 (cal. 25-125 AD) aufweist. Gegen eine Vermischung mit älteren Pollenkörnern spricht hingegen, dass in Trockenböden eine Erhaltung nahezu unmöglich ist. Normalerweise wird der Blütenstaub in kurzer Zeit von Mikroorganismen zersetzt, und nur wenn die mikrobielle Aktivität gehemmt ist - etwa unter Wasserabschluss oder in lebensfeindlichen sauren Böden -, verschwindet lediglich der wasserlösliche Inhalt der Pollenkörner und die Außenwand bleibt erhalten. Solche Bedingungen sind jedoch auf den umliegenden Hängen nicht gegeben. Auch die Pollenzusammensetzung spricht gegen eine

---

[18] Vgl. den Beitrag von R. Heiner (Anm. 1).

Vermischung von alten und jungen Pollenkörnern. Die Pollenspektren aus der torfigen Schicht weichen von denen aus dem aufgelagerten Kolluvium nicht wesentlich ab. In beiden Abschnitten sind sehr hohe Werte der Siedlungszeiger anzutreffen (es handelt sich dabei in der Mehrzahl um die selben Arten) und auch die Pollentypen von Pflanzen der Trockenrasen sind in beiden Sedimenten vielfach belegt. Einzig die Erlen- und die Haselkurve zeigt deutlichere Unterschiede. Vermutlich handelt es sich also bei den nachgewiesenen Pollenkörnern in dem tonigen Kolluvium in der Mehrzahl um solche, die zur Zeit der kolluvialen Verlagerung auf der Oberfläche vorhanden waren.

Die zwischen die torfige Schicht und das tonige Kolluvium eingeschaltete humose Schluffschicht (Zone II) hingegen weist ein völlig anderes Pollenspektrum auf. Eine Möglichkeit wäre, dass das nachgewiesene Pollenbild eine Siedlungsunterbrechung widerspiegelt, als deren Folge es zu einer Wiederbewaldung im Gebiet gekommen ist. Da im Pollenspektrum vor allem die Werte der Buche und die der Eiche sehr stark angestiegen sind, muss mit einer Siedlungsunterbrechung von 30-50 Jahren gerechnet werden, da diese Bäume nicht früher ihre Blühfähigkeit erlangen. Gegen diese Vermutung spricht jedoch die archäologische Fundverteilung, die zwischen den torfigen Schichten und dem aufgelagerten tonigen Kolluvium keine Siedlungsunterbrechung von mehreren Jahrzehnten zulässt.

Die untersuchten Sedimente können auch aus der weiteren Umgebung während eines oder mehrerer Hochwasserereignisse eingespült worden sein. Aus der humosen Schluffschicht liegt eine ^{14}C-Datierung vor, die sie in das 1. Jh. n. Chr. datiert. Da es sich hierbei um Sedimente handelt, die immer im feuchten Milieu lagen und daher eine Pollenerhaltung gewährleistet war, spiegelt das Pollenspektrum möglicherweise aber auch ein Vegetationsbild vor der germanischen Besiedlung in diesem Gebiet wider.

Die Pollenproben aus dem Baggerschnitt
Zwei Pollenproben aus dem Baggerschnitt wurden pollenanalytisch untersucht[19]. Auch diese Proben sind vor allem durch eine Vielzahl von Siedlungszeigern gekennzeichnet. Es fallen neben sehr hohen Gretreidewerten die zahlreichen Vorkommen von Arten der Ruderalstandorte auf. Hier sind in erster Linie der Beifuß (*Artemisia*) und die Gänsefußgewächse (Chenopodiaceae) zu nennen, aber auch der Vogelknöterich (*Polygonum aviculare*-Typ) und der Breitwegerich (*Plantago major/intermedia*) sind in beiden Proben vielfach belegt. Pollen von Arten der Trockenrasen sind in großen Mengen nachgewiesen.
Auch diese Pollenproben belegen Vegetationsverhältnisse, die vollständig anthropogen überprägt sind. Sie weichen von denen, die sich anhand der palynologischen Ergebnisse aus den torfigen Schichten ableiten lassen, nur unwesentlich ab.

Zur Entstehung der Ablagerung

Die Entstehung der Ablagerung bzw. ihre Nutzung bleibt auch nach den nun vorliegenden, ersten botanischen Untersuchungen in manchen Punkten unklar.
In der Mitte des ehemaligen Bachlaufs ist die torfige Schicht mehr als 0,5 m mächtig und durchgängig mit Funden durchsetzt. Die archäologischen Artefakte belegen eine germanische Besiedlung des Platzes von der Mitte bis zum Ende des 4. Jh. n. Chr. In 50 Jahren ist ein Torfwachstum von 0,5 m - also 1 cm pro Jahr - auszuschließen, so dass die torfige Ablagerung nicht allein aus zersetztem Pflanzenmaterial der mooreigenen Vegetation bestehen kann. Vielmehr muss auch klastisches und organisches Material von außen (Mist!?) in das Bachbett gelangt sein. Für diese Tatsache spricht neben den hohen Phosphatwerten auch die Pollenzusammensetzung. Hier dominieren nämlich die Arten der trockenen Mineralböden und nicht wie in Niedermooren üblich der mooreigenen Vegetation.

---

[19] Auch eine Auswertung der Großreste soll dazu erfolgen; vgl. in der vorliegenden Veröffentlichung den Beitrag von A. Kreuz.

Es ist anzunehmen, dass das ehemalige Bachbett des Klingenbachs aufgefüllt wurde und eine Vielzahl von Pollen der Siedlungszeiger mit dem übrigen Material anthropogen in das Bachbett gelangte. Das Pollenspektrum spiegelt daher nahezu die gesamten Vegetationseinheiten im Gebiet wider. Neben der Erfassung der Moor- und Moorrandvegetation wird auch ein detaillierter Einblick in die Vegetation auf den umliegenden Nutzflächen und in den Siedlungsbereichen gewährt.

In der Folge wurde der gesamte Bereich mehrfach überflutet, und dabei vermehrt klastisches Sediment abgesetzt (vgl. Zone II). Es entwickelte sich kurzzeitig ein Röhricht, was auf eine nachlassende Nutzung des Areals hindeutet. Gleichzeitig wurde vermutlich jedoch auch Material aus größerer Entfernung und/oder aus einer anderen Zeitstellung abgelagert. Wie genau sich die Ablagerungssituation darstellt, muss zunächst offen bleiben, denn auch diese Schicht ist mit archäologischen Funden angereichert und von Holzkohlen durchsetzt (s. o.). Schließlich wurden mächtige, tonige Kolluvien von den benachbarten Hängen und Siedlungsplätzen abgetragen und im Tal abgelagert. Sie können anhand der archäologischen Funde ebenfalls in das 4. Jh. n. Chr. datiert werden. Eindeutige Datierungen von Kolluvien sind eine Seltenheit, noch seltener jedoch sind datierbare Kolluvien, die pollenanalytisch untersucht werden können, da die Pollenkörner zumeist vollständig zersetzt sind. Im vorliegenden Fall stammt die Mehrzahl der nachgewiesenen Pollenkörner direkt von den Nutzflächen und den Siedlungsarealen. Sie geben daher einen hervorragenden Einblick in die Vegetation der Siedlung und ihres Umfelds.

Im Zuge der geplanten detaillierten Auswertung des zweiten Baggerschnitts werden sich sicherlich noch genauere Erkenntnisse über die Ablagerungsverhältnisse gewinnen lassen.